清朝三大幕

眭达明　眭立　著

江西人民出版社

历史家可以成为预言家(代序)

眭达明

题目上这句话是谁说的,笔者又是什么时候、在哪本书上读到的,这些都想不起来了。它之所以突然从笔者脑子里跳出来,并决定用它做这篇代序的标题,是因为写作赵烈文过程中,笔者越来越强烈感觉到:一个好的历史家,确实可以成为伟大的预言家。

赵烈文是曾国藩的机要幕僚和弟子。他不仅三入曾国藩幕府并拜其为师,而且根据曾国藩的安排和要求,前后两次到曾国荃幕府帮助工作,亲眼见证了湘军攻克金陵这一重大历史事件。在曾国藩数百位幕僚中,赵烈文极有可能是唯一一位同时在曾氏兄弟幕府兼任机要幕僚的人。

赵烈文既是一个有心人,也是一个做事很有恒心之人。自咸丰二年(1852)正月起,他就坚持记日记,直到光绪十五年(1889)六月下旬身体每况愈下停止日记写作,近四十年间,只有咸丰六年七月至八年四月因丁母忧中断了二十二个月的日记写作,其余时间少有间断。他的日记已经点校出版的有《能静居日记》,尚未点校出版的有《落花春雨巢日记》,其中最为重要的是《能静居日记》。

《能静居日记》极具史料价值

《能静居日记》全书五十四卷,约二百万字,起自咸丰八年(1858)五月四日,止于光绪十五年(1889)六月二十日,跨度长达三十二年,记录了作者二十七岁至五十八岁这一人生阶段的重要经历。其中所记咸丰、同治、光绪年间时局、政事、军情,特别是有关湘军集团、太平天国、捻军以及晚清朝廷的情况,尤具价值,是研究那一段历史

的核心史料之一。其他如作者客曾幕时相与臧否人物的见解,作者与友人交往的关系,对西方之认识,间接所闻有关清代之朝章、国故、遗闻、轶事、漕务、盐务、河工、厘捐以及有关鸦片战争、英法联军、太平军初起暨捻乱、苗乱、回乱等等,均有若干记载,包罗晚清社会万象。另外,作者本人读书、读史札记、诗词文跋、重要函牍均在内。即涉及作者私人生活不宜示人的一些内容,如在上海期间与龚橙等友人逛妓楼,退出官场后大治园林、广置姬妾、沉湎声色之好等等,日记亦毫无隐讳,与有意作伪留给后人阅读的日记,绝不相同。

尤其值得注意的是,《能静居日记》还完整翔实地记录了作者与曾国藩的大量密室谈话。无论是难熬的金陵盛夏之夜,还是公牍饭后之余,他们两人只要一相见交谈,就会忘了等级身份,完全把自己摆在平等、自然的地位,如朋友,如同学,如亲戚,如家人,毫无掩饰,真情流露,本真自然,没有半点做作和任何虚情假意。谈话也没有时间、场合限制,有空就谈,人来即止,话多久谈,话少短谈,知之为知之,不知为不知,可以商量,可以探讨,也可以调侃。谈话内容更是海阔天空,包罗万象:上自朝政军事,下至诗文掌故,无不畅论。每次谈话都很直接和深入,想说什么就说什么,不拐弯抹角,不躲躲闪闪,不藏头露尾,不话说三分。又由于赵烈文精通佛学,懂得医道,加之兼长易理,于是对于每天生活在临渊履冰中的曾国藩而言,他和赵烈文的倾心交谈,不仅能够一吐为快,而且可以疗治身心疾病,释放精神压力,解除心头疑惑。赵烈文于是除了充当曾国藩的心腹秘书和智囊参谋外,事实上还成了曾国藩的心灵保健医生。通过这份秘谈录,不仅可以走进曾国藩的工作和生活,而且能够窥探和触摸他的内心世界,是了解曾国藩和他那个时代的绝好信息,其他任何材料包括曾国藩家书和日记都无法替代。

正因如此,笔者才不揣冒昧拟做了下面这个排比句:

要研究晚清历史,不能不研究曾国藩;要研究曾国藩,不能不研究赵烈文;要研究赵烈文,不能不研究《能静居日记》。

赵烈文日记记录了许多日后成真的预言

《能静居日记》不仅极具史料价值,而且记录了许多日后成真的预言,说明作者不仅是一个好的历史家,而且是一个眼光无比深刻和老辣的预言家。

如1867年6月20日,赵烈文与曾国藩谈话时预言:不出五十年,清朝必亡。四十四年后,清王朝果然土崩瓦解,接踵而来的混乱局面也为赵烈文所言中:"异日之祸,必先根本颠仆,而后方州无主,人自为政。"从现存的文献资料来看,赵烈文无疑是准确预见清王朝崩溃的第一人。

三天之后,赵烈文和曾国藩秘谈时,又说出了一个重大预言:曾国藩开辟的练军方法,不仅导致了"剖分之象盖已滥觞",而且使得"天下靡然从之,恐非数百年不能改此局面"。赵烈文之所以得出这个石破天惊的结论,是他看到曾国藩编练出来的湘军,不是置于中央政府的绝对领导之下,而是归练兵者个人所有,大体属于私人武装性质。既然是私人武装,当然"有奶便是娘",最终只能听从私人号令并逐渐形成督抚权大、兵为将有、内轻外重、权归私门这样一种局面,从而开军阀政治之滥觞。

诸如此类的预言,赵烈文日记里还有许多。

如咸丰五年(1855)冬天赵烈文第一次进入曾国藩幕府后,曾奉命去樟树军营考察。樟树在南昌上游约九十公里处,是赣江、袁水的交汇处,历史上就是江西四大名镇之一,也是兵家重点争夺之地。当时由于九江已失,曾国藩因此将兵力厚集于此,湘军主力周凤山部和水师彭玉麟部都驻扎在这里。曾国藩打算用重兵扼守樟树镇,以保卫江西省城南昌的安全。

可是赵烈文回到曾国藩大营后,赞扬的话未说一句,就很不客气地批评湘军有暮气:"樟树陆军营制甚懈,军气已老,恐不足恃。"

曾国藩最见不得空口说大话的书生,对赵烈文的这番表现自然老大不高兴。

赵烈文敏锐地感觉到了这一点,就没有详细阐述自己的意见和看法。

几天之后,周凤山部湘军果然被太平军击溃,印证了赵烈文的判断是多么准确。

消息传到南昌,人心大震,夺门奔走者不可禁御,或相践以死。曾国藩只好收集溃勇,调派兵力,筹备守御,抚定居民。

此后几年曾国藩在江西陷入困境,与周凤山无能和樟树镇溃败有很大关系。

湘军不幸烈文幸。从此以后,曾国藩对赵烈文的看法有了彻底改变,觉得这个年轻人确实名不虚传,很不简单。

又如咸丰十一年(1861)八月下旬,赵烈文第二次进入曾国藩幕府之前,郑重其事地给曾国藩上了一道万言书。这道万言书不仅全面阐述了对时局的看法,而且针对当时面临的带有全局性的几大问题提出了相应对策,从而引起曾国藩高度重视。

在上书中,赵烈文不仅预见太平军和捻军的失败是不可避免的,而且指出太平军只能拖累我们而不能倾覆我们,捻军只能搞乱我们而不能拖累我们,中国真正的威胁将来自洋人,未来国家的祸患,没有比这个更深重了:

今长发之焰广矣,然其技长于守而短于战,坚忍而不能飙疾,坐踞千里之地,有整齐之术而无维系之方,政涣人散,外合内离,是足以病我而不足以倾我也。捻匪器利技精,马骑千群,发如飘风,集如急雨,然凶滔恶虐,无自成之心,是足以乱我而不足以病我也。西夷政修国治,民力富强,上思尽理,下思尽能,人人奋勉,好胜而耻不如。于中国之政务、民志、险阻、风俗,今日一图,明日一说,思之惟恐不明,见之惟恐不审,搜讨经籍,翻译传布,孳孳矻矻,无或间已。其志不在小,国家之患无有甚于是者。(万言书全文详见陈乃乾《阳湖赵惠甫先生年谱》)

赵烈文这份上书,作于湘军收复安庆二十天之后。他不仅准确分析了太平军和捻军的特点和优劣,预见了他们的失败,而且提出了外国人将成为中国最大祸患这一重要论断,在清朝正与太平军和捻军进行生死较量、无暇顾及甚至不愿醒眼看外国的时候提出如此见解,其远见卓识的确非常人所能及。不仅如此,赵烈文在上书中还具体分析和指出了外国之所以强大、中国之所以受人欺凌的原因:中国一向夜郎自大,崇尚虚文,喜欢搞形式主义,不注重实效,外国人则上下齐心,虚心学习别国长处,做事又很专精,谋划又很深远,所以政修国治,民力富强。他为此提醒曾国藩:中国的衰落不始于今日,而是长期发展演变的结果,只有正视现实,承认落后,虚心学习,加强中外沟通,寻求自强之道,才能慢慢改变这一现状。

正因为赵烈文对中外形势有着如此清醒的认识和判断,而大清朝的官员和军队又十分腐败无能,所以早在中日甲午战争爆发之前十九年的光绪元年(1875)九月二日,他就预知淮军不可恃,一旦海疆有事,后果不可设想。换句话说,就是一旦海疆有事,中国必败无疑:

淮军驻津者,皆令赴海滨屯田,兵勇虽来自田间,而逸乐已久,不甘劳苦。又统领营官腋削(剥削)日甚,食米、旗械、号衣之外,下至包头、裹腿均制办发给,而扣应食之饷,每人月不得一金,士心嗟怨,逃者纷纷。每哨仅十余人,将弁利其虚伍,以为干没(军官吃空饷),闻之可为寒心。自军务稍息,合肥公(李鸿章)专务养尊处优,不为未然计。而前后左右无一骨鲠之士,佞悦者进,朴勤者退。凡不急之务,如兴造土木、捐创善堂及官幕、游客或赡家或归榇,或引见或刻书,均勒令营中赀助。甚者嬉游宴饮,挟妓娶妾,无不于焉取之(吃喝玩乐、纳妾嫖娼官至左都御史、户部尚书,卒谥恭毅。

赵烈文五世祖赵凤诏,曾做过太原知府,后以贪污获罪致死。

赵烈文曾于同治十年(1871)八月二十日写信给《国朝先正事略》作者李元度,为他的五世祖赵凤诏辩护。说赵凤诏是被冤枉的好人,加给他的所有罪名纯为奸党所陷,并说当时"锻炼追求,搜索及于三党,尚不得赃数百分一二"。因此希望"负述作之任,尊书为昭代信典"的李元度,能够"昭明黑白,掊击流伪,以大伸直道"。赵烈文的说法,与《清史稿》所载颇有出入,殊堪玩味。

由于赵氏先世有过这样一次重大挫折,所以以下三代虽还能保持"读书种子",但都不十分得意。如赵烈文高祖父赵枚,仅为廪膳生员;曾祖父赵汇,增监生;祖父赵锺书,举人,官丰县训导。

一直到赵烈文父亲赵仁基手上,才一度重振赵氏家声。

据同治七年(1868)十月曾国藩所撰《湖北按察使赵君神道碑》记载,赵仁基年近四十时,才于道光六年(1826)考取进士,之后初官江西宜春县,不久补授江西崇仁县知县,后来调任安徽泾县知县,又署怀宁县事。

道光十四年(1834),赵仁基补授安徽滁州知州,后调任六安州知州,几个月之后升任山西平阳府知府。在山西工作只几个月,赵仁基又升任江西南赣兵备道。

道光二十一年(1841)六月初,赵仁基被任命为湖北按察使。但只过了十八天,尚未去湖北赴任,赵仁基就于六月十九日在江西去世,终年五十三岁。

赵仁基交卸南赣兵备道时,因为总理南安粮台亏空九千余两银子,不久又得病去世,所以刚刚振兴的赵氏家声,很快又萧条中落了。

赵烈文是赵仁基最小的孩子(赵烈文曾有一弟,早卒),生于安徽怀宁官署。父亲去世时,赵烈文年仅十岁,由母亲方荫华抚养成人。方氏是著名骈文家方履籛的妹妹,能诗善文,有很高的文化修养,著有《双清阁诗》一卷。

咸丰九年(1859)九月十六日《能静居日记》记载:"编辑先妣方淑人诗词成一卷,手抄之。"可知方荫华的《双清阁诗》是赵烈文亲手编辑的。《晚晴簃诗汇》卷一百八十八也收录了方氏写的十首诗。

赵烈文十六岁以前,赵家请过几个塾师教他读书,此后由于家穷,请不起教师,赵烈文主要是在亲朋好友的指导下进行自学。

自学的好处是自己喜欢看什么书就看什么书,学习课目和内容可以跟着兴趣走,心思不必全部用在应科举、读四书、做八股上面,自然可以收到事半功倍的效果。

要研究晚清历史,就不能不研究曾国藩,这话是没有任何疑义的。但如果说要研究曾国藩,就不能不研究赵烈文,估计许多人都会迷惑不解。

名不见经传的赵烈文是什么人,对曾国藩的影响力竟有如此之大?

赵烈文其实就是曾国藩的一名机要幕僚。他于咸丰五年(1855)、咸丰十一年(1861)、同治六年(1867)三入曾国藩幕府,在曾国藩身边总共待了八年时间。

在曾国藩幕府工作期间,赵烈文还根据曾国藩的安排和要求,前后两次到曾国荃幕府帮助工作,亲眼见证了湘军攻克金陵这一重大历史事件。在曾国藩数百位幕僚中,赵烈文极有可能是唯一一位同时在曾氏兄弟幕府兼任机要幕僚的人。

但赵烈文对曾国藩的影响力,不在于他曾经三入曾国藩幕府,也不在于他同时做过曾氏兄弟的机要幕僚,更不在于他的政绩有多么突出、地位有多么重要,而在于他凭着自己的智慧和能力,除了充当曾国藩的心腹智囊角色外,还成了曾国藩的心灵保健医生和无话不谈的知心朋友。曾国藩晚年的许多决策,包括对自己家人的生活安排等等,也都是认真听取了赵烈文的意见和看法之后,才决定下来的。

1. 赵烈文家世及学习经历

赵烈文生于道光十二年(1832)正月二日,乳名来求,名烈文,字惠甫,号能静居士,江苏阳湖(今常州市)人。

阳湖赵氏曾是当地一个声势显赫的官宦世家和书香门第。

赵烈文六世祖赵申乔,康熙九年(1670)进士,曾任偏沅巡抚(明万历二十七年置偏沅巡抚,半年驻贵州施秉东北的偏桥镇,半年驻湖南沅州,故名。清康熙初分湖广置湖南省,移偏沅巡抚于长沙府。雍正二年改偏沅巡抚为湖南巡抚——笔者注),后

不出五十年清朝必亡

——赵烈文是如何发出这一石破天惊预言的？

名不见经传的赵烈文是什么人，对曾国藩的影响力竟有如此之大？

15. 结束在江苏的幕友生涯 / 212
16. "治刑名者,奈何不慎?" / 215
17. "立志作举业文字,不敢懈" / 217
18. 引经据典决疑案 / 218
19. 判案工作要坚持"爱民"和"省事"原则 / 220
20. 在儒家经典面前,法律是一根可以灵活应用的橡皮筋 / 222
21. 一帙《无为教经》差点害死九个信佛的人 / 223
22. 不可轻信别人整理好的口供材料 / 225
23. 官员政绩怎能大于人命 / 228
24. 让信奉种肥田不如告瘦状的人彻底死心 / 231
25. 不要轻易引用成案判案 / 235
26. 汪辉祖也有封建卫道士思想 / 237
27. 好幕友十分难得 / 239
28. 吏治腐败是社会风气败坏的根源 / 241
29. 汪辉祖何以成了香饽饽? / 244
30. 共事不成情义在 / 248
31. 诗书根底深的巨大威力 / 250
32. "首欲回时先废书" / 253
33. 轰动一时的方骨案 / 256
34. 莫名其妙的逼嫁案 / 259
35. 上梁不正下梁歪 / 261
36. 领导要管好自己身边人 / 263
37. 劣币最终驱逐良币 / 266
38. 当之无愧的一代名幕 / 268

附录:刑名师爷是司法秘书而不是法官 / 271
后记 / 284

13. 声名鹊起 / 158

14. 左宗棠并不是全才 / 161

15. "忘(王)八蛋,滚出去!" / 162

16. 左宗棠与文格的恩怨和满汉矛盾 / 167

17. "良幕"怎么是"劣幕" / 170

18. "国家不可一日无湖南,而湖南不可一日无宗棠" / 173

19. 从幕后走上前台 / 178

20. 左宗棠没有自立门户之意 / 180

21. 志在平吴,不在入蜀 / 182

22. 因祸得福,否极泰来 / 184

23. 左、樊之争的后续故事 / 185

劣币驱逐良币
——汪辉祖独善其身无力回天

1. 尊严要比金钱重 / 190

2. 家有良田万顷,不如薄艺在身 / 191

3. 严是爱,宽是害 / 192

4. 哪怕轻微的肯定和赞扬,
   对好学上进的年轻人都是巨大的鼓舞 / 193

5. 知识就是力量 / 194

6. 初生牛犊不怕虎 / 195

7. 此君"甚有胆识" / 197

8. 合则留,不合则去 / 198

9. 舍律引礼息争讼 / 199

10. 一年几得好时光 / 201

11. 胡文伯支持鼓励汪辉祖自学成才 / 202

12. 选择幕府宜谨慎 / 205

13. "此批得体!此批得体!" / 206

14. 非分之财得之是祸 / 210

17. 石破天惊的预言:不出五十年清朝必亡 / 79
18. 清王朝不仅"大势"已去,而且"气数"将尽 / 81
19. 历史准确地应验了赵烈文的惊人预言 / 84
20. 曾国藩既是清王朝的拯救者,
 又是这个王朝的主要掘墓人 / 86
21. 曾国藩自食其果 / 88
22. 天下虽大,却没有曾国藩容脚的地方 / 95
23. 赵烈文为什么不劝曾国藩做皇帝? / 100
24. 曾国藩逼赵烈文出去做官 / 107
25. 奏调直隶任职 / 108
26. 坚决不跑官要官 / 111
27. 婉拒曾国藩的特殊照顾 / 114
28. 赵烈文的官位最终还是曾国藩暗中运作得来的 / 116
29. 称病辞官回乡 / 117

"良幕"怎么是"劣幕"
——左宗棠的成功是清朝政治的失败

1. 年轻时就有不同凡响的见识和追求 / 122
2. 师友渊源 / 124
3. 秉烛夜话 / 127
4. 第一次出山佐幕:"斯人不出,奈苍生何" / 131
5. 小试牛刀,初露锋芒 / 133
6. 倡议建立湘军 / 135
7. 协助张亮基收拾湖北烂摊子 / 136
8. 第二次进入湖南幕府:"不得已勉为一行" / 138
9. 湖南是"幕友当权,捐班用命" / 141
10. 稳住湖南官场大局,保护刚刚诞生的湘军 / 143
11. "内清四境,外援五省" / 148
12. "通绅民之气" / 153

不出五十年清朝必亡

——赵烈文是如何发出这一石破天惊预言的?

1. 赵烈文家世及学习经历 / 3
2. 第一次进入曾国藩幕府,两人差点失之交臂 / 5
3. 第二次进入曾国藩幕府,
 "见面礼"是一份"识解闳远"的万言书 / 10
4. 肩负特殊使命去上海 / 15
5. 被临时安排到曾国荃身边帮忙 / 18
6. 曾国荃的秘书和参谋不好当 / 20
7. 曾国荃的错误却记到了赵烈文账上 / 28
8. 赵烈文也给曾国荃惹过祸 / 31
9. 归根结底是多上了奏折 / 35
10. 曾国荃功成身退,与赵烈文和好如初 / 39
11. 需要曾国藩尽快做出决断的几件大事 / 41
12. 曾国藩要赵烈文写信做曾国荃的思想工作 / 48
13. 赵烈文识破了朝廷的调虎离山计 / 50
14. 赵烈文再次离开曾国藩,并拜他为师 / 53
15. 赵烈文对曾国藩也有看法 / 55
16. 第三次进入曾国藩幕府,两人成了无话不谈的朋友 / 58

结语

赵烈文能成为预言家，确实不是凭空洞的想象，也不是巧合，而是建立在世事皆洞明和丰富的阅历、渊博的学识基础之上的，再加上超凡的洞察力、深入的调查研究、缜密的分析判断，从而使他能够透过现象发现本质，自然而然得出合乎客观规律的结论。

什么叫预言？预言就是事情尚未发生而预先说出将要发生的状况，或预先说出的关于将来要发生什么事情的话。预言虽是一门博大精深的学问，是一个宏大的科学命题，但所有能够成真的预言，差不多全是来自实践的观察和判断，是实践经验的总结和升华，这一点，是没有什么疑义的。赵烈文所有能够成真的预言，都是这么产生的。

顿（战国时与陶朱公齐名的巨富），这些人都是您一人所提携，只服从您一人指挥，现在他们虽然散处四方，但其中的豪强节概之士数不胜数，一旦别人取而代之，哪将怎么得了？同治三年冬天，老师奉命督剿皖、楚，将两江总督一职交给别人，朝廷文件刚刚下达，社会上就有扼腕不平、愤然想闹事的人（当年九月，捻军首领赖文光在湖北蕲水击毙清将石清吉，并将成大吉包围在蕲北。正想谋夺两江总督一职的清政府于是趁机急调曾国藩驰赴鄂、皖交界处救援，后来由于曾国藩的反对和形势的变化未成行——笔者注）。老师如果真的辞职不干，换一个新人做两江总督，这就好比一个人的脑袋和脖子以下的身躯完全失去了连接，这个人还能存活、世道还能不乱吗？（赵烈文确实不是危言耸听。这次谈话一年后曾国藩北上就任直隶总督时，中原战事已基本结束，清政府再次谋夺两江总督一职，就将这一职务授予闽浙总督马新贻。马新贻虽与李鸿章、郭嵩焘等人同榜，是道光二十七年丁未科进士，本人也在两江总督下辖的安徽省为官多年，却不属于曾国藩集团。他能接替曾国藩担任两江总督，小有能力和才干当然是原因之一，但主要是清政府的平衡政策所致，因为曾国藩集团身任要职者太多，须有支流旁系掺杂其中。可是，就是这样一个表面上能被各方接受的人物，出任两江总督两年后便公然被人刺杀。从此以后，两江总督便成为曾国藩集团的禁脔，旁人是不敢垂涎和染指的，清政府更是无力夺回——笔者注）现在，两湖三江地区，伏兵数千里，他们所畏惧的只有您一个人。老师今日离任，明天就会有人呼啸而起。到那时，老师上对不住君父，下对不住百姓，想要后悔，不是已经晚了吗？!"

曾国藩听后立即表示："足下言切如此，能无动心！"此后，曾国藩不仅打消了退出官场的想法，而且下决心把家人接到了金陵。

清政府之所以不让曾国藩久任两江总督，是因为两江总督的政治地位虽在疆臣之首直隶总督之下，手中的实权却远超其上，这不仅因为江苏（包括上海）、江西、安徽两江三省是国家的富庶之区和财源要地，而且进入近代以来，两江总督还兼管两淮盐政且例兼南洋通商大臣一职，掌握很大的对外交涉权，和外国通商的税收也由其掌管。咸丰十年（1860）清政府将两江总督一职授予曾国藩，完全是出于无奈，只不过想借湘军之力将太平天国镇压下去。现在目的已经达到，而这些年来曾国藩在两江地区建立了非常发达的权力支配网，他在江南的势力实在太大，清政府无论从政权安全的角度考虑，还是从操纵国家经济命脉的角度着想，都不会让曾国藩长久在这里任职，于是一有机会就动他的心思，打他的主意，非将他赶出老巢不可。

以在石山上,不能开掘,仅垒小石作墙,高不及丈,而此处濠深广皆倍之。三、濠内各营,虽头敌俱不设严备,无坑堑,而此绕营小濠亦复宽深,鹿角梅坑,无不得法。"另外还有两点很大不同:"一、营官饮食,咄嗟立办,客至无不留饮,而此间客至,方谋到城中饭肆买菜,客卒不及候而罢。二、营官及随身亲勇皆华服,此营如田人,不可辨认。"概括起来说,就是清军统帅的营垒离前线有十几里远,湘军统帅的营垒不仅逼近太平军濠墙,并且正当敌军冲要处;清军的营垒没有湘军修得深和宽,"偷工减料"很严重;湘军营垒比清军营垒设计科学,防守得法。另外还有两点不同:一是清军讲究吃喝,来客必招待,湘军来了客,都是临时进城买点菜,客人常常等不及就走了。二是清军官员及随从都穿着华丽的衣服,湘军官兵则全是农民打扮,衣着上看不出谁是官谁是兵。赵烈文于是感叹道:"此五者,严既胜懈,俭复胜奢,呜呼,一成一败,非偶然矣!"

善于见微知著的赵烈文,甚至早就预见了两江总督马新贻遇刺事件一定会发生。同治六年(1867)九月十日,曾国藩同赵烈文商量要不要把自己家人接到金陵安顿和避难时,曾表示有卸任回乡的愿望,因而很难下决心把家人接出来。赵烈文说了一大通曾国藩不能卸任回乡的道理后,就像个先知先觉一样,把三年后才发生的不幸事件预先说了出来:

  湘、淮诸军之各有门户,师所知也。杨厚庵统水师名动江表,一改陆师而号令不行,迁地弗良,其效尚如此,况百万之众,贵则茅土,富则陶、猗,皆一人之所提携,现虽散处,其中豪强节概之士,不可偻指而数,一旦取而代之,其可得乎?三年冬,师奉命离任,督剿皖、楚,旨甫下而人间已有扼腕不平,愤愤欲起者。况师谢事而去,易一新督,自颈以下不与头接,是大乱之道也。两楚三江伏戎数千里,所惮一人耳。师今日去任,明日必呼啸而起。师至时而欲悔,上负君父,下负黎庶,不已晚乎?

赵烈文说的意思是:

"湘、淮军各有门户,这是老师十分清楚的。杨载福做水师统领时,威震江表,一旦改统陆军,便号令不行。换一个地方就不灵,杨的效用尚且如此,更何况拥有百万之众(此为夸张说法),贵能裂土分茅(古代分封诸侯时,用白茅裹着的泥土授予被封的人,象征授予土地和权力),富能笑傲陶朱(即范蠡,经商成巨富,自号陶朱公)和猗全部公费报账)。武人多获穹(高、大)爵,其巧捷者知头衔无益于事,而欲求补署,则非联络要近不可,故悉力以奉承上心。顾坐营无掠夺之利,办公薪水又仅足日用,不得不设法渔猎。将习巧宦,而士有离心。当此海疆多事,隐忧甫切,奈之何哉,奈之何哉!

作为淮军统帅、内阁大学士兼直隶总督的李鸿章,更是养尊处优,穷奢极欲,挥霍无度:

> 同治十一年正月初三日,下午至江安会馆。合肥相初五日寿辰,自明日起称觞于此,铺张陈设,为一时之盛。同寅奉命司宾客者十余人,方伯钱公(钱鼎铭,时任直隶布政使)亦操管以定客籍。正月初四日,晨起早食毕,至院署偕诸人谒贺迎寿,相国(李鸿章)答拜甚谦。署内外烛爆如山,黼绣(绣有斧纹的衣服,意为高品级官员)成队。闻湘乡(曾国藩)前岁都中诞庆,仅同乡一会而已。人之境遇有丰有啬,虽并处台司,不能尽一也。本日宴司道诸将及候补各员。随赴会馆入座。堂下戏台前设十六席,堂上二十一席,左右厢各四席,宾主已二百五十人,加以傔从(侍从),厥数倍之。执爵者、司肴核者席二人,庖人托盘器幢幢往来者亦数十人,梨园子弟百人,而衣勇士服持挺以罗于户外者不之计,盖内外无虑千人。人气如烟云,声如闷雷,目为之炫,耳为之震。至暮,剧暂止,复为灯戏,尤鞺鞳(锣鼓喧天)不可辨一语。客衣盛服,终日坚坐,左右莫或转侧。噫!繁盛至此极矣。夜初鼓,相君起出,众宾以次散。返寓,疲极而卧。

赵烈文能成为预言家的原因

作为历史家的赵烈文之所以能成为晚清历史走向的预言家,一在于成败兴亡之史迹烂熟于胸中,二在于眼力非凡,观察事物独具匠心,能从细微之处发现问题并得出胜负结论,故论断无可移易。

如咸丰十一年八月二十三日早晨,赵烈文乘船到安庆,准备第二次进入曾国藩幕府。二十六日中午,他和朋友一同到城外看营垒,傍晚归来,感触很深,并料定湘军必胜。原来咸丰八年春天,赵烈文在家乡丁忧时,曾到清军的江南大营看过营垒。两相对比,他发现清军与湘军的营垒有三大不同:"一、钦差总统大营,离濠十余里,而此处(湘军)统领营逼近濠墙,且正当冲要。二、长濠深不及二丈,当敌冲处名龙脖子,不利一面也是十分明显的：由于没有系统接受应试教育，读书时间和精力又多半花在阅读与应试教育无关的书籍上，结果看书很多、知识面很广的赵烈文，却在十八岁、二十岁、二十一岁时接连三次省试不第，不能继续公务员的家传。

自此以后，赵烈文干脆绝意科名，一心研修经史，对经世致用之学更是颇加留意。学习之余，跟着四姐夫周腾虎混迹江湖，经历和见识了许多世事。

与两耳不闻窗外事、一心只读圣贤书的读书人比起来，赵烈文确有很大不同。他不仅广泛接触了各类文化读物，对佛学、易学、医学、军事、历史、政治、经济之学有较深研究，而且积累了一定的社会经验，形成了通脱的思想和宽广的眼界，为在后来的乱世中一展身手储备了丰富知识，打下了扎实功底。

2. 第一次进入曾国藩幕府，两人差点失之交臂

咸丰五年，被太平军整得灰头土脸，又和江西官员内斗不休的曾国藩，正处于军旅生涯的又一个低谷时期。赵烈文的姐夫周腾虎（字弢甫或韬甫），在曾国藩手下充任幕僚，多次极力举荐赵烈文，曾国藩于是派员从江西赶赴阳湖，以白银二百两礼聘赵烈文入幕，并嘱其邀请其他有才能的朋友一同前往。时年二十四岁的赵烈文正好赋闲在家，就于九月十六日前往好友龚橙（清代著名学者、思想家龚自珍长子，字孝拱，号半伦）家中邀其同行。龚橙也是科场失意之人，当时也没有固定职业，两人于是一拍即合。

曾国藩重视和爱惜人才虽然举世皆知，但赵烈文与曾国藩既非世交，也从未通音问，仅凭手下某位幕僚的口头推荐（况且推荐者与被推荐者还是郎舅至亲关系），就礼重如此，派专人携巨资千里迢迢奔赴外省招募一个二十岁出头的年轻人，此种做法还是非常少见的。

究竟是什么原因促使曾国藩下这么大决心招聘赵烈文呢？同治六年七月十二日下午，曾国藩和赵烈文闲谈时，曾经提到过此事。曾国藩说："胡林翼做事最有气魄，过去常常规劝我，说我不敢大胆保举人，用钱也不大方，难以吸引和留住人才。我认为他说得很有道理，后来慢慢就照他说的做了。"赵烈文听后，说："老师并不是这样的人。您只是对自己要求严，对别人其实挺宽厚的。记得当时您只是听弢甫介绍过我的情况，就派人带着二百两白银，专程来江苏聘我，这种举动不能说没有气魄。"曾国藩说："在我这里这也是绝无仅有之事。当时不仅周腾虎夸奖推荐你，而且你往日的一些言论，也传到了我耳中，这才毫不犹豫做了这件事。这样的事真的不常有。"

俗话说"士为知己者死"。曾国藩如此看重自己,赵烈文哪能不被深深感动?正因如此,他才不顾严冬将至和路途艰险(据咸丰十年二月十八日《能静居日记》记载,赵烈文和龚橙返家途中路过江西余干时,就险些被太平军捉去。真是到处有"敌情",一路颇不平安——笔者注),不仅决定前往江西应聘,而且毅然邀上好友龚橙,于咸丰五年十月十一日离家动身,春节前三天的十二月二十六日天黑之前赶到南康(今江西星子县)曾国藩大营,路上走了整整两个半月。到达当天,他们就与曾国藩见了面。

特殊政策招来的人才任用前也要进行考察

赵烈文虽是曾国藩用特殊政策招来的人才,可在接下来的日子里,曾国藩并没有把他当特殊人才使用:曾国藩除了接见、宴请过赵烈文和龚橙几次,并没有给他们安排具体工作,直到春节过后,才派人通知他和龚橙前往青山营参观。这是为什么呢?

原来,曾国藩在聚集、培养、选拔、使用人才上,有一套自己的理论和方法,概括起来就是"博取慎用"四字。所谓"博取",就是凡具一技之长者,即广为延揽,多多益善,惟恐有所遗漏;所谓"慎用",就是使用时慎之又慎,惟恐用非其人,人非所宜。正因如此,所以曾国藩对各种人才先是广为搜求,延之幕府,然后试之以事,验之以效,待到对其了解较深,把握较准时,再根据实际需要量才使用,如有胆气血性者令其领兵打仗,胆小谨慎者令其筹办粮饷,文学优长者令其办理文案等等。后来的实践证明,曾国藩这套聚集、培养、选拔、使用人才的理论和方法,确实取得了非常好的效果。

现在,曾国藩不急于安排赵烈文和龚橙的工作,而是让他们下部队参观考察,显然是要让他们到第一线增长见识,开阔眼界,熟悉工作环境,同时也是正式分配工作前对他们的一次全面考察。

两人差点失之交臂

赵烈文和龚橙原计划正月三日前往青山营,不巧的是接连几天都是风雪天气,直到正月七日天气才好转。当天他们到了青山营,参观前、后、左三营之后,返回座船休息。

正月八日,赵烈文和龚橙又应邀前往虎字营参观。虎字营驻扎在一个山顶上,天气晴朗时,梅家洲驻扎的太平军"隐约在目"。第二天午间,曾国藩也来到该营,并与赵烈文等人一道骑马至各营观军。

几天之后,赵烈文和龚橙又到李元度的平江营和其他部队参观考察。在此期间,他俩曾亲眼看见湘军与太平军发生的小规模战斗。

赵烈文和龚橙此次下部队参观考察,时间十来天,于正月十九日返回曾国藩大营。

二十三日那天,他俩一道去见曾国藩,以"抵营后未受事,且闻故乡多警"为由,请求离营回乡。

他俩如果不是闲得发慌,就是感到了深深失望。

曾国藩同意龚橙回去招募部队,但又说过几天去樟树考察后再议。

二十八日,赵烈文见过曾国藩之后来到幕府,之后又到文案所,借观历届奏稿。

一星期后的二月八日,赵烈文和龚橙一起到了樟树,参观驻扎在这里的湘军水陆各营。

樟树在南昌上游,两地距离约九十公里,是赣江、袁水的交汇处,历史上就是江西四大名镇之一,也是兵家重点争夺之地。由于九江已失,曾国藩因此将兵力厚集于此,湘军主力周凤山部和水师彭玉麟部当时都驻扎在这里。曾国藩打算用重兵扼守樟树镇,以保卫江西省城南昌的安全。

从二月八日午前到达樟树,到十二日早晨离开,赵烈文和龚橙在樟树总共待了四天。他们参观了水陆各营,拜见了各营营官,出席了数次宴请。湘军各位将领都把他俩当成曾国藩的"耳目",相见之后态度都很恭敬,唯恐有所怠慢。

二月九日中午,赵烈文和龚橙出席周凤山举行的宴会,除彭玉麟等湘军将领和当地地方长官外,另有两三个客人作陪。

在周凤山营中,当地一位姓谢的贡生嘴巴上缺个站岗的,说起话来不仅无所顾忌,而且"语甚狂悖",居然当众夸奖太平天国高级将领石达开长得"龙凤之姿,天日之表"。赵烈文听得很不舒服,便问这是什么人?周凤山马上让这个姓谢的离开。

除此之外,赵烈文和龚橙在樟树再没有表达过意见和看法。他俩这次来,似乎只带眼睛,不带嘴巴。

此举既可认为他俩十分谨慎,也可理解为不愿意多说什么。

从樟树回到南康曾国藩大营后,赵烈文和龚橙果然表现得很不耐烦。见到曾国藩,赵烈文赞扬的话未说一句,就很不客气地批评湘军有暮气:"樟树陆军营制甚懈,军气已老,恐不足恃。"

曾国藩最见不得空口说大话的书生,对赵烈文的这番表现自然老大不高兴。

赵烈文敏锐地感觉到了这一点。他觉得曾国藩不是善于听取意见的人,就没有详细阐述自己的意见和看法。

坐了一会儿,曾国藩将江苏来的一封家信转交给赵烈文,赵阅后,得知母亲病重,

就以此为借口,向曾国藩辞行。曾国藩连句客套的挽留话都没有,那意思很清楚:你们要走我也不强留。

如果真是这样,这两个人从此就会分道扬镳,失之交臂。

曾国藩对赵烈文的看法有了彻底改变

然而几天之后,周凤山部湘军就被太平军击溃,印证了赵烈文的判断是多么准确。

当时,江西新巡抚文俊刚上任,情况不熟,朝廷命令曾国藩赶赴南昌会商江西防务。赵烈文回江苏必须经过南昌,曾国藩于是邀他和龚橙同行。他们是二十一日到达南昌的。当天,赵烈文到曾国藩船上见面,这才得知周凤山部十八日在樟树溃败的消息。曾国藩是何时得知这一噩耗的,赵烈文没有问。

在江西的湘军,以周凤山部人数较众,兵力最强,既是曾国藩在江西赖以立足的主要军事支柱,也是湘军创建后历史最老、战绩最辉煌的一支部队。它原是湘军名将塔齐布统带的,塔死后,才交由周凤山重新组建。周在湘军中的资格虽然很老,但此人胆子太小,骤临大敌常常丢魂失魄,结果在太平军进攻面前束手无策,被石达开踏破营盘,江西南部大门由此洞开,弁勇往江西省城溃奔而来,周凤山亦离曾国藩而去。

消息传到南昌,人心大震,夺门奔走者不可禁御,或相践以死。

刚到南昌的曾国藩做梦也没有想到,迎接他的居然是这种混乱局面。

曾国藩此后在江西陷入困境,与周凤山无能和樟树镇溃败有很大关系。

曾国藩只好收集溃勇,调派兵力,筹备守御,抚定居民。

人心虽然暂时安定下来了,但南昌是守是退,一时议论纷纷,苦无良策。

二十三日早晨,已定好行船的赵烈文向曾国藩辞行,曾国藩向他征求防守南昌的意见。赵烈文说:"南昌三面临水,太平军在赣江上游没有水军,而湘军有战船二百余艘,守之有余,太平军断无力量合围南昌。且南昌城内有万余兵力,登陴(城上的矮墙,亦称'女墙',俗称'城垛子'。上有孔穴,可以窥外)足用。但太平军十分狡猾,他们必定舍江西省城不顾而东袭抚州和建昌(今江西省抚州市南城县),绝我饷援,这才是最可担忧的事。"

后来的事实证明赵烈文的分析是完全正确的。

曾国藩十分赞同赵烈文的意见和建议,对他的看法因此有了彻底改变,觉得这个年轻人确实名不虚传,很不简单。他一定要赵烈文说出周凤山部湘军不可恃的原因,赵烈文只以不幸言中搪塞过去。他又要赵烈文留下来,协助他防守南昌城。赵烈文也只是老调重弹,献上"登陴之役",就没有其他话说。那意思其实十分明白:只要照他的话做,守住南昌没有问题,本人留不留都无所谓。此时的赵烈文显然不想把自己的命运交给前途未卜的曾国藩。

曾国藩是何等聪明的一个人,哪能看不出赵烈文的内心想法?于是马上自找台阶下:"君以太夫人有病请求回乡在前,并不是见难而退,有意回避艰险。只是请你快速成行,家中无事,希望能够早些归来。"赵烈文只是"唯唯而退",既没有拒绝,也没有爽快答应。

当天下午,赵烈文就同龚橙一起乘船离开了南昌,于四月十三日回到江苏家中,结束了为时半年的江西之行。

就在赵烈文和龚橙即将离开曾国藩大营的咸丰六年二月,曾国藩给刘蓉写信,其中提到了赵烈文与龚橙的这次江西之行(此信只标明六年二月,没有具体日期——笔者注)。原文是:

> 发所荐士,有龚孝拱、赵惠甫,顷已到营,皆英迈有识。(《曾国藩全集·书信》)

这是目前能见到的曾国藩对龚橙和赵烈文两人最早也是最直接的评价。只是在曾国藩最终认识到龚、赵两人"皆英迈有识"时,他们已决定离营而去了。

赵烈文确实是个眼力非凡的人

赵烈文最终虽然没有说出周凤山部湘军失败的原因,但此事足以证明他是个眼力非凡,观察事物独具匠心,能从细微之处发现问题并得出胜负结论的"有心人"。这一点,另外一件事也可提供佐证。

咸丰十一年八月二十三日早晨,赵烈文乘船到安庆,准备第二次进入曾国藩幕府。二十六日中午,他和朋友一同到城外看营垒,傍晚归来,感触很深,并料定湘军必胜。

原来咸丰八年(1858)春天,赵烈文在家乡丁忧时,曾到清军的江南大营看过营垒(赵烈文哥哥赵熙文当时在江南大营和春幕府工作,赵烈文此次到江南大营主要是看望哥哥——笔者注)。两相对比,他发现清军与湘军的营垒有三大不同:"一、钦差总统大营,离濠十余里,而此处(湘军)统领营逼近濠墙,且正当冲要。二、长濠深不及二丈,当敌冲处名龙脖子,以在石山上,不能开掘,仅垒小石作墙,高不及丈,而此处濠深广皆倍之。三、濠内各营,虽头敌俱不设严备,无坑堑,而此绕营小濠亦复宽深,鹿角梅坑,无不得法。"另外还有两点很大不同:"一、营官饮食,咄嗟立办,客至无不留饮,而此间客至,方谋到城中饭肆买菜,客卒不及候而罢。二、营官及随身亲勇皆华服,此营如田人,不可辨认。"

概括起来说,就是清军统帅的营垒,离前线有十几里远,湘军统帅的营垒不仅逼近太平军濠墙,并且正当敌军冲要处;清军的营垒没有湘军修得深和宽,"偷工减料"很严重;湘军营垒比清军营垒设计科学,防守得法。另外还有两点不同:一是清军讲究吃喝,来客必招待,湘军来了客,则是临时进城买点菜,客人常常等不及就走了。二是清军官员及随从都穿着华丽的衣服,湘军官兵则全是农民打扮,从衣着上看不出谁是官谁是兵。

赵烈文于是感叹道:"此五者,严既胜懈,俭复胜奢,呜呼,一成一败,非偶然矣!"

3. 第二次进入曾国藩幕府,"见面礼"是一份"识解闳远"的万言书

应该说,赵烈文第一次进入曾国藩幕府,是怀着希望而来,带着失望而去的。正因如此,临别时曾国藩给他留话,希望他能够早些回来,他也只是表面上应付,并没有明确表态。

既然如此,五年之后,他为何再次来到曾国藩幕府?

赵烈文第二次进曾国藩幕府是一种机缘巧合

原来就在咸丰十年(1860)的闰三月,太平军第二次击溃清军江南大营,钦差大臣和春伤重死,两江总督何桂清逃入上海租界,江苏巡抚徐有壬殉难死。之后,太平军又于四月中下旬接连攻占常州和苏州,然后从苏州进攻浙江,攻占嘉兴。赵烈文无处安身,全家逃往浙江湖州,然后又逃往上海。因物价高昂,谋生乏术,不久赵烈文全家只得再迁往生活费用相对低一些的崇明岛。而此时的曾国藩已任两江总督,授钦差大臣,实权在握了。

第二年夏天,赵烈文好友金安清受新任江苏巡抚薛焕之命,主持筹饷总局。为了扩大饷源,他打算以夷船拖带民船,运淮盐至汉口等长江上游城市销售,仅抽厘一次,以充军需。此事必须得到朝廷批复才能实行,金安清于是想请曾国藩出面给朝廷上一份奏折。考虑到赵烈文和曾国藩曾经有过的特殊关系,金安清就派人送信给赵烈文,想劳驾他专门去一趟曾国藩大营。

金安清号眉生,浙江嘉善人,曾任督粮道、盐运使、按察使等职。同治二年正月一日,赵烈文和金安清还相互交换帖子,成了结拜兄弟。

于公于私,赵烈文都不好推辞,所以没怎么考虑,他就爽快答应了。

如果不是这个机缘巧合,自尊心很强的赵烈文很可能抹不下面子,在这个时候主动投靠曾国藩。

应聘担任曾国藩外事秘书

赵烈文于咸丰十一年六月二十八日由上海乘轮船逆流而上,七月二十日上午八点左右到达东流。船在小南门一停泊,赵烈文就进城直奔湘军大营。他先与曾国藩的警卫桂正华等人联系,请他们安排时间面见曾国藩。第三天,曾国藩就跟赵烈文见了面。

赵烈文将金安清托办的事情汇报完毕之后,曾国藩重点问了一些与外国有关的情况,赵烈文尽己所知做了回答。当谈到天下大局如何挽回时,曾、赵两人虽然坦诚地交换了意见和看法,但包括曾国藩在内,都拿不出切实可行的办法来,因而唯有"蹙额而已"。

当年四月一日,曾国藩才从安徽祁门移营来到这里。湘军主力正在安庆与太平军激战,东流城内只驻有三营湘军,兵士一千五百人。

赵烈文听各营将官说:营中规矩十分严格,黎明即起,每日做两次大操,武官都是光脚穿草鞋,营中没有一个吃鸦片的人。曾国藩本人更是朴素节俭,不仅与士兵同睡同起,晚上还经常下部队检查,发现问题,也不严厉责备,只用好话教诲而已。民间有什么纠纷,即便是很小的事情,他也亲自处理,有些平民百姓甚至直接到总督衙门递状子,不收一分钱诉讼费用。由于饷银来源困难,当时湘军各营已经欠发了六个月军饷。

在此种艰难条件之下,湘军还能保持这么好的精神状态,此情此景令赵烈文十分感动。他在日记中企盼上天垂鉴这样的大臣,停止战乱,让老百姓实受其福。又说像曾公这样的人,即使没能成功,其人也可以千古不朽。

八月三日早晨,赵烈文去看望曾国藩,问起盐税的事情是否有了结果。曾国藩怀疑这件事与外国人有牵连,而发端是由我们提出,因此一时迟疑不决。他说还要写信跟金安清商量后才能做决定。赵烈文因此请曾国藩写一纸便函,让征税委员回去交差。曾国藩问赵烈文能不能留在他的幕府里工作,赵烈文说他想去湖南和湖北走走,还想去江西婺源看望在那里领兵打仗的左宗棠。曾国藩的意思是希望他能够留下来,还说可以写封介绍信给左宗棠。赵烈文于是回答说:我结束了湘、楚之行,会再回

到这里。至于是否留下,意思不是十分明确。

八月五日,曾国藩派人送来了给薛焕和金安清的复信,并告诉赵烈文:当天他要去安庆,希望赵烈文等他从安庆回来后再动身。赵烈文答应下来。六天后,曾国藩却从安庆来信,要东流留守人员全部迁往安庆,赵烈文只好跟着去安庆。不巧此后几天接连刮强风且气温骤降,天色也是黄黄的,像要落雪的样子。这样的天气自然不能行船。直到二十三日,赵烈文才到达安庆。

到安庆后,又遇到了一个新情况:湖北巡抚胡林翼身患重病,致信曾国藩,要他派医术高明的欧阳兆熊前往诊治,欧阳兆熊知道赵烈文医道不错,就一定要他同去,否则他也不去。赵烈文素来仰慕胡林翼的名望和为人,正好借此机会一识其面,就爽快答应了。曾国藩给胡林翼回信时,还特意写了一段介绍文字:

  筱岑兄(欧阳兆熊)今日赴鄂诊视尊恙。有赵君惠甫烈文,常州恭毅公之后,学问闳通,文辞雅瞻,尤精于黄氏之医说。筱岑兄要之同行,侍亦浼其(我也恳托他)并诊玉体,渠(他)亦亟思瞻对大贤光仪,重阳前后当可奉谒左右也。(《曾国藩全集·书信》)

八月二十八日,曾国藩不仅派人送来了湘、楚之行的路费,而且特意让欧阳兆熊转达他的意见:赵烈文回来后,就在幕府专门负责洋务工作。

第二天,赵烈文到总督府辞行,感谢曾国藩赠送的路费。曾国藩又当面邀请他做自己的外事秘书,还说这方面目前要做的工作不是很多,赵烈文进入幕府后,完全"可以游行自适"。

赵烈文深受感动,就爽快表示说:从湖北、湖南回来后,一定接受您的盛情邀请,留下来不走了。

赵烈文所上万言书受到曾国藩激赏

与赵烈文第一次进入曾国藩幕府相比,曾国藩这次的态度明显不同,不仅所有的考察程序全免了,而且显得非常急迫和主动,用"求贤若渴"来形容都不为过。之所以如此,一是他对赵烈文有了更全面了解,知道他确实是个人才;二是此时的曾国藩,已经认识到了洋务工作的重要性,他的幕府又非常缺乏这方面的人才,对于"主动送上门来"的赵烈文,自然不会再放过。

在赵烈文方面,他这次重新进入曾国藩幕府,其实也是有备而来,早就打定了主意,并不是临时做出的决定,这一点是很明确的,否则几天后他不可能郑重其事地给曾国藩上一道万言书。这道万言书不仅全面阐述了对时局的看法,而且针对当时面临的带有全局性的几大问题提出了相应对策,从而引起曾国藩的高度重视。

在上书中,赵烈文不仅预见太平军的失败是不可避免的,而且指出太平军只能拖累我们而不能倾覆我们,捻军只能搞乱我们而不能拖累我们,中国真正的威胁将来自洋人,未来国家的祸患,没有比这个更深重了。赵烈文还对中国与外国的国民性格和行为习惯做了认真比较。他说:中国一向崇尚虚文,喜欢搞形式主义,不注重实效,外国人做事则很专精,所以成就很大。为此他提醒曾国藩:中国的衰落不始于今日,而是长期发展演变的结果,只有正视现实,承认落后,虚心学习,加强中外沟通,寻求自强之道,才能慢慢改变这一现状。

在上书中,赵烈文还特别提出:用人一定要广纳兼收,必须用各种手段笼络人才,要"合众人之私以成一人之公"。意思是兵荒马乱时节大家提着脑袋来为您卖命,有几个不是为了名利而来?如果不能满足他们的私欲,不能让他们升官发财,怎么能够让他们归附于您?只有满足了众人的私利,他们才会死心塌地为您所用,从而合力成就您一个人的大事业。所以赵烈文说:

> 阁下礼贤好士,是全天下人都知道的。可是为什么有很多人最终还是离您而去呢?以前的就不必说了,就说最近一段时间相继离开的那些人,是他们有负于阁下呢,还是阁下以为他们没有用而放弃了呢?都不是。来投奔您的人,除了少数以天下为己任的人,大部分是带着个人目的来的。假如在您这里得不到发展机会,不能升官发财,他们怎么肯留下来为您卖力呢?所以明智的用人者,一定要满足人才的欲望,这样他们才会认为得到了赏识自己的人,才会竭尽全力来报答您。只有合众人之私,才能成就一人之公,从而完成您所从事的事业。

这段话不仅使曾国藩茅塞顿开,而且久久为之动容。原来曾国藩创建湘军以后,奉行的是"不妄保举,不乱用钱"的原则。这是因为曾国藩自己对于钱财看得很轻,本身又是个有品行修养的人,加之一直放不下理学家的架子,所以要求将领们也不能汲汲于名利,否则是干不成大事的。曾国藩的立场和出发点本来是好的,结果却导致"人心不附"的局面,对湘军的发展壮大十分不利。如咸丰四年(1854)湘军打败太平军,收复武昌,是一次影响全局的大胜利,事后论功行赏,曾国藩却只保举三百余人,咸丰五、六两年共保举了三次,总共加起来也只有几百人,受到奖励的人数仅占百分之三。和他不一样,胡林翼在攻占武昌之后,一次就保奏了三千多人,受到奖励的人数占到百分之二三十,是曾国藩的十倍之多。这个消息一传开,很多人就认为,要想得到升迁,就要投靠胡林翼,于是许多人纷纷投奔到胡林翼门下。曾国藩当时并没有发现其中的奥秘,还以为自己的德行不足以服人,后来才明白是保举太少,使手下感到升迁无望导致的。

由于曾国藩的这种谨慎保守的做法,很多较早投靠他的人反而没有得到朝廷重用,如郭嵩焘、李元度、章寿麟等人,虽然一直与曾国藩患难与共,但因为他不轻易保举,结果长期沉于下位。赵烈文上书恳切进言后,曾国藩即改弦更张,一变前志,从咸丰十一年起,开始效法胡林翼,积极主动保举手下人。到后来,凡是在曾国藩幕府工作过的人,绝大多数受过他的保举,几乎人人有顶戴,即使不是实授官员,也有候补、候选、记名之类资格,有不少人甚至一再得到褒奖,不几年就连升数级,位至督、抚,于是给人的感觉是:只要进入曾国藩幕府,就有了升迁的机会,就保准有官当。这样一来,各种人才自然会拼了老命来投奔他,而曾国藩本人也从中得到了很大好处:下属得到了提升,他的名望和影响力自然更大了,他和他的人才之间也就形成了水涨船高的关系。

另外,赵烈文上书中提出的外国人将成为中国最大祸患这一论断,对曾国藩来说真是振聋发聩。从此,他不仅高度重视洋务工作,注重学习外国先进技术并加强中外沟通,而且积极发现和培养熟悉洋务的人才。

咸丰十一年,曾国藩就在安庆军营里设内军械所,招募科技人士开始制造洋枪洋炮。同治二年冬,又派遣早期留美学生容闳到美国购置机器,对军械所进行扩充。两年后机器运到,在上海创建江南制造总局。

除了制造枪炮和船舶,曾国藩在江南制造总局还设置了翻译机构。

此外,他还接受容闳的建议,在江南制造总局兵工厂旁边建立了一所兵工学校,以培养机械制造方面的工程技术人才。之后,曾国藩又与李鸿章联名奏请派遣幼童赴美留学,不仅培养出一批中国近代早期的外交、海军、航运、电报、路矿、教育等方面的新式人才,而且对以后中国派遣留学生产生了积极的影响。后来,曾国藩幕府中出了不少杰出外交家,如出使英国的郭嵩焘,出使英、法、意、比四国的薛福成,出使美国的陈兰彬,历任驻英、法、德、日四国参赞又为出使日本大臣的黎庶昌等等,都是在这种机缘中成长起来的外交专才。

赵烈文第二次进入曾国藩幕府后,曾国藩让他负责幕府中的洋务工作,也就是让赵烈文做自己的外事秘书,显然也是由于这种机缘,因为当时懂洋务的人才实在太少了。

很显然,赵烈文这道万言书,是经过长期思考和准备,特意把它作为"见面礼"贡献给曾国藩的。曾国藩读过后,自然欣喜不已,为此在咸丰十一年八月二十九日的日记中重重地记下了一笔:"惠甫上条陈一篇,识解闳远,文辞通雅,逸才也。"可以说受到了他的激赏。

特殊人才最终得到特殊使用

当年十一月,朝廷命曾国藩举荐人才,曾国藩特别保举了六个人,其中称赵烈文"博览群书,留心时务",朝廷诏令咨送曾国藩大营录用。这样,赵烈文就从一个社会闲散人员变成在吏部注册的国家候补官员,曲线进入了公务员队伍。

一年之后,赵烈文又以县丞(副县级官员)保叙。

曾国藩显然想用这种特别保叙的方式,留住赵烈文这个"逸才"。

同治二年(1863)正月二十四日,赵烈文在日记里记载这件事时,是这样写的:

> 未刻,谒帅久谭,闻去冬以县丞保叙,余申谢。帅言:保优恐致人言,不得不从微末而起,庶不致人侧目。其肫肫见爱如此,可感非凡。余因陈鄙情素无仕宦之志,愿为大将军揖客(长揖不拜之客)。帅笑颔之。

赵烈文从一个布衣文人跨入副县级官员行列,只用了一年多些时间,已经够快够快了,可曾国藩还是觉得亏待了他,说明在曾国藩心目中,赵烈文是何等重要的一个人。宾主相得之情,也由此可见一斑!

4. 肩负特殊使命去上海

同治元年(1862)七月二十三日,赵烈文姐夫周腾虎因患痢疾,在上海乘坐返回安徽的火轮上去世。十天之后,赵烈文才得知这一不幸消息,他当即在寓所设置灵位并作《哭弢甫文》,哭悼这位亦兄、亦师、亦友的良师益友。

周腾虎家属当时均在南昌。赵烈文向曾国藩请假,专程赶赴南昌,将姐姐全家接到安庆同住。此后,他又带着周腾虎的儿子,赴上海办理姐夫的后事。当年十二月上

旬,又按照周腾虎生前愿望,葬周腾虎于江苏省如皋县西来庵之东北。

赵烈文此次去上海,除了办理周腾虎后事,还肩负一项特殊使命,就是当面向李鸿章搬兵救援进兵金陵雨花台的曾国荃湘军。

曾国藩制订围攻金陵计划时,采取的仍然是围城打援的老办法。可是,当同治元年五月上旬曾国荃率领湘军主力进驻雨花台之后,多隆阿等人率领的几路会攻和打援部队或受阻于太平军,或不积极协同作战,结果不仅不能实现合围金陵之势,而且使得争功急进的曾国荃军陷入孤军无援的极端危险境地。湖广总督官文本来就不希望旗人将领多隆阿与曾国荃合军金陵城下,加速曾国藩的成功,如今看到多隆阿不愿与曾国荃合作,干脆上书朝廷,将多隆阿所部一万五千精锐之师调往陕西,镇压由川入陕的农民起义军。

多隆阿关键时刻有意拆曾氏兄弟台,是因为咸丰十年进攻安庆时,多隆阿在外围打援,牢牢守住桐城挂车河一线,有力地阻止和推迟了太平军的救援行动,在安庆决战中起了关键作用。然而最后论功,曾氏兄弟得上赏,多隆阿虽由正红旗蒙古都统授荆州将军,仍不免有功高赏薄之憾。

多隆阿不仅对曾氏兄弟有怨气,而且与湘军名将鲍超、李续宜等人的关系也不好。行伍出身的多隆阿一向轻视文臣,也不识汉字,同以文人带兵为特征的湘军自然格格不入。会攻金陵时,多隆阿率领的部队虽奉旨"受成于公(归曾国藩直接指挥)"(《曾国藩年谱》卷八),但他还是怨气未消,通过官文奏请远走陕西。

这一预料之外的形势立刻在湘军内部激起大哗,曾国藩也极为忧虑。他一面出题目,让幕府高参们就"多将军撤会攻金陵之师西援关中"一事展开讨论,希望在舆论上变被动为主动,尽力争取"请"回多隆阿,一面火速致信"轻踏死地"的曾国荃,要他赶快退回来。

同治元年五月二十三日,赵烈文奉命撰写了《多将军会攻金陵或援陕西议》一文,提出了多隆阿"留攻金陵有四宜,西援关中有五不可"的看法。

可是,急功近利,一心贪恋金陵财货,不惜冒险蛮干的曾国荃,不仅听不进曾国藩意见,不愿退兵,而且对多隆阿远走陕西暗自高兴,因为这样一来,就没有人与他争功,可以无所顾忌地独吞金陵财货了。

更让曾国藩焦虑万分、夜不能寐的是,同治元年夏秋以后,江南传染病流行,湘军官兵纷纷病倒。而就在此时,率军在上海郊区与外国部队和李鸿章淮军作战的太平天国著名将领李秀成,奉命率领十余万太平军主力回援金陵,很快进兵金陵城下,轮番对雨花台湘军大营展开猛烈进攻,战斗打得异常惨烈。曾国藩"念湘军疾疫之余,继以大股逼犯,恐局势决裂,日夕旁皇,寝不安席者数旬"(《曾国藩年谱》卷八)。

万般无奈之下,曾国藩不得不檄调远在上海的淮军回援金陵。这时赵烈文刚好要去上海办理周腾虎后事,曾国藩于是要他当面向李鸿章说明这里的情况,务必让他分兵前来。

同治元年闰八月二十九日,《能静居日记》记述曾国藩当面向赵烈文交待说:

> 李秀成来援金陵,其众甚多,携洋枪无数,直逼沅圃方伯(曾国荃)后濠。此军已在贼围中,惟幸水师可通饷道。宁国有新河庄,为芜湖至宁国水道要隘,分兵进扼。二十日得一败仗,不能立营而退,宁国亦急。鲍春霆(鲍超)养病芜湖,已渐就痊。二十五日,拨队赴援宁国,未知得达否?湖北被陕西窜回余匪陷扰随州、枣阳、应城、唐山,已至孝感,武省颇震。金陵援贼扑营者,炸炮甚多。我军大营本在雨花台,距江口二十余里,恐被截断,已分筑十垒,由大营直至江边,江中水师梭巡,以护饷道。又贼有水师三百余号,从东坝抬入固城南碕湖,直通水阳江、青弋江。

九月七日赵烈文向曾国藩辞行时,曾国藩又补充交待说:

> 金陵贼尚猖獗,挖明地道,上盖木板,直犯诸营。我军多疾,不能出剿,现调蒋益澧由浙至宁国进兵,以掣贼势。

为此,曾国藩要赵烈文到上海后,当面向李鸿章传达他的指示:

> 飞调陈(程)学启一营由轮舟至镇江上岸,赴金陵大营,助九帅(曾国荃)同突围而出。此项兵勇,本系九帅标下,前随李(李鸿章)赴沪,九帅初不相允,此次大营危急,无论上海攻剿如何吃紧,均须即速遣发前来。青浦各县不必急急进取,其营到金陵解围后,即仍遣回沪,决不久留。

程学启原为太平军将领,投降湘军后被任命为开字营营官,归曾国荃管辖。同治元年三月奉命随李鸿章赴援上海,改隶李鸿章,不久便改为淮军并成为淮军的一支劲旅。动身去上海之前,赵烈文还奉曾国藩急命,专程赴九江雇用外国轮舟拖转运船接济金陵。赵烈文是曾国藩外事秘书,此项工作非他前往办理不可。

幸运的是,就在赵烈文往返九江和安庆这几天里,湘军"连得胜仗,踏毁贼营数座,芜湖以上均好,宁国亦安"。

赵烈文于同治元年九月二十一日天黑前赶到上海时,李鸿章带兵在外作战,他当即将随身携带的文件和曾国藩交待要说的话函告李鸿章。第二天,又给李鸿章写信说:

> 来时中堂(曾国藩)命(烈)面启阁下,言所调程军,务须遄往,以救金陵危急。一俟解围,立即饬回沪营,以资攻剿……兹谨飞启,即希鉴察施行。

二十五日,赵烈文听说李鸿章当日回到上海,当即冒雨赶到城外迎接并相见久谈。第二天,赵烈文给曾国藩写了一封长信,报告与李鸿章接洽情况,并汇报来上海途中路过金陵时亲眼看到的事实。

公事办理完毕,赵烈文才专心处理姐夫周腾虎的后事。

5. 被临时安排到曾国荃身边帮忙

同治二年正月九日,赵烈文乘船返回安庆途中,再次路过金陵,特意到湘军指挥部拜见了在这里领兵作战的曾国荃并住了一晚。曾国荃当时"左臂疼痛不可耐,服表药出汗甚多"(《曾国荃全集·家书》),听说赵烈文来了,不仅让他换上便服进内室执手相见并谈话多时,而且借了一架十分珍贵的西洋望远镜给他,让他出营后登高瞭望金陵全城。

正月二十四日,赵烈文回到安庆当天,就向曾国藩汇报了上海之行的详细情况。曾国藩告诉赵烈文,去年冬天保叙他为县丞的奏折,朝廷已经批准。又说:只是担心别人说闲话,才"不得不从微末而起",否则难免让人妒忌。赵烈文非常感动,表示自己"素无仕宦之志,愿为大将军捐客"。曾国藩会意地笑了笑。

曾国藩对金陵城下湘军的安危一直十分惦念,不能放心。二十七日,曾国藩告诉赵烈文,明天他要去无为、芜湖、金陵等地实地考察,到时再决定曾国荃的湘军要不要撤出金陵。赵烈文完全赞同曾国藩的意见。曾国藩没有要赵烈文随行,可能是考虑他刚从上海和金陵回来。

二月二十八日,亲自考察了金陵雨花台湘军大营和池州、芜湖、巢县、无为等地湘军营地壕墙的曾国藩回到安庆。曾国藩认为，围攻金陵的湘军营盘坚固，各部之间关系协调，没有必要从金陵撤出来。

曾国藩要求调回程学启部的指示虽被李鸿章打了折扣，但在此前后，曾国藩调派的其他部队和不断增募的新兵补充到营，使得曾国荃围攻金陵的湘军很快增加到五万人。集中兵力对金陵发动新攻势的同时，曾国藩又调鲍超率军攻占江浦，随后与湘军水师联合，攻陷太平军坚固设防的九洑洲。困守金陵城内的太平军由此失去了与下游联系的唯一通道，粮食供应线也被切断了。太平天国的生存危机越来越严重了。

曾国藩从金陵前线考察回来后，告诉赵烈文一条信息，说曾国荃当面恳请他让赵烈文到自己幕府工作。

赵烈文以为曾国荃只是嘴上说说，就没有把这件事认真放在心上。哪知曾国荃打心里看上了赵烈文，此后不仅多次写信给哥哥曾国藩重提此事，而且要哥哥一定做通赵烈文的工作。

同治二年四月十三日，赵烈文去见曾国藩，曾国藩便将曾国荃来信拿给他看，并征求意见说："足下意见如何？"赵烈文回答说："我赋性疏拙，不谙世务，到那里恐怕对沅帅没有多大帮助，所以还是不去为好。"曾国藩却坚持要他去，赵烈文只好以缓几天再作答复为借口，告辞而出。

过了两天，赵烈文还是决定不去，就请欧阳兆熊向曾国藩转达此意，想不到第二天欧阳兆熊回话说："曾公还是想请你去一趟。曾公还说：到金陵后，是去是留，悉听尊便；或者往返金陵和安庆两处，也无不可。"意思是赵烈文可以"身兼二职"，同时做曾家兄弟的秘书和"高参"，由此可见曾氏兄弟对赵烈文是如何器重了。话已经说到这个份上，赵烈文自然不好意思再回绝。

赵烈文一答应，曾国藩就于四月十六日写信给曾国荃，告知这一消息："赵惠甫可至金陵先住月余，相安则订远局，否则暂订近局。"

赵烈文初步确定行程后，曾国藩再致信曾国荃："惠甫定于端午节后起程。"（《曾国藩全集·家书》）

五月十二日下午，赵烈文离开安庆，一路由炮船护送，于二十日中午抵达金陵曾国荃指挥部。曾国荃给了赵烈文很高礼遇，让提督、总兵等大员穿着官服投到帐下迎接他。

这一方面是曾国荃很看重并急需赵烈文这个人才，另一方面是他接到了哥哥五月七日从安庆写来的信，叮嘱他对赵烈文要"不忘一敬字"，曾国荃自然不敢怠慢。

在这封家书中，曾国藩不仅叮嘱曾国荃别忘敬重赵烈文，而且对赵烈文的优缺点

做了客观全面的介绍。曾国藩信中原话是这么写的：

  赵惠甫今日来辞行，订八月回皖一次，或久局或暂局，弟与之相处一月便可定夺。其人识高学博，文笔俊雅，志趣不在富贵温饱，是其所长；藐视一切，语少诚实，是其所短。弟坦白待之，而不忘一敬字，则可久矣。(《曾国藩全集·家书》)

赵烈文清高自赏，太要面子，有时难免言不由衷；他又律己极严，有时让人觉得好像是故意违反世俗人情，以显示自己的与众不同。这些确实是赵烈文的缺点。曾国藩能把赵烈文了解得如此透彻，说明他看人确实非常厉害。

在和太平军进行生死较量的关键时刻，曾国藩不惜违背赵烈文的个人意愿，坚持派他到曾国荃身边，既是为了让他协助曾国荃工作，也是希望他在大事上替九弟把关，让九弟尽量少惹或不惹麻烦。

当然曾国藩内心也十分清楚：金陵迟早将被攻下，到时论功行赏，也好让自己的心腹幕僚赶上这个千载难逢的立功机会。

从攻克金陵后发生的一系列情况看，当初曾国藩的这个决定实在太英明、太有远见了。如果没有赵烈文在身边，独断专行、一味蛮干的曾国荃不知会惹下多少大麻烦。

6. 曾国荃的秘书和参谋不好当

同治三年(1864)六月十六日中午，湘军攻进太平天国都城金陵。

下午五时左右，赵烈文听说曾国荃回到了老营（曾国荃指挥部），就和众人一起前往祝贺。曾国荃穿着布衣，光着双脚，汗泪交流，一副狼狈不堪的样子。他制止大家的祝贺，然后拿出一份提纲交给赵烈文，要他据此起草奏折。赵烈文很快写出初稿，亲手交到曾国荃手上。

傍晚，赵烈文听说各军入城后，大肆掠夺，秩序大乱。他又看见湘军指挥部的人员也全都出去搜刮，连勤杂工都跑出去了，街上到处是挑着担子搜刮财物的湘军官兵。赵烈文的同事，也就是平日自视甚高的文案委员们，后来也加入这一掠夺者行列。他们每人备了一个箱子，装着抢来的（也有自称是买来的）物品，不仅不以为耻，反而互相欣赏和夸示。见到赵烈文来了，才不好意思地侧着身体挡住箱子。还有一个文案委员，在街上看到一个八岁男孩，长得眉清目秀，内心喜欢，就把他抢过来。男孩的母亲哭喊着追了几里路,这个人居然用鞭子使劲抽打,迫使她放弃自己的孩子。对汀军的劫掠行为,赵烈文深不以为然。当时,只有一个姓宋的文案委员与赵烈文有着同样的看法。他们两人私下交谈时,宋委员常常喟然长叹:"此地不可居矣!"

面对这种极其混乱的局面,赵烈文很担心激起变故,就请曾国荃赶快出去号令约束部队。曾国荃当时疲乏已极,似乎没有精力也没有心思管这些事。他瞪大眼睛,直视赵烈文说:"你想让我上哪里去?"赵烈文说:"听说城防缺口很大,还是请您亲自率兵堵截为宜。"曾国荃无奈地摇了摇头,没有答话,就睡觉去了。

到了晚上八九点钟,赵烈文听到龙脖子(位于南京太平门城墙东边,为一高坡,系"钟山龙蟠"余脉,俗称"龙脖子")到孝陵卫一带响起巨大炮声,料想太平军逃了出去。

当时金陵城虽然攻下来了,但太平军的重要首领都没有抓到,幼天王、李秀成、林绍璋等主要人物的下落都不清楚。

赵烈文顾不了许多,硬是从卧榻上将曾国荃摇起来,请他派兵拦截逃敌。曾国荃还是不以为然。

休息许久之后,曾国荃才起来,在灯下修改赵烈文起草的奏折。赵烈文的原稿写得比较简略,曾国荃涂涂改改,几乎增删略尽。叫人重新抄录后,曾国荃让彭椿年另外起草了一个稿子,然后吩咐赵烈文与他一起商量定稿。

赵烈文说:"回营这一层不必提到。各位将领的战功,这次也不宜写得太多,以后应该由曾国藩大帅详细上报。"曾国荃不耐烦地说:"不必取巧。这样做好像我们要隐讳什么。至于各位将领的功绩,我这里不上奏,我哥不一定会详细上报,这是有负诸位啊。"总之,他完全听不进赵烈文的意见。

奏折基本定稿后,曾国荃叫人誊写,就又睡觉去了。

下半夜四更时,城北传来报告,说有两百多太平军骑兵和一千多步兵,全部装扮成湘军模样,带着不少妇女从缺口逃出去了。负责防守这一地段的湘军主力,还在城内清剿太平军余部和掠夺财物,留守人员不多且疲惫不堪,因而不能阻挡,仅杀数十人。太平军逃出城后,由孝陵卫福字李泰山、节字萧孚泗等营卡门出去,然后向句容方向逃去。来报告的人不敢惊动正在酣睡的曾国荃,只好说给赵烈文听。正在誊写奏折的人员听到报告的情况,无不摇头叹息。

赵烈文猜测太平天国幼天王和其他首领就混在这群逃跑的人中,心想如果再按先前的定稿誊写奏折,以后肯定有大麻烦,于是不管曾国荃高不高兴,急忙敲门叫醒了他,要他在奏折中加上太平军如何逃走一段话,以便为将来留下一个回旋余地。曾

国荃这回没有发火,不仅采纳了赵烈文的意见,而且迅速下令派骑兵追击。

奏折誊写完毕,署上曾国荃、杨载福、彭玉麟的名字,密封准备寄走时,天也快亮了,赵烈文这才进房休息。

可是躺下不久,赵烈文想起还有三封急信要写,就又起来工作。

写完三封公函,随奏折一起发走,赵烈文又写了一份条陈,向曾国荃提出四条建议:一、停止杀戮,命令所有湘军回到自己营地,进行全城大搜查,搜寻、捉拿太平军头目。二、找地方安顿好妇女,不要使她们尽遭掠夺。三、设立善后局。四、禁米麦出城。曾国荃答应实施后面三条,第一条暂缓实行。

昨晚几乎忙了个通宵,十七日白天,赵烈文也无法休息。当天他主要做了这几件事:一是起草了两份公函,让对方即刻发布捷报。二是起草了《禁米麦出城告示》和《关于成立善后局的通知》。三是起草了三份通知,要求全体湘军分汛救火、清剿太平军残兵败将等等。

当时,金陵城中的天王府、忠王府还存在,其余王府大多数被大火烧了。太平军逃跑前呼喊说:"不要留下半片烂布给妖享用!"湘军进城后,也烧杀抢掠,四面放火,所以金陵城被焚毁的地方有十分之三是太平军放的火,其余十分之七是湘军烧的。再不赶快分汛救火,金陵城很可能被烧得精光。

天快落黑时,赵烈文得到昨晚派去追击太平军的骑兵送回来的报告,说逃出城的太平军实际上有二三千人,幼天王洪天贵福等人也在其中。赵烈文当即建议曾国荃将这一情况如实报告曾国藩,并商定如何再给朝廷写奏折,不要落在别人后面。但曾国荃不同意。

晚上赵烈文又处理了好几封公私信件。

十八日早晨赵烈文一起床,就被曾国荃叫进内室,要他给曾国藩写报告,内容就是昨天傍晚赵烈文对他说的那些话。他要赵烈文将详细情况报告给曾国藩,还说幼天王逃走的事情已经得到证实。给曾国藩的报告有数千字。忙完此事,赵烈文又分别给湖南巡抚骆秉章和湖广总督官文等人写信,忙得喘息的时间都没有。

经过一晚冷静思索,曾国荃有所醒悟,同意按赵烈文的意见给曾国藩写报告,以便统一兄弟两人给朝廷上奏的口径,是因为此事实在非同小可,不能不慎重对待。其主要原因是金陵攻破后,由于曾国荃粗心大意,处置不当,出了大问题,如幼天王洪天贵福和太平天国后期的顶梁柱李秀成都不知下落,大批太平军从缺口逃了出去,这如何向朝廷交待?更不必说湘军在金陵城内烧杀抢掠,放火毁灭罪证了。所以,如何向朝廷上奏，交待相关情况，确实是曾氏兄弟当时必须首先面对和考虑的问题。在此方面，赵烈文比曾国荃显然清醒得多。

可是十九日傍晚，赵烈文与曾国荃又因为要不要继续给曾国藩写报告的事情发生争执。那是十六日深夜派去追击太平军的骑兵首领回来亲自向曾国荃报告说：他们在淳化镇抓获了太平天国列王李万材，李万材供称：幼天王和李秀成逃出城后，分成两队，幼天王等人为前队，已远走；忠王李秀成与璋王、顺王、幼西王、幼南王、信王等为后队，现在去追可能还追得上。他们便要李万材带路，追至湖熟大桥边果然追上了，于是将李秀成等太平天国头目一起杀死，如今只将李万材一个人生擒回来。曾国荃当即要赵烈文起草报告，向曾国藩补充汇报这一情况。赵烈文却觉得这个骑兵首领空口无凭，说的话非常值得怀疑（事实确实如此），就说这个报告不必急着写，等完全弄清了情况再说。曾国荃坚持己见，非要赵烈文写不可，两人一时相持不下。赵烈文转念想：这个报告是写给曾国藩的，即使汇报不实也无大碍，就顺着曾国荃的意思起草了这一报告。

只要认真看过这一时期曾国藩写给曾国荃的信的读者，就会有趣地发现：由于曾国藩不能及时、准确、完整地得到金陵方面的信息，结果不仅为如何上奏朝廷大费心思，而且特意推迟了来金陵的时间。曾国藩哪里知道：这一切都是因为他的九弟不能认真听取赵烈文的意见，随心所欲，该如实报告的信息不报告，不该急于报告的错误信息，又"畅通无阻"地送到了他那里。

《曾国藩日记》也记载了曾国藩被曾国荃报送的错误信息所误导的事实。如六月二十二日曾国藩日记写道："已初接沅弟咨信，知金陵子城（内城）于十六日夜攻克，逃出之贼被马队追杀净尽。"这显然是十九日晚上曾国荃发出的报告误导的结果。六月二十三日，曾国藩日记又写道："接沅弟咨，知李秀成于十九日生擒，因将折稿再为核改。"

好得曾国荃及时补报了真实情况，前一天曾国藩写出的奏折尚没有发出去，来得及修改，否则不仅会闹出天大笑话，而且会造成许多被动！

那个骑兵首领的谎言，二十日一大早就被彻底戳破：太平天国忠王李秀成不仅被方山村村民活捉，而且已经缚送至萧孚泗营，如今被押送到湘军指挥部来了，曾国荃正在亲自审讯他呢。

曾国荃把尖刀和锥子搁在李秀成面前，打算一刀一锥杀死这个与他终日苦战、让他损兵折将的李秀成，以解两年来的心头之恨。

有人迅速将这一情况报告了赵烈文。赵烈文觉得李秀成不是一般人物，现在杀

了他,以后不好向朝廷解释,就急忙赶过去,对着曾国荃的耳朵细声提醒他不能杀死李秀成。

赵烈文不说则已,一说反而害了李秀成:曾国荃当即从座位上弹起来,厉声责问赵烈文:"这是土贼啊,怎么能留下来,难道要献俘吗?!"说完,就让士兵拿刀割李秀成身上的肉。虽然鲜血直流,但李秀成丝毫不为所动。赵烈文碰了这么大个钉子,真是意想不到。

不一会儿,曾国荃又命人将天王洪秀全的胞兄福王洪仁达绑来,也让士兵拿刀一块一块割他身上的肉,洪仁达也闭口不发一语。

看到这种情形,赵烈文知道自己无力阻止曾国荃的暴虐行为,就默默退出去了。

庆幸的是,曾国荃很快意识到了自己的行为是多么不可思议,于是下令停止用刑,将李秀成和洪仁达分别收入禁室,然后叫赵烈文过去,问他究竟应该如何处置这两个人。

曾国荃说:"过几天处死李秀成也可以。我是担心有献俘(克敌凯旋、献俘于宗庙以告成功)的事情发生,让朝廷滋生骄心啊。"赵烈文说:"是否献俘,不必由我们提出。但李秀成是太平天国后期主要领导之一,既然被活捉,理当请示皇帝裁决。假如您的手下人将他抓获后擅自将其杀掉,是可以呢还是不可以?"曾国荃一时无言以对,就说等报告我哥后再作决定。

曾国荃要赵烈文起草报告时,必须写明李秀成是湘军将领萧孚泗抓获的,实际上数千名太平军正是从萧孚泗的防区逃走的。曾国荃颠倒黑白,无非是为了报功,也是为了顾全他自己和整个湘军的面子。

后来,曾国荃和萧孚泗不仅获得了"擒获敌首"的大功,而且萧孚泗还由纵敌劫财的罪人摇身一变为功臣,封一等男爵,赐双眼花翎,曾国荃更是得到了一等伯爵,加太子少保。

晚上,赵烈文在一个同事的陪同下,来到囚禁李秀成的地方,与他谈了很久话。

李秀成觉得赵烈文面相比较和善,就坦诚回答说:"我是广西藤县人,今年四十二岁。家里穷,最初以烧炭为业。洪秀全到广西后,经不住诱惑,加入了拜上帝教组织。当时跟随他的人很多,人们都称他为洪先生。他起事的时候,我就参加了,属于石达开部下。到金陵七八年后,我才开始封王。"

赵烈文向李秀成询问太平军首领的才能以及所封各王的优劣情况,李秀成回答说都是中等人才,没有什么特殊本领,只有石达开谋略超群。

赵烈文问:"你们在一起闹事,有想过他们不可靠吗?还是自以为一定能成功?"

李秀成说："骑虎难下而已。"赵烈文问："怎么不早投降呢?"李秀成说："朋友之间的情谊,尚且不可背叛,何况我接受了人家的爵位。不过打仗的时候,我是严格禁止滥杀无辜的。抓获官军头目,也都待之以礼。对他们的家属,更是发给路票派兵护送出城。这些情况想必你也听说过。"赵烈文说："你说的事也许存在。但你部下所杀的人,比起你所放的人,相差何止千百倍。作为将领,应当令行禁止,像你这样的人,怎么能没有罪,而要为自己开脱呢!"李秀成说："这确实是我的罪过。但你们官军,又何尝不是如此!"赵烈文说："因为你很自负,所以要和你辩论清楚,目的是让你能够醒悟过来。杀掠之事是军中的一贯情形,哪里是单独责怪你呢?"

赵烈文还问了其他一些情况,李秀成都能坦诚回答。

在谈话中,赵烈文感觉到李秀成有戴罪立功、乞求活命的想法。

早在六月十七日凌晨,在赵烈文建议之下,曾国荃就发布了禁止杀戮良民和掳掠妇女的命令,此后几天,这种告示也贴遍了金陵城。然而湘军各将领都把它视为废纸,不仅掳掠不止,而且从地上发展到了地下,肆无忌惮地在金陵城掘地三尺,搜寻财物,连许多人家的坟墓都不能幸免。赵烈文听到消息后,赶忙请曾国荃派人查禁,但根本不起作用,照抢照掘不误。湘军官兵成群结队,肩挑手提;金陵城里,车水马龙,到处是抢掠的人群。他们瞪着血红的眼睛,像饥饿的狼群一样寻找着一切值钱的东西。在这场大浩劫之中,湘军的匪性赤裸裸暴露出来了。

为了抢夺财富和妇女,金陵街道上时常出现成群结队的火并现象。到了七月二十四日,攻陷金陵快四十天了,在《能静居日记》中还能见到这种文字:"城中各军尚纷乱不止,兵勇互掠夺,时有杀伤。"

湘军的抢掠,还发生了许多诬良为娼的事情。

有个金陵当地人,战前逃难到泰州,金陵收复后,就带着家人回来了。可能是此人的老婆有些姿色,又随身带了些值钱的东西,于是被湘军兵勇盯上。为了霸占他的妻子和财物,湘军兵勇便给这个人安上太平军余党的罪名,然后肆无忌惮地"搂其妇女,括其囊箧而去"。这个倒霉的人向一个叫唐新泉的湘军军官哭诉,唐新泉竟然"不敢问,唯唯惭谢而已"。真是秀才碰到兵,有理无处诉!

赵烈文痛心疾首,却又无力阻止,只能在日记里发出这些人"不知何以对中丞(曾国荃)?何以对皇上?何以对天地?何以对自己"的无声感叹。

其实,不是这些人无面目对曾国荃,而是曾国荃故意放纵他们这样做。太平军各将领尤其是各王府,都储存了数量可观的金银财宝,这也是曾国荃动员湘军拼命攻城

清朝三大幕

的主要诱饵。正因如此,湘军进城之后,局面才会立刻失控;面对曾国荃发布的禁令,湘军官兵们才会不屑一顾。

为了把搜刮到的财物运送出城,湘军官兵都把太平军俘虏抓来做挑夫,然后放他们逃走。湘军攻进金陵城后,真正被杀的只有那些坚持抵抗的太平军,更多的则是为湘军扛抬财物时逃出了城,还有就是带领湘军官兵挖窖寻财,得到财物后,也被湘军放走。

城内的普通百姓,尤其是那些老弱病残者,则没有太平军俘虏幸运。他们不能挑担子,又不知道哪里有窖藏可挖,留着全是累赘,就被湘军杀死。街上横七竖八,全是平民百姓的尸体,其中十有八九是上了年纪的人,还有一些不满两三岁的幼儿,但没有一个四十岁以下的妇女,说明她们都被当作性奴,被湘军官兵掳掠走了。那些命大的,身上中了数刀、十几刀,一时未被杀死,或死后又苏醒过来,则匍匐在路上,哀号不止,很远的地方就能听到他们的凄惨之声。局面乱到这种地步,真是令人发指。

湘军专杀老弱病残者,留着是累赘,无疑是主要原因,另外一个原因是:那些上了年纪的老年人,很可能是为了救护自己的女儿或儿媳而惨遭杀害;那些不满两三岁的幼儿,则可能是与自己的母亲难舍难分而惨遭毒手。

尤其可恨的是那个萧孚泗。他在天王府取出很多金银财宝,随后又纵火烧毁房屋,毁灭罪证。李秀成本是方山村民陶大兰绑送到萧孚泗军营的,他却掠人之美,上报曾国荃说是他派队擒获的,曾国荃也不调查核实,就认可了他的说法。萧孚泗贪天之功为己有,不仅不给方山村民任何奖赏,还怀疑他们得到了李秀成的金银财宝,于是派兵把陶大兰全家绑到营中,邻居们也被押来,强迫他们说出李秀成的财物存放在什么地方,致使整个村子的人都逃得光光的。赵烈文为此发出感叹说:"丧良昧理,一至于此,吾不知其死所。"

可见赵烈文对曾国荃纵容湘军劫掠,尤其对他把抓获李秀成的功劳记到萧孚泗头上,是极其不满的。

赵烈文对曾国荃有不满,曾国荃对赵烈文更是耿耿于怀,其中有两件事,甚至让曾国荃感到恼恨。

一是十六日下午曾国荃从前线回到指挥部后,赵烈文听说湘军官兵进城后大肆抢掠,秩序大乱,很担心激起变故,就请曾国荃赶快出去号令约束部队。曾国荃却把赵烈文的好心当成了驴肝肺,说赵烈文对他一点也不体谅,理由是他当时疲乏之极,哪有精力管这些破事?当时他的最大需要是休息,至于外面乱成什么样子,他是不想管也管不了的。作为湘军统帅,居然如此意气用事,一点责任心都没有,真是天下少有。

还有就是十七日凌晨,赵烈文在几乎忙了一个通宵的情况下,给曾国荃写了一份条陈,提出四方面建议,其中一条是尽快设立善后局,做好善后工作。曾国荃虽然采纳了这一建议,也委派了彭毓橘、陈湜、彭椿年、易良虎等人负责其事,但由于工作难度实在太大,工作起来实在太辛苦,这些官员或消极怠工,或推诿不干,或骂赵烈文"不识时务"。曾国荃无奈,就对赵烈文说:此事是你提议搞的,现在别人不干,只有请你兼顾了。当时赵烈文每天要起草许多文件和公私信函,连休息时间都没有,哪有精力兼任此事?再说曾国藩要他来这儿,不是负责某项具体工作的,而是来做机要秘书和高参,为曾国荃出谋划策、处理重要文案,曾国荃再怎么糊涂,工作中遇到再大难处,也不能这样乱点鸳鸯,所以赵烈文考虑都没有考虑,就婉拒了曾国荃的要求。

曾国荃于是觉得赵烈文不体谅他的难处,只知道指手画脚,乱出主意,不帮助他解决实际困难,从此就把这两件事放在心里,给赵烈文记上了仇恨。到了六月二十四日,曾国荃向赵烈文的朋友谈起这些事时,都还是满脸不高兴的样子。

这些话传到赵烈文耳中后,他心里虽然很不是滋味,甚至颇感委屈,但扪心自问,又觉得自己并没有做错什么,就懒得和曾国荃计较。

然而非常有趣的是,过了一天,也就是六月二十五日,曾国荃却主动找赵烈文谈话,诚恳对他说:"我读书太少,常常不明事理,喜欢意气用事,如果有什么怠慢和得罪的地方,还请多多包涵。"曾国荃说这些话时,满脸难为情的样子,就像一个做了错事的孩子。

赵烈文猜想,曾国荃是为自己昨天说过的那些不得体的话,在向他做检讨了。如果真是这样,这个心直口快的曾国荃,倒也有他可爱的地方。

事情并非赵烈文想象的那么简单。曾国荃能够放下身段,主动找赵烈文交心,委婉做自我批评,是因为曾国藩当天要从安庆来金陵,他觉得如果不尽快与赵烈文修复关系,到时哥哥批评起来,自己不好交待。

曾国藩来了后,曾国荃对赵烈文的态度果然大变。

曾国藩与赵烈文长时间说话,曾国荃不仅一直陪着,而且专门安排时间,与曾国藩一起宴请赵烈文。要知道,曾国藩到金陵后,有多少重要事情要处理,有多少重要人物要接见,有多少应酬要参加,何需如此礼貌对待赵烈文。

更好笑的是,六月二十九日曾国藩一天在外,曾国荃又单独请赵烈文吃晚饭,饭后,两人又进行长时间谈话。曾国荃可以说套足了近乎。

应该说,曾国荃的关系修复工作是起到了积极作用的。此后,赵烈文完全放下了

包袱,不仅精神顾虑没有了,而且身上的疮疾(疥癣痈疽等皮肤及外科疾患)也逐渐有了好转。这段时间,赵烈文原来一直带病工作。

七月三日傍晚,身心轻松的赵烈文到河中痛痛快快洗了个澡。这是他来金陵后第一次到河中洗澡。农历六七月是一年最热的日子,又是在火炉城市金陵,从小生活在江南水乡的赵烈文入夏以后就没有洗过澡,这种滋味,无须亲自体验,谁都能够想象有多难受,这就怪不得赵烈文戏水时会发出这种欢呼:"浣濯甚快,安得纯灰百斛,并涤胸中块垒耶!"

这哪里是身体在洗澡,分明是精神在洗澡,说明前一段时间,赵烈文的精神压力和身心负担有多沉重!

7. 曾国荃的错误却记到了赵烈文账上

可是朝廷发出的一份廷寄(不通过内阁,由军机处直接寄发的机密文件)使得赵烈文的心情很快又陷入冰窖。

原来朝廷收到十七日凌晨曾国荃与杨载福、彭玉麟共同署名发出的《官军克复金陵外城情形疏》之后,因为再没有收到后续报告,十分担心金陵这边发生了什么变故,未免不悦;又因为曾国荃在金陵外城刚刚攻下便贪图安逸,丢下部队不管,立刻回老营休息,朝廷觉得曾国荃太不负责,于是在廷寄中用十分严厉的语气批评了曾国荃。

看到这份廷寄后,赵烈文的心情本来就十分沉重,而一些不了解事实真相的人却认为朝廷之所以有功不赏,反而对曾国荃横加指责,都是因为奏折起草人赵烈文没有写好,尤其是奏折中写了"伪城甚大"的缘故,所以这一切都是赵烈文的罪过。

听到这些不负责任的议论后,心思缜密、对工作精益求精的赵烈文心里虽然在喊冤,却无法向人说明事情真相。

实际上正如前文所写,十六日晚间赵烈文起草的奏折初稿,内容非常简略,并没有涉及曾国荃回营这件事。曾国荃修改时,才不顾赵烈文反对,执意加上了回营的内容。在曾国荃改稿的基础上,彭椿年奉命另外起草了一个稿子后,曾国荃要赵烈文一起商量定稿,赵烈文又一再主张删除"赶回老营"四个字,曾国荃不仅不听,反而发了脾气,说"不必取巧",赵烈文才无奈地放弃自己的意见。

曾国荃在奏折里执意写上"赶回老营"方面的内容,估计是做贼心虚,结果却此地无银,不打自招。

那么"伪城甚大"的内容又是怎么加进去的呢?那是下半夜四更,赵烈文得到来自前线的报告,说有大批太平军在混乱中化装逃出了城,湘军主力则在城内烧杀抢掠,只留下少数人员在防区站岗放哨,当时奏折尚没有誊写完毕,赵烈文于是强行叫醒睡梦中的曾国荃,建议他对奏折文字做些修改,否则以后朝廷怪罪下来,自己没有回旋余地。曾国荃采纳了他的意见。赵烈文于是将奏折原稿中的文字"令官军环城严守,四路搜杀"改成"环城内外扎定,兼扼各路要隘,冀使无一漏网"。同时在下文添加了一段话:"万一城大兵单,窜漏一二,臣自当严饬各军尽力穷追,会合前路防军悉数禽(擒)斩,免致流入他方,复贻后患。"

赵烈文这样添改,主要有两层用意:一是表明曾国荃回营,并非为了休息,而是防范太平军逃窜,也是为了淡化前后矛盾,掩盖前文留下的语句毛病。二是金陵城有这么大,湘军又不占绝对优势,破城之后,即使防范不严,有少数太平军趁乱逃窜,也是不奇怪的,朝廷日后要怪罪,自己不仅能够自圆其说,而且预留了推卸责任的理由。

赵烈文"不求有功,但求无过"的良苦用心,因不为外人所知晓,结果背了黑锅,承担了骂名,真是"悠悠之口,何足与辨!"

写到这里,笔者不得不遗憾指出:经赵烈文修改后的奏折,内容虽然更妥当,用语虽然更严密,但对照读过《曾国荃全集》中的正式文本《官军克复金陵外城情形疏》之后,就会惊讶地发现,赵烈文经心修改过的内容,曾国荃最后又做了删改。这一点赵烈文可能不知道,否则会在日记里予以记载的。

在正式发出去的文本中,招来朝廷严厉批评的内容是:

> 臣国荃至太平门倒口进,登龙山督阵,见攻克省城大势已定,遂赶回老营,将大略情形一面具报,一面饬官军环城内外扎定,兼扼各路要隘。计自十六日午时起至日暮,殄毙悍贼数万,攻毁伪府数十处。惟首逆洪酋等所居,筑有伪城甚大,死党不下万人,经官军四面环攻,尚未破入,大约一二日内即能剿洗净尽。(《曾国荃全集·奏疏》)

由此可见,"伪城甚大"四字及相关内容,的确是曾国荃最后审稿时亲自加上去的,朝廷正是恼火他不等攻破内城便赶回老营休息这一点。

假如不写"赶回老营"而又能完全按照赵烈文修改后的内容定稿,曾国荃这次不仅不会挨骂,而且对于当天深夜幼天王逃走一事,也有了自圆其说和推卸责任的理

由。曾国荃完全是咎由自取,确实怪不得赵烈文。

曾国荃对此也是承认的。事过三年之后的同治六年七月二十七日,曾国荃给曾国藩写信时,就提到过这件陈年往事:"赵惠(甫)添内城未破一层,启朝廷之疑,固我之疏也,亦命也,于吾心均无悔焉。"(《曾国荃全集·家书》)由于事情过去了三年多,曾国荃可能记不清当时草拟奏折的具体细节,但他没有怪罪赵烈文的意思,则是十分明确的。

让赵烈文感到欣慰的是:曾国荃挨了朝廷严厉批评,虽然气得七窍生烟,却没有给赵烈文脸色看。一是他知道全部事实真相,明白责任不在赵烈文身上,没有怨怪赵烈文的理由。二是他和赵烈文都心知肚明,朝廷这次借奏折问题严词谴责,其实与奏折用词本身没有多大关系,完全是借题发挥,节外生枝,有意刁难。否则,去年冬天攻克苏州时,李鸿章在奏折中明白无误地写了李秀成率部从小路搭桥而去;今年春天攻克杭州时,左宗棠在奏折中也明确告诉朝廷太平军倾城而走,可是李鸿章和左宗棠不仅没有受到指责,反而很快得到了恩赏。

朝廷之所以薄此厚彼,要这样严厉对待曾国荃,一是要打压他那骤胜而骄的骄盈作风。湘军攻下金陵外城后,曾国荃便丢下部队不管,立刻回老营休息,自然是骤胜而骄的表现。二是在给曾氏兄弟提出警告,告诉他们必须夹紧尾巴做人,不要得意忘形,不能有任何非分之想,如果违背朝廷意旨或有不轨的行动,朝廷随时可以将他们一免到底,甚至可以采取更严厉的惩罚措施。

当时曾氏兄弟手里握有天下第一重兵,身边聚集着全国第一流人才,长江流域几乎都是湘军的天下,曾国藩本人威望又很高,对清廷不能不是一大威胁,所以满族统治者从骨子里疑忌和害怕他们。正因如此,他们才会虚张声势,既给自己壮胆,又能加大政治压力,把对方打得晕头转向,最终逼迫曾氏兄弟就范。

大凡熟悉中国历史的人,都知道"功高震主"的典故。现在,曾氏兄弟和清廷的关系,也正处在这样一个关键的节骨眼上。

自曾国藩任两江总督节制四省军事以来,清廷是又要用他,又对他不放心,越是接近太平天国失败,清廷的疑心就越重,一会儿突然无来由的指责,一会儿又加以安慰,就是清廷这种矛盾心理的具体体现。曾国藩熟读史书,又十分谨慎,曾国荃则不然,天不怕,地不怕,性格倔强,行事鲁莽,不时时敲打他一下,说不定真的会做出让人惊骇的事情来。

这些,就是清廷借奏折一事向曾国荃发难的主要原因。

8. 赵烈文也给曾国荃惹过祸

不过在上奏折问题上,赵烈文给曾国荃惹祸的事情也曾经发生过。

同治二年八月七日下午,曾国荃来赵烈文处商量上奏折的事情。赵烈文建议说:"这次给朝廷上的奏折不可太多,最多一个折子附两个夹片。如果发一个轮船巡海的折子,就附上一个夹片陈述其他事情,这样做最合适。"曾国荃答应这样做,并且说:"江苏布政使司津贴本营粮台的附片,早已拟好了,这次就不发了。"

随后,曾国荃又问赵烈文:"鲍超北上的事情,我们是否可以挽留?"赵烈文说必须坚决挽留。一是鲍超北上远水救不了近火。二是士兵长期欠饷,士气低落,军心不稳,部队北上,士兵极有可能逃散,加之患病人数太多,湘军对临淮那边的地势敌情也全然不知,鲍超北上既于事无补,又可能出大乱子。三是金陵下关地区的防守兵力本来就单薄,不仅不宜抽走兵力,而且必须加强防守,所以一定要阻止这件事。

八月二十六日赵烈文离开金陵,于九月五日上午回到安庆休假。

船停泊后,赵烈文没有立即上岸,而是在船上给曾国荃写信并交行台寄走。他急着写这封信,主要想知道朝廷批复下来了没有:"八月十五日以后发出的奏折,朝廷批复下来了吗?具体有哪些内容?我私下认为,您目前所处的地位非常特殊,既是手握重兵的统帅,又身兼浙江巡抚,地方和军队上的事情性质完全不同,如果都想发表意见,说多了反而没有好处。这个月更应少上奏折,即使一二个月都不上奏,也不会有谁说您失职。"

他除了再次提醒曾国荃要少上奏折之外,似乎预感到了上个月十九日发给朝廷的军务夹片会出问题。

读《能静居日记》可知,这份军务夹片是赵烈文起草的,时间为八月十日,八月十九日随轮船巡海折子一同发出。轮船巡海折子是不是赵烈文写的,日记中没有明确记载。即使不是他起草,他肯定也看过,否则不会发出去。

查《曾国荃全集》,只看到六月十九日由彭椿年代作的《恭谢天恩并陈金陵近日军情疏》,没有看到赵烈文起草的军务片,轮船巡海的奏折也没有收入其中。

九月十二日,尚在安庆的赵烈文听说朝廷已经批复了曾国荃的奏折,轮船巡海的折子交总理衙门商议后上奏,有关军务的附片却遭到朝廷严厉批评:"曾国荃的浙江巡抚一职只是个虚名,并未到任,以后军务方面的事情,一律与杨载福、彭玉麟联名,

由曾国藩负责奏报,用不着曾国荃单独奏报。"这实际上是剥夺了曾国荃的专折上奏权,并不视他为巡抚,事态自然极其严重。

赵烈文马上去见曾国藩。曾国藩要他迅速赶回金陵,给曾国荃做安慰开导工作。他生怕脾气暴躁的曾国荃想不开,郁郁寡欢,触动肝气,急出病来。当然更担心他会做出傻事来。赵烈文却说:"我虽然劝过沅帅要尽量少上奏折和夹片,却没有阻止他奏报军情,所以心中深感惭愧,不好意思见他。"赵烈文说这话时,"语次几欲垂涕,足见其知己之感,血性过人"(《曾国藩全集·家书》),曾国藩也就不再勉强。

第二天,赵烈文特意给曾国荃写信,做了深刻检讨:"昨天在友人处,听说您前次给朝廷的上奏受到严厉训斥,我于是立即拜见相君,如实汇报了事情的来龙去脉,并为此惊愕不已!您在写给相君的信中,还说我曾经劝过您不要向朝廷奏事,因而把责任全部揽在自己身上。您越是这样做,我越是感到难过。我在您身边,充当上等宾客,享受丰厚俸禄,就是发生了与我完全无关的错误,心里也会惭愧不安,何况我在您那里负责文稿之事,现在您因上奏折而受到朝廷训斥,我怎么能说没有过错呢?所以您越是对我宽厚,我就越是感到愧疚。"

朝廷这次之所以要在曾国荃的军务夹片上发难,不是因为他上的奏折太多,而是恼火他多嘴多舌,阻碍了上级命令的执行。上级要求鲍超率军北上,救援临淮,自有上级的考虑,作为下级的曾国荃只有无条件执行。可他倒好,不但不执行上级命令,反而喋喋不休,提了一大堆反对意见,朝廷自然无法容忍。加之曾国荃久攻金陵不下,外间议论纷纷,各种各样的说法都有。有人甚至"作《老妇行》以讽刺金陵战事",曾国荃特意要赵烈文写《老农行》一篇予以回击。皇帝对曾国荃自然也有一肚子看法和意见。赵烈文反复劝导曾国荃少上奏折,主要原因是他知道朝廷对曾国荃失去了耐心,而不是上多了奏折本身是一种罪过。

再说奏折带夹片这件事,也没有硬性规定可以带多少。官员上奏,如果还有其他事情需要同时报告或请示,只要不违反一事一奏原则,便可"再"字起头,另纸奏明。通常一个奏折可带二三个夹片,亦有多达五六个的。曾国荃在轮船巡海的奏折里面多带一个军务夹片,又有什么不可以呢?

当然,中国的为官之道,自古以来就是多做少说,略不与闻。上奏人如何取舍,如何叙述,以求避开风险,都是极高深的学问,所以臣子上奏既是一门技术活,也是一门政治活,不是想上奏就能上奏,想说什么就能说的。尤其对于曾国荃这种直性子来说,少说话,少奏事,才是最安全的自保之术。为此,同治二年三月曾国荃补授浙江巡抚、有了独立上奏权之后，曾国藩便马上写信给他，叮嘱他尽量少上奏折："如果没有要紧事件，弟弟千万不要单独给皇帝上奏折，平常报告战况的例行公文，还是由我这边代奏为好。"（《曾国藩全集·家书》）

为了让曾国荃学有榜样，牢牢记住少上奏折这件事，在写给曾国荃的同一封家书中，曾国藩就像一个循循善诱的先生，特意举了左宗棠、彭玉麟两人为例来教育这个懵懂无知的九弟："就是遇到需要上奏的事情，弟弟也不要匆忙上奏。左宗棠接到可以专折上奏的谕旨后，过了三个月才开始给皇帝上奏折。彭玉麟被任命为安徽巡抚和后来改任兵部侍郎，有了专折上奏权之后，除向皇帝恳请推辞时上过两次奏折，至今都没有单独上奏过其他事情。"

所以严格说起来，赵烈文确实没有起好参谋作用，至少是提出的对策太简单了。他只是一厢情愿地站在曾国荃的立场上考虑问题，既没有顾及上级尤其是朝廷的感受，又忘记了下级和臣子应尽的职责，结果惹下大祸。

正因如此，当曾国藩要他迅速赶往金陵安慰开导曾国荃时，赵烈文才像一个犯下大错的孩子，不好意思前往。他觉得自己无面目见曾国荃。

事实也确实如此：惹祸的赵烈文不在身边，曾国荃眼不见心不烦，他如果赶回来，居高临下做所谓的思想工作，曾国荃不仅有可能听不进，说不定还会火冒三丈、大发脾气呢！赵烈文何必自讨没趣？

赵烈文原本九月下旬返回金陵，可能是急火攻心的原因，不久他就患上吐血之症，结果因病耽搁，拖到十一月上旬才成行。

因曾国荃给曾国藩和欧阳兆熊等人的信中多次催问过赵烈文的行期，所以十月二十二日曾国藩给他回信时，特意解释了赵烈文迟迟未动身的原因。当天，曾国藩还去赵烈文家里看望过。

听说赵烈文吐血，曾国荃很是着急，给曾国藩回信时不仅表示问候，而且担心他钱不够用："惠甫吐血，境遇太苦，用功刻苦自励太过之所致，可念可念！不知渠近日有钱用（否）？内银钱所薪水已停，而此间道远难寄，恐渠家悬釜待炊，则弟实对不住惠甫也。"（《曾国荃全集·家书》）

赵烈文被临时安排到曾国荃身边帮忙后，名义上是"身兼二职"，同时担任曾家兄弟的秘书和"高参"，实际上只领曾国荃幕府一份薪水。同治二年九月二日曾国藩《致沅弟》信中，就提到了这件事："惠甫薪水，此间可于渠到家之日截停。"（《曾国藩全集·家书》）

曾国藩幕府的工资已经停发,金陵那边的工资又"道远难寄",赵烈文如果不能及时回去上班,家里自然有"悬釜待炊"的可能。曾国荃对赵烈文的体贴和照顾,是多么体贴入微,赵烈文为此急得吐血,也就完全可以理解。

赵烈文虽有一股强烈的士为知己者用的儒生情怀,但他毕竟还年轻,无论从政经验还是处理复杂事务的能力,都存在明显不足。

相比之下,在处理同类事情上,赵烈文就明显不如李鸿章。

咸丰十年秋天,英法联军攻占天津,接着向北京方向推进,不久直逼北京城下。咸丰皇帝逃往热河途中,给驻扎在安徽祁门的湘军统帅曾国藩下了一道圣旨,要他速派鲍超率部北上救援。

鲍超是湘军的一员悍将,他指挥的部队被称为霆军,是湘军的劲旅,很有战斗力。

接到命令后,曾国藩左右为难,大伤脑筋。他既不愿意湘军主力被朝廷抽走,落入别人的掌握中,又不敢公开违抗皇帝命令,于是集思广益,请幕友们充分发表意见和看法。

大多数幕友主张派鲍超北上勤王,只有少数人认为将在外君命有所不受,因而反对发兵。李鸿章却别出心裁,提出了一个全新的方案。

李鸿章认为:英法联军已在北京城下,以他们的实力,破城而入只是朝夕之事,湘军千里迢迢派兵北上救援是远水不解近渴,不仅于事无补,而且徒劳无益。再说,英法联军即使打进了北京城,最终无非是和朝廷"金帛议和"了事,他们不可能和满族人抢皇帝做,真正威胁清王朝统治的还是太平军。但救君父之难是臣子义不容辞的职责,公开反对发兵既不明智,也有犯上嫌疑,万万使不得,社会舆论乃至后世史评也令人惧怕。

李鸿章于是给曾国藩出主意说:我们不妨采取拖延的办法来对付。过几天再给皇帝上一道奏折,说鲍超只是一员战将,非方面之才,位望和能力都不够担当援兵统帅的重任,请朝廷于曾国藩本人与湖北巡抚胡林翼之间选择一人为主帅,统兵北上,护卫京畿。而奏折来往需时,曾国藩所接圣旨已在路上走了半个月,这里再耽搁数日复奏,等奏折送达热河皇帝手上时,又要半个多月,在这一来一往一个多月时间里,形势肯定发生了变化,已经不再需要湘军北上了。

这的确是个两全其美的好主意,曾国藩欣然采纳了李鸿章的意见。果然,朝廷很快便有新的命令下来:和议已成,援兵无须北上。

李鸿章的这个主意不仅帮了曾国藩的大忙,而且让曾国藩看到了李鸿章过人的政治才干和高超的政治手腕。

赵烈文如果具有李鸿章的政治头脑和手腕，这次显然不会闯祸，自己也不会急出病来。

而就在不久前的七月七日，曾国荃要赵烈文起草保举人才的奏折，开头只保举了五个人，脱稿后，又要赵烈文添上七个人，其中包括赵烈文本人。在考语中，不仅说赵烈文是优秀的顾问人选，而且一连写了二十多句褒奖他的话。赵烈文极力推辞，曾国荃坚决不答应；想删掉几句褒奖自己的话，曾国荃也不同意，还说这份保举折子，正是因为有了他的名字，才体现出它的分量。为请赵烈文"润色辞句"，曾国荃在落款处甚至写上了"某某敬恳"字样，极尽礼遇。

八月一日即接到廷寄，所保各员均交军机处存记，候旨擢用。不久，曾国藩又接到上谕，各处特保的十四人俱发往江苏，以知县用。赵烈文也名列其中。清朝任官实行回避制度，朝廷显然忘了赵烈文就是江苏人。为此，攻克巢县、含山、和州等地之后，曾国荃又在保举人才的奏折中，以"器量闳深，调度有法，实属尤为出力"保举赵烈文，并请求朝廷免送本班，以知县留于浙江补用，奉旨允准。

两个月前还接二连三受到曾氏兄弟褒奖的赵烈文，如今因为自己考虑不周，给曾国荃带来了大麻烦，赵烈文有多么懊悔，也就可想而知了。

可能正是有了这次挫折，吸取了深刻教训，以后他代曾国荃起草公文，才会思前想后，考虑周密，哪怕遭到曾国荃的反对，也甘冒被误解的风险，坚持自认为是正确的做法。

9. 归根结底是多上了奏折

不过说千道万，这次赵烈文闯祸和曾国荃遭咎，归根结底还是曾国荃把曾国藩的告诫当耳边风，多上了奏折。事实证明不仅这份军务夹片不该上，而且轮船巡海折子也成了闯祸的导火索。如果不上这一折一片，自然什么事情也没有。

为什么说轮船巡海折子成了闯祸的导火索呢？这就不能不说到议政王奕䜣所办的一件荒唐事。

咸丰十年末（公历咸丰十一年初），清政府在北京设立了总理各国事务衙门，办理对外交涉，下设南北洋通商大臣，后分别由两江总督和直隶总督兼任。

紧接着，清政府任命英国人李泰国为中国海关总税务司，把国家的海关大权交给了一个外国人。

总理各国事务衙门设立后,很想办成两件事,一是借师助剿,二是购买英国先进军舰和火炮。

借师助剿又称借夷助剿,就是借用英、法等国军事力量帮助镇压国内反抗势力。购买先进军舰和火炮,也是为了加速剿杀太平天国。

那时湘军正进攻安庆,长江中下游一片狼藉,亟须水师肃清长江江面,配合陆军作战。另外太平军攻陷绍兴、宁波及杭州后,不仅直接威胁上海,而且传出太平军很可能购买外国轮船出海。面对这种形势,曾国藩当然同意购买外国军舰,并称之为"今日救时之第一要务"(《曾文正公奏稿·复陈购买外洋船炮折》)。对于借师助剿,曾国藩则有不同意见和看法。他只赞成借洋兵助守上海,以保此财赋之区,坚决反对借洋兵"代为收复"金陵、常州、苏州等城市。但这是另外一个话题,此不赘述。

同治元年,总理各国事务衙门即委派时在英国的李泰国具体操办购买军舰之事,并规定购买中号军舰三艘、小号军舰四艘及各种火器,招募少量外国水手当教练,所需费用在各地海关税款中拨用。舰队组建后,必须听从地方督抚大员的指挥调遣。

远在英国的李泰国却自作主张,不仅多购一艘军舰,而且擅自提高船价,由原定六十万两银子增至一百零七万两。

更好笑的是,清政府原意由中国人当舰队统帅,英国人任副手,舰上中国水手与外国教练的比例大约为三比一。李泰国却以中国政府全权代表自居,擅自聘请英国海军军官阿思本为舰队司令,并招募了六百余名英国水兵,舰上只用洋人,不用中国人。李泰国还与阿思本签订合同,规定阿思本对舰队拥有完全指挥权和用人权,只接受由李泰国所传达的中国皇帝的命令,别人一概不得干预。就是中国皇帝的命令,也"要有李泰国副署才能有效"。如果李泰国认为中国皇帝的命令是不合理的,他有权"不加以副署!"(《中国近代史资料丛刊·洋务运动》第八册附录一《中国的海陆军》)

同治二年秋天,阿思本率领舰队来到中国,舰上清一色的洋人,不明就里的人,还以为是某个西方国家的海军部队来中国访问呢!

对李泰国的胡作非为,总理各国事务衙门虽然颇感诧异,几经交涉之后,却不敢坚决抵制,而是妥协退让,甘受外人挟制。

总理各国事务衙门对英国人一味顺从的懦弱行为,引起曾国藩、李鸿章等人的强烈不满,他们多次上呈意见,要求解散舰队。

曾国藩甚至提出:宁愿将这支舰队分赏给外国人,损失的一百多万两白银分文不要,也要杀一杀英国人的骄矜之气。

由于曾、李等人的强烈反对和抵制，又有美国代表从中斡旋，总理各国事务衙门最后不得不收回原先的妥协方案，将阿思本及六百余名英国水兵打发回去，军舰交由英国变卖，同时撤销李泰国的总税务司职务，任命另一位英国人赫德为近代中国海关第二任总税务司。当然，这是后话。

曾国藩对阿思本舰队的坚决抵制，当然含有维护中华民族尊严、防止外国人非分勒索挟制的积极因素，但中间也掺杂着明显的私心。

原来到了阿思本舰队来到中国的时候，湘军与太平军的攻守形势已经发生巨大变化。湘军水师攻克九洑洲，肃清长江。鲍超随即渡江，围住金陵北面。金陵东南面的几处坚垒也被湘军相继攻克。至此，湘军已完成了对金陵全城的封锁和包围，以后全靠陆军作战，水师尤其是外国军舰的作用几乎可以忽略。同时，李鸿章和左宗棠在江苏、浙江两地连获胜仗，攻克金陵、常州、苏州、杭州等城市只是时间问题。

此时如果让外国人参与进来，不但被他们分去功劳，而且势必分去财富，等于把到手的肥肉白送给他们吃，所以无论如何不能让他们染指。

刚好总理各国事务衙门办事荒唐，让曾国藩等人抓住了反对和抵制阿思本舰队的有力把柄，这种一箭双雕的效果，自然让奕訢有苦难言。

对于自己严拒舰队的立场，曾国藩当然希望老九完全配合。不料，曾国荃不像哥哥那样说得绝，而是表示用来巡防海盗还是可以的。言下之意是：现在虽然不再需要外国军舰打太平军，但舰队并非不可以保留下来另派用场。

曾国荃这种八面玲珑的软话，显然是为了讨好议政王奕訢，谁知他却完全拍错了马屁。

前面说过，购买外国军舰的最初动机是为了加速剿杀太平天国。谁知"形势比人强"，等到军舰买来时，原来亟须用它的人，却说完全派不上用场，只能用来巡防海盗。这不等于说总理衙门当初的决策完全错了？对于自己的错误，很少有领导不护短，曾国荃的童言无忌，无疑打了奕訢一个大耳光。

其次，用这么先进昂贵的军舰巡防海盗，别说没有这种需要，就是有这种需要，也会让总理衙门诸公尤其是奕訢感到难堪。为什么呢？一是购买军舰的成本不仅十分巨大，而且是想了许多办法才筹集到手的，如果用舰队巡防海盗，每年的人工和维护费用又要上百万，到时钱问哪里要？由谁出？二是势将承担英国军队横行中国海河、大局无法调控的政治和军事风险。

所以无论从哪个角度考虑，这支舰队都没有保留的价值和必要。将其遣散和变卖，目前虽然要承受巨大的经济损失，但从长远考虑还是划算的，长痛毕竟不如短痛。

曾国藩和李鸿章的聪明之处就在于：他们拒绝和抵制阿思本舰队，是抓住英国人悍然违约、中国人不能掌握和指挥这支舰队、中国兵权不能让与外人为借口，而丝毫不提经济损失、决策失误等问题，这些全当交学费罢了，显得多么大度和善解人意啊！这就既给了总理衙门和恭亲王台阶下，又把自己的私心严严实实包裹起来了。这种一流的政治智慧，真的不是一般人所具有。

曾国荃的幼稚表现果然招致恭亲王的激烈反弹，于是有了借曾国荃的军务片说话不得体而狠狠敲打他的事情发生。

所以说，清廷这次在曾国荃上奏一事上发难，是由多种因素促成的，与奏折用词本身确实没有太大关系。

对曾国荃不听告诫乱上奏折引祸上身的做法，曾国藩也大为恼火。同治二年八月二十七日，曾国藩特意致函曾国荃，用严厉的语气对老九的冒失之举提出批评：

> 弟十九日疏陈轮船不必入江而以巡海盗为辞，殊可不必。弟意系恐李泰国来金陵搅局攘功，何不以实情剀切入告？苦战十年，而令外国以数船居此成功，灰将士忠义之心，短中华臣民之气等语，皆可切奏。凡心中本为此事，而疏中故托言彼事以耸听者，此道光末年督抚之陋习，欺蒙宣宗（道光），逮文宗（咸丰）朝已不能欺，今（同治）则更不宜欺矣。七船之事，余曾奏过三次，函咨两次，即不许李泰国助剿金陵、苏州。李少荃亦曾上书恭邸（恭亲王奕䜣）二次。计恭邸亦必内疚于心，特以发贼（太平军）未灭，不欲再树大敌，故隐忍而出此耳。君相皆以腹心待我兄弟，而弟疏却非由衷之言，恐枢府疑我兄弟意见不合，又疑弟好用权术矣。以后此等奏折望先行函商一次。（《曾国藩全集·家书》）

对曾国荃这个"少不更事"的老弟，曾国藩虽然一直不忘批评和教育，但这封书信所使用的语言和流露的情绪，实为平时家书所少见。事后，曾国藩也觉得对老九"责备太过"，于是特意写信致歉并送去七万两银子的军饷进行安慰："譬如弟弟小时候被哥哥打哭了，哥哥拿糖来哄弟弟破涕为笑一样。"（《曾国藩全集·家书》）这对难兄难弟真是十分有趣。

不过正如曾国藩信中所指出的，曾国荃的轮船巡海论，无非是不想让英国军舰助攻金陵，好让自己独占此仗的全功而已！而这正是曾国藩拒绝和抵制阿思本舰队最隐秘、最真实的想法。兄弟俩在此方面可以说高度一致。曾国荃错就错在说谎话不高明，又喜欢喋喋不休，结果落了个兄弟意见不合、表里不一、好用权术、欺蒙皇上又语刺恭亲王这样一种四处不讨好的结果。

当年九月十三日，曾国藩给曾国荃写信时，再次表明，老九这次遭咎，确实是恭亲王心情不好而引起：

> 此七船乃恭邸数年苦心经营之事，近则既经怄气，又复抱歉，正在十分不自得之际，疑弟折意含讥讽，故触其怒，而一为发舒，非皇太后另有所咎于弟也。（《曾国藩全集·家书》）

曾国藩意思是说：这七条军舰是恭亲王"苦心经营"了数年的事情，他既"怄"了外国人和我们兄弟的"气"，又愧对皇上、皇太后和全国人民对他的高度信任，在他十分郁闷的时候，自然会怀疑你是故意讽刺他，从而让他感到难堪。你不幸触其霉头，结果成了他的泄气筒，深层原因就在这里。

当然，这时曾国藩不是继续批评教育曾国荃，而是安慰他，叫他不要背上沉重思想包袱，因为在其他方面，最高领导慈禧皇太后并没有责备曾国荃的意思。

假如不是这一折一片触痛了恭亲王奕䜣的敏感神经，曾国荃哪会被剥夺专折上奏的权利？赵烈文如果做好了参谋，把好了发文关，哪有闯祸的情况出现？

10. 曾国荃功成身退，与赵烈文和好如初

打下金陵后，曾国荃满以为劳苦功高，会得到朝廷重赏，不料上奏后不但没有获得表扬，甚至连句安慰鼓励的话都没有，反倒严厉指责他不该在攻破外城后马上返回老营，甚至说什么："倘曾国荃骤胜而骄，令垂成之功或有中变，致稽时日，必惟曾国荃是问！"（《曾国藩全集·奏稿》）这简直是一记闷棍，打得曾国荃晕头转向，心中气愤异常。

同治三年七月十一日，朝廷又发来廷寄，说什么"御史贾铎上奏，请朝廷下旨，让曾国藩更加勤勉国事，力图有长久远大的打算。还有太平军所得金银，全部运到了金陵，现在金陵已经收复，也请他查明后上报朝廷。曾国藩以儒臣带兵打仗，历年最久，战功最多，自能慎终如始，永保勋名，只是他统辖的各位将领，自曾国荃以下，都应该由他严格管教，不要让他们因为骤然得到的胜利而骄傲自大，这样才能长承恩眷"。

更让曾国荃难以容忍的是,朝廷还从扬州派了江宁将军富明阿到金陵来,他表面上是来查看八旗兵驻防的营地,实际上是来秘密调查李秀成是不是真的被湘军活捉以及了解金陵城内的其他各种情况,其中最受他关注的是太平天国的财宝,因为太平天国有所谓的"圣库","圣库"里堆积了大量金银财宝的消息,早已传得纷纷扬扬,成了公开的秘密。

朝廷如此不相信曾国荃,对他如此刻薄寡恩,防范如此之严,无疑让曾国荃伤透了心。曾国藩到了金陵之后,决定让曾国荃尽快退出官场。

有一天赵烈文去看望曾国荃时,他便对赵烈文说:"我自己并不具有封疆大吏的才干,局量褊浅,性格急躁,太没有学问;朝廷制定颁布了许多条条框框,而这些规章制度又没有多少实行的价值,让人动辄得咎,真是做事越多,过错越大,所以我很不适合这种官场环境。"赵烈文看他如此推心置腹,也就把自己的真实看法说了出来:"您的心胸未尝不开阔,但遇事急躁确实存在。至于工作中有许多规定和约束,大的方面当然要遵守,在一些无关紧要或者脱离实际的事情上,其实并不要求拘泥于成规,刻板而不知灵活变通。您作为国家名臣,岂能像古代的隐士一样,长久在山水间游乐?只是希望您遇到事情的时候,更加考虑周详、谨慎对待,自然就没有什么愧疚和过失了。"曾国荃不仅完全赞同赵烈文的意见,而且表示一定虚心采纳,铭记于心。这一天,他们两人谈话时间很长,以前所有的不快,都随着这次谈话烟消云散。

早在将两江总督府移驻金陵之前,富有政治经验的曾国藩考虑到他们兄弟功太高,朝廷对他们防范太严,嫉恨他们的人又太多,为了保全曾氏家族,避免鸟尽弓藏、兔死狗烹的惨剧发生,于是在主动提出裁遣湘军的同时,不仅为曾国荃代请回籍养病,以消除清廷的疑虑,而且希望他越早离开官场越好。结果,拼了老命、经过数年血战才挣来一袭伯爵和封疆大吏官衔的曾国荃在攻下金陵三个月之后就辞官回乡了。

随着曾国荃的离去,赵烈文自然也结束了第一次在曾国荃幕府的工作。之所以说第一次,是因为三年之后的同治六年,曾国荃出山担任湖北巡抚之后,赵烈文还在曾国藩的安排和照顾之下,第二次参与曾国荃幕府工作,这是后话。

赵烈文第一次到曾国荃幕府工作,时间虽然只有一年零几个月,而且是安庆、金陵两地跑,但因为机会千载难逢,工作又肯卖力,得到了曾国荃的高度认可,于是最后论功行赏,赵烈文亦由知县升为直隶州知州,免补本班,仍留浙江补用,并赏戴花翎。

直隶州是直隶于省的州,有属县,但地位略次于府。直隶州知州品秩正五品,知府品秩从四品。

没有任何科举功名的赵烈文于是一跃成了清朝的知府级官员,并为自己挣得了一袭花翎顶戴。

曾国荃回湖南时,赵烈文从安庆接家眷和行李来金陵,于同治三年十月九日凌晨在大通(安徽省铜陵市大通镇)与曾国荃相遇。

两人一大早在船上作过一次长谈之后,曾国荃又派人叫赵烈文到他那儿再谈。曾国荃问赵烈文:"我以后究竟是待在乡下还是出来做官?"赵烈文回答说:"您受国重恩,又身处高位,如果长期归隐乡里,恐怕不是诚心辅佐君王的人应该做的。等您养好身体之后,还是待命出山为好。"

当天晚上,赵烈文再去曾国荃那儿,正赶上王闿运在这里。可能是不方便深谈,曾国荃便将此前不久曾国藩赠给他的十三首祝寿诗拿给他看。赵烈文当晚就按原韵写出了十三首和诗和一个小序为曾国荃送行。

第二天,赵烈文安排眷属继续东下,自己另雇小船送曾国荃到安庆。在此后的三天时间里,两人进行过多次长谈,最后分别时,都怅然若失,并激动地流下了热泪。

曾国荃对赵烈文说:"阁下相爱,无异骨肉,当佩君言,他日总有面目相见。"意思是以前确有许多对不住赵烈文的地方,以后定当尽力改正,达到赵烈文所要求的那样。

这一年曾国荃四十一岁,赵烈文三十三岁,但听曾国荃的口气,他自己倒仿佛是小弟弟。

赵烈文非常感动,于是在当天的日记中留下了他对曾国荃的总体评价:"沅帅为人笃厚无比,任事之勇,为事之敏,亦世希(稀)有。惜举动失之稍轻,遂增瑕累。然君子之过,人皆见之,固不能与消沮闭藏者(厚己薄人、损人利己的鼠辈小人)同日语也。"

11. 需要曾国藩尽快做出决断的几件大事

曾国藩到了金陵之后,许多棘手问题需要他尽快做出决断,其中与赵烈文工作密切相关的有这么几件。

一、如何上报洪秀全死亡之事?

首先要找到洪秀全的遗骸,以证实其确已死亡。

六月二十八日,经洪秀全天王府一位姓黄的宫女指点,找到了洪秀全的埋尸地点并将其掘出。曾国藩见到这位老对手时,只见其全身用绣龙黄缎包裹,头秃,胡须微白稀疏。说也奇怪,上午本来还晴朗朗的天空,曾国藩验完洪秀全尸身后,暴风骤雨突然降临,之后又悄然而止。也许是这位搞乱了大半个中国并在金陵做了十一年天王的人不甘心自己的失败,如今"见到"这个打败自己的老对手,故意让老天爷风雨大作吧?

其次是如何在洪秀全遗诏一事上自圆其说。

七月四日晚上,曾国藩、曾国荃、赵烈文三人一起商议此事时,因为赵烈文先前说过"洪秀全伪遗诏似关紧要"的话,所以曾国藩认为:四月二十日听说洪秀全死了后,就在奏折中向朝廷报告了此事,现在看到的洪秀全遗诏,落款时间却是六月十七日,相差近两个月,如果按现在这一日期上报,肯定会引起朝廷猜疑。于是在他亲笔拟写的奏折初稿中是这样说明的:"洪秀全实际上是四月二十日服毒而死,但秘不发丧,而城里的太平军和城外的官军都知道洪秀全已死的消息。拖至六月十七日,才迫不得已颁发他的遗诏。"奏折中还说这是得自洪秀全的宫女黄氏之口,同时准备将洪秀全的遗诏和玉玺一并呈递给朝廷。

赵烈文见曾国藩写的与四月二十日奏折内容完全吻合,可以避免朝廷猜疑,就同意按此说法上报。但办事喜欢直来直去的曾国荃有不同意见。他说这样绕来绕去,虽然能够自圆其说,却有失纤巧,还不如不报。他说的当然有一定道理,曾国藩也就失去了主意。赵烈文于是将洪秀全的遗诏要过来,看它上面究竟写了什么。这一看才发现大谬不然。

原来这份遗诏根本不是洪秀全死后发布的,而是叙述癸亥年(同治二年,即1863年)六月十七日天父下凡的事,与洪秀全之死毫不相干,而且时间已过去一年,并不仅仅是月份和日期与洪秀全死亡时间对不上的问题。赵烈文将这一情况向曾国藩做了汇报后,曾国藩就放弃了重新奏报洪秀全死亡的打算。

这说明,在商议定稿有关洪秀全死亡的奏折之前,没有谁认真看过洪秀全的遗诏。如果不是赵烈文做事认真和细心,及时发现了问题,洪秀全的遗诏一旦作为附件呈报给了朝廷,不仅会闹下大笑话,而且会导致朝廷加重对曾氏兄弟的疑忌。

二、要不要处死李秀成?

七月二日晚上,赵烈文到曾国藩处闲谈,曾国藩问他:"我打算将李秀成就地正法,不必等朝廷指示,你觉得可以吗?"赵烈文说:"活捉李秀成十多天了,大家都有目共睹,而且又遵照您的吩咐,录下了他的口供,应当不会让任何人怀疑。况且李秀成这个人十分狡诈,不能把他押送到朝廷处理。"很显然,在处死李秀成的问题上,曾国藩与赵烈文的意见完全一致。

处死李秀成的决心虽然已下,但曾国藩觉得李秀成是个人才,所以对他很怜惜。

七月五日,曾国藩再次来到囚禁李秀成的地方,与他进行了最后一次谈话。李秀成有乞活之意。曾国藩说:"对你的处理要等候朝廷指示,不是我能决定的。连日来我也为此事反复考虑,等朝廷有了明确指示再告诉你。"

第二天,也就是七月六日,曾国藩派人通知李秀成:"国法难逃,中堂(曾国藩)不能为你开脱罪责。"李秀成听了很感动,说:"中堂厚德,铭刻不忘,今世已误,来生愿图报。"

曾国藩的一番谎言,显然让李秀成信以为真,所以他至死也不清楚是曾国藩要处死他的。不过曾国藩最后还算"善心大发":吩咐不要对李秀成处以凌迟极刑,只将他的首级传示各省,并用棺材装殓他的尸体。

曾国藩和他的心腹幕僚赵烈文为什么要急不可待地处死李秀成?这个问题比较复杂,但又不能不交待清楚。

李秀成被俘后,尚在安庆的曾国藩在给朝廷的奏折中,就如何处置李秀成一事专门做过请示:"应否槛送至京?抑或在金陵正法?咨请定夺。"既有此请示,按理应该等候朝廷指示再做决定才是,他到了金陵后,为什么突然改变主意,擅自做主,匆匆把李秀成杀了呢?这样做不仅会失信于朝廷,而且要冒专擅之罪的巨大风险,曾国藩如此谨慎的一个人,怎么会做出这种前后矛盾、让人不解的事情来?没有别的解释,只能说明曾国藩了解全部事实真相之后,心里有不能不这样做的苦衷,也就是他不敢把李秀成解送到北京。其间利害关系,大体有这么三点:

首先是太平天国"圣库"财物被曾国荃纵兵抢掠一空,李秀成对此知之甚详,将他解送至京,势将供出实情,对曾国荃和湘军其他将领极其不利,曾国藩也难逃失察之责。

其次是曾氏兄弟历次奏报战绩,多所夸饰,为人"十分狡诈"的李秀成到了北京后,为了讨好朝廷,乞求活命,难免"搬弄是非",一一将其拆穿。

第三是金陵城破之后,湘军只顾抢掠,对太平军毫无防范,致使幼天王洪天贵福轻易逃脱以及李秀成为方山村民活捉等等一系列事实真相都将大白于天下,这对曾氏兄弟包括整个湘军的声誉都将造成巨大的损害。

对此,处死李秀成的前一天也就是七月五日,赵烈文在日记中是这样写的:

所恨中丞(曾国荃)厚待各将,而破城之日,全军掠夺,无一人顾全大局,使槛中之兽,大股脱逃,幸中丞如天之福,民人(方山村民)得忠酋(李秀成)而缚之,方得交卷出场,不然,此局不独无赏,其受谴责定矣。

正因如此,到了金陵,了解全部事实真相之后,长于心计的曾国藩自然会反复权衡利弊,改变原先的决定,坚决果断地把李秀成和洪仁达(七月四日被处死)一起杀了。留着他们确实是个巨大累赘,还不如冒些风险,将他们就地正法为好。

曾国藩擅杀李秀成之后,果然引起朝野上下纷纷猜疑。为了弄清事实真相,科尔沁亲王僧格林沁甚至奉命委派江宁将军富明阿到金陵查访李秀成的"真伪及城内各事"。富明阿"泊舟水西门(南京城西面最重要的一座城门,面临秦淮河,是旧日从水路进出南京城的主要通道),见城上吊出木料、器具纷纷",不仅"颇有违言",而且"逢人辄询伪忠王是否的确云云"。

对于当时人心惶惶、让人无不感到后怕的情景,赵烈文在七月二十一日的日记中也有如实记载:

> 幸此人留之半月,经中堂(曾国藩)亲询口供,众难伪造;又夷人及各路来人见之者甚多。然犹众议如此。若本日戮之(指李秀成被送到湘军老营那天被曾国荃杀死),即剖心视众,无以明之矣。

意思是幸好当时没有马上杀死李秀成,而是留了半个多月,让他写了口供,见过李秀成的人也很多,其中还有外国人,否则朝廷追问真假,就是剖开胸膛把心掏出来给人看,也无法让别人相信了。

三、如何向朝廷汇报处死李秀成一事?

曾国藩既然擅杀了李秀成,自然要设法让朝廷相信他有不得不这样做的理由。所以,他必须尽快给朝廷上奏折,说明其中原因。

做这种假话连篇、强词夺理的文章,本来是极其困难的一件事,但曾国藩本身是文章高手,身边又有赵烈文这个高参,结果在他们的周密谋划之下,居然能够妙笔生花,一步步把朝廷哄骗得无话可说。

处死李秀成的次日也就是七月七日,曾国藩在给朝廷的奏折中,是这样强调和解释处死李秀成的理由的:

> 臣窃以圣朝天威,灭此小丑,除僭号之洪秀全外,其余皆可不必献俘,陈玉成、石达开即有成例可援。且自来元恶解京,必须诱以甘言,许以不死。李秀成自知万无可逭,在途或不食而死,或窜夺而逃,翻恐逃显戮而贻巨患。与臣弟国荃熟商,意见相同,辄于七月初六日将李秀成凌迟处死。(《曾文正公奏稿》卷二十)

文中除"凌迟处死"一句是明显假话外,其他都是冠冕堂皇的理由,不仅说他这样做有先例可循,而且是为了不把难题抛给朝廷。因为如果要保证活生生地把李秀成押到北京,就必须事先答应他不死的条件,而根据李秀成犯下的罪行,朝廷又不能不处死他,所以与其给朝廷出难题,还不如将其就地正法。当然,如果不答应李秀成的活命条件,强行将他解送至京,并不是不可以,但将面临两个严重后果,要么他绝食而死,要么他绝望而逃,不管如何,都不如将其就地正法为妙。

已经成了槛中虎的李秀成,要说押解途中绝食而死,尚能让人相信,说他绝望而逃,不仅十分牵强,而且会让人觉得荒诞不经。曾国藩后来可能意识到了这一点,于是在随后的奏折夹片中特意说明了这一情况,强调确实有这种可能性发生:

> 臣在皖时,声明该酋应如何办理,到营察酌具奏。到后知其被缚时,民人助之,杀伤亲兵某某,又已入囚笼,而伪松王陈得风尚为跪拜。臣以其人心未去,党羽尚坚,故决计就地正法。

据《能静居日记》记载,这一夹片是曾国藩亲笔起草,再让赵烈文参考意见的。再查七月十八日《曾国藩日记》,果然证实了这一说法:"又作复奏李秀成未解京之故一片。"

别看这一奏折夹片的文字不多,但其中包含的意思,既让人无话可说,又使人触目惊心,觉得非这样处治不可。为什么呢?我们不妨逐句逐段分析一下。

"臣在皖时,声明该酋应如何办理,到营察酌具奏。"此句是说:曾国藩在安庆时,虽然说过要等候朝廷指示,再做出处治李秀成决定的话,但别忘了,他当时还留了一条尾巴,就是到了金陵,调查了解全部事实真相之后,做出决定,再向朝廷详细报告。所以说,他后来不等朝廷指示,当机立断处死李秀成,是根据实际情况做出的正确合理的决策,并不存在失信于朝廷和专擅自决的问题。

"到后知其被缚时,民人助之,杀伤亲兵某某,又已入囚笼,而伪松王陈得风尚为跪

拜。臣以其人心未去,党羽尚坚,故决计就地正法。"这一段是说:李秀成逃出金陵后,藏匿民间,萧孚泗率湘军前往捉拿时,当地村民竟然杀死萧孚泗的亲兵某某(有真名实姓,叫王三清);李秀成被俘后,关在囚笼内,后来俘获了太平天国松王陈得风,他看到囚笼里的李秀成,倒地便拜,长跪请安,说明李秀成不仅得民心,而且在太平天国内部享有崇高威望,具有巨大号召力,随时有可能被民众或太平军残余势力劫走,而当时太平天国确实还有众多部队没有消灭,到处潜藏着他们的党羽,如不尽快将李秀成就地正法,确实存在巨大隐患,所以必须采取断然措施,断绝他们的一切希望。

我们不说曾国藩编织故事颠倒黑白,但仅就文章做得如此圆滑老辣本身,是不能不佩服他确实是一个高人。

群众杀死萧孚泗亲兵一事或许有之,即使有,也不是为了帮助和保护李秀成,因为他们没有那么高的"政治觉悟",也没有把李秀成当成为老百姓打天下的"革命领袖"。他们这样做,纯粹是极端仇视湘军,不满他们的强盗行径。

前文写过:李秀成被方山村民俘获后,那个无耻的萧孚泗不仅贪天之功为己有,而且为了得到李秀成的金银财宝,居然搞得全村鸡犬不宁,对这样的强盗部队,老百姓哪能不像仇人一样对待?李秀成如果能得人心,也是被湘军逼的。

可是,曾国藩为了欺骗朝廷,不仅闭着眼睛说瞎话,而且居然真的骗取了朝廷的相信和认可:"所办甚是,着即将洪(洪仁达)、李(李秀成)二逆首级传示被扰地方,以快人心而儆凶顽。"(《曾国藩事略》卷四)这就真的让人无话可说了。

从《能静居日记》写到的情况来看,七月二日晚上做出处死李秀成的决定后,曾国藩就亲自动手起草这道奏折,至于何时拿出初稿,却没有明确记载。七月四日晚上,曾国藩、曾国荃、赵烈文三人闭门密商许久,最后决定不再上报洪秀全死亡之事,也没有说明这道奏折是否定了稿。奏折最后定稿,是在七月六日深夜,当天的曾国藩日记是这样记载的:"夜再改折稿。二更四点睡,不甚成寐。"曾国藩睡得本来就晚,躺下后还久久不能成眠,说明此事确实非同小可,让曾国藩费尽心机。随后的奏折夹片,是十天以后附在别的奏折中上奏的,这在赵烈文日记中也有记载。

四、必须尽快抛出《李秀成供词》(即后人所称的《李秀成自述》),消除众人猜疑。

既然七月二日晚上就做出了处死李秀成的决定,为什么要拖到七月六日天黑之前才执行?原因无非有两点:一是起草奏折颇费思量,需要时间;二是曾国藩必须得到李秀成的全部供词，也要给他足够时间。

据《能静居日记》记载，李秀成的亲笔供词有五六万字。同治三年七月六日曾国藩日记说是四万余字。同治三年七月七日曾国藩《谕纪泽》信中又说："伪忠王自写亲供，多至五万余字。两日内看该酋亲供，如校对房本误书，殊费目力。"照此看来，李秀成亲笔供词有五六万字的说法是比较准确的。

在这部自供状中，李秀成着重叙述了咸丰四年以后太平天国军中的事情，不仅写得很翔实，而且叙事井井有条，连赵烈文都觉得李秀成"在贼中不可谓非桀黠矣"，承认他是个人才。"美中不足"是李秀成文化不高，文笔不是很通顺，还有许多错别字。

处死李秀成的第二天，曾国藩即嘱咐赵烈文，要他认真阅看李秀成供词，改定后报送军机处。赵烈文看了一天，傍晚时才全部改完。

另据曾国藩日记记载，早在七月五日，曾国藩就开始亲自校阅李秀成供词，当天看了八页纸。第二天，也就是七月六日，曾国藩又对李秀成供词一一进行审查，这一天总共看了二万余字，尚有十页没有看完。晚上，他对第二天要寄走的奏折，再次进行了修改。七月七日上午，曾国藩把剩下的八九千字供词看完。

如此看来，校阅修改李秀成供词的工作，首先是曾国藩自己在做，赵烈文只是在他审阅修改的基础上再通读一遍，最后润色把关而已。

这说明，曾国藩对这份供词是极其重视的，每一个字句都不放过，都必须经过自己严格审查；凡不利于自己的地方，都被他做了精心删改。这还不够，最后还得让赵烈文认真通读一遍，他才放心报送军机处。

七月七日午饭之后，曾国藩即安排八九个书吏分头抄写李秀成供词。傍晚时分，赵烈文刚刚通读修改完毕，抄写工作也接近尾声，一共抄了一百三十页纸，每页二百一十六字，然后装订成册，随奏折一起，封送军机处。

只要计算一下字数，就会发现：报送军机处的李秀成供词，只是其中的一部分，不是全部。

七月十日，在送往安庆正式刊印之前，遵照曾国藩的嘱咐，赵烈文又重看了一遍李秀成供词，并将其分成段落。

曾国藩急于将李秀成供词抄送军机处的目的，无非是想通过它来证明湘军确实俘获了李秀成本人。

在奏折中，曾国藩虽然堂而皇之地找出了诸多理由来为擅杀李秀成进行辩解，但曾国藩心里很清楚，仅此并不能使朝野上下完全信服。至于他舍得花这么多时间和精力亲自校阅修改这份供词,则是其中有些内容不宜公开。据一些学者推测,李秀成曾建议曾国藩反清自代,如果真是如此,曾国藩当然不能让这些内容面世了。

这些事情处理完毕,曾国藩即于同治三年七月二十日返回安庆,安排将两江总督府移驻金陵。八月八日,赵烈文也启程回安庆,从而结束了第一次在曾国荃幕府的工作。

12. 曾国藩要赵烈文写信做曾国荃的思想工作

赵烈文虽然离开了曾国荃幕府,但他回到安庆的第二天,曾国藩就要他给九弟写信,尽力做通曾国荃的思想工作。

赵烈文是八月二十日黎明回到安庆的。可能是路上太辛苦,饭后一觉醒来,已是当天晚上。

第二天一大早,赵烈文就赶到曾国藩那儿报到。

曾国藩详细询问了曾国荃的近况后,又把曾国荃的一封来信拿给赵烈文看,因信中情绪"颇悒郁不平",所以曾国藩嘱咐赵烈文"切函排解"。

当天上午,赵烈文就写出了一封千余字的长信,请曾国藩过目后,派人赶快发出去。在信中,赵烈文简要汇报了八月八日告别金陵后的行程,然后马上切入主题,对曾国荃的"悒郁不平"之症进行全面分析。

赵烈文认为,曾国荃心中之所以长期感到苦闷和压抑,人也提不起精神,一是由于生理原因,二是由于心理原因。生理原因是潮湿导致的疾病长期没有治好而沁入心脾,而脾脏又是受肝脏制约的,结果湿气更难消除。至于心理原因,则是曾国荃对朝廷的不公、众人的妒忌和社会舆论的指责始终耿耿于怀,旦夕为之忧虑,久而久之,必然生出心疾。这些东西其实就像浮云遮蔽天空一样,顷刻之间就会云消雾散,丝毫不能有损您的光辉,怎么值得您长期郁积在心上?

要治好曾国荃的"悒郁不平"之症,生理治疗当然不可缺少,但关键是要从心理上对症下药。赵烈文因此要曾国荃好好学习唐朝的郭子仪而不做李光弼:

> 昔唐之郭、李,并为名将,并造中兴之业,世所并称,而其末途甚异。郭宽而不整,李严而微褊,故治军则李优于郭,若处世之道则径庭矣。郭当肃、代之世,屡出屡入,任之事则如素有,夺之权则若本无。至人发其父墓,犹引过自责,而不理仇怨。是以功名全备,福泽及远。李当守大原、战河阳,岂不赫然在郭之上,而以愤激

不忍之故,比身后尚有余议,此其事可不深长思哉?公之功名,自视若平平,至千载之后,青史之上,何郭、李之足并。所贵持盈保泰,益自谦损,思古人所处之难,慎终求全之不易,冥雷百倍于今,则向之介介不能尽忘者,有不云彻席卷也邪?

郭子仪和李光弼都是唐中期名将,两人共同创造了唐朝的中兴大业,所以世人将他俩并称在一起。但两人的结局很不一样。郭宽厚而不整肃,李严厉而小有偏激。就治军而言,李比郭优秀,但说到为人处世,两人则大相径庭。郭子仪在唐肃宗、唐代宗的时候,屡次身负重任,又屡次受到猜疑被剥夺权力。让他承担重任的时候,他觉得这些任务原本就是他要完成的;剥夺他权力的时候,他又好像自己本来就没有这些权力。有人掘开他父亲的坟墓,他仍然引咎自责而不记仇怨。最后他不仅建立了大功,得到了大名,而且福及子孙,永享富贵。李光弼则不然。当他守太原、战河阳的时候,赫赫功绩岂不在郭子仪之上?只是因为愤激不忍的缘故,直到死后,还有人议论他的过失。所有这些,难道不值得人们深长思之?曾公您的功名,在自己看来,也许觉得微不足道,但千载之后,青史之上,却是郭子仪和李光弼无法比拟的。目前最可贵的是要保护好自己已经取得的功业,不让美好的声誉受到损害。要更加谦虚谨慎,低调做人,经常思考古人为人处世的难处,他们要善始善终都这么不易,如今又比古代艰难百倍。如果能明白这一点,以往耿耿于怀的一切烦恼忧愁,岂不像风卷残云一样彻底消散吗?!

赵烈文接着又写道:

我接近您的时间已经很久,亲眼看见您任事之勇、致力之专、用心之厚,都远超他人,这也是您能成大功、享大名、受大禄的原因所在。然而,您遇事径情直行,不能回曲绕弯以躲避险境和坎坷,就像高山流水一样,激波扬澜,直流而下,很少有停下来歇息的时候。我心中日夜为您感到忧虑和始终不能忘怀的,就是这件事。您对我的照顾和关心不胜枚举,现在我虽然暂时离开了您,但怎么敢把自己私下想到和见到的,不全部贡献给您呢?古人事君,都希望他的君主能成为尧舜一样的贤君而享国长久,鄙人侍奉阁下,也是希望阁下名德福寿,超越古今啊!

赵烈文这封信,既情真意切,又说理透彻;既充分肯定了曾国荃以往取得的巨大功绩,又直言不讳地指出了他的不足,还用正反两方面的例子,让曾国荃从历史上吸取经验和教训,明白"持盈保泰"的重要和不易,从而使自己生活得更智慧些,更宽容

些,以便建立起一种更加通达和超脱的人生态度。

赵烈文的真诚开导,显然取得了比较好的效果:一半个月之后的十月九日凌晨他和曾国荃在大通相遇的时候,曾国荃的湿疾之症,虽然由于"医者治之不中理"而显得"形状狼狈",但精神状态已经完全不一样了,他不仅有说有笑,而且就自己今后究竟是待在乡下还是出来做官专门征求赵烈文的意见。曾国荃如果还像以前一样,心里老想着朝廷对自己的种种不公正,哪有心思考虑以后要不要出来做官?就是想高兴也装不出笑脸来。

13. 赵烈文识破了朝廷的调虎离山计

金陵陷落虽然宣告了太平天国的失败,却不意味战争的结束。清政府同起义军的战争,在东南、西北、西南以及广大黄淮地区仍在继续进行着。其中活跃在广大黄淮地区的,主要是赖文光领导的新捻军。

捻军曾长期同太平军联合作战,是太平军的忠实盟友。太平天国失败后,捻军也因军心动摇连遭挫折,最后仅剩下两支较小部队保留下来,其中一支退到陕西南部,另一支转战于鄂、豫、皖地区。

太平军余部与鄂、豫、皖地区的捻军会师后,改编组成新捻军,推赖文光为首领。赖文光是太平军中少有的文武双全的将领,他在极端困难的条件下,按照太平天国的军政体制,将新捻军加以整编,并逐步易步为骑,纵横驰骋于黄河以南、淮河以北广大地区,用大规模运动作战的方式对付清军。

同治三年九月,赖文光在湖北蕲水击毙清军将领石清吉,并将成大吉包围在蕲北。清政府闻讯惊慌,急命曾国藩驰赴鄂、皖交界处救援,两江总督一职由江苏巡抚李鸿章代理。

曾国藩本想在镇压太平天国后为大清的"中兴"做些实事,为此于九月八日急匆匆将两江总督府移驻金陵。第二天,他便阅视贡院工程,着手恢复中断数年的江南科举考试。九月十日,又在两江总督府核定安徽全省丁漕征收章程。十一日,决定十一月举行乡试。十月四日,送别回乡养病的九弟曾国荃回到总督府后,曾国藩即满腔热忱地投入恢复江南秩序的各项工作。

可是仅仅过了九天,曾国藩就于十月十三日晚上接到廷寄,让他奔赴鄂、皖交界处剿捻:"现在江宁(金陵)已臻底平,军务业经蒇事,即着曾国藩酌带所部,前赴皖、鄂交界督兵剿贼,务其迅速前进,勿少延缓。李鸿章前赴江宁,暂署总督篆务。江苏巡抚,著吴棠暂行署理。钦此。"(《曾文正公年谱》卷九)

据《曾国藩日记》记载,此晚曾国藩"竟夕不能成寐"。

赵烈文是十月十八日得知这一消息的,他当时正携家眷从安庆赶往金陵。赵烈文的直接反应是"事殊咄咄可怪"六字。

赵烈文是落笔非常谨慎和文明的一个人。别说骂人的语言,就是情绪化较重的字词,在《能静居日记》中都难得一见。"事殊咄咄可怪"六字,既表明他对此事的极端不理解,又痛快淋漓地发泄了对清政府的蔑视和怨恨。

赵烈文有这么大的情绪反应,是完全可以理解的。

成大吉只是一个记名提督,根本不是什么重要将领,他被捻军包围在蕲北,却要曾国藩亲统大军前往救援;咸丰十年秋天英法联军直逼北京城下,咸丰皇帝狼狈逃往热河途中,也只是令曾国藩速派鲍超率部北上救援,清政府如今作出这样的决策,轻重岂不是完全颠倒过来了?

另外,当时在鄂、豫、皖地区四百里范围内带兵剿捻的,已经有了官文和僧格林沁两位重量级钦差大臣,曾国藩再加入其中,别说指挥权属难以划定,就是在刚刚喘过气来的新捻军看来,也是多么奇怪啊! 毫无疑问会受到他们的轻视和嘲笑!

更不合情理的是:前不久曾国藩才拼死力剿杀太平天国,两江总督府更是刚刚从安庆移驻金陵,他就是一匹不知疲倦的老马,也应该有段喘息的时间。清政府这样对待他,岂不是成心要把曾国藩累死!

所以赵烈文觉得:清政府是项庄舞剑,意在沛公! 他们名义上要曾国藩北上剿捻,实际上是调虎离山,趁机夺取他手上的两江总督一职,不让他在金陵久待!

知道这一奥妙的并非只有赵烈文一个人。

十月十九日午间,赵烈文到了金陵水西门,途中遇见张仙舫(张庆安),就到他船上稍稍谈了一会儿。当谈到曾国藩进兵剿捻一事,心直口快的张仙舫说:"两江总督这样大而重要的职位,是中央各要害部门衣食所系的肥缺,怎么能让曾国藩中堂久居此位呢?"赵烈文认为这句话点中了问题的要害。

赵烈文觉得应该尽快见到曾国藩,向他说明其中的利害关系。所以当天下午五六点钟的时候,赵烈文一上岸,就委托别人看押行李,自己直奔总督府面见曾国藩。

赵烈文见到曾国藩后,发现他的情绪十分低落,精神状态极为糟糕,根本不是谈话的时候。为了不再刺激他,赵烈文就把到口要说的话缩了回去。

二十一日,已经把新家安顿好的赵烈文再次去总督府与曾国藩久谈。

曾国藩最初想携带李鸿章的部下前往剿捻,而将曾国荃的部下留下,交给本鸿章节制,赵烈文极力反对。他说:"您这样做,不但客与主所处的位置不合适,而且将领与士兵之间不熟悉,以后很难协调指挥。"曾国藩答应立即改派部队。

赵烈文又说:"湘军长期欠饷,官兵十分疲惫,这次进兵湖北,实际上是为今后进入西北做准备,这一点大家心里都清楚,所以官兵们肯定害怕此行。另外您既然不再担任两江总督,今后筹措军饷就会更加困难,以一个没有事权的大帅,带领几万疲惫不堪又满肚子怨气的士兵万里远征,这将是多么危险和可怕的事情啊(曾国藩如果遵从清政府调遣率兵北上,部队即使不哗变,也必成客军虚悬之局而受制于人,昔日坐困江西的历史又将重演——笔者注)!中堂您是国家重臣,不应当避讳目前遇到的小嫌疑,而置严重后患于不顾。现在最可行的办法,就是遵照朝廷旨意,将两江总督大印交出去,然后向朝廷奏明军队的真实状况和军需供应可能遇到的困难,公开表明湘军不宜北上的态度。把自己的真实想法毫无保留地向朝廷奏明,也是大臣公忠体国的应有之义啊!"曾国藩虽然认为赵烈文说得很对,却表示不能照他说的做。

十一月三日,按照朝廷旨意,曾国藩将两江总督大印交给了李鸿章。

然而非常有趣的是,刚过两天,曾国藩就接到朝廷新的命令,叫他继续担任两江总督,李鸿章继续担任江苏巡抚。

事情发生这种戏剧性变化,固然是捻军不久解围而去,成大吉脱险,但主要还是曾国藩于十月二十二日上奏朝廷:"臣用兵十载,未尝亲临前敌,自揣临阵指挥,非其所长。此次拟仍驻扎安庆、六安等处,派刘连捷等入鄂,听候官文调遣。"(《曾文正公年谱》卷九)因而拒绝亲赴蕲水。

十月二十一日,曾国藩还说不能照赵烈文说的做,第二天他就以"亲临前线临阵指挥非其所长"的理由上奏朝廷,转个弯子拒绝朝廷旨意,说明经过一夜思考后,曾国藩还是采纳了赵烈文的建议。

熟悉和了解曾国藩的人都知道,他是绝少公开拒绝朝廷旨意的,这次确实是一个特例。

本来,让九弟曾国荃开缺回籍并裁遣他手下的大部分湘军,足以让朝廷放心了,但清政府还是如此害怕曾国藩久任两江总督,这是为什么?

原来两江总督一职的政治地位虽在疆臣之首直隶总督之下,手中的实权却远超其上,这不仅因为江苏(包括上海)、江西、安徽两江三省是国家的富庶之区和财源要地,而且进入近代以来,两江总督还兼管两淮盐政且例兼南洋通商大臣一职,掌握很大的对外交涉权,和外国通商的税收也由其掌管。咸丰十年清政府将两江总督一职授予曾国藩,完全是出于无奈,只不过想借湘军之力将太平天国镇压下去。现在目的已经达到,而这些年来曾国藩在两江地区建立了非常发达的权力支配网,他在江南的势力实在太大,清政府无论从政权安全的角度考虑,还是从操纵国家经济命脉的角度着想,都不会让曾国藩长久在这里任职,于是一有机会就动他的心思,打他的主意,非将他赶出老巢不可。

14. 赵烈文再次离开曾国藩,并拜他为师

清政府这次调虎离山,虽因曾国藩的公开反对而告失败,但当同治四年(1865)四月下旬捻军击毙僧格林沁,清廷再次急调曾国藩督师北讨时,他就没有任何理由反对了。

曾国藩接到北上剿捻的命令后,赵烈文主动请求一同北上。曾国藩考虑赵烈文家庭负担重,不便远行,因而没有同意。在此之前,曾国藩就建议赵烈文去邻省浙江做官,现在自然更想做通他的工作。

那是同治四年三月十四日,曾国藩和赵烈文刚商量完曾国荃要不要急于出山当官的事情,曾国藩便转热换话题,对赵烈文说:"你到浙江当官的事,李鸿章少帅近日有信来,这几天我将向朝廷举荐你。"赵烈文一听,有点发急,就说:"烈文对出去做官的事情,本来也没有明确计划,承蒙相国您和李少帅盛情厚意,烈文怎敢坚决拒绝呢!但我内心最真诚的想法,还是愿意继续追随您,这样就不会冒昧登场,给众人留下口实,从而有损您的声誉。"

曾国藩虽然赞赏赵烈文的说法,但一个月之后,他还是为赵烈文在浙江觅得了一个同知候补的职位(同知为副知府级。因浙江没有直隶州,所以只能考虑安排与直隶州知州级别相当的同知职位——笔者注),于是在曾国藩北上剿捻之前,再次做赵烈文工作,极力劝他去当官。赵烈文还是没有答应。曾国藩又让儿子曾纪泽和幕僚钱应溥致意,赵烈文这才勉强同意。为了心腹幕僚的前途,曾国藩可谓情真意切,关心备至。

早在同治三年上半年金陵尚未攻克之时,曾国藩就想请求朝廷改派赵烈文到浙江做知县,赵烈文迅速致信推辞。当年四月七日,赵烈文又请曾国荃给曾国藩写信时

代阻其事。曾国荃虽然答应帮他说话，却笑着打趣说："君才识器局，规模已见，终有捉将官里之日。虽高尚，无益。"接着又说：在"志趣坚定"方面，赵烈文与刘霞仙颇为相似，但"通达过之"。赵烈文表示"愧不敢当"。

刘霞仙即刘蓉，时任陕西巡抚。刘蓉是曾国藩结识最早的好友，也是入幕最早的幕僚，曾国藩很想在仕途上帮他一把，他却一再拒绝其保荐。在这一点上，赵烈文与刘蓉确实非常相似。刘蓉后由官文出面，按照胡林翼意图保奏为陕西巡抚。

曾国荃果然没有说错，像赵烈文这种德才兼备的人，迟早要被"捉将官里"去的。

曾国藩私下里为赵烈文在浙江觅得同知职位，时间是他北上剿捻之前一个月的同治四年四月十六日。在专门打给朝廷的报告《直隶州知州赵烈文留浙以同知改补片》中，曾国藩深情写道：

> 浙江补用直隶州知州赵烈文，自咸丰十一年经臣奏调来营差遣，饬赴金陵军营襄办一切（意为曾国荃的主要助手和特别助理），积功保至知县。同治二年七月，臣弟曾国荃于胪举贤才案内，以该员博览群书，洞达时务，专折保荐。是年十一月钦奉特旨，将赵烈文发往江苏以知县用。查该员籍隶常州府阳湖县，江苏系属本籍，例应回避。上年六月金陵克复，保升直隶州知州。以该员前系保留浙江之员，仍请留于浙江补用，仰蒙俞允。现在江苏军事已竣，浙江地方善后在在需人。该员器识宏通，年力正富，在营既无经手事件，应即给咨赴省，俾令及时自效。惟浙省查无直隶州员缺，相应请旨，准俟该员赵烈文到省后，遇有同知缺出，酌量改补，以符定制。伏乞圣鉴训示。（《曾国藩全集·奏稿》）

安排好赵烈文的工作之后，曾国藩才放心北上剿捻，赵烈文一直送到邵伯镇（今江苏省江都市北边）才返回。

在陪伴曾国藩北行的一个多星期里，他们两人的关系翻开了新的一页：经赵烈文请求，曾国藩答应收下他这个弟子，并于同治四年闰五月四日在邵伯镇送给赵烈文一帧亲笔书法作品，内容是赵烈文非常熟悉的五首古人诗，落款处写道："弟余其相爱，可谓诚挚。"

其实，早在赵烈文第一次进入曾国藩幕府之时，曾国藩就喜爱上了这个见识不凡的年轻人，从而有意收他为徒。李元度为此劝过他拜曾国藩为师，并说这是"出自公意"，即出自曾国藩的意图。李元度此前一直在曾国藩幕府从事文字工作，与曾国藩关系十分密切,他说的当然完全可以相信。可惜赵烈文不久即离开了曾国藩幕府,加之赵烈文当时也没有拜师的强烈愿望,此事便不了了之。

匆匆十余年过去了。在此期间,赵烈文不仅多次受到曾国藩"特荐",而且"豢养之恩,迥出寻常,以古人感恩知己之说,既不可以自外,而公学问节操,师余甚优"。赵烈文因而很想弥补这一缺憾。

可是每当此念产生,赵烈文又会顾虑重重:曾国藩正处于"功名之会",即声望甚隆之际,此时如果拜他为师,难免有"昵近"之嫌,因而一直不好意思开口提这件事。

现在两人即将分别,"嫌疑已无,素心可以一伸矣",赵烈文这才提出拜师的请求。曾国藩虽然表面上谦让一番,但对赵烈文的才识和为人早已了解甚深,加之赵烈文在曾家处于关键时刻又为曾国荃化解了不少矛盾,贡献了许多智慧,所以于情于理、于公于私都应收下这个弟子。

此后,在赵烈文的日记中,一直称曾国藩为涤师(曾国藩乳名宽一,读书时取名子城,会试及第后改名国藩,字伯涵,另字居武,号涤生),而以前或称揆帅,或称相君,或称中堂,或称相国。

也许有了师生名分,当同治六年两人再次聚首金陵时,几乎无日不长谈,无话不可言。

15. 赵烈文对曾国藩也有看法

读《能静居日记》,笔者发现一个有趣现象:对左宗棠、李鸿章、曾国荃这些中兴名臣,赵烈文都有许多看不惯的地方,日记里也记了他们的许多不是,尤其对左宗棠,赵烈文后来简直不把他当好人,唯独对曾国藩,赵烈文始终充满爱戴和崇敬之情,日记里几乎找不到说曾国藩不是的话语。

说"几乎"而不说"完全",是因为曾国藩北上剿捻前后,《能静居日记》也集中记了一些对曾国藩"不敬"的内容。

如同治四年四月十四日《能静居日记》写道:

> 金陵城内小偷特别多,哥老会同伙也大量潜藏城中,官府对此一筹莫展。街上到处贴着哥老会的暗号,有一张狭长纸条上写着:"劝君莫打三春鸟,子在巢中恋母啼。"下面画了一方图案,细看才认清是"我尽我心"四字,不知是何用意。

昨天晚上,有关部门派人查夜,居然查出一支令箭。哥老会组织明目张胆到这种程度,无不让人提心吊胆。治安形势如此严峻,官府却在纷纷裁遣兵勇,追查"截旷"(晚清时,"截旷"是军官侵吞军饷的普遍手法,也是将领们合法灰色收入之一种。原来军费预算是全年的,但一年当中,军队常有兵员死亡、失踪或者被淘汰,然后招募新兵补充。新旧兵员不可能当天衔接,这中间会有空缺,空缺时的饷银节省下来,叫作"截旷"。此外,统计军费,都是按每月三十天计算,但农历小月只有二十九天,这省下的一天军饷扣下来,叫作"扣建"。按理,这两笔银子应该如数上缴,实际上谁都没有缴过,最终全都落入军官的荷包——笔者注)。有人甚至觉得,对于即将裁遣的兵勇,不补发欠饷,他们也安安静静、不哭不闹,那是军官会做工作的体现,值得充分肯定和大力表扬。吁!恃一时战胜之势,以为这些人都是可以愚弄欺负的,却不知信义丧失之后,民心就会大乱,后患就会无穷。听说鲍超的霆军已在江西闹饷哗变了,跟着学样的,肯定会接踵而来,只是不知大乱何日出现而已。十几年辛辛苦苦建立的功业,如果被这种类似儿戏的做法败坏掉,那可真让人叹息流涕!

赵烈文虽没有直接点曾国藩的名字,但攻下金陵后迅速裁遣湘军的决定是他作出的,如今出现这种局面,曾国藩却不闻不问,仿佛高枕无忧,自然让赵烈文既担心害怕又失望之极。对于追查"截旷",赵烈文并不反对,只是不理解当局为什么丢下大局不管,在这个时候做这种本身不急却容易生事之事。至于用欺哄手段打发即将裁遣的兵勇,赵烈文更是难以理解,觉得曾国藩太不负责任了。

同治四年四月二十二日的《能静居日记》又写道:

今天听说了霆军兵变的详细情况。鲍超接到率部去甘肃的命令后,请假先回四川老家,再从四川去甘肃。霆军(此处应为奉命去西北的霆军——笔者注)被分成两部分。鲍超率领一部分去了四川,另外八千人由宋国永带领北上。……四月六日,经过离武昌六十里的金口,霆军停止不前,声称不还清百余万两欠饷,坚决不去甘肃。宋国永无计可施,霆军于是一哄而溃,之后又结队大肆掠夺。霆军到了咸宁县,将一县官员全部杀掉。现在听说霆军已进入江西义宁州界。湖广总督、江西巡抚都向朝廷报告了霆军索饷哗变的情况,曾中堂得到消息后,却一直不闻不问,也不派人前往招抚,这种做法殊为不妥。

赵烈文这天的日记不仅点了曾国藩的名,而且表示了相当的不理解。直到朝廷批复了湖广总督官文的奏折,命令曾国藩和安徽、湖南、江西等地方官员"各派兵勇,于湖北交界地方飞速探踪拦截"后,他才不敢继续装聋作哑,于五月一日写了一篇官样文章向朝廷汇报此事(《曾国藩全集·奏稿》)。五月六日,曾国藩又拿了一篇《招抚霆营溃勇告示》给赵烈文看,赵烈文虽然觉得"告示恳痛",但如果不从根本上解决兵勇的欠饷问题,最终还是于事无补,无非又是虚文一篇而已,所以赵烈文在当天的日记中无奈写道:"然恐无裨饥哗耳。"

同治四年闰五月七日,赵烈文送曾国藩北上剿捻返回金陵途中,在长江北岸的纱帽州过夜。街上所有房屋都被刘松山的部队占满,连个落脚的地方都没有,赵烈文只好到厘局找朋友借宿。当时已经渡江的其实只是刘松山的一营官兵,其他五个营还滞留在长江南岸的螺丝沟和东阳一带。更让赵烈文忧心如焚的是,已经渡江的因索饷不肯继续前行,滞留在长江南岸的五营官兵更是连长江都不愿过。

为了避免遭遇兵变,第二天黎明起床后,赵烈文打算赶到上游的划子口渡江回金陵。轿夫看到天色凝重,裹足不前。正踌躇间,有只船扬帆而过,赵烈文急忙招呼,不等船停稳,就跳了上去。

在船上,一位姓洪的副将告诉赵烈文:刘松山率部离开皖南北上剿捻时,欺骗手下士兵说:到了芜湖给他们发工资。到了芜湖,却说钱在金陵。到金陵后领得五万军饷,刘松山先寄了八千回家,剩下的全部分给手下军官,哨官以上人人有份,却不给兵勇发一分钱。他们只好继续编造谎言说:过江后,保证给他们发饷,并说离长江口岸只有三十里路程。行至螺丝沟,已经不下一百里。加上连日行军,饭都吃不上,兵勇忍无可忍,终于"怒甚而哗"。刘松山急得像热锅上的蚂蚁,连日来往返于长江南北两岸,不停地调停解说,但为时已晚。

前两天在扬州时,赵烈文看到过曾国藩的一道奏折,其中说:"皖南之勇如愿北行,则全军赴徐(州),否则止令统将前往,臣自霆营哗变,不敢强南勇北行。"写给刘松山的函件里,曾国藩也是这种说法。如果不是亲眼所见,赵烈文说什么也不会相信,曾国藩表面上说湘军不愿北行就不强迫,实际上却一路骗他们北上,如今终于导致哗变。对此,赵烈文是极其不满的,于是在闰五月八日的日记中写下了这种触目惊心的文字:"乃宛(婉)转诳诱,不知所居何心。"这可能是《能静居日记》中对曾国藩最为尖锐的批评了。

曾国藩北上剿捻时,刘松山和张诗日的十二营六千湘军是其亲兵。可是刘松山部不愿渡江,过了江的不愿继续前行,张诗日部其实也好不到哪里去。为什么这么说呢?还是在扬州时,赵烈文就看到曾国藩身边的亲兵,一路行役甚劳,而统将提督张诗日"绿轿红伞无复从军之概"。赵烈文于是在日记中情不自禁地发出如此感慨:"自古吏治,患在中饱,今军中亦然,危哉危哉!"

曾国藩后来剿捻失败,灰溜溜回到金陵,这个结果看来刚出发时就注定了,也早被赵烈文预料到了。

笔者一直在想,赵烈文第二次进入曾国藩幕府后,和曾国藩可以说肝胆相照,相得益彰,曾国藩又刚刚收赵烈文为门生,为什么偏偏在这个时段,赵烈文会在日记里集中记下这些有损曾国藩声誉和形象的意见和看法呢?其中固然是赵烈文感觉和发现了存在的问题,觉得有必要如实记下来,没有为尊者讳的必要。另外是不是有这层因素在起作用:赵烈文是很想随曾国藩一起北上的,努力失败后,心里不高兴,却不好公开说,只有在日记中一诉心曲了。日记固然是天天记录生活经历的笔记,是每天所遇到的和所做事情的记录,但记什么和不记什么,作者是有选择的,不可能把当天经历过的大小事情全部记下来,在这种选择之中,就能看出作者的倾向、态度、爱憎和好恶了。

16. 第三次进入曾国藩幕府,两人成了无话不谈的朋友

同治六年春天,曾国藩剿捻失败,返抵金陵,第二次担任两江总督一职,剿捻任务则交给了李鸿章。赵烈文刚好还没有补上实职,由李鸿章临时安排在苏州忠义局做事,他当即辞去手上工作,于当年四月下旬赶赴金陵,第三次进入曾国藩幕府。

据陈乃乾《阳湖赵惠甫先生年谱》记载,赵烈文与曾国藩重新相聚金陵后,就像"久别胜新婚"的小夫妻一样,亲热得不得了。他们"每晚必叙谈,亲切如家人"。谈话内容也极其广泛:"上自朝政军事,以至诗文掌故,无不畅论。"而对于赵烈文"家事负累,尤系念不置"。在曾国藩日记中,也几乎每天都记下了"至惠甫处一坐"、"与赵惠甫久谈"之类文字,有时一天要聚谈数次之多,几乎没有白天黑夜之分。

既是曾国藩机要幕僚,又是曾国藩弟子的赵烈文,不仅把他们的秘谈内容完整翔实地写在日记里,而且谈话时两人的一颦一笑都记了下来。通过这份秘谈录,我们不仅可以走进曾国藩的工作和生活,而且能够窥探和触摸他的内心世界,是了解曾国藩

和他那个时代的绝好信息,其他任何材料包括曾国藩家书和日记都无法替代。

他们具体谈了什么呢?因《能静居日记》篇幅实在太多,内容实在太丰富,无法一一介绍,所以只能做个大致归类,择其要者而言之。

一是对时局的担忧,感到无能为力、悲观失望

同治六年六月八日天黑不久,曾国藩来找赵烈文聊天,见有客人在,就回去了。过了一会儿,又来久谈。曾国藩说:"因为捻军窜到河南东部,未能堵截防御,昨天皇上发下措辞严厉的谕旨,对统兵的各位将领予以训斥。沅弟(曾国荃)被摘去顶戴,与河南巡抚李鹤年一同交部议处。李鸿章戴罪立功。谕旨中还有这样的话:'各封疆大吏对捻敌进入自己的省份不能堵截,捻敌离开时又没有进行拦截,非常令人痛恨。李鸿章剿贼,已经半年,都干了些什么呢?'语气非常严厉,是近来所没有的。鸿章和沅弟的胸襟和涵养还欠磨炼,万一焦躁愤慨起来,以致发生意外,则国家的局面更难预料。大局成这个样子,决不允许再有什么差错发生,否则老夫恐怕仍然不免要北上啊。但我的精力已经颓唐不堪,也没有能力收拾这种局面,所以只希望自己早点死了好哇!"曾国藩说这话的时候,神气凄凉,赵烈文一时竟找不到恰当的话语安慰。

八月六日下午,曾国藩又来和赵烈文交谈。当说到捻军进了山东境内,形势越来越严峻,负责剿捻的李鸿章受到朝廷指责,剿捻的任务可能会再次落到曾国藩头上时,赵烈文说:要彻底剿灭捻军,必须把建立骑兵部队作为优先考虑的事情,因此建议曾国藩在江南开辟一处牧场驯养军马,另外在闲田多的地方大力开展屯垦,解决部队的粮草供应问题。曾国藩听了,虽然为之动容良久,却无可奈何地说:"我老了,快要死了,哪有时间考虑这么久远的事,足下的高见就算了吧!"

二是谈人才选拔和使用

同治六年五月十一日上午,曾国藩到赵烈文处闲谈。曾国藩说:"今天有个四川籍的翰林院庶吉士来见我,他的言谈举止根本不像一个士大夫。前天也有一个同乡的庶吉士送诗给我看,但排律不成排律,古体诗不像古体诗。国家选拔的人才居然是这个样子,真是一代不如一代啊。自古以来,文章与国家的命运息息相关,看选拔人才的状况,天下事就可以预见了。"下午,曾国藩又来和赵烈文聊天,但只是小坐一会就离去了。原因是当时久旱无雨,曾国藩忧心忡忡,导致牙龈上火,所以跟赵烈文闲谈时,他常常捂着嘴巴,发出痛苦的呻吟,这样的谈话自然难以专心致志,更无法深

入。

一个月之后的六月十五日,曾国藩的身体有些不舒服,就邀赵烈文到他那儿聊天。这次他们几乎谈了一整天。上午主要是谈曾国藩的身体状况,下午的谈话内容则非常广泛,说完兵事,又论人才。曾国藩说:"人们常说要储存人才,却不知道第二三等人才是可以找到并储存的,第一等人才却是可遇而不可求的。要成就某项事业,哪怕局面很小,亦必应运而生数人。即使得到了第一等人才,但由于性情各有不同,趣向又有远近,所以除了才识兼备,还得济之以福分,否则也是难以取得成功的。李鸿章等人的才能非常好,但实处多而虚处少,讲求只在形迹。譬如沅弟攻打金陵,虽然侥幸成功了,却不能完全说是靠能力所取得,所以我常常对他说:'你虽然有才能,但也必须让一半功劳给老天。'他总是不以为然,到现在才渐渐明白过来。"曾国藩于是继续发挥说:"人生无论做事还是读书,仰仗的都是胸襟二字。"赵烈文完全赞同曾国藩的看法。但当赵烈文建议曾国藩把自己的文章拿出来,早日刻印成书,否则"千载以形迹相求,失公之神矣",曾国藩却谦虚地说自己没有什么值得留给后人的东西。

八月二十八日午后,曾国藩和赵烈文谈话时纵论宋、明时期人物。当说到王船山即使取得高位也未必能治国安民时,曾国藩进一步发挥说:"世人的聪明才智,相差其实都不大,此暗则彼明,此长则彼短,能不能发挥每个人的潜能,全在于用人者怎么使用而已,所以山不能为大匠别生奇木,天亦不能为贤主更出异人……"曾国藩话未说完,赵烈文马上举手打断说:"此话妙极了!真像宰相说的话呀!"曾国藩掩面大笑说:"足下为什么搞得我措手不及?!"说完又鼓起掌来。正鼓掌时,有人送了一张纸条进来,曾国藩看过后,点头表示同意,然后故作神秘地对赵烈文说:"你猜猜看,这是什么东西?"赵烈文说猜不到。曾国藩说:"此吾之食单也。每餐二肴,一大碗,一小碗,三簌,凡五品,不为丰,然必定之隔宿(头天晚上)。"赵烈文对曾国藩的俭朴美德称赞了一番,然后说:"我在老师的总督衙门待了这么久,在平常的饮食中还没有见过鸡肉和鸭肉,老师也吃火腿吗?"曾国藩回答说:"没有。过去有人送,我都拒绝了,现在已形成风气,好久不见有人送了。即便是绍兴酒,也是每斤零买着喝。"赵烈文说:"大清朝二百年,不可无此总督衙门!"曾国藩说:"足下将来给我撰写墓志铭,这都是作料啊!"说完,两人在大笑中结束了这天的谈话。

同年九月十四日下午,曾国藩到赵烈文处闲谈,再次说到科举选拔人才:这次他在贡院钤榜时,与上江(安徽)朱九芝学台(负责一省教育事业的提督学政)挨着坐,朱学台对考生的文章也不满意。两个主考官的举止尤其粗俗。朱学台于是拉着曾国藩的手,在他掌上写了一个"酸"字,曾国藩看后,会意地笑了笑。

有关这两个主考官的笑话,同年九月十八日的《能静居日记》还有具体记载:"张笛帆来候,本年同考官也。言两主考荒陋,世所罕见,批语白字连篇,'圆熟'、'圆健'字皆书'园'字,解元(明清科举时代,乡试为省一级考试,亦称解试,考试合格者为举人,第一名为解元)卷上批'仅见之作'误为'伥见之作'。此类甚多,余不复详忆。江南文运至此,非佳事也。"

当天晚些时候,赵烈文应邀到曾国藩那里闲谈,曾国藩向赵烈文出示两位主考官赠送的一幅楹帖,"语句陈腐,字尽拙笨,落款'通侯'误'通候'"。曾国藩说:"江南二百余年,殆无此等主考。"赵烈文于是将此次乡试同考官张笛帆说的事告诉了曾国藩,然后讥笑说:"此亦'伥见之作'也。"曾国藩听后,惊讶得张嘴翘舌,过了许久都找不出恰当的词语来评论。

主考官如此水平,录取的考生质量如何,也就不言而喻了。

曾国藩于是深有感触地说:"今年录取的这些举人,比甲子科(同治三年)录取的差远了!"

同治三年即1864年。这一年太平天国失败,两江总督曾国藩立即在辖境内恢复已经中断十多年的乡试,因此把这一年的考试称为甲子科。

曾国藩言犹未尽,又说道:"我驻军祁门县时,祁门城位于山脚下,形势局促,不开阔,很难守卫。我于是对人说:'这样的城,又有什么用?不如毁掉它!'城里有人知道了这件事,写来一信说:'大清朝初年,我们祁门曾经有人中过举,康熙年间一位江西籍的官员来这里当县令后,选定这个地方做县城,到现在一百好几十年了,再没有考中一个举人,您如果决定拆毁城墙,百姓没有不乐意听从的。'我于是下令拆毁城墙,建造了不少碉楼,用来防御太平军的进攻。工程竣工后,有人请我写一段城邑记之类的文字,我在上面批了四句话:'拆去西北城,岁岁出科名。东南留一节,富贵永不歇。'说来奇怪,自我做了这个批示后,甲子科乡试,祁门考中了三个举人,今年这一科又考中了两人,看来风水先生的有些话,是有它的根据和道理的。"赵烈文于是和曾国藩开玩笑说:"您有关拆城墙建碉楼这段佳话,应该刻一块石碑,埋到祁门,数百年后,完全可以和诸葛碑相媲美啊!"曾国藩狂笑而去。

三是谈官场交情离合

同治六年六月十九日,赵烈文到曾国藩处闲谈,问起郭嵩焘和毛鸿宾为何闹矛盾

的事。曾国藩说:"毛鸿宾早年在京城时,看到郭嵩焘的文章很有文采,就想与他结交,后来毛鸿宾出任湖南巡抚,又屡次请他做幕友,等到毛鸿宾担任两广总督,就保举郭嵩焘做广东巡抚。毛鸿宾的能力平平,郭嵩焘到任后,毛鸿宾却以恩人自居,两人又彼此争权,不和就这样产生了。左孟星(左枢)、王壬秋(王闿运)、管才叔(管乐)三大名士到广东后,互相标榜有王佐之才。郭嵩焘本质上是一个文人,这三大名士因此多偏袒郭嵩焘。左孟星甚至写信诋毁毛鸿宾,说他是不齿于人类的狗屎堆。他们两人最后闹成这个样子,平心而论是郭嵩焘对不住毛鸿宾,而毛鸿宾没有大过错。因为我曾经保举过毛鸿宾,郭嵩焘后来连我也怨怪上了,说'曾某人保举的人很多,只是错保了一个毛鸿宾'。我反唇相讥说,'毛鸿宾保举的人也不少,只是错保了一个郭嵩焘'。听到这话的人,无不捧腹大笑。"赵烈文于是说了几句郭嵩焘不该这样做的话。此时有客人来,赵烈文只好告辞出来。不一会儿曾国藩跟过来了,接着刚才的话题说:"官场交情离合这件事,有在情理的,也有不在情理的。刘霞仙(刘蓉)与朱石翘(朱孙诒)的关系,原来不亚于父子兄弟,最后却闹翻脸,还刻印诗文互相谩骂。与此相比,郭嵩焘与毛鸿宾的矛盾,总没有恶劣到这种程度。沈幼丹(沈葆桢)与我闹翻后,多次给他写信,想重修旧好,他却一直没有答复。李次青(李元度)和我闹翻后,后来金陵收复,我在奏折中讲他的好话,建议朝廷重新使用他,近来他便时常写信问候我,两人应该说是和好如初吧。至于左(宗棠),则始终不肯与我接近。"

说到左宗棠,曾国藩只说了一个"左"字,连他的字都不屑一提,说明失望之极。

七月五日午后,曾国藩到赵烈文处闲谈,再次说到郭嵩焘和毛鸿宾的事。赵烈文说:"郭嵩焘在广东声名狼藉,有人给湖南巡抚骆秉章写信说:故乡的高官大吏都好像豺狼虎豹一样。民间又流传这样的谚语:人肉吃完,惟有虎豹犬羊之廓(郭嵩焘);地皮刮尽,但馀涧溪沼沚之毛(毛鸿宾)。怎么会败坏到这种地步!"曾国藩说:"这些坏名声都是他们自取的。譬如劝富人捐款捐物,赞助军饷,是不得已而为之,本来就应该靠自愿,不能强迫;只有对那些为富不仁和向来有劣迹的人,才能采取强制措施。郭嵩焘在广东却不加区别,一概强制执行,所作所为,无不任意而为,怎么不遭反对和非议!郭嵩焘却悍然不顾,真没想到他会荒谬到这种地步!"

对左宗棠和沈葆桢这两个跟自己闹过很大矛盾的人,曾国藩虽然深感失望,但他们以前的交情毕竟很深,闲谈中因此常常会情不自禁地说到他俩。如同治六年十二月一日,曾国藩来赵烈文处聊天,刚打开话匣子,就说到沈葆桢:"沈葆桢接替左宗棠,在他的原籍福建做船政大臣,人很专横,对待布政使、按察使就像对待下属一样发号施令,经承吏一言不合,就立刻处死。他与左宗棠结为死党,凡是左宗棠原来用过的官员,一律照顾安排到福州船政局工作。沈葆桢原来在江西工作时,有胆有识,个人修养也不错,我比较欣赏和器重他,等到推荐他做了江西巡抚后,与我争饷,争执不已,我虽然认为他心胸不开阔,但还是觉得他是条硬汉。后来我写奏折,反映他前后使气无理取闹的经过,沈听说后,感到害怕,立刻写信请罪,请求我原谅他的过去,给他悔过自新的机会。昨天,他又给我来了封长信,为他本族某个在安徽做官的人求情,这时我才知道他办事没有什么原则,以前表现出来的严厉作风,都是装出来的,因此很是瞧不起他。说他为人恬淡吧,本不应该在家乡胡作非为;说他贪图名利吧,以前却有负气回籍、坚卧不起的清高之举。左宗棠是一个不近人情之人,沈葆桢居然与他走到了一起;他们两人名望地位原本不相上下,沈葆桢却愿意做左宗棠的附庸,真让人难以理解。"

四是臧否人物

曾国藩和赵烈文谈话时,经常臧否古今人物。

同治六年五月十八日下午,曾国藩来和赵烈文聊天,看到他还躺在床上,就站在帐外等候;赵烈文发现后,急忙起来陪他坐下。这天两人谈话很久,涉及当时很多名人。曾国藩说:"刘长佑为人厚道,对下属也很谦和,所以做直隶总督数年都很稳当。官文城府太深,当胡林翼在世的时候,表面上很推让,实际上不能丝毫触犯他的利益;他们只是互相应付,并不是真诚相交的官场朋友。官文无非想容身保位,心地尚不太坏。胡林翼去世后,外面传言,官文把胡林翼巡抚衙门的文件档案全部查封带走,这就说得太过分了。左宗棠喜欢听恭维话,凡是对他毕恭毕敬、点头哈腰的人,大多得到了不次之赏,所以常常被心怀叵测之人所欺骗。李瀚章血性不如他弟弟李鸿章,但做事更周密稳重。吴棠昏愦无能。沈葆桢自从与我争夺饷银后,至今没有通信来往,心胸未免太狭窄(当年十二月一日曾国藩说沈葆桢曾经给他去过信——笔者注)。彭玉麟为人光明俊伟,但本事比不上杨载福,杨为人颇狠。恽世临办事精细明白,是一个好布政使,但不是独当一面之才。老九(曾国荃)去年弹劾官文,没有占上风,反而惹了一身麻烦,极为后悔,想立刻撒手不干。他现在事事向我请教,我跟他讲,既需要反思悔悟,也需要充硬汉,人只有顽钝无耻,才能做成事……"

同治六年五月二十二日,曾国藩到赵烈文处久坐。当说到李鸿章剿捻遇到麻烦时,曾国藩说:"他性子急。军事成败是常有的事。如果朝廷要求他尽快取得成效,

或者言官对他抨击一通,他一定不能忍受。从前年算起,我共受到过七次参奏,但都以不变应万变,挺过来了,鸿章未必有这种耐性。"

对于自己的耐性和倔强,曾国藩确实十分欣赏。如同治六年八月二十八日午后,当赵烈文说到李鸿章"遇到事机不顺的时候,未必能像您一样具有坚韧不拔的精神",曾国藩立即非常得意地说:"我死了以后,应当谥为'文韧公',这是邵位西(邵懿辰,曾国藩任京官时的同僚)说的,足下知道吗?"

同治六年六月十七日,曾国藩邀赵烈文到客厅交谈。当说到曾国荃攻克金陵时,曾国藩说:"如果不是各营将领贪得无厌,难道不是万全的美事?!"赵烈文说:"沅帅(曾国荃字沅甫,族中排行第九,故赵烈文称其'沅帅',曾国藩称其'老九')自己实无所沾,只是他前后左右的人无一对得住沅帅啊!"曾国藩说:"沅弟不仅仅只用湘乡人,而且所用的都是屋门口十里内的人,事情怎能不糟糕,见闻怎能不寡陋!"接着又说:"李鸿章血性固然有,但气性也不小,与沅弟不相上下。李瀚章亦有脾气,杨载福脾气更大。彭玉麟外表上狠,实际上好说话,因而常常受杨载福、李鸿章和沅弟这些人的气。"赵烈文说:"做事的人总有脾气,不然也做不成事。"曾国藩说:"你说得非常对!"

同治六年八月二十五日,曾国藩和赵烈文闲谈时,再次说到自己的心爱弟子李鸿章:"李鸿章在东流、安庆时,足下经常与他共事,没想到几年之间,就发迹到这种程度。"赵烈文说:"同治元年冬天(这年农历九十月间,应是秋末冬初时节——笔者注)我到上海时,李少帅还没有真正被任命为江苏巡抚,他邀我坐到坑(炕)上,一再询问老师这边有没有人议论他什么,表情诚恳而又充满敬畏。没过一个月,朝廷即任命他为江苏巡抚,从此以后,隆隆直上,到现在几乎和老师双峰对峙了。"曾国藩说:"湘、淮两支军队的发展始末,足下再清楚不过了,可以说是洞若观火啊!"说完,曾国藩含笑而去。

曾国藩不仅十分欣赏李鸿章的才干,而且称赞他有英雄气概。同治六年十二月一日,曾国藩和赵烈文在一起臧否人物时,赵烈文问起李续宾的为人,曾国藩说:"这个人特别好,品行端正,为人厚道,是一代名将。"赵烈文说:"和李鸿章相比,他哥哥李瀚章就差远了。"曾国藩说:"你说得很对。李瀚章不过是一个平庸的人,李鸿章则有英雄气概。"曾国藩接着又说:"胡林翼、江忠源心术都很端正,也有英雄气概。"

曾国藩与人谈话时,不仅会臧否自己的同事、朋友和部下,而且对湘系集团以外的人士也时有评论,并且往往一针见血。据欧阳兆熊说,贵州钦差大臣田兴恕,长夫出身,因长得漂亮,被善化知县王葆生看中,保荐他带兵打仗,有战功于楚南,最后官至贵州提督兼署贵州巡抚,又授为钦差大臣。但这个人恃功而骄,既昏暴贪婪,又多次蒙骗朝廷,虚报战功。还有一个叫李世忠的人,年轻时曾为小偷和强盗,后来加入太平军当了个小头目,降清后很快担任总兵大员,帮办军务。此人素质更差,不仅常常惹是生非,而且跟黑道联系紧密,成了地方上一大祸害。有一次曾国藩说到他们时,鄙夷道:"田兴恕得钦差,李世忠作帮办,天下安得平!"曾国藩说这话时,田、李正受重用,后来才被清廷治罪,说明曾国藩早就预见到了他们的下场,所以赵烈文从内心发出"谅哉斯言"的赞叹。

对朝廷高官,曾国藩也不讳言。

同治六年八月十四日,曾国藩到赵烈文处久谈,偶尔说到潘世恩(江苏吴县人。状元出身,曾任武英殿大学士,军机大臣,兼翰林院掌院学士,充上书房总师傅)的《思补斋笔记》,赵烈文说:"这本书名虽叫《思补》,实际上写的都是一些无关痛痒的内容,如科举考试中师生之间的陈规陋习之类。书中偶尔有一些掌故方面的记载,也多半是他做翰林时所得到的恩宠和礼遇之类。他任大学士和军机大臣近二十年,书中却无一语涉及国家大政方针和国计民生,他的生平作为,也就可见一斑了。"

曾国藩马上附和说:"如果仅仅如此,还不让人感到奇怪。我曾见过彭蕴章(江苏苏州人。曾任文渊阁大学士,管理工部及户部三库事务,充上书房总师傅)的《自撰年谱》,其中写到咸丰十年江南大祸时(太平军第二次击溃清军江南大营后,又于当年四月中下旬接连攻占常州和苏州——笔者注),作为苏州人的他,在书中只写了'苏州失守'四个字,连一句感伤的话语都没有,说他毫无人心,是不会错的。我还记得以前在国家部委工作时,道光三十年宣宗皇帝驾崩,潘世恩上了一道荐贤的奏折,举荐的第一个人是林则徐,其次是姚莹,折子一出来,便得到舆论一致称赞。林则徐和姚莹以前分别在广东和福建前线与外国人打交道,触怒了宣宗皇帝,被发配到边疆或是被囚禁,一时祸不可测,生死难卜。潘世恩当时任军机大臣,又是内阁大学士,深得宣宗皇帝宠信,本应伸出援救之手,可他无动于衷,默不作声。宣宗皇帝尸骨未寒,他就摇身一变,出面指责先帝过失,举荐林则徐和姚莹,企图用这种讨好卖乖的方式掩饰自己以往的过错,他的不良用心,让人说什么好呢!他也由此得到了社会舆论的肯定和称赞,说明世道人心早已是非不明了。"

赵烈文说:"是这样。人的行为好坏和能否取得成就,关键在于有无良知,如果丧失了良知,什么事情做不出来!咸丰末年,陆东渔(陆锺汉,湖北沔阳人,官至江苏

知府,咸丰十年遇太平军于江阴而死)给我姐夫周腾虎写信讨论时事,洋洋数千言,周腾虎感到十分诧异,就把信拿给我看。我对周腾虎说:'陆东渔快要死了吧!'周腾虎非常吃惊地问我为什么这样说。我说:'陆东渔的父亲力甫先生,不仅死在江苏,而且死后遭人唾骂。江苏这片土地,应是陆氏子孙呼天抢地之所,可是陆东渔不仅继续在江苏做官,而且好意思与人讨论时事,他这种人,不仅毫无孝心,而且彻底丧失了良知。'不久,陆东渔果然被太平军所杀,并且辱及已经去世的父亲。自古以来,忠孝同心,臣子一体,但看了潘世恩、彭蕴章两位先达的言行,我大清王朝不几几国势垂危!"

陆东渔的父亲名叫陆建瀛,字立夫(赵烈文写作"力甫"),咸丰三年任两江总督时遇上太平军进军金陵,因指挥作战无方,先被革职治罪,后被太平军杀死。在中国人心目中,长期以来孝都是立身之本,是家庭和睦之本,是国家安康之本,也是儒家伦理思想的核心。在提倡以孝治国的年代,陆东渔的行为自会让人非议。

曾国藩拍着大腿大笑说:"不是足下,我与谁谈论这些!"

五是谈论学问文章

同治六年五月四日,曾国藩到赵烈文处闲谈。曾国藩说:"古代音韵学说,是顾炎武先生首创,后来人虽然也有一些新的见解,但很难超出他的范围。顾炎武就像建了一座音韵大厦,后来人只是在其中搞了一下装修而已。"说完音韵,曾国藩又转到著书立说上来:"著书都由点滴积累而成,否则一知半解,最终不能成为大家。"

隔一天中午,曾国藩又来和赵烈文闲谈。赵烈文问:"《仪礼》称为士礼,主要记载士大夫之间的礼仪,然而其中又多有觐飨之仪(诸侯朝见天子的仪式),这是什么缘故?"曾国藩回答说:"这个说法我也解释不了。"

六月十三日,曾国藩到赵烈文处,见他正在吃饭,就没有进去。饭后,赵烈文到曾国藩内室久谈。曾国藩将《五礼通考》的最早刊印本拿给赵烈文看,笔画如手写一般,十分可爱。曾国藩又把进呈给皇上的《御批通鉴》刊印本拿给赵烈文看。这套书有半个书桌那么大,赵烈文从未见过这么大号的书,所以特别感兴趣。又因为赵烈文昨天说过"王大经禁淫书之可笑"这样的话,曾国藩现在便有意指了指夹在书堆中的民间刊刻本《红楼梦》。赵烈文十分惊讶,然后一脸坏笑地和曾国藩打趣说:"堂堂两江总督衙门,也有私盐啊!"食盐由国家专卖,《红楼梦》是政府明令禁止的"淫书",曾国藩偷偷阅读《红楼梦》,当然与贩卖食盐一样,都属违法行为。

由此可见，曾国藩并不是那种迂腐呆板、不看任何闲书特别是"风月"的理学夫子。他的阅读面其实很广，也早就在阅读《红楼梦》。如咸丰十年十一月三十日《曾国藩日记》写道："与树堂鬯谈最久。树堂因时事日非，愤闷异常，阅看《红楼梦》，以资排遣。余亦阅之。"可见《红楼梦》的魔力之大。

八月二十一日下午，曾国藩又到赵烈文处久谈。说："我最初在京城做官时，与许多名士有交往。当时，梅曾亮（字伯言，桐城派后期代表人物）因为擅长写古文，何绍基（字子贞，清代著名书法家，尤长草书）因为擅长书法，在士大夫中间享有盛名。我经常观摩他们的作品，觉得自己不比他们差多少，心想只要多读书，勤努力，以后或许也能达到他们那样的水平。但是没过多长时间，我的学问没有做成，官却越做越大，每天案牍劳形，只能把读书做学问的愿望和志向压在心里。咸丰以后，我奉命讨伐太平军，戎马倥偬，更没有多少时间和精力拿书本了。如今再读梅曾亮的文章，发现确有过人之处，说明自己当时的一些想法，还是意气的成分居多。不过到现在我还是坚持认为：只要能够给我读书做学问的时间，对梅曾亮、何绍基这些人，还是不甘拜下风的。"

同治十一年二月一日，也就是曾国藩死前三天，他在日记里还这样写道："通籍三十余年，官至极品，而学业一无所成，德行一无可许，老大徒伤，不胜悚惶惭赧。"说明曾国藩对自己未做成学问，是终身感到遗憾的。

曾国藩一停嘴，赵烈文就鼓掌大笑说："每个人的想法，真是难以说清！有的人做了皇帝，却喜好臣下的称号，于是汉朝有自称为富平侯、明朝有自称为镇国公的皇帝。老师的事业超越千古，唐、宋以下几乎无人能比，却遗憾自己的文章和书法技不如人，总想跟他们一比高低！不过从老师这番话语里，我也真切感觉到您的志向历来不凡，有一股誓不服输的劲头，这可能正是您能够发挥自己的最大潜能，最终战胜太平天国的原因吧！"

赵烈文说的喜好臣下称号的两位皇帝，分别是汉成帝刘骜和明武宗朱厚照：刘骜做皇帝时，沉溺声色犬马之中，常常假借富平侯张放的名义在长安城内外玩乐；朱厚照则在佞臣江彬怂恿下，自封为"镇国公总督军务威武大将军总兵官朱寿"，到边地宣府亲征，回去后又给自己加封太师称号。

曾国藩说："我带兵打仗，确实是赶鸭子上架，被逼迫而成。当初奉旨做团练大臣，借居在湖南巡抚衙门里，想惩治几个不服从命令的士兵，结果全军鼓噪起来，有人还冲进我的办公室找我算账，差点要了我的命，于是发愤招募一万人，编练一支自己指挥得动的军队。当时也是好胜而已,并没有想到有今天,真可令人为之一笑。"

六是谈佛学,论老庄,悟人生

同治六年五月十七日,曾国藩看到赵烈文在读佛教典籍,就开口问其中的含义。听了赵烈文解释后,曾国藩又嘱咐赵烈文解释佛经梵文名词,以便于自己阅读。十天后的五月二十七日,赵烈送了一本《圆觉经略疏》(全称《大方广圆觉修多罗了义经略疏》,简称《圆觉略疏》)给曾国藩,并为曾国藩解释和翻译其中的名词术语,抄写一册给他备查。

因为对佛学有共同兴趣,所以在五月十七日的谈话中又把话题转到《庄子》上来。曾国藩说:"你刚才所说佛教经典的意境,《庄子》一书也有论述。"赵烈文说他对《庄子》没有很深研究,不敢擅自断言。接着他就顺着《庄子》的话题问曾国藩:"老师的学问阅历十分丰富,大事与小事,成功与失败,大喜与大悲,都经历过、体验过,人生可以说达到了很高的境界,现在对自己能否做到十分的把握呢?"

曾国藩对这个话题似乎很感兴趣,于是摸着胡须想了很长时间,才回答说:"把握不敢说。但眼下想来,就是有股不怕死的精神,因此无论遇到什么事情,都本着死的想法,不知算不算足下所说的把握?"赵烈文说:"一切至高至大的境界,都不过生死,连生死都置之度外,还有什么放不下呢!不过从佛学的最高境界来看,不怕死仍然是境界未到至高至大啊!因为不怕死仍然是有一念在心中,还没有到真本原。"曾国藩听后,表示完全赞同。当天,他们两人谈了很长时间。

曾国藩对佛学虽有兴趣,也很想阅读几部佛学典籍,但他这种地位和身份的人,哪能静下心来钻研佛经?六月八日,他便把《圆觉经略疏》还给了赵烈文,说:"前几天翻了一遍,很想深入学习一下,但毕竟没有接触过这门学问,既摸不到门径,又体会不到妙处,加之公务繁忙,实在无法潜心探索,所以还是送还给你。"曾国藩说这些话的时候,脸上流露出十分遗憾的神情:"处余此境,殆不可如何矣!"

七月十九日下午,曾国藩到赵烈文处闲谈,袒露自己多年来艰难困苦终于有所成就的心路历程。他说:"我刚创办湘军那会儿,几乎所有人都表示怀疑,对我的非议和诽谤也很多。靖港失败后,更是受到湖南地方官僚的指责和谩骂,布政使陶庆(恩)培(应为徐有壬)、按察使徐有壬(应为陶恩培),甚至要求骆秉章弹劾我。我的部下出入长沙城,也是'恒被谯诃,甚有挞逐者'。咸丰四年以后,我在江西作战数载,遭遇挫折,经历了各种磨难,更是成了众矢之的。咸丰八年重新出山后,朝廷忽而让我进兵四川,忽而让我援助福建,自己丝毫不能做主。到了咸丰九年,因为得到湖北巡抚胡林翼的支持,彼此亲如一家,这才能够按照自己的规划行事,并逐步取得今天这样的成就。现在回想起来,真是百感交集、令人难忘啊!"

七是回忆往事

同治六年六月十六日午后,曾国藩邀赵烈文到内室谈话,遍论咸丰末年清军致败的原因和诸位将帅的缺失后,曾国藩说:"回想周腾虎刚到江西军营时,曾对我说:'自古成就大事的人,都是肯用心的人。我普遍观察了长江下游的统兵将领,没有一个人知道这个道理,所以料定他们最终都会失败。曾公您目前虽然兵微将寡,但最后能成就大业的人一定是您。'我当时很佩服他所说的用心这句话。他评论世间的事情,确实超出寻常者许多,不能不说是个怀有异才的人啊。"周腾虎是赵烈文的姐夫和推荐人,当时正是有了他的推荐,曾国藩才下决心从江西派人并带着二百两白银,千里迢迢赶到江苏阳湖,聘请赵烈文加入自己的幕府。同治元年七月二十三日周腾虎在上海病逝后,家眷全靠赵烈文照顾和接济,曾国藩旧事重提,自然会引起赵烈文的伤感,于是话未说完,他就回到了自己的书室。然而还没有坐下,曾国藩就跟过来与赵烈文久谈,至于谈了什么,赵烈文没有详记,估计是一些安慰开导的话语。

七月二十日傍晚,赵烈文到总督府后花园登台而望。不一会儿,曾国藩也跟上来了,并问起曾国荃攻破金陵时的一些事情。赵烈文说:"沅帅是受身边人牵累了,其实没有人向他进献玉帛子女。当时各文武官员,包括那些文案人员和勤杂工,每人预备了一个箱子,凡是得到贵重物品,就放进箱子藏起来,看到有人来了,便用身体挡住箱子,真是丑态可掬。"曾国藩狂笑不止。笑完,曾国藩说:"我的老弟所得无几,老饕的名声却传遍了天下,岂不太冤枉了吗?"赵烈文说:"自古以来成就大功业的人,哪一个不蒙受不白之冤?功名与毁谤,从来都是如影随形,何必挂怀!现在沅帅大功已成,原来对他的毁谤,不是日渐消退了吗?千秋之后,盖棺定论,沅帅最终还是瑕不掩瑜。"曾国藩对赵烈文的意见表示完全赞同。

八是谈家事

同治六年九月十日,曾国藩设宴为赵烈文饯行。这次的菜肴非常丰富,不仅有鱼翅,而且特意上了几道赵烈文平时喜欢吃的菜肴。

昨天下午,曾国藩就约好赵烈文明天到他那里吃鱼翅。曾国藩离去不久,又派人送了菜单来,说是奉曾国藩之命,要赵烈文增加几样适合自己口味的菜肴。

曾国藩为什么特意约请赵烈文吃鱼翅?原来前几天两人闲谈时,赵烈文曾经开过曾国藩的玩笑,要他烧满一碗鱼翅给自己吃。

一句说出口就会随风飘散的玩笑话,却被曾国藩牢牢记在心里,真是说者无意,听者有心啊!曾国藩对赵烈文喜爱到何种程度,也就不言而喻了。

曾国藩本人生活历来很简单,可是为了让赵烈文吃得高兴,这顿饭他真是做了精心准备并大大破费了一次。

菜好,谈话自然更是畅快。

赵烈文因为要去湖北看望在那里做巡抚的曾国荃,所以曾国藩的谈话主要是围绕自己的家事进行。

曾国荃出山做湖北巡抚后,上章弹劾湖广总督官文,一石激起千层浪,京中流言四起,曾国荃自己也陷入极大的困境中。这是赵烈文特意去湖北看望曾国荃的主要原因。

曾国藩说:"我读书虽然不是很顺,但比一般读书人吃的苦要少。到外面求学不久,就中了举人,后来中了进士又进了翰林院。不过我的家庭并不富裕,仅有薄田一顷多,全靠祖父和父亲辛勤操持,才能勉强维持生计。我常常回想起辛丑年回家探亲时(辛丑年即道光二十一年。查《曾国藩年谱》,曾国藩请假回湘是戊戌年即道光十八年而不是二十一年——笔者注),听祖父对父亲说:'老大虽然当了官,但我们家中应该照往常一样过日子,不能问他要钱帮助家里。'听到祖父这番训导,我很受感动,发誓一生坚守清廉,一直到今天,所遵守的还是这句话。而家中也能谨慎操持,没有闪失,兄弟妻儿老小一大家人,没有一件事来干扰影响我,这真是人生难得的福分啊。我的亲戚和族人,贫穷窘迫的也很多,虽然始终没有寄钱周济他们,他们也无半句埋怨责怪。但我毕竟身享高官厚禄,所以反躬自问,心中也不免感到歉疚。好得我的九弟手头宽裕,将我分内应该做的事全都做了。他得了贪名,我的夙愿却得以完成,这都是意想不到的事呀。家中虽然没有其他优越之处,但一年到头没有病人,衣食充足,兄弟儿女们都知道读书求上进,所以大体上也能感到自慰。"

赵烈文感慨地对曾国藩说:"聆听老师这番肺腑之言,知道您能达到今天这样的地位,是积累深厚的结果啊。至于家庭成员之间互相体谅,子孙吉祥进取,这都是老师清廉德操感化的结果。上天报施人的途径,往往委屈了那个,照顾了这个,这也是自然的道理啊。"

宴请结束后,赵烈文去别人那里走动,回到总督衙门已是初鼓时分。听说曾国藩两次来找过他,赵烈文当即赶了过去。

一见到赵烈文,曾国藩的话匣子就打开了。这回主要是说他的九弟曾国荃:"乡间到处有池塘,九弟的住宅外面就有一个。他开缺回籍养病后,听说在上面架了一座桥,讥笑他的人说好像是庙宇。盖的房子也十分拙劣,所用的钱却很多,并且常常招致邻里怨恨。"

赵烈文有些不解地问:"费钱很多可以理解,招来怨恨是怎么回事?"

曾国藩说:"我们家乡本来没有大树,有的话,一定是长在坟墓旁边,或是房屋周围多年长成的树,都是用来遮阳的,大多不愿意卖。九弟搞建筑要用大木料,以为只要多出钱,别人就会卖,于是仗势欺人,一定让人家卖给他。这些树大多是松树,油脂多,容易生虫,并不是盖房子的好木料。民间值一缗钱的,九弟往往要用二十缗买来,而且还怨声载道。他从湘潭购买的杉木,逆流而上三百里运回,途中还有旱路要走,花费的钱又多出好几倍。他买田产的价格也比平常高出许多,但也招致怨恨。譬如有一大片田已经买到手,但中间混杂着外姓的几块田,是人家的祖业,轻易不会卖的,九弟就出高价强行买下。我们湖南从官场退休回到乡里的人,有的购买的田地比九弟多好几倍,但从来没有人说他们的坏话,九弟却大遗口实给别人,一巧一拙,有如天壤之别。"

赵烈文说:"这正是沅帅为人厚道的地方。我以为,官宦之人回到原籍后,购置产业是正常情况,与其做得巧妙,不如拙实好。拙不过损害一时的清廉名声而已,心意毕竟是好的,没有刻薄寡恩之嫌,一定能给子孙带来福祉。即使遇上兵荒马乱年代,因为是用厚实得来,所以忧患也比较轻。"

曾国藩说:"道理是这样子,但像我九弟这样,做得也太笨拙了。回想起咸丰七年,我丁忧在家,我的儿子纪泽的前妻贺氏,是贺长龄先生的长女,平时身体多病,她母亲有次来看她,想多买点高丽参给她补身子。我家人说:'乡间僻壤,本来没有好的药品,您从省城来,为什么反倒在乡下寻找?'她回答说:'省城的高丽参全被九大人买光了!'我最初听到这句话还不相信,派人探听虚实,果然有这种事情。九弟共买了几十斤高丽参,装到一个竹箱里,让人抬回来。抬箱子的人磨破了肩,就让他们嚼人参,将参渣子敷到疮口上,也不知他从哪里听来这个'海上方'!"

赵烈文大笑说:"沅帅举动真是英雄所不及,写到青史上,古人一掷百万,也不过如此!"

"海上方"指仙方。因秦始皇、汉武帝都曾经派人赴海上求不死仙药,故称仙方为"海上方"。

曾国荃买尽长沙高丽参,是他相信一种偏方:作战受伤的将士,只要将高丽参嚼烂敷到伤口上,即能达到消炎止血之疗效。由此可见曾国荃对部下的关爱之情,确实非比寻常。他所统率的湘籍将士,之所以能打硬仗,能破坚城,别的湘军部队因欠饷常常闹哗变,曾国荃的吉字营却始终坚如磐石,其原因可能均在此。因高丽参太贵,而曾国荃出手阔绰,一买数十斤,故赵烈文称之为"英雄举动";曾国藩则不相信高丽参可治刀伤之说,故将曾国荃的行为讥之为荒诞不经的"海上方"。

当时的高丽参究竟多贵呢?笔者一时虽然回答不出来,但同治元年十一月一日曾国藩写给曾国荃的信中曾提到过辽参的价格:

万麓轩顷送辽参壹两,吾拟备价百二十金与之,不知渠肯收否?吾已蒸食一钱,似尚有力量。余九钱,兹专人送金陵。(《曾国藩全集·家书》)

曾国藩收到万启琛赠送的一两辽参后,准备按时价付给一百二十两银子。这是什么概念呢?如果换算成官员工资,那么一两辽参的价格相当于两个清朝六品官员的全年工资总和!辽参和高丽参均属东北参,价格即使不完全相同,相差估计也不会很大。

说过曾国荃,赵烈文又问曾国潢的情况:"老师四弟是怎样一个人?"

曾国藩说:"是一个极长厚的人。但好事喜功、不怕别人说闲话这些方面,和九弟差不多。当地有官司纠纷,县官不能断,常来他这里投诉,四弟就为人家断公道,胜的人觉得应该胜,输的人则终身对他恨之入骨。足下看这种情形,是让他继续待在乡下呢?还是应当让他出来?"

赵烈文紧皱眉头想了会儿,说:"老师兄弟一别,已经十年了,何不招四弟来此一游?"

曾国藩说:"我早就劝他出来,他不听,有什么办法!如今天下多事,湖南人都觉得家乡非常危险,而我的两位老弟,按着自己的性子一意孤行,不怕招致众人怨恨,所以我的家人多次写信,请求来总督任所,好像祸患就在眼前,一刻也等不了。我认为,祸福由天而定,人是无法躲避的。况且既然有灾祸,又怎能只眷顾自己的妻子儿女呢!话虽这样说,但危险毕竟存在,想起来就害怕,所以总是不能忘怀。足下平时多次劝我把家眷接出来,现在究竟是接出来呢,还是不接?"

当时湖南的哥老会活动日益频繁,被裁遣回乡的湘军官兵也大批加入哥老会组织,他们中的有些人本来就是哥老会成员。湘军裁遣回乡扩大了当地黑社会势力,散兵游勇又与这股黑社会势力相结合,成为一大社会公害。曾国藩和他的家人都十分担心湖南会发生大规模农民起义。如果真的出现这种情况,曾家就会成为哥老会攻击的头号目标而难于幸免。然而,曾国藩的两个弟弟没有意识到这种危险的存在,依然在家乡强购田产,包揽词讼,仗势欺人,累积民怨。

赵烈文说:"祸患诚然不可躲避,但不能不尽人事来挽回。老师为我这样的寒士筹划安排家庭生活,是那样的周到详尽,对自己的妻子儿女,岂能丢下不管。假如留她们在家中,可以两全其美,就应当留下;假如对解决祸患没有帮助,就不如先把妻子儿女接过来,让他们有个安身的地方。一旦有什么意想不到的事情发生,也可以把兄弟们都招来,这总比全家人都遭意外要好吧!"

曾国藩说:"你说得对。可是我还有卸任回乡的愿望。我这次回来做两江总督,曾向皇上奏明,今年五月内,即告老还乡。后来因为发生旱灾,灾民嗷嗷待哺,故不忍心告退。赈灾的事刚处理完,朝廷又补授我为大学士,再加上捻军的势力正在发展,防守运河的大计又遭失败,诸多事情接连搅在一起,因此一直未能如愿。现在又要把家眷接过来,是违背我的本来愿望呀,怎么可以呢!"

当赵烈文说了一大通不宜告老还乡和应该接家眷出来的道理后,曾国藩说:"足下今天晚上的谈话,使我的心意开豁了许多,明天我就把家眷接过来。但他们长期居住在总督衙门里,必然沾染官场习气,我又偏偏厌恶那些进了城就忘记自己家乡的人。"

赵烈文说这个不用太担心。再说两江总督衙门也没有官气可染,所以还是家人安危要紧,劝他不要再犹豫动摇。曾国藩似乎被他说通了,于是换了口气问道:"外面怎么议论我和九弟的关系?"

赵烈文好久没有作答。曾国藩鼓励他说:"你尽管说!我与足下还有什么不能说的事情?!"赵烈文这才回答道:"沅帅性格直率而喜好生事,老师举止行动详慎缜密,对事情的见解也有不同。虽然有时事机逼迫,不能没有指责的话,但都心地善良且相互友爱无间。按照不藏怒、不宿怨的要求来衡量,在是否喜怒于形色方面,兄弟两人的差别真是太大了。"

曾国藩说:"同治三年攻下金陵后,为防功高震主、兔死狗烹,我专折代九弟奏请

开缺回籍养病,很快就得到朝廷批准,解除了他的浙江巡抚之职。九弟却一时转不过弯来。就在我到金陵这天,他在大庭广众之中,将自己的愤懑之情公开表露出来,弄得我的老脸都不知道往哪里放。足下知道这件事情吗?"

曾国藩是同治三年九月八日将两江总督府移驻金陵,暂设于原英王府内。赵烈文比曾国藩晚一个多月到金陵,所以赵烈文回答说:"没有听说。"

曾国藩说:"足下在我九弟那里,是否始终和好默契啊?"

赵烈文回答说:"我最初到那里时,沅帅对我的礼遇实在太高,让提督、总兵等大员穿着官服投到帐下迎接。以后一年多时间里,也没有不愉快的事情发生。只是攻克金陵的时候,因为争论先派骑兵断路,后来又劝沅帅重赴太平军冲开的缺口弹压,以及十九日李秀成被活捉,我劝他暂时不能杀,这几件事,让沅帅很不高兴,但很快就和好如初了。"

曾国藩说:"我的老弟岂能容下直言,身边都是彭椿年这类人,想要搞得好,可能吗?现在,听说又要用冯邦栋,我非常厌恶这个人。"

赵烈文说:"听说沅帅退出官场的心情很迫切,但烈文以为未必能退得下来。"

曾国藩说:"是的。我觉得湖北巡抚衙门很不吉祥,过去的十多任巡抚,非死即败。我敦劝他搬到贡院办公,已经答应听我的了。"

这时有人来关曾国藩的寝室门,赵烈文才发现时间已晚,乃与曾国藩告别。

曾国藩这次同赵烈文的交谈可以说是推心置腹。他不怕家丑外扬,谈家庭对他从政以来给予的喜与忧,既有快意人生,也有烦恼与不安。尤其是与这位心腹幕僚谈到了当时外人议论较多的九弟、四弟,以及他对自己的后代染上官场习气的担忧时,话语是那么坦诚,心情是那么纠结,没有丝毫掩饰和做作,可见在曾国藩心目中,早已不把赵烈文当外人了。

过了两天,曾国藩到赵烈文处,见有客人,于是离去。傍晚,曾国藩邀赵烈文同登露台,闲聊了一会儿。初鼓后,赵烈文又去曾国藩处。赵烈文问:"老师接家眷来金陵这件事,决定了吗?"曾国藩说:"家中虽然还没有回信,但我已把和足下的一席长谈写进日记了。我向来以日记代替家信。他们见到日记,自然会来的。"

九月二十五日,赵烈文动身去湖北之前,向曾国藩辞行。当时曾国藩身体不佳,赵烈文再三劝说他保重身体,必须静心修养,不要事必躬亲。之后又给曾国藩诊脉,说了他的病由,开了个药方留下来。当曾国藩问他怎样才能做到静心修养时,赵烈文说:每天用一个或半个时辰静坐,数自己的脉搏,不与外间任何事情接触,心气自然会安定下来。曾国藩深以为然。

曾国藩又反复叮嘱赵烈文:"见到我九弟后,一定要把你经常告诉我的话说给他听,即使他听不进多少,也可借助足下的胸襟度量,稍稍去掉他那盛气凌人的习气。"赵烈文表示一定照办。

九是对赵烈文家事和前途的关心

同治六年八月二十二日,赵烈文听说曾国藩身体不适,就去看望并给他看病、开方。他在曾国藩那里坐了很长时间。谈话间说到赵烈文的家事,曾国藩心情很沉重,却又找不到理想的解决办法,因而很是忧虑:"足下自身的吃饭问题已很艰难,却有那么多亲戚和族人要你照顾和赡养,义气虽然高尚,可也力不从心啊!"

可能是想让话题变得轻松些,曾国藩说着说着,又和赵烈文开起玩笑来:"穷得连老鼠都不愿待,却要啃下骨头去送礼!"

赵烈文于是说了一番乐善好施的人都应该这样做,在老师的关心照顾之下,本人家族才得以苟延残喘到今天之类的话。

赵烈文这次本是来看望病中的曾国藩,最后反让他关心起自己的家庭困难来了,自然让他有些难为情,于是转移话题说:烈文应友人之约,想利用这次去湖北的机会,顺路到黄山一游。曾国藩马上表示同意,并笑着开他的玩笑:"家里人饥肠辘辘,还有心情放浪山水,真是陶渊明、谢灵运一类人物啊!"

九月十五日晚饭后,曾国藩到赵烈文处闲谈,再次说起赵烈文家庭负担重这件事。曾国藩先是紧皱眉头,然后慢慢舒展开来:"我九弟那里太缺乏人才,你这次去了后,可以留在那里帮助他,他肯定受益很大。"

曾国荃弹劾官文后,日子很不好过,他自己也十分懊悔,这是曾国藩同意赵烈文去看望他九弟的主要原因。但让赵烈文留在湖北帮助曾国荃工作,则是曾国藩临时起的意,所以赵烈文忙说自己才力不济,并说湖北离家太远,无法料理家事。

曾国藩说:"家事不过是缺钱罢了!你在我这里的职位照常保留,你外甥孟舆(周腾虎之子)可到苏州忠议局做事,就近代你料理家务。你在湖北兼职,九弟另外给你一份工资,接受了也不为贪,岂不两全其美吗?"赵烈文无话可说,表示可以勉强接受这种安排。

曾国藩又说:"这样做虽然可以缓解你的经济困难,但不是解决问题的理想方法。要不然你就直接去做官,不仅可以光宗耀祖,还可以得到实际锻炼。你如果同意的话,我就给浙江省的头头们打招呼,对你也许有所帮助。"赵烈文说还想在老师幕府待上一二年,再考虑去做官。曾国藩说:"那明年决计要这样做。"

赵烈文虽然勉强接受了曾国藩的安排和照顾,第二次成为曾国荃的机要幕僚,但他这次在曾国荃幕府工作时间非常短,因为赵烈文到湖北不久,曾国荃就辞职不干了。

十一月二十七日,赵烈文从湖北回来后,曾国藩到赵烈文处,先谈了会儿话,然后交给他一份答复朝廷关于修改条约的奏折底稿,并交待说:"洋人进北京觐见皇帝、派遣公使到外国、进内地传教这三条应该答应,挖煤一条也可答应,铁路、电线、内河轮船、运盐等各条决不可答应。"

赵烈文将奏折底稿抄了一份之后,到钱应溥处坐了一会。钱应溥说:"你有做博望侯的志向,信不信?"赵烈文没有听明白,就请教是什么意思。钱应溥说:"曾相国的奏折中保举可以出使外国的人员,并说我大清朝岂知没有像苏武、班超、富弼、洪皓(四人都是古代有气节的使者)这种人呢?大概暗中是指你而说的,并说你已经答应出国远行了。"赵烈文想起有这回事,于是告诉钱应溥:"这是八月间在这里说的玩笑话。但是,外国源源不断有人来中国,我中华大国反而没有一个使节前往安抚异邦,这不是对朝廷的羞辱,对当世之士的蔑视吗?假如朝廷诚心用我,我不怕远至万里。只是中国看待出使外国这样的重任,等于将一个有过错的人投到荒外,所派出的使节都是潦倒的末流之辈,认为丢弃他们没有什么可惜的,这实在不是有志之士所愿意看到的。"说完一笑而去。

一星期之后的十二月五日,曾国藩到赵烈文处,先是讨论修改和外国签订条约的事情,然后问赵烈文:"奉命出使外国的事,足下愿意做吗?"赵烈文说:"乘风破浪,是大丈夫所应做的。如果让我专门负责这件事,是可以考虑的;如果仅是让我做随员、帮办之类,就敬谢不敏。"

另据陈乃乾《阳湖赵惠甫先生年谱》记载,同治六年平定东捻后,曾国藩想借此机会奏请朝廷,给赵烈文提升一级官阶,赵烈文说什么也不同意,而只希望能给自己的外甥周孟舆奏请一个校官,曾国藩只好答应他的要求。这说明,赵烈文的家事和前途,一直放在曾国藩心上,一有机会,就想给他解决实际困难,或提升他的官职。

十是无话找话,相互调侃

曾国藩和赵烈文的谈话不仅海阔天空,无所不包,而且常常无话找话,相互调侃。

如同治三年七月八日,赵烈文得知曾国藩被清廷封为一等侯,就入内贺喜,并打趣说:"此后应当称您中堂呢,还是侯爷?"曾国藩笑着说:"你不要叫我猴子就可以了!"说完,两人都大笑不止。

又如同治六年九月三日下午,曾国藩与赵烈文闲谈时,赵烈文告诉曾国藩,应湖北巡抚曾国荃之邀,他打算赴武昌一游。曾国藩不仅十分爽快地同意他前往,而且约定说:"你从湖北回来后,是继续在幕府做事,还是到书局工作,悉听尊便。"曾国藩又说:"你外甥周孟舆可改派到苏州忠义局工作,并给他增加薪水以满足其赡养母亲的孝心。"赵烈文极其感动,第二天便写了五首《书感》诗,回忆自己与曾氏兄弟交往并受到他们提携照顾的往事。九月五日,赵烈文把从前写的十首词和昨天写的五首《书感》诗一起呈送曾国藩批阅。不一会儿,曾国藩就过来对赵烈文讲:"你写的词好。"又说:"词极好。足下的词独步天下,虽名家如周稚珪等人,也无法与足下抗衡。"赵烈文不好意思说:"老师太过奖了。"曾国藩说:"先前我在李眉生(李鸿裔)的扇面上看到足下写的两首小令,特别喜爱,所以上次为足下书写扇面时,才有'倚声得古人佳处'的评语。今天看了你的新作,没有想到竟是如此绝唱。足下写的诗,格调虽然亦很高雅,但特色没有词明显。"赵烈文于是请曾国藩写几首唱和诗。曾国藩马上打趣说:"我才不干呢,那样你不就知道我的底细了吗(吾不向足下卸底)?"说完大笑而去。

再如同治六年九月六日,曾国藩到赵烈文处闲谈,当时刚好有人送给曾国藩一只古碗,非常大,不知曾国藩不懂得文物的价值,还是有意开玩笑,于是对赵烈文说:"我的脾胃特别差,多吃点东西就难受,因此要用几个小碗盛菜,以便提醒自己不能多吃。送这么大的碗给我,有什么用处?"赵烈文听得有趣,也忍不住开起玩笑来:"非常有用。"曾国藩很认真地问:"有什么用?"赵烈文说:"烧满一碗鱼翅给烈文吃,也是件妙事啊!"曾国藩于是大笑说"好!"赵烈文也大笑说:"烈文今年三十有六而童心方盛,怎么办?"曾国藩说:"这正是足下过人之处,说明你有胸襟啊!"说话间,曾国藩脱下马褂放到床榻上,谈话结束时忘了带走,赵烈文拿起一看,不仅面料里料都很普通,而且非常短小,贫寒之士都很少穿这种衣服,赵烈文为此感叹不已。

更有趣的是同治八年(1869)九月十二日下午,赵烈文上任磁州知州之前,到直隶总督府与曾国藩闲谈,谈话间曾国藩故意挑拨赵烈文与李鸿章的关系,打算看赵烈文的笑话。

这天两人先谈论了工作上的几件事情,说着说着,曾国藩突然转移话题说:"今

天看到李鸿章保奏剿灭西捻有功人员的奏折抄件,薛福成没有参与其事,也被列为有功人员获得优厚褒奖,是因为福成哥哥在鸿章手下做事的缘故。"

赵烈文第三次进入曾国藩幕府后,曾和薛福成共过事。同治四年夏天,曾国藩率军北上剿捻途径苏北宝应时,薛福成加入曾国藩幕府,此后一直在其幕中从事文字工作,为曾国藩晚年心腹幕僚之一。

赵烈文当然知道李鸿章褒奖了薛福成,于是说:"李相国的做法,就像《淮南子·缪称训》中写的'衢尊'故事:圣人在四通八达的道路中央放置酒器,以酒款待行人,喝多喝少,按各人的酒量自己决定,目的是为了获得众人拥戴啊!"

曾国藩狂笑不已。笑完,又说:"你哥哥熙文也与鸿章周旋,这样的好处怎么没有你份,偏偏让你向隅而泣呢?"

赵烈文想也不想就脱口而出道:"烈文久已醉倒中山,哪会站在邻居家的酒坛边上流口水呢?"

"醉倒中山"典出《博物志》卷十《杂说下》:从前有个叫刘玄石的人,到中山郡一家酒店买酒,店家将名酒"千日酒"卖给他,却忘了告诉不能多喝。玄石回到家里,放开肚皮喝,结果一醉不醒,如死了一般,家里人就把他装进棺材埋葬。过了一千天,酒店老板想起刘玄石买酒的事,料想也该醒过来了,就上他家看望。刘家人说玄石死去三年啦,早就将他安葬,可能已经化皮化骨了。酒店老板说明情况后,赶忙掘开刘玄石的坟墓,打开棺材一看,刘玄石刚好醒酒,躺在棺材里醉眼蒙眬伸懒腰呢。人们于是流传说:"玄石饮酒,一醉千日。"

听了赵烈文的俏皮回答,曾国藩又笑了许久。这时恰好薛福成有事进来,他们才中断谈话,否则不知要扯到什么时候。

赵烈文当时已不再是曾国藩的幕僚,而是来直隶候任的官员。如果说幕主与幕友是宾主或说师友关系,那么候任官员就是主官的直接下属,是真正的上下级关系。但从赵烈文和曾国藩无拘无束、亲密无间的笑谈中,哪里看得到官秩尊卑和等级高低之类东西啊!

他俩甚至敢拿自己的生死开玩笑。

同治六年六月二十一日晚上,曾国藩又来和赵烈文聊天。谈话间,有颗大如痰盂、光超月亮的流星(可能是火流星)从夜空中快速划过,然后坠落在西南方天边。曾国藩笑着说:"难道是我要死的征兆吗?几天内如果真的应验了,你一定要在我的墓志铭中记上这件事,就说前几天有颗紫微星陨落,只怕已经应验到了曾某身上,那些同曾某一样想早点死掉的吴中高士,求死也不可能了。"说完,两人都大笑不止。

像这类相互打趣的事例,在《能静居日记》中随处可见,前文也偶尔写过一些,就不再罗列了。

由此可见,曾国藩和赵烈文之间虽然分属师长,但在有些时候,也会忘了等级身份,完全把自己摆在平等、自然的地位,如朋友,如同学,如亲戚,如家人,毫无掩饰,真情流露,本真自然,没有半点做作和任何虚情假意。谈话也没有时间、场合、内容限制,无论是难熬的金陵盛夏之夜,还是公牍饭后之余,有空就谈,人来即止,话多久谈,话少短谈,知之为知之,不知为不知,可以商量,可以探讨,也可以调侃。谈话内容更是海阔天空,包罗万象。

身居高位的人,表面上威严神圣,道貌岸然,实际上相当孤独和寂寞,常常需要有人陪着说说话、聊聊天、解解闷。他们也和常人一样,渴望亲情和友谊,需要休闲和放松。然而由于身份和地位的限制,他们又常常找不到唠嗑的对象,身边几乎没有知心朋友,于是只能把话憋在心里,最终将自己封闭起来。曾国藩却不存在这种苦恼。他不仅随时随地可以找赵烈文倾诉,而且每次谈话都很直接和深入,想说什么就说什么,不拐弯抹角,不藏头露尾,无所顾忌,畅所欲言。又由于赵烈文精通佛学,懂得医道,加之兼长易理,于是对于每天生活在临渊履冰中的曾国藩而言,他和赵烈文的倾心交谈,不仅能够一吐为快,而且可以疗治身心疾病,释放精神压力,解除心头疑惑。赵烈文于是除了充当曾国藩的心腹秘书和智囊参谋外,事实上还成了曾国藩的心灵保健医生。

正是在这种特殊的关系氛围之下,赵烈文才会在其中的一次交谈中,石破天惊地发出不出五十年清朝必亡的预言。

17. 石破天惊的预言:不出五十年清朝必亡

同治六年六月二十日天黑后,曾国藩到赵烈文处聊天,忧心忡忡地说:"听京城来人说,那里的形势非常不好,明火执仗的抢劫案经常发生,大街小巷乞丐成群,有的妇女赤身裸体,连条裤子都买不起。民穷财尽到这种地步,恐怕要发生不同于往常的大灾祸,该怎么办呢?"赵烈文回答说:"天下平安和大一统局面已经维持很久了,长此以往,势必会形成分裂割据的局面。不过皇帝的权威向来很重,现在社会风气未开,如果不是朝廷先烂掉,还不至于迅速出现土崩瓦解的局面。按照烈文推测,将来

发生的祸患,一定是朝廷先垮台,然后出现各自为政、割据分裂的局面。大概不出五十年,这种灾祸就会发生。"

听了赵烈文这番石破天惊的谈话,曾国藩立刻眉头紧锁,沉思半天才说:"然则当南迁乎?"显然,他不完全同意赵烈文的观点,认为清王朝不可能完全被推翻,顶多发生中国历史上多次出现过的政权南迁后南北分治、维持"半壁江山"的局面。对此,赵烈文明确回答说:"恐怕是直接玩完。本朝未必能效仿得了晋、宋两朝,南迁后偏安一隅。"他认为清政府不可能像东晋、南宋那样,南迁后还能苟延残喘百余年,恐将彻底灭亡。

赵烈文虽然回答得十分坚定,但曾国藩还是不能完全认同他的说法:"本朝皇上的德行还是比较正派的,或许不会落到这种境地。"赵烈文立即回答道:"皇上的德行诚然不错,但国势隆盛之时,得到的回报已经很厚了。清朝开国的时候,创业也太容易了,诛戮之气也太重了,得到天下也太取巧了。天道虽然很难预知,但善恶是无法互相掩盖的,后面这些皇帝的所谓德泽,已经抵消不了以前的负面影响了。"

赵烈文的回答确实非常坦率,他实际上否定了清王朝得天下的道德合法性。明朝灭亡后,清军因吴三桂冲冠一怒大开城门而入关,所以"创业太易"、"有天下者太巧";入关后为慑服汉人的反抗而大开杀戒,如"扬州十日"、"嘉定三屠",所以"诛戮太重"。清王朝得天下的偶然性和残暴性这两点,决定了它的统治缺乏道德"合法性"。而清王朝后来的君王(如开创了"康乾盛世"的康、雍、乾三朝皇帝)的"君德"固然比较"纯正",但善与恶并不能相互掩盖和弥补。何况"天道"已经给了清王朝十分丰厚的回报,给他们带来过文治武功远超前人的"康乾盛世",因此这些后来君王们的"德泽",既不能抵消清王朝开国时的惨无人道,也不能成为后继者享用不尽的政治老本和天然倚靠,更不足以补偿其统治合法性的严重匮缺。

赵烈文这么一说,曾国藩才真正意识到了问题的严重性,也预感到了清王朝正面临灭顶之灾。他没有继续反驳,而是在沉默良久之后表示了默认,于是颇为无奈地说:"我日夜希望自己快点死掉,不愿意看到王朝覆灭的悲剧发生,你不要认为我是在开玩笑。"

为了安慰曾国藩,赵烈文说:"老师虽然很会开玩笑,但以您的身份,怎么会在这种严肃的事情上开玩笑呢?然而生死都是命中注定,不是想死就能死,也不是想活就能活的。何况老师也应该为黎民百姓着想,有老师在一天,百姓就会苟延一天,您身系天下安危,怎么忍心丢下百姓不管呢?"

18. 清王朝不仅"大势"已去,而且"气数"将尽

此次谈话对曾国藩的触动虽然非同小可,但此后几天里,他对此问题的看法仍然十分矛盾,各种想法仍然不断闪现在他脑海里。他有时同意赵烈文的看法,有时又产生怀疑,觉得大清王朝不会死得这么快。这是完全可以理解的。无论从曾国藩自身的利害来考虑,还是从他所肩负的责任来观察,他都不希望或说不愿意看到由他亲手拯救出来的大清王朝会在五十年内走向死亡。

不过他又是个敢于正视现实的人,面对内外交困的时局和愈演愈烈的严峻形势,作为举足轻重的国家重臣,他不能不对清王朝的结局提前做一番考量。

半个月之后的七月九日晚上,曾国藩于是又把赵烈文约到两江总督衙门的后花园里,边乘凉边继续探讨这一重大问题。

赵烈文说:"我在上海见过恭亲王奕䜣的照片(赵烈文在上海办理姐夫周腾虎丧事时,于同治元年九月三十日在龚橙处见此照片——笔者注),完全是一个年轻英俊的少年模样,非尊彝重器不足以镇压百僚。"曾国藩说:"是这样。相貌虽然不厚重威严,但聪明过人。"赵烈文说:"聪明相信是有的,但只是小聪明而已。他看到维持时局必须仰仗封疆大吏,于是纡尊降贵、曲为弥缝。昨与倭仁相国意见相左,几乎没有回旋余地,忽然间又重新解释,确实是他聪明的表现。然而,像他这种身处周公地位的人,仅有揣度形势、衡量轻重和见机行事的能力,而不能对国家的长治久安、政权的长期稳定、人民的安居乐业做出重大决策,制定根本方针,做出长远考虑,是远远不够的。现在局面如此不堪,如无体制的根本性变革,仅靠现在这样头痛医头、脚痛医脚地修修补补、敲敲打打,实在无济于事,所以难免分崩离析的命运。"

曾国藩表示了不同看法。他说:"本朝君德甚厚。就拿勤政这件事来说,无论大事小事,也无论事多事少,都是当日处理完毕,仅此一项,就远远超过了以前所有的朝代。再如平定太平天国大乱之后,朝廷马上做出了减征赋税和饷竭之日而免报销的决定,这些都不是亡国的举动。足下以为如何?"

曾国藩说的"饷竭之日而免报销",是指同治三年六月也就是攻破金陵以前各路军队的经费开支,可以不必造册报销,只须开一个简明清单上奏。换句话说,这些年湘军花多少钱就算多少钱,朝廷都认可,不予查究。当然,这些钱大多是曾国藩和支持他的地方官自己设法筹来的,未花清政府一分钱,所以他们乐得做一个顺水人情。

对此,曾国藩后来在家信中多次说:免办军费报销清册、不予追查太平天国"圣库"金银去向和不再深究走脱幼天王之罪三项,是清政府对他的特别信任和空前恩典,朝廷能够如此体恤大臣,比授予他任何高官厚爵都要高兴。

赵烈文对此有不同看法。他说:"三代以后,看一个朝代的兴衰成亡,不是它实行仁政还是暴政,而是强与弱;不是它的德泽厚不厚重,而是能不能适应形势发展的规律和要求。减征赋税本是地方官首先发起的倡议,而非出自朝廷的旨意;免除军费报销,是因为平定太平天国的军费开支,都是各省自己筹集的,朝廷不能按照以往惯例认真核查,也就巴不得通过这件事显示自己的宽大。这些都是小技巧啊。本朝勤政诚然是其他朝代不可比拟的,但小事以迅速而见长,大事亦往往以草率而致误。国家会不会出现中兴局面,能不能逃脱灭亡命运,关键要看有没有好的领导人。决策者如果还像以前那样,目光短浅,得过且过,维持现状,不敢触及深层次问题,只想用几个偶然得当的小措施、小技巧、小权术来扭转已经颓败不堪的大势头,未必会有什么成效的。"

听了赵烈文这番议论,曾国藩的心情愈加沉重,不过他对清王朝仍然抱有某种希望:"我朝乾纲独揽,大权从未旁落;大臣们的奏折,都能直达御前,毫无壅蔽,这些都是以前朝代所没有的。另外慈禧太后虽是女流之辈,但威信很高,处理事情也相当果断,这也是很少见的。"

赵烈文似乎早已形成了思维定式,所以毫不顾及曾国藩的看法,一心顺着自己的思路说下去:"老师说的诚然不错。只是威断在顷刻之间,上下蒙蔽的事情却发生在以后,一部《红楼梦》即其样子,难道还有例外、需要多说吗?真正的威断,不在于表面说了或做了什么,而在于实际效果如何。官员们如果当面顺从,背后胡来,欺上瞒下,肆无忌惮,当权者的威断又何在呢?所以政权根基稳不稳,朝廷号令灵不灵,不在于当权者表面上有没有威断,而在于各级官员能否诚惶诚恐地贯彻执行朝廷指示和决定,至于当权者的面部表情,倒不妨和蔼可亲、平易近人。"

曾国藩没有再发表意见,谈话就此结束。

此次谈话真的非常有趣:曾国藩特意约赵烈文到后花园交谈,原本想用"勤政"、"君德厚"、"权柄不下移"和现在当朝的恭亲王奕䜣为人聪颖、慈禧太后遇事"威断"等等来说服赵烈文,如果能让他改变看法当然最好,即使不能,也希望从他口里听到自己所希望的"预想结果",这样他心里就会得到一些宽慰,至少是不再那么焦虑不安。

然而赵烈文完全不这么认为。他对老师曾国藩的每一个观点都持不同看法，或者有所保留。赵烈文的核心论据是"大势"，或者说是"气数"。他不仅认为清王朝的"大势"已去，而且"气数"也将尽，不会再有什么希望。处于这种情况之下，即使有"好亲王"、"好太后"或者"好皇帝"什么的，都解决不了任何问题，何况没有。也就是说，清王朝很快就会走向灭亡，是不以人们的主观意志为转移，而是大势所趋，谁也左右不了的。

赵烈文真的富有远见。他不仅对历史大势看得非常透彻，而且作为一个远离权力中心，根本无法近观当朝权势人物的机要幕僚，对恭亲王、慈禧等人的判断却异常准确，以后的历史也完全证明了这一点。

恭亲王确实是朝中少有的开明权贵，他有见识，在朝中亲贵中算是比较了解世界大势和国家面临的困难，因此在当时有视野开阔、思想开明之誉。但他的从政经验、控驭权力的能力都不足，与慈禧太后稍作抗争失败后，就被这个女人玩弄于股掌之上，处处谨慎，事事模棱，不敢轻易表示异同，使自己变得更像一个名副其实的"恭王"，这些都证明他确实仅有"小聪明"而没有"大气魄"和"大胆识"。

慈禧也确实"威断"，很有政治手腕和控驭臣下的非凡能力，但她对中国的社会现状缺乏了解，对清王朝面临的问题心中无数，对世界的变化和西方列强的挑战和威胁，更不知道从长远的角度加以应对。更为糟糕的是，慈禧太后缺乏进取精神，纯粹是个权力迷，一心只追求权力，别的都可以不管。一句话，她有控驭权力的能力，却缺乏远见，只知道维持现状。而在近代中国这种非常时期，国家最高领导人的思想、见识、眼界、魄力，对于我们国家的前途和命运，实在是太重要了。所以，在这种目光短浅、得过且过、惟我独尊的人领导之下，她越是有"威断"能"威断"，对国家的危害就越大，大清王朝以后不断被慈禧太后的"威断"所蔽和所误，就是众所周知的历史事实。

赵烈文能把大清王朝这两个最有权势的人物看穿、看透、看死，证明他的眼光确实无比深刻和老辣。

在专制社会里，王朝兴衰和江山社稷长短的话题，既敏感又重大，不要说同事朋友之间，就是亲人甚至夫妻子女之间，也是很少甚至不敢涉及的。尤其像曾国藩这种身份和地位的人，显然更不适宜谈论这种话题。然而，他和他的机要秘书赵烈文，不仅反复倾心交谈这一敏感话题，而且开诚布公，毫无保留，即使谁也说服不了谁，也毫无关系。如果不是亲密无间，相知很深，显然无法做到这一点。领导和秘书之间，关

清朝三大幕

系能够达到这种高度默契的程度，确实古今少有。当然，赵烈文观察事物的独到眼光，对历史大势的准确把握，对时局发展的冷静分析等等，对曾国藩都具有很大吸引力，使得他无法拒绝听取他的意见和看法。

曾国藩对赵烈文的论断表面上好像仍然无法或不愿意完全相信，总感到清王朝还有一线生机，最起码可以像东晋、南宋那样长久偏安，实际上在他内心已经无法抹去清王朝即将灭亡的阴影，否则，距上次谈话一个多月后的同治六年八月二十一日，他就不会再找赵烈文交谈这一敏感话题并说出下面这句含义深刻的话语了："如捻贼得灭，朝廷中兴，犹为不负此举，不然，何足道耶？！"那意思是说："如果捻军可以消灭，国家出现中兴局面，也不负我（拼死命剿杀太平天国）这番作为，否则的话根本不值一提！"其潜台词是：清王朝如果没有中兴局面出现，他以前的一切努力，不仅没有任何价值，而且会产生负面影响，自己也会在历史上留下骂名，如果真是如此，还不如让这个王朝早些寿终正寝为好！真是早知今日，何必当初啊！曾国藩心境之凄凉，对国家前途命运已经悲观失望到极点，于此可见一斑。

19. 历史准确地应验了赵烈文的惊人预言

最终让曾国藩对清王朝彻底失去幻想，或说曾国藩对赵烈文所预言的结局不再心存任何侥幸，是在曾国藩到天子脚下的直隶担任总督，经历了一路北上的走访调查和广泛接触清王朝最高领导核心人物之后。

同治七年七月下旬，曾国藩被任命为直隶总督。他北上就任后，终于第一次见到慈禧太后、同治皇帝、恭亲王以及文祥、宝鋆等军机大臣，并在数日内连续多次受到皇上和皇太后召见，还数次参加国宴。在乾清宫举行的一次宴会上，曾国藩以武英殿大学士身份班列汉臣之首，与满族大学士倭仁东西相对，享受清廷的最高荣宠。对此，他当然倍感荣耀。

然而，直隶总督和内阁大学士的职位，不仅让他有机会面对面接触和观察清王朝的几位最高领导，当面聆听他们的谈话，而且通过观察、谈话和出席最高国务会议，使他对清政府的核心人物和全国的形势有了更进一步了解并备感失望。这时他不得不承认：清王朝确实大势已去，国家的颓败程度远远超过自己原来的预想，而朝中根本没有可以力挽狂澜之人，这一切正如赵烈文早就预言的那样，整个清王朝就像一艘千疮百孔的破船，只能眼看着它一天天沉没下去，再也没有浮起的希望。

同治八年五月二十八日,曾国藩对奉调到直隶做官、前几天才来到保定直隶总督府的赵烈文说:"直隶的社会风气已经颓败到不堪回首的程度,做官的一点指望都没有,我真是一筹莫展啊!"

说过总体感觉之后,曾国藩又对当朝核心人物一一进行点评:"慈禧和慈安太后识见都很平常,跟我见面交谈,一句重要的问话都没有;皇上年纪小,没有办法窥测他的深浅;恭亲王虽然非常聪明,但地位不稳,晃荡不能立足;文祥为人正派,但做事规模狭隘,也不知道求人辅佐自己;宝鋆素无威望,人们本来就不佩服他。朝中有操守的只剩下倭仁了,但他才识平常,没有眼光。其余的人更是碌碌无为,不值一提,不能不让人感到深深担忧啊!"

作为国家的最高领导人慈禧太后,与曾国藩难得见一次面,本应与"中兴名臣"之首讨论关乎中国前途命运、涉及国家长远目标的大事,结果令曾国藩大失所望的是:她们谈的都是具体事情,如江南撤勇、直隶练兵、制造轮船、将才优劣等,正所谓头痛医头、脚痛医脚,怎能不让曾国藩深感失望和担忧!

除了内政,曾国藩还说到外交:"我到京城后,曾参加朝廷高层会议,讨论和外国签订和约的事情。醇亲王主张和外国打,为此特意呈上奏折交内阁进一步讨论。可是全国各地已经贫窘到这种地步,哪有能力和外国开仗啊!所以我的意见是:就目前形势而言,不能不委曲求全,而又不能不暗中设防。今年和约应该能够签订,还没有到和外国彻底决裂的地步。至于将来,情况就难以预知了,怎么能没有隐忧呢!"

在赵烈文面前,曾国藩一方面坦承自己对时局、朝政的失望,另一方面又对慈禧太后、慈安太后、恭亲王、文祥、宝鋆、倭仁这些清王朝最高统治者的人品、见识、能力、优点与弱点逐一分析点评了一番,最后得出的结论是他们皆非担当王朝中兴重任之人。他们尚且如此,其余的人更是无法指望,所以最终他不得不同意赵烈文一年多前做出的论断:清王朝已经病入膏肓,大势已去,无法救药。

历史惊人准确地应验了赵烈文的预言:颓废不振的清王朝于1911年土崩瓦解,距他发此预言的1867年四十四年,果然没出五十年;接踵而来的也是赵烈文所预言的"必先根本颠仆,而后方州无主,人自为政"的混乱局面。从现存的文献资料中考证,赵烈文是第一个准确地做出这种预见的人。当然,曾国藩和赵烈文已分别于1872年和1893年去世,并未看到自己的预言和预感成真,对他们来说,这或许倒是一种解脱和幸运。

20. 曾国藩既是清王朝的拯救者，又是这个王朝的主要掘墓人

赵烈文之所以能够准确预见清朝不出五十年必亡，不是凭空想象，也不是巧合，而是建立在丰富的阅历、渊博的学识基础之上的，再加上超凡的洞察力、深入的调查研究、缜密的分析判断，从而使他能够透过现象发现本质，自然而然得出合乎客观规律的结论。

什么叫预言？预言就是事情尚未发生而预先说出将要发生的状况，或预先说出的关于将来要发生什么事情的话。譬如清朝灭亡之后，将不可避免地出现军阀割据混乱局面的预言，就是赵烈文从曾国藩的成功经验中发现和总结出来的。

曾国藩诚然是清王朝的拯救者，但他又是这个王朝的主要掘墓人，这一点，曾国藩本人并无认识，赵烈文却早就看得一清二楚。同治六年六月二十三日，也就是赵烈文准确预言不出五十年清朝必亡谈话后的第三天，他和曾国藩还有一次极其重要的谈话。遗憾的是，此次谈话不仅没有引起世人应有的重视，而且连曾国藩自己，当时也不愿意对这个话题进行深入探讨。

这天傍晚，曾国藩到赵烈文那里闲谈。两人首先谈论了宋朝的几位名臣，并在看法上略有分歧。当说到宋太祖杯酒释兵权、形成国家积贫积弱局面时，曾国藩说："南宋削去各位将领的兵权，奉行的是祖宗传下来的制度，所以百余年间毫无生气，奄奄待毙，不能稍稍有所振兴。"停顿了一会儿，曾国藩又说："韩世忠、岳飞等人的军事体制，自己编练成军，自己筹集军费，他们的做法与今天仿佛相同。由此看来，带兵的将领手上如果无权，决不会有人响应。我编练湘军以来，力求自强之道，所以能够稍稍取得成功。"

曾国藩对自己的成功之道，不仅感到庆幸和满意，而且把集地方军、政、人、财大权于一身，将湘军编练成私人武装的做法视为成功经验，自鸣得意，津津乐道。赵烈文却看到了事情的另一面，于是笑着说："老师确实取得了成功，而您所开辟的风气，却是另辟蹊径。老师历年经受的艰难困苦，与太平军作战不过十分之三四，与世俗风气和观念进行斗争则超过十分之五六。现在老师一战而胜，天下无不靡然响应和跟随，这种局面，恐怕几百年都难以改变啊。国家大一统局面维持很久了，分裂割据现象已经初露端倪，这虽然是人事的原因，实际上也是天意啊！"

赵烈文为什么说曾国藩开辟的练军方法,不仅导致了"剖分之象盖已滥觞",而且使得"天下靡然从之,恐非数百年不能改此局面"呢?原因就在于通过这种方法编练出来的军队,不是置于中央政府的绝对领导之下,而是归练兵者个人所有,大体属于私人武装性质。既然是私人武装,当然"有奶便是娘",最终只能听从私人号令并逐渐形成督抚权大、兵为将有、内轻外重、权归私门这样一种局面,开军阀政治之滥觞。

后来,清朝军政重心逐渐外倾和下移,中央政府日趋衰弱,最后发展到东南互保和辛亥各省独立,种种事实,无不证明赵烈文的分析和预见是多么准确和具有前瞻性。说他未卜先知,都不会让人感到好笑和产生怀疑。

遗憾的是,作为清王朝主要拯救者的曾国藩,听了赵烈文这番高论后,除了淡淡地表示:"当时我哪能想到这些,成败都是运气啊!"之后便和赵烈文专注讨论天命与人事的哲学话题了。

曾国藩有意岔开这个敏感而重大的话题,不深入交换意见,并在以后的交谈中再也不敢涉及,很有可能是被赵烈文点破之后,他心中感到害怕了。为了逃避历史责任,也为了让赵烈文逐渐淡化、忘记此事,他只能淡然应之,并把它归为天意。

归诸天意诚然不错,因为它确实不是曾国藩有意而为,也不是他事先能够预知和事后可以把握的。但事实毕竟是事实,谁也改变不了。这一点,历史知识和政治经验十分丰富而又聪明过人的曾国藩岂能不知?所以从此以后,曾国藩与赵烈文谈话时,多次提到并十分关心后人对他的评价,并要赵烈文为他主持公道。

如同治六年八月二十三日,曾国藩来和赵烈文闲谈,见有客人,于是离去;过了一会儿,曾国藩又来了。这时赵烈文正在吃饭,曾国藩就在客厅转悠。赵烈文一放下碗,曾国藩就进去对他说:"我回金陵做两江总督已经半年了,墙壁上还没有一副好些的字画,办公室的几案上也空荡荡的,人们会不会嘲笑我太简陋了?"他显然是欣赏了赵烈文客厅里的字画后,触景生情说这番话的。赵烈文于是打趣说:"自从有总督衙门以来,从没有见过这样空荡寂寞的衙门,人们想赞颂您还来不及,哪会笑话呢?"曾国藩说:"足下将来给我写墓志铭,这也算一件趣事啊!"

当说到胡林翼的文集编得不好,而且多是他人代笔时,曾国藩对赵烈文说:"我死以后,恐怕也免不了遭此一劫,足下有什么办法给老朽善后啊?"赵烈文说:"等老师盖棺定论那一天,烈文愿意担任编纂任务。"曾国藩当即嘱咐说:"我死之后,有什么不宜写入我个人传记的东西,你一定要主持公论啊!"赵烈文看曾国藩说得很认真,丝毫没有开玩笑的意思,也就严肃地回答说:"谨遵老师教诲!"

此时的曾国藩,虽经"剿捻"失败,声望有所下降,但仍是国家举足轻重的人物。而从他的这番嘱咐里,分明发现他不仅已经意识到自己是一个在后世存在巨大争议的人物,而且郑重希望赵烈文能够为他"出善后之策"。

大凡在历史上留下浓重足迹的人,都十分关心后人对他的评价,这是可以理解的,但处在声望极隆时的曾国藩,就对自己的心腹幕僚做出这一政治交待,显然有深意在其中。可能正因如此,赵烈文从此也就不再提起这一话题并让它淹没在历史的大海里了。

当然,对于如此重要并将产生深远影响的历史事实,要让它完全淹没在历史的大海里也是不可能的,因为具有深远历史眼光的有识之士并非只有赵烈文一个人。如《湘军志》的作者、一生都在为推行"帝王术"奔走呼号的王闿运,就差不多同时看出了这一问题的严重性。那是同治九年(1870)正月十六日,王闿运校完两卷《五代史》之后,联想到眼前的现实,不禁毛骨悚然,大为惊骇,于是在当天的日记中写下了这段文字:"观其将富兵横,矛戟森森,与今时无异,恐中原复有五季之势,为之毙机。余去年过湘乡(曾国藩家乡)城,如行芒刺中,知乱不久矣。"(《湘绮楼日记》)

王闿运的担忧曾国藩未必清楚,但经赵烈文当面点破之后,曾国藩不仅有意岔开话题,而且一直到他死去,都装聋卖傻,不对自己一手造成的历史恶果采取任何补救措施,或为改变这一后果尝试某种努力(曾国藩裁遣湘军,自剪羽翼,只是为了自保;他创建并完整保留淮军,让其继承湘军衣钵,更是居心叵测——笔者注),只一心考虑自己如何才能功成身退,只关心他们曾家人的安全如何才能得到保障,从而亲手种下了导致清朝灭亡和军阀制度产生的祸根,既给中国社会带来深重灾难,又使统一的国家走向长期分裂,所有这些,曾国藩都是始作俑者,是难辞其咎的。说他是清王朝的主要掘墓人,绝对没有冤枉他。

21. 曾国藩自食其果

曾国藩开晚清军阀政治之滥觞,既给近代中国历史以深刻影响,也让自己自食其果。

同治六年九月十日晚上,曾国藩与赵烈文进行过一次长达数小时的密谈。当时曾国藩心情非常不好,决意退出官场,赵烈文却反复劝慰曾国藩不能息肩,并建议他把妻子儿女兄弟都接出来。曾国藩最后完全听进了赵烈文的意见。赵烈文《能静居日记》记录这次谈话内容长达三千字，当天的《曾国藩日记》也写下了这样一段文字：

> 夜，惠甫来久谈，力劝余接全眷来署，一则万无新开缺仅驻防一处之理，一则湖南必非安静之土。反复详言，颇多中肯之处。余深恐妻子从官既久，将来即不还故里，轻去其乡，而于渠所言亦深以为然，展转不能自决。

很显然，《曾国藩日记》只简略记了赵烈文劝曾国藩接全家人来金陵一事，对赵烈文反复劝慰他不能息肩的内容却有意避开了：

> 师进退大计，所关非浅，烈屡欲言而未言，今不得不为师一尽其说。今有受人之托而不终之可乎？今有佣仆为主室所倚，当孤寡未立，外侮纷来之际，委之而去可乎？今有人父，群幼绕之啼号，生死系赖，弃之不顾可乎？师以为避贤，请师自说，孰贤于师？师以为精力不及，烈则以为师万事不理，卧而镇之，犹胜寻常万倍。言师之才德，皆近于谀，兹姑弗言。湘、淮诸军之各有门户，师所知也。杨厚庵统水师名动江表，一改陆师而号令不行，迁地弗良，其效尚如此，况百万之众，贵则茅土，富则陶、猗，皆一人之所提携，现虽散处，其中豪强节概之士，不可偻指而数，一旦取而代之，其可得乎？三年冬，师奉命离任，督剿皖、楚，旨甫下而人间已有扼腕不平，愤愤欲起者。况师谢事而去，易一新督，自颈以下不与头接，是大乱之道也。两楚三江伏戎数千里，所惮一人耳。师今日去任，明日必呼啸而起。师至时而欲悔，上负君父，下负黎庶，不已晚乎？师向奏言谢事，不敢望归田里，欲统万人，任一路，师试思，师为统将，孰当驭之？且天下虽大，何处可容师迹？师此志弗改，必为盛德之累。千载之下，必有遗憾。

翻译成白话文，这段话的大概意思是：

> 老师的进退大计，关系非同一般，在下屡次想同老师讨论这个话题，却一直没有说出口，今天不得不把我的想法毫无保留地讲给老师听。请老师想想，如今有个受人嘱托的人，事未办完就要离去，这样能行吗？又譬如，现在有个被人雇用的仆人，为他的主人所倚靠，当孤儿寡母不能自立，外人对她的凌辱纷至沓来

的时候,仆人能丢下主人不管吗?再譬如有一个父亲,养了一群幼小的孩子,天天围绕在他的身边哭叫,需要得到他的抚养,否则便不能存活,在这个时候,他能丢下这些孩子不管吗?老师以为自己退出官场是避贤让能,那么请老师自己说说,有谁比您更贤能呢?老师以为自己精力衰退,难以胜任繁重工作,在下却认为,老师即使万事不理,躺在床上筹划安排,都要比别人强万倍。这个时候夸奖老师的才能和德操,无异于阿谀奉承,所以在下不说这个了。就拿湘军和淮军来说吧,各有门户,这是老师十分清楚的。杨载福做水师统领时,威震江表,一旦改统陆军,便号令不行。换一个地方就不灵,杨的效用尚且如此,更何况拥有百万之众(此为夸张说法),贵能裂土分茅(古代分封诸侯时,用白茅裹着的泥土授予被封的人,象征授予土地和权力),富能笑傲陶朱(即范蠡,经商成巨富,自号陶朱公)和猗顿(战国时与陶朱公齐名的巨富),这些人都是您一人所提携,只服从您一人指挥,现在他们虽然散处四方,但其中的豪强节概之士数不胜数,一旦别人取而代之,哪将怎么得了?同治三年冬天,老师奉命督剿皖、楚,将两江总督一职交给别人,朝廷文件刚刚下达,社会上就有扼腕不平、愤然想闹事的人(当年九月,捻军首领赖文光在湖北蕲水击毙清将石清吉,并将成大吉包围在蕲北。正想谋夺两江总督一职的清政府于是趁机急调曾国藩驰赴鄂、皖交界处救援,后来由于曾国藩的反对和形势的变化未成行——笔者注)。老师如果真的辞职不干,换一个新人做两江总督,这就好比一个人的脑袋和脖子以下的身躯完全失去了连接,这个人还能存活、世道还能不乱吗(赵烈文确实不是危言耸听,他只是像个先知先觉一样,把三年后才发生的不幸事件预先说了出来。如这次谈话一年后曾国藩北上就任直隶总督时,中原战事已基本结束,清政府再次谋夺两江总督一职,就将这一职务授予闽浙总督马新贻。马新贻虽与李鸿章、郭嵩焘等人同榜,是道光二十七年丁未科进士,本人也在两江总督下辖的安徽省为官多年,却不属于曾国藩集团。他能接替曾国藩担任两江总督,小有能力和才干当然是原因之一,但主要是清政府的平衡政策所致,因为曾国藩集团身任要职者太多,须有支流旁系掺杂其中。可是,就是这样一个表面上能被各方接受的人物,出任两江总督两年后便公然被人刺杀,从此以后,两江总督便成为曾国藩集团的禁脔,旁人是不敢垂涎和染指的,清政府更是无力夺回——笔者注)?现在,两湖三江地区,伏兵数千里,他们所畏惧的只有您一个人。老师今日离任,明天就会有人呼啸而起。到那时,老师上对不住君父,下对不住百姓,想要后悔,不是已经晚了吗?! 老师以前向朝廷上奏说,交出两江总督印信后,不敢解甲归田,只想统兵一万,独当一面,为国效力。但请老师认真想想,老师做了统兵的将领,谁来统领老师您呢? 天下虽说很大,其实根本没有您容脚的地方! 所以说,老师退出官场的想法不改,一定会对您的盛德造成严重损害,以后回想起来,也一定会深深感到遗憾。

曾国藩听后立即表示:"足下言切如此,能无动心!"此后,曾国藩不仅打消了退出官场的想法,而且下决心把家人接到了金陵。

在赵烈文看来,慈禧太后和年幼的皇帝离不开曾国藩,平民百姓离不开曾国藩,湘军离不开曾国藩,国家稳定更离不开曾国藩,不管是天下安危还是曾氏一家人的安全,都不允许曾国藩退出官场,这真应了"骑虎难下"和"人在江湖,身不由己"这些老话。而造成这种结局本身,就是曾国藩亲手缔造的湘、淮军制,这才是问题的实质。曾国藩是聪明人,当然听得出赵烈文的言外之意。也正是因为这个话题极其敏感,所以曾国藩才不敢在日记中记下来。

在编练湘军时,曾国藩为了使其成为由他个人控制、指挥的军队,不仅大肆制造舆论,说他创办的湘军是不同于"官勇"的"义师",并且在军制上精心设计,巧为谋划。为此,他着重在两个方面做了努力:一是加强各级军官权力,下级绝对服从上级,士兵绝对服从军官,全军绝对服从他曾国藩本人。二是坚持募勇的地域和私人情谊至上原则。

曾国藩规定,湘军的招募,统领由大帅挑选,营官由统领挑选(湘军规模扩大后,统领之下又设置了分统即小统领这一层级),哨官由营官挑选,什长由哨官挑选,士兵由什长挑选。对于湘军内部的关系,曾国藩还规定:一军之权全付统领,大帅不为遥制;一营之权全付营官,统领不为遥制;一哨之权全付哨官,营官不为遥制;一什之权全付什长,哨官不为遥制。一旦主将如统领、营官、哨官或战死、或革差、或病退,他指挥的部队即全部解散,或整军、整营重新改组,或由新人重新招募,选中者改换门庭,投靠新主子,未被选中者遣送回籍。

这种兵为将有、将为帅有的军制,自然很容易形成各树一帜、各护其长的风气,下级军官和士兵,唯恐招募和任用自己的长官死去而失去升官发财的机会。如咸丰四年塔齐布统率湘军陆师攻打湘潭时,"主将偶尔不见,即相与痛哭寻觅,入群贼中,若无人者"(《左宗棠全集·书信》)。而但凡不是招募和任用自己的军官担任指挥,打

起仗来就弃之不顾。如咸丰十年萧翰庆(字辅臣)奉命增援浙江,时间仓促,对临时统领的唐训方旧部和太平天国降将韦志俊所部未加改组,结果途中与太平军遭遇,所部溃散,不顾主将,致使萧翰庆白白送掉性命。曾国藩为此深感痛惜。当年五月九日,他在写给张芾的信中说:"萧辅臣遽尔殉难,深可悯惜。敬求设法觅其忠骸,归葬故土为幸。韦营系其所统之部,训营非其所招,曩所以两次剖析于左右者,深知训营不顾萧守也。"(《曾国藩全集·书信》)此后湘军将领都不敢带领别人招募的部队打仗,一旦指挥易人,军队就必须重新改编,另行选募,否则不能作战(这也是水师名将杨载福改统陆军后号令不行的主要原因)。所以王闿运总结说:"湘军之制,则上下相维,将卒亲睦,各护其长。其将死,其军散;其将存,其军完。"(《湘军志·营制篇第十五》)

咸丰十年,左宗棠写给曾国藩的一封信中也说到了这种情况:"凡为统将者,必亲募人数(自己亲自招募的兵员)多于增附人数(临时调派过来的兵员),然后运掉易而呼应灵。若选募者一人而统领者一人,或本部少而增附者多,则骤难浃洽,动形阻迕,不可不虑也。"(《左宗棠全集·书信》)

当时,曾国藩要左宗棠在湖南招募一支五千人的部队,编练成军后,或由左宗棠亲自带到江西,或由刘蓉统率赴赣作战,左宗棠认为这样做不妥,于是在回信中写了上面这段话。他同时告诉曾国藩:他已在招募启事中明确写清楚,这支部队是他和刘蓉共同招募的。他觉得这样做还不够,于是又给刘蓉写信,请他也招募两千五百人,然后与他负责招募的两千五百人合成一军,以后他俩不管谁带领这支部队出省作战,就没有什么不适宜了。

除了在军制上实行兵为将有、将为帅有原则,曾国藩还认为,一军之中若有两地士兵,必然造成地区间的不和,因而干脆只在湖南一地招募兵员,其中又主要在长沙和宝庆二府招募,尤以湘乡县最多。这样,士兵由私人关系转相招引,军官则凭个人好恶选用下属,官与官之间也靠同乡、同事、师生、朋友等私人感情相维系,这就形成了地域和私情至上的原则。于是维系湘军的纽带,除政治、军事、经济、思想等因素外,还有同乡、同学、同年、同事、师生、亲友、兄弟等私情关系。士兵与军官、下级军官与上级军官以及各统兵将帅之间,不仅在战场上靠私情关系相互支持和救援,而且在政治交往及调兵、筹饷等一切问题上都通行这种私情至上原则,而把同级的公文、上级的命令乃至朝廷的谕旨都视为次要的东西。于是在湘军将帅心目中,堂堂朝廷命令,远不如他们圈内人员的一纸私函。

为了鼓励士兵为他曾国藩个人卖命,曾国藩编练湘军时,还制定了一条"营中论任不论官"(也有论者称之为"只论事寄轻重,不论品秩尊卑")原则。(赵烈文:《落花春雨巢日记·江西往返日记五》)

众所周知,从咸丰十一年起,曾国藩就积极主动保举手下人,湘军官兵包括幕府人员大多数得到过他的保举,即使不是实授官员,也有候补、候选、记名之类资格,有不少人甚至一再得到褒奖。

然而,曾国藩虽然给湘军官兵滥保虚衔,但任命统领、营官、哨官等职务,并不根据这些人的资历、功劳和官位,而是依据关系亲疏和能力大小,于是有的人参军很久,多次立功,已保奏至提、镇、副、参、游,但仍为营、哨或士兵;有的人从军不久,仅保到九品,只是个千总,却已被任命为分统或营官,湘军中于是普遍存在"千总为营官,参、游为哨官"这种官职倒挂现象。(《落花春雨巢日记·江西往返日记五》)

为了保证军事指挥系统的坚强有效,曾国藩于是在湘军中规定了"营中论任不论官"这一原则。就是湘军中的人员,不管积功几品,官位多高,哪怕已保至一二品提、镇大员,只要在湘军中仍处于营、哨之位,就必须绝对服从统领、分统的指挥,即使他们只是从九品官员。

湘军实行这一原则的结果,就在士兵中形成一种观念,什么朝廷,什么国家,什么官秩尊卑、级别高低,统统都是无用的东西,可以不去理睬;只有上级长官的意志和喜怒好恶,才是最重要也是最需要特别留意的。这样一来,所谓朝廷"名器",就变成无足轻重的东西,往往顶不上湘军长官的一句话。

另外,湘军的军饷自筹,也导致了湘军官兵与朝廷和国家不断离心离德。

军需供应是兵权的标志,军队由谁发饷,兵权自然归谁所有。湘军从成立起,所有钱粮几乎全部自筹,事后逐年向清政府清单上奏。清政府要湘军自行筹饷的最初动机,当然是为了转移财政困难,临机解决军队供饷问题,结果却导致军心转移。

俗话说"吃谁的饭干谁的活"、"爹亲娘亲不如钱亲"。当军队由国库发饷时,官兵心里想着的,自然是报效"国家"和尽忠"皇上';当他们的工资是从长官那里领取,每天吃的饭菜、穿的衣服,都是出于长官的"恩赐","国恩"、"皇恩"自然变成了将帅的"私恩",他们感恩图报的对象,就只能是湘军的各级统兵长官和曾国藩大帅,而不是国家和皇帝了。

由于以上原因,湘军中便形成这样一种牢不可破的风气:除非招募、任用过自己的军官,其他人无论官职多大,地位多高,与自己都没有多大关系,对于他们的命令,

皆可拒不从命。所以不仅湘军以外的官员无法领导这支军队,即使湘军内部也必须函商妥当、层层下令,任何人包括曾国藩都不能越级指挥。于是湘军统兵将帅之间每当奏请一事,凡涉及他人者,必待函商妥当后乃能启奏,否则不仅达不到目的,反而会把关系弄僵,使事情更加难办。一旦有人违背这一原则,哪怕有朝廷谕旨,仍然拒不从命,甚至结下私仇,不通音问。至于湘军不同派系之间更是如此。如江家军除非江姓兄弟不能管带,刘家军除非刘姓兄弟不能指挥,湘军各军则非曾国藩统辖不可。这样的军队,曾国藩之外谁能指挥得了?

曾国藩退出官场的愿望,不仅多次同赵烈文说过,而且在同治六年五月十二日写给曾国荃的信中也明确表示过:在大局日坏的情况下,"与其在任而日日如坐针毡,不如引退而寸心少受煎逼,亦未始非福"。(《曾国藩全集·家书》)

在曾国藩日记中,更是经常能见到他迫切希望功成身退的文字。如同治六年正月二十九日的日记写道:"四点睡,不甚成眠。心中郁郁,常思解去要职,以免谤疑。"

为了能够顺利引退,同治六年正月七日,曾国藩甚至为上年末因灞桥惨败被夺职回籍的原陕西巡抚刘蓉感到庆幸:"是日接奉廷寄,因十二月十八日秦兵之败,霞仙革职……宦途风波真难测矣!然得回籍安处,脱然无累,犹为乱世居大位者不幸中之幸。"(《曾国藩全集·日记》)

曾国藩可能做梦都不会想到,到最后竟然会有自己想退出官场却不能这一天!

曾国藩既然不能功成身退,颐养天年,哪就只能继续为清政府卖命。清政府偏偏对他疑忌很深,不放心他在两江总督位置上久待,于是一会儿将他调到这里,一会儿将他调到那儿,表面上好像是借重他的名望和地位,让他担当大任,实际上是对他的污辱和折磨,成心要把他累死。到了晚年,曾国藩的身体状况已经很差,此时别说要他承担如此繁难的任务,就是翻来覆去地北上南下、长途跋涉,也会将他折磨死。

所以对曾国藩来说,为国效力,实是骑虎难下;身不由己,更是苦不堪言。尤其是剿捻失败和办理天津教案所承受的精神压力和打击,更是常人难以体会。后来,曾国藩不仅连遭弹劾,声望大损,而且被国人骂为卖国贼,落到千夫所指、举国欲杀、悒郁而终的可悲下场。这一切在很大程度上又是曾国藩自己一手造成的,说他是自作自受或者说自食其果,岂会有错?

对曾国藩了解极深的老友欧阳兆熊也不理解视荣华富贵如尘土的曾国藩既然早就做好了退出官场的安排,最后为什么既不急流勇退,也不向朝廷请假回乡补制,为父母守满三年孝?他在《水窗春呓·曾文正公事》中说:

而文正处功名之际，志存退让，自以年力就衰，诸事推与肃毅（李鸿章），其用意殆欲作退步计耳。乃自收复金陵以后，竟不休官林下，亦不陈请补制，以文正之尘视轩冕，讵犹有所恋恋者，岂其身受殊恩，有不敢言退、不忍言退者乎？然亦非其本心矣。

　　欧阳兆熊哪里知道，曾国藩不是不敢言退、不忍言退，而是骑虎难下，想退退不了啊！

22. 天下虽大，却没有曾国藩容脚的地方

　　古代官员功成身退，多半是衣锦还乡，不像现在的官员退休后不愿离开城里。曾国藩不能功成身退，当然主要是他的特殊身份和地位所致。另一个不容忽视的因素是：曾国藩即使能够退出官场，也不可能衣锦还乡，原因就是他日记中写的"湖南必非安静之土"。他的妻子儿女都吵着闹着要尽快离开那个可怕的地方，一天都不愿在老家再待，好像祸患就在眼前，灾难马上就要发生，曾国藩自然不会回去寻死，与家人同遭灭顶之灾。这也是曾国藩最终打消退出官场想法，下决心把家人接来金陵的另一大原因。

　　官场不愿待，老家回不去，用赵烈文的话说就是："天下虽大，何处可容师迹！"

　　早在咸丰末年，湖南就基本结束了战事，如今太平天国已经彻底失败，捻军只在长江以北活动，江南的社会秩序正在全面恢复之中，这个时候的湖南反倒成了谈虎色变之地，究竟出了什么状况？

　　这就不能不说到哥老会与湘军的关系。

　　哥老会是兴起于道光、咸丰年间的一个会党组织，别称哥弟会，在四川则称"袍哥"，江南一带又称"红（洪）帮"。

　　哥老会的源流问题向来言人人殊。不过从其历史发展来看，哥老会的产生，与道光、咸丰年间长江中上游木帆船上的水手、纤夫们的行帮有密切关系，并受到长江沿岸各地秘密结社的影响。

　　外国轮船侵入长江航线以后，造成了长江中上游木帆船业的迅速衰落。被裁减下来的大批水手和纤夫，有的加入太平军，有的加入清军或湘军。

湘军创立之初,选拔营官、招募兵勇本有一套严格的制度与方法,兵勇不仅多在湖南一地招募,而且所招一营一般均为同县之人,以便在组织上进行管理和控制。哥老会势力要打入初创时期的湘军,是有一定困难的。

咸丰初年曾国藩创办湘军时制订的《营规》,也明确禁止湘军结拜哥老会:"禁止结盟拜会:兵勇结盟拜会、鼓众挟制者严究;结拜哥老会、传习邪教者斩。"(《曾国藩全集·诗文·杂著》)

随着湘军的出省作战和战事的不断扩大,每年要补充大量新兵,湖南的兵源却日趋枯竭,湘军的募勇成法于是渐渐受到冲击和破坏。到了后来,湘军兵勇不仅不全是湖南人,连一些高级将领也不是湘籍人士。如著名的湘军劲旅霆军,不仅统领鲍超是四川人,而且营官和士兵也有不少四川人,还有不少是太平军降卒。一些哥老会成员于是乘机加入湘军,在湘军中发展势力。越到湘军后期,哥老会在湘军中的势力就越大。

哥老会组织能在湘军中扎根并得到迅速发展,还因为哥老会"有福同享,有难同当"的口号和宗旨,与湘军内部特别看重私人情谊的传统非常吻合。也就是说,哥老会完全投合了湘军兵勇遇事互相帮助的需要。所以王闿运在《湘军志·湖南防守篇第一》中说:"哥老会者,本起四川,游民相结为兄弟,约缓急必相助。军兴,而鲍超营中多四川人,相效为之,湘军亦多有。"

同治六年五月二十四日,曾国藩写给湖南巡抚刘崐的信中,把这层意思说得更加直接明了:"此辈非尽甘心为匪之人,大约初入会时,有两种议论最易诱人:一曰在营会聚之时,打仗则互相救援,有事则免受人欺;一曰出营离散之后,贫困而遇同会可周衣食,孤行而遇同会可免抢劫,因此同心入会。"(《曾国藩全集·书信》)

曾国藩既说明了湘军结拜哥老会的基本目的和真实情况,又反映了哥老会这种江湖团体和帮派组织的基本性质。哥老会与湘军的性质既然如此接近,最后水乳交融地结合在一起,也就十分正常,毫不奇怪了。

太平天国失败后,曾国藩急于裁撤和遣散湘军,既是自剪羽翼的需要,也是为了顺应大部分湘军官兵返乡思归和厌战的心理。另外一个不容忽视的因素是:曾国藩急于裁遣湘军,还与解决湘军中的哥老会问题大有关系。他十分害怕哥老会的活动导致湘军哗变。但这种不幸事件后来还是不断发生,可见曾国藩的担心确实不是多余。

由于湘军长期大量欠饷,曾国藩根本无法筹足积年欠饷发给被裁遣的湘军官兵。

这些人当初提着脑袋出来当兵,就是为了拿饷吃粮,解决生计问题,现在要"退伍"回家,却不能领到应得工资,内心自然充满不满和愤怒情绪。在哥老会组织的联络和鼓动下,被裁遣和将要被裁遣(还有主官因病因事离营或害怕远征等原因)的湘军于是掀起了大规模的索饷(闹饷)斗争。

这一斗争不仅波及面广、持续时间长,而且导致不少湘军集体哗变。据不完全统计,仅同治四年内,就有刘松山部在江苏索饷,拒绝北上剿捻;金国琛、唐义训、朱品隆三军在徽州索饷哗变;驻防湖北的成大吉部因乏饷在剿捻前线哗变,把成大吉打伤,迎接太平军余部从河南进入湖北;蒋凝学奉命西征,所部因畏于远行在湖北哗变;霆军也相继在湖北金口和福建上杭索饷哗变……

曾国藩对此既胆战心惊,又庆幸自己早就计划好了裁遣湘军,否则后果不堪设想。同治五年正月八日,曾国藩给陈鼐写信时就发过如此感慨:"幸鄙人见几尚早,三年以前即致书少泉(李鸿章,号少荃)宫保,言湘勇须陆续全撤,淮勇须留以御寇。两年间,湘勇遣撤将毕,幸全体面,差强人意,否则变端尚多,岂仅微防(徽州防兵)之闹,成部(成大吉部)之叛哉!"(《曾国藩全集·书信》)

湘军的索饷哗变,不仅壮大了哥老会在湘军中的声势,促进了哥老会势力的进一步扩张,而且由于哗变后的湘军大批加入太平军余部和捻军,反过来又壮大了太平军和捻军的力量,而给湘、淮军以沉重打击。

那些好不容易被连哄带骗遣送回湖南原籍的湘军官兵,后来也出现了新问题。

这些人回到湖南后,其中固然有不少发了战争灾难财的人成了新贵,但更多被裁遣的湘军官兵既找不到新的就业门路,又缺少其他谋生手段;既不安于务农,又早已失去了赖以生存的田地,从军营里带回来的那点钱财于是很快坐吃山空,迅速沦为赤贫。他们整日游手好闲,或成群结队四出游荡拉帮结派,或偷鸡摸狗惹是生非滋事闹事,给当地社会秩序造成了很大麻烦和冲击。

那些带着巨额钱财回到家乡的新贵,则纷纷买田建屋、纳妾娶小,过着骄奢淫逸的生活,致使湖南物价腾涨,贫民大量失去土地,这对身无长技、已陷入悲苦困顿境地的被裁遣湘军官兵和当地贫苦百姓来说,无异于雪上加霜。被裁遣的湘军官兵越来越感觉到自己被愚弄被抛弃了,于是主动托身于哥老会以寻求温暖和保护。

面对哥老会在湖南的不断扩展与蔓延,湘籍官僚和富裕阶层惴惴不安,左宗棠、郭嵩焘、曾国藩、刘蓉、王闿运等人都担心湖南要出大事。刘蓉甚至预言说:"湖南之必乱,要不出三数年之间,不待智者而知矣。"(《刘蓉集》卷八《复李筱泉制军书》)

曾国藩在同治六年六月六日的一封家信中说得更可怕："人多言湖南恐非乐土，必有劫数。湖南大乱，则星冈公之子孙（曾国藩祖父名玉屏，字星冈）自须全数避乱远出。"（《曾国藩全集·家书》）

正因为曾国藩深知家乡"必非安静之土"，所以同治八年十二月十八日接到四弟曾国潢来信，得知"余家起造书房七间，而用钱至三千余串之多"的消息后，他在日记中怒不可遏地写道："彭芳六（曾家聘请的书楼管理人）办事，实太荒唐，深可叹恨！"曾国藩动这么大怒气，一是"吾乡人贵料贵（建房的人工和材料都很昂贵）"，二是家乡"亦殊非安居乐业之地也"。（《曾国藩全集·日记》）

要躲避哥老会打击，只有"全数避乱远出"，逃离曾家世居的湘乡一条路可走了。

当太平天国运动如火如荼、席卷整个长江流域并波及全国的时候，有"东南保障，天下倚属"（《湘军志评议·湖南防守篇第一》）之美称，并在清王朝镇压太平天国过程中发挥了非同寻常作用的湖南却处于相对安定繁荣状态，而当这场运动在全国失败之后，曾国藩的家乡湖南尤其是湘乡反而出现了十分严重的不安定因素和此起彼伏的大小起事，使得湘籍官僚和富裕阶层连个安稳的老窝都没有，这就不能不让曾国藩陷入深深苦恼和担忧之中。

在镇压太平天国过程中杀人如麻的曾国藩，对待哥老会在湖南的不断扩展、蔓延和滋事，却显得特别心慈手软，始终有一副菩萨心肠。这是因为他发现：湖南哥老会的分布和活动，与湘军的招募和被裁遣人数基本成正比，哪个地区招募和被裁遣回籍的湘军人数最多，哥老会在这里的分布就最广、扎根就最深、活动就最频繁、滋事就最多。湖南哥老会的大部分成员，原来就是为他卖过命的湘军官兵！让曾国藩大肆镇压哥老会，犹如要他举刀剜除自己身上长出的毒瘤，自然难以下手。所以他在同治五年（1866）八月十日写给四弟曾国潢的信中说（在曾国藩诸位弟弟中，四弟曾国潢留在家乡操持家务时间最多——笔者注）："哥老会之事，余意不必曲为搜求……如有犯事到官，弟在家常常缓颊而保全之。即明知其哥老会，唤至密室，恳切劝谕，令其首悔而贷其一死。"（《曾国藩全集·家书》）

写给当时湖南省和湘乡县领导人的私信中，曾国藩也多次交待和表述过同样的意思。如同治六年五月二十四日给湖南巡抚刘崐写信时，曾国藩就希望他"于哥老会犯案者分别办理"，以便"息浮言而定人心"。同年八月三十日给湘乡知县刘虞九写信时，曾国藩则说："惟寻常入会实多可原之人……一概不宜搜求。请阁下告诸邑绅，坚持此意，无使无辜者骈首刀枪之下，展转囹圄之中，庶足安反侧而靖民气。"

同治六年十一月二十日给郭崑焘写信时，曾国藩甚至提出对湘乡哥老会"湘邑不准擅杀一人，局绅不准擅断一狱"，如此则是"湖南之福，亦寒门私家之幸也"。

郭崑焘是郭嵩焘之弟，为湘中名儒之一。他一生虽未担任重要官职，却一直热心地方事务，前后服务于五任湖南巡抚，也在曾国藩幕府做过幕僚，建立了不少事功，尤以军务和筹饷成就最大，所以在当地具有很高威望和很大影响力。曾国藩给他写信谈湘乡哥老会问题，就是希望发挥他的特殊影响力，"佐中丞（协助刘崑）力为主持"（《曾国藩全集·书信》），做好湖南哥老会的安抚工作。

曾国藩庇护哥老会，是不争的事实。但如果有人将湖南哥老会与湘军扯上关系，或说他们曾氏兄弟对哥老会有庇护嫌疑，他可不答应。同治十年十月二十五日的《曾国藩日记》就记载了这样的事实："（唐协和）自京回，述及京中士大夫多言湖南哥老会系沅弟之旧部、沅弟有庇护之说，听之殊堪诧异。沅弟归里（回乡），已阅四年，闭门自饬，不与公事，乃有此等谣言相污耶！"这说明，曾国藩庇护湖南哥老会，只能暗中进行。

另外有个事实必须说明：曾国藩庇护湖南哥老会，主要是庇护湘军退役军官尤其是高级军官，对普通哥老会成员，尤其对那些带头滋事闹事者，态度则不一样。

正因如此，所以在《曾国藩日记》中也多次写到了他得知湖南哥老会被镇压的消息后，或无动于衷或感到欣慰的事实。与官场人士通信时，曾国藩也常常表明自己反对哥老会滋事的严正立场。如同治十年五月七日写给直隶布政使钱鼎铭的信中，曾国藩就这样写道：

> 楚南哥老会匪，去岁甫经击散，顷闻忽复滋事，扰惊益阳、龙阳、沅江三城。此辈伏莽勾结蔓延，一旦有事，常思逐风尘而一逞。未知能否即时扑灭，殊以为虑。（《曾国藩全集·书信》）

曾国藩庇护湖南哥老会，或说主张对湖南哥老会实行重抚轻剿政策，要说没有任何成效，显然不是事实。但这样做毕竟不可能从根本上解决问题。于是从同治六年起，湖南哥老会滋事闹事风起云涌，此起彼伏，曾国藩既无能为力，又深感忧虑，同治十年七月十六日给吴敏树回信时，就真实地流露了这种情绪：

> 吾乡会匪窃发，益阳、龙阳等城相继被扰。此辈游荡无业，常思逐风尘而得

迟。湘省年年发难,剿之而不畏,抚之而无术。纵使十次速灭,而设有一次迁延,则桑梓之患不堪涉想,殊以为虑。(《曾国藩全集·书信》)

这是因为到了同治、光绪年间,既有内乱又有外忧的中国社会已经陷入苦难的深渊,清政府根本无力妥善处理大量被裁遣兵勇的善后问题,而这些在战场上经历了九死一生的人早已把生命看得很轻,岂会惧怕政府的镇压?以往的上当受骗经历,又教会了他们不再轻易相信政府的空头承诺,只要他们的生存困难没有妥善解决,两眼茫茫看不到前途和希望,最后就会铤而走险,用行动发出自己的声音,用武力反映自己的诉求。在这种情况之下,曾国藩除了哀叹"剿之而不畏,抚之而无术",唯一能够自主选择的,就是逃离家乡,免遭灭顶之灾。

一部湘军史向人们表明:一种力量在社会上出现与膨胀的时候,必定会造成遏止其自身存在与发展的对立面,湘军的对立面不仅存在于外部的太平军,而且存在于它自身所滋育的哥老会;曾国藩对湘军的裁遣不仅没有解决哥老会问题,反而使无计谋生的"退伍军人"和当地贫苦农民结合起来,更加壮大了哥老会在湖南的势力,并将哥老会的活动更广泛更深入地引向曾国藩自己的家乡。这就是历史的辩证法。

这也是曾国藩自食其果之一例。

23. 赵烈文为什么不劝曾国藩做皇帝?

赵烈文私下里虽然敢同曾国藩谈论清朝必亡,也敢说皇帝、慈禧太后、恭亲王等人的不是,还明确告诉曾国藩具有举足轻重、无可替代的地位和作用,并将这些谈话内容无所顾忌地写进日记中,但翻遍《能静居日记》,始终找不到他劝曾国藩起兵造反、自立为帝的言论,甚至连一点试探性文字都见不到。

赵烈文不会劝曾国藩做皇帝

笔者之所以对赵烈文有没有劝曾国藩做皇帝一事比较关心,是因为清史大家萧一山先生的《清代通史》曾专辟《曾国藩不做皇帝》一节,引用了不少笔记小说材料,说胡林翼、左宗棠、彭玉麟、郭嵩焘、李元度、王闿运等人都做过诸如"鼎之轻重,似可问焉"和"王侯无种,帝王有真"及"东南半壁无主,老师岂有意乎"之类的试探。还说攻下金陵后的一天晚上,曾国藩亲审李秀成后回到下榻之地(同治三年六月二十五日曾国藩从安庆到达金陵后,亲自审讯过李秀成两次,一是到金陵的当天晚上,二是处死李秀成的前一天即七月五日晚上——笔者注),刚刚坐下休息,忽然有三十多个湘军高级将领,合伙来到曾国藩住地的大厅,请求面见曾国藩。左右随从看到情况不对头,马上报告了曾国藩。曾国藩问:"九帅一同来了没有?"九帅就是曾国荃。随从回答说未见九帅。曾国藩神色凝重地站立起来,仿佛石雕一般立着不动,然后威严地对警卫人员说:"请九帅!"曾国荃这天身体不适,听说大哥召见,只好抱病前来。曾国荃到后,曾国藩才整装步入大厅。他面无表情地指着座位,示意众将坐下。众将看到曾国藩严肃至极,与平时迥乎不同,吓得眼皮都不敢抬,哪敢坐下?僵持许久之后,曾国藩突然吩咐取来纸笔,然后挥笔写下一副对联:"倚天照海花无数,流水高山心自知。"写完把笔一扔,不发一语离开了。众将不知所措,屏息良久,曾国荃才慢慢靠近书桌,其他人跟着移拢过来。待看清联语内容后,众将有咋舌的,有叹气的,有点头的,有摇头的,有瞪眼的,有张嘴的,有热泪盈眶的,有呆若木鸡的。曾国荃开始愤然,继而凛然,最后惶然宣布说:"这件事今后谁也不可再提,有什么事由我曾某一人担当!"说完,众将惘然而散。

同治三年的盛夏之夜,金陵城内之所以会发生这一惊心动魄的一幕,是湘军攻克金陵之后,曾国荃与诸将包揽大功,有人嫉恨他们,于是放出风声,说什么满城财宝,尽被他们掠去,要求朝廷严厉追查云云,曾国荃及其部下恐抢劫得罪,又怕掠获财物被追抄,就想拥戴甚至逼迫曾国藩起兵,重演陈桥故事(960年正月,传闻契丹兵将南下攻周,宰相范质等人未辨真伪,急遣赵匡胤统率诸军北上御敌。周军行至陈桥驿,赵匡胤之弟赵匡义和谋士赵普等人密谋策划,发动兵变,众将以黄袍加在赵匡胤身上,拥立他为帝——笔者注)。而曾国藩斩钉截铁,以十四字示意,其心志,其襟怀,跃然纸上。

应该说,《清代通史》引用的这些材料,故事性确实非常强,读起来特别引人入胜,但它们的真实性一直受到质疑,让人觉得是好事文人的无可稽考之语,为治学严谨的史家所不取,原因就在于它们仅是出于笔记小说的记载,拿不出切实证据来。如果说它们尚有一定价值的话,那就是这些故事真实地反映了一定的历史背景,即曾国藩拥兵自立的某种客观可能性。

无论是工作或私人关系,还是两人谈话的深入程度,抑或别的什么条件因素,赵烈文都比上述诸人有更多的机会、更便利的条件和曾国藩探讨这个话题。赵烈文为什么偏偏不涉及这方面内容?还是他们曾经谈论过这个话题,为曾国藩所回绝,赵烈文没有写进日记之中?这两个可能性应该说都存在。但笔者更相信赵烈文不会劝曾国藩做皇帝。

太平天国失败后曾国藩已失去问鼎中原的机会

赵烈文固然具有敏锐的思想和常人难以企及的识见,但他更是一个清醒的现实主义者。他十分清楚,曾国藩手上虽然握有重兵,凡是太平军和捻军活动过的地方,最后几乎都成了湘、淮军的势力范围,但曾国藩能够直接指挥的部队只有十二万人左右,就是这十二万人,也是派系复杂,各树一帜,真正的嫡系只有曾国荃的五万之众。就是这五万湘军,等到攻占金陵之后,也是腐败丛生,军气已老,早已成了强弩之末,他们只想保护既得利益,安享荣华富贵,要依靠他们问鼎中原,夺取天下,几乎是不可能的。

另外,对湘、淮军几位重要将领,清政府早已采取了分化瓦解政策,对左宗棠、李鸿章、沈葆桢等人分别进行了拉拢和扶植,以便于控制和利用。

最明显的例子是左宗棠和沈葆桢。左和沈固然属于湘军集团,也是因为有了曾国藩的大力提携和推荐,才在晚清政坛上有了一席之地。但就在攻陷金陵前后,他们或因为幼天王逃走的问题,或因为争夺江西厘金的问题,与曾国藩闹得不可开交,最后不通音问。而在他们争闹不休之时,清政府故意站在左、沈一边,对曾国藩进行打压,最终达到了离间他们关系的目的。如果曾国藩真要起兵造反,左、沈很可能反戈相向。

李鸿章是曾国藩的学生,与曾的关系最为密切,称得上曾国藩的最可靠盟友。但这个人好打"痞子腔",是个典型的滑头,早在曾国藩祁门遇险时,他就借机溜掉了。所以别看他平时总把曾国藩挂在嘴上,开口闭口"我老师如何如何",但在造反这种杀头灭九族大事上,他是不会盲目讲义气的。另外最关键的是,李鸿章手中的淮军,虽然完全继承了湘军衣钵,湘军裁遣后,也被基本完整地保留下来了,是一支不容忽视的武装力量,曾国藩却不能绕开李鸿章直接指挥。曾国藩真要造反,李鸿章虽不会像左、沈那样亮明旗帜、反戈相向,但最有可能的举动是:先按兵不动,坐观成败,曾国藩一旦军事失利,就起兵讨伐,向清政府表明心迹。

除了分化瓦解湘、淮军集团,清政府在军事上也早有布置:内阁大学士兼湖广总督官文镇守武昌,据长江上游;江宁将军富明阿坐镇扬州,据长江下游;节制调遣直、鲁、豫、鄂、皖五省兵马的僧格林沁亲王屯兵皖、鄂之交,虎视金陵。这一切都对曾国藩有牵制和威胁作用。

所有这些情况,赵烈文看得比谁都清楚。

曾国藩的身体、性格和为人都不允许他有非分之想

早在道光二十年(1840)六月,住在京城果子巷万顺客店的曾国藩就得了肺病,

病势危剧,几次差点丧命,经欧阳兆熊等人精心治疗和护理,到八月初才死里逃生。道光二十五年(1845)夏天,曾国藩又得牛皮癣,"自是以往,癣疾恒作,以至老年,未得全瘳也"(《曾国藩年谱》卷一)。除此之外,曾国藩还患有耳鸣、疝气、肝肾和视力严重下降等疾病。而从曾国藩最后死时的症状看,很可能是因为中风。多种病症的综合作用,上了年岁以后,曾国藩不仅双眼近乎失明而且时发呕吐眩晕之症。读《曾国藩日记》和其他相关资料还知道,晚年的曾国藩,几乎无日不生病,吃饭睡觉都不香,不仅生趣索然,而且望死情结特别重。

战争既耗尽了曾国藩的聪明才智,也耗尽了他的体能。此时别说要他举旗造反,做开国皇帝梦,就是应付日常工作,也显得力不从心,所以,曾国藩的身体绝对不允许他有非分之想。

另外赵烈文十分清楚,曾国藩的性格和为人也决定了他不是做皇帝的料。

大凡想做开国皇帝的人,权力欲一定特别强烈。卧榻之侧不容他人酣睡,任何人都不能分享他的权力。曾国藩则层层分解他的权力,自己只管几个高级将领和幕僚,不能亲自指挥一兵一卒。

其次,这种人都非常霸道和专制。他虽然能听进别人的意见,但最后做决定得由本人说了算。他宁可没有朋友,也不怕制造敌人。过河拆桥,说话不算话,说翻脸就翻脸,是这种人的基本特征。曾国藩则是个大儒者,终身奉行孔孟之道,讲究"仁义礼智信"和"温良恭谨让",人情味非常浓。别人做了对不起他的事,总是先从自己身上找原因,能完善的尽量先完善,即使全是对方错,也是能忍则忍,能不翻脸尽可能不翻脸,实在不能不翻脸,事后也希望修正和弥补关系。这种人虽能得到别人敬重,却不会让人畏惧。人家既然不真正怕他,遇事阳奉阴违甚至各打自己的小算盘,也就毫不奇怪。清廷不费吹灰之力,就将左宗棠、沈葆桢等人拉拢过去,原因就在此。

再就是这种人大都敢冒险,做事不计后果,有豪赌天下的胆气。曾国藩则过于小心谨慎,最怕惹是生非,性格也总是懦缓,缺乏魄力。曾国藩女儿曾纪芬的《崇德老人自订年谱》有一段记载,就很能说明这个问题:

> 文正在军未尝自营居室,惟咸丰中于家起书屋,号曰思云馆。湘俗构新屋必诵上梁文,工匠无知,乃以湘乡土音为之颂曰:"两江总督太细哩,要到南京做皇帝!"湘谚谓小为细也。其时乡愚无知,可见一斑。

清朝三大幕

曾纪芬所记工匠的话,显然说出了湘乡民间普遍觉得曾国藩应该做皇帝这样一种事实。曾国藩听说后,却立刻陷于极度恐慌之中,俨然大祸将临。

由此可以看出,曾国藩根本不是做皇帝尤其是做开国皇帝的料,赵烈文除非大脑进水,否则无论如何也不会贸然劝曾国藩做皇帝。

一个狂妄书生的死,让赵烈文确信曾国藩绝无做皇帝的野心

除此之外,还有件秘不可宣的事情给赵烈文留下了不可磨灭的印象,使他确信曾国藩绝无做皇帝的野心。曾国藩是不可能取清自代的,谁要跟他探讨这方面的话题,只能自讨没趣。

那是湘军攻克安庆近一个月的咸丰十一年八月二十九日,赵烈文向曾国藩举荐孟辛"刚决能断,有胆有识";燕山"武勇缜密,廉介不苟",曾国藩都点头同意了。接着,赵烈文又为袁桐请求保举,曾国藩也爽快答应了。但当赵烈文说到自己五十天前从上海乘外轮来安徽途中遇到了曾耀光,还没有说出下文,曾国藩马上打断说:"此人五六天前已经到了这里,因为所说的话语十分悖谬,所以把他杀了。"赵烈文马上闭上嘴巴,告辞出来。

有关曾耀光这个人,除赵烈文《能静居日记》有两次提到外,笔者再未见到其他文字记载。就是在《能静居日记》里,赵烈文对曾耀光也只是做了简单介绍和描述。

赵烈文另一次提到曾耀光是咸丰十一年七月五日:

> 趁(乘)舟广东客曾耀光,字济雨,系三水县人。向在本省暗通贼匪,奉宪严拿,因挈一子至沪。此次趁船,竟投贼巢,并向同舟直言无讳。又以名片交吾,属先呈曾帅,伊日后尚拟到营云云,可为诧异之至。又舟中一趁船夷人亦曾在贼巢数月,与曾甚投合,曾去时,棹小舟送之,良久方归。

这段文字的背景和大概意思是:咸丰十一年六月底,赵烈文从上海乘外国轮船溯江而上,前往安徽东流曾国藩大营(湘军当时尚未攻克安庆——笔者注)。同行者有一狂妄的广东三水县(今佛山市三水区)士人曾耀光,因在家乡私通太平军,受到广东当局通缉。他带着儿子逃到上海后,又独自乘船前往金陵投靠太平军。所有这些,他都在船上作了公开宣扬,毫不隐讳。七月五日船到金陵时,他果然下船进城去了。划小船送他上岸的是一个在太平军中待过数月的外国人。这个外国人也是船上的乘客,和曾耀光的关系十分要好。最可怪的是,曾耀光下船之前,居然托赵烈文将自己的名片转交曾国藩,说几天后他会前往曾营面见曾国藩大帅。

曾耀光既然是专程到金陵投靠太平军,为什么事先计划面见曾国藩?他见曾国藩的动机和目的是什么?那个在太平军中待过数月的外国人划小船送曾耀光上岸时,待了很长时间才回来,两人离开外轮后,究竟说了什么话,商量了什么事?曾耀光进城后,与太平军究竟有过什么联系和活动?所有这些,赵烈文不清楚,我们也无从考证。

但有一个事实是:太平军没有杀害曾耀光,更没有阻止他去曾营面见曾国藩;而他死在曾国藩手上,并不是因为私通太平军的嫌犯身份,而是在曾国藩面前所说的话语十分"悖谬"。所谓"悖谬",就是荒谬、荒唐、离谱、不合常理的意思。

笔者如果没有曲解文义,那么合理的解释只能是:曾耀光要么游说曾国藩与太平军联合起来,共同对付朝廷;要么鼓动曾国藩起兵造反,自立为帝。除此之外,不可能有别的解释。如果有别的解释,曾耀光就不会招致杀身之祸。不是到了不杀曾耀光不足以洗脱自己的程度,对这位曾氏兄弟,曾国藩应该不会如此断然痛下杀手。

曾国藩真要起兵造反做皇帝,最佳时机是攻陷安庆之后

如果真是如此,我们当然可以讥笑这位狂妄的曾耀光先生心血来潮,热脸贴到了人家的冷屁股上,却不能说他不识时务、怪诞虚妄。因为不管从当时的外部环境还是湘军内部的情况来看,曾国藩真要起兵造反做皇帝,最佳时机不是攻克金陵之时,而是攻陷安庆之后。当时湘军军伍雄壮,士气高昂,内部团结一致,曾国藩又实授两江总督和协办大学士,占有天下首富之区,并以钦差大臣节制江苏(包括上海)、安徽、江西、浙江四省军务,可以说是湘系势力如日中天之时,而清军的江北、江南大营已经彻底覆灭,清王朝无兵可用,太平天国也正在迅速走向衰落……

    维时(同治元年春天)公统制各军。公弟国荃循江北岸至于和州,公弟贞幹循江南岸至于南陵,彭公玉麟派水军中江而下助剿两岸。是为直捣金陵之师。李公鸿章领湘、淮陆勇,佐以黄翼升淮扬水师,突过贼境。是为援剿苏、沪之师。大江以北,多隆阿公为围攻庐州之师,李公续宜有派援颍州之师。大江以南,鲍公超为进攻宁国之师,张公运兰等为防剿徽州之师,左公宗棠为规复全浙之师。十道并出,皆受成于公。公建节于安庆,居中控驭,广辖数千里。此外如袁公甲三及李世忠淮上之师,都兴阿公防江北之师,冯子材、魁玉守镇江之师,或不出自

楚军（湘军），或不归公节制，均奉旨统筹兼顾。军书辐凑，英彦风驱，上而朝端倚畀之隆，下而薄海想望之切，洵千载一时矣！（《曾国藩年谱》卷八）

此时的曾国藩如果能够据守安庆，控制长江中上游，与清朝、太平天国形成三足鼎立之势，无疑是人才最多、兵力最强、势力最广、最后取胜希望最大的一方；他如果敢将自己直接指挥的十路大军的枪头掉过来，拉拢或暂时稳住归自己"统筹兼顾"的其他三路部队，然后直捣北京，这种形势之下，确实没有谁能与其争锋，良机的确"千载一时"！只因曾国藩没有做皇帝的野心，也不想让曾耀光这种狂妄书生抹黑自己，曾耀光这位心血来潮的"纵横家"才稀里糊涂地做了他的刀下鬼。

正是这件事让赵烈文深深明白，曾国藩确实没有取清自立的想法，所以他才别的什么话都敢同曾国藩讲，唯独不会劝曾国藩做皇帝。

曾国藩为什么没有做皇帝的野心？

这个问题可能有许多种答案，也可能没有正确答案，只能仁者见仁、智者见智。

萧一山说：曾国藩之所以薄皇帝而不为，后为章炳麟所讥议者，因其以护持名教为帜志，绝不能自毁立场，作反乎礼教之事也。

这一说法当然有它的道理，也得到了世人普遍认可。正因如此，曾国藩才被许多人目为大圣贤和古今第一完人。

事情其实没有这么简单。曾国藩也不是满有把握做成皇帝却偏偏不肯做！因为从人的本性来说，支配人们是否采取行动的最后关键因素并非道德规范，而是对利害关系的算计和权衡。倘若曾国藩在方方面面真的具有取清自立的胜算，所谓"护持名教"云云绝对不会成为他的行动障碍。成者为王，败者为寇，世间始终存在一条胜者无罪的原则，在对权力尤其是皇位的追逐上，儒家的三纲五常伦理也从未阻碍过强者的行动。试问自古以来改朝换代夺取天下，哪个离得开血腥杀戮和阴谋篡逆两途？然而一旦权位到手，儒家的忠君道德就由对篡弑者的严词谴责变为对新朝皇帝的"真诚拥戴"。曾国藩熟读经史，岂不晓得这一浅薄道理？

所以，曾国藩没有做皇帝的野心，关键还是他觉得没有取胜的把握，不仅政治上尚欠火候，而且军事上尤无胜算。

这也是赵烈文不劝曾国藩做皇帝的根本原因所在。

当然，这只是笔者的一家之言，不一定正确。

24. 曾国藩逼赵烈文出去做官

同治七年七月,曾国藩调任直隶总督,决定幕府中人都不同行。两江总督遗缺由闽浙总督马新贻调补。

读曾国藩日记和书信可知:曾国藩调任直隶总督后,实际上带了少数幕僚北上,如薛福成、钱应溥。曾国藩显然想以此为借口,逼赵烈文出去做官。

八月三日早饭后,赵烈文去了曾国藩的儿子曾纪泽那里,对他说:"我蒙受老师信任,被视为知己十四年有余,又跟随老师达八年之久,不愿和老师立即分别。听说老师要轻装简从进京(任前赴京觐见皇帝),我打算自己筹备差旅费送老师去直隶,等老师奉旨正式上任后,再回到江南,终老田间,以此见证我与老师终生不渝的情谊。"赵烈文请曾纪泽向曾国藩转达此意。

过了一会儿,曾纪泽就来传述曾国藩的原话:"惠甫天分最高,心地十分厚道,我亲眼看见他因为发甫(周腾虎)去世,流过两次泪。你九叔(曾国荃)开始对他很优待,后来颇不愉快,而惠甫到现在也没有忘记他。对我更是恋恋不舍。中间他离开我几年,始终不愿接受他人哪怕是一句话的恩惠。他的品格志趣确实和一般人不同。当时的人都认为我对待他过于优厚,而且还有说他坏话的。他在金陵大营撰写的关于攻克天京的奏折,有人认为文中有让朝廷挑毛病的地方,但你九叔难道没有看过这个折子而把过错全推到他一个人身上?这都是不公平的说法啊!现在和他约定:这次北上他不能一同前往,但如果我到直隶任总督,就立即上奏朝廷,调他到直隶来,给他一个地方做官,他一定是个好官,也能做事情;如果我到朝中做官,也一定为他安排一个位置。他可以在明年春天跟我一起去直隶,行李从水路北上,所有的路费开支和需要准备的物品,都由我来置办。倘若我辞官退休的请求被朝廷批准,上面说的也就作罢了。"

曾纪泽传述曾国藩的话还没有说完,赵烈文就情不自禁地流了眼泪,于是对曾纪泽说:"老师对我相知之深、相爱之厚,竟达到这样的程度,我的一生都难以报答,真不知我的前世修得何种机缘才得此福分?"因此向曾纪泽致谢,并表示谨遵师命。

起初,赵烈文认为曾纪泽是侯爵家的公子,因而不敢与他过分亲近。但最近一年随着交往的增多,两人不仅相敬有加,而且小赵烈文七岁的曾纪泽一定要认赵烈文做兄长。这几天见赵烈文因曾国藩即将北上而有依依惜别之情,今天又见赵烈文流泪

不止,于是长叹一声道:"我认识的人已经很多了,从没有见过像先生这样有真挚感情的人!"他还说了许多话才离去。

二十天之后的八月二十五日,赵烈文和曾国藩交谈时,曾国藩又亲自动员赵烈文去直隶做官,并说:"足下去直隶,一定是个好官,能做事。你也不能一生都隐起来。况且为家庭生计着想,也不能没有这一举动。"

十一月上旬,曾国藩北上就职,赵烈文送到邵伯镇返回。

三年前曾国藩督师北讨,赵烈文也是送到邵伯镇返回。好不容易重新相聚,想不到仅过一年多时间,两人又将分别,此情此景,自然让赵烈文"不能无黯然(情绪低落、心情沮丧的样子)"。

25. 奏调直隶任职

同治八年正月,曾国藩果然专折奏调赵烈文到直隶任职,以直隶州同知补用。曾国藩奏调折考语说:赵烈文"随臣营多年,素讲爱民之道,熟于史学,庶以儒术润泽吏治"云云。

当年五月,赵烈文到保定,十月,代理磁州知州。

磁州位于晋、冀、鲁、豫四省交界处,隶属直隶广平府,为冲(交通枢纽)、烦(公务烦多)、疲(赋税拖欠多)、难(民风暴戾,易于犯罪)之腴缺。意思是磁州这个地方,既是一个地处冲要、事务繁重、民情疲顽、民风强悍难治的地方,又是一个能够历练政务和锻炼人才,最易受到上级重视和关注的地方。李鸿章接替曾国藩担任直隶总督后,就于同治九年十月十二日当面对赵烈文说:"足下初仕,曾老夫子即畀以盘错之任,想有所见,然亦大胆矣。"

赵烈文在磁州总共工作了一年七个月。他虽然只是个代理知州,但为政不做表面文章,凡事讲求实效,做了许多有益当地百姓的事情,其中影响最大的是动员和带领群众打井抗旱。

磁州干旱少雨,当地百姓以往都是靠天吃饭,赵烈文到任后,不仅动员百姓打井,而且带头捐资促成其事。

按照赵烈文设想,全州打井一千口,后因筹集经费困难及自己离任等原因,计划虽没有全部实现,但到同治九年九月初次统计,不到一年时间就打成水井一百二十口,效率还是相当高,速度也是相当快的。

光绪三四年间,直隶全省大旱,磁州受灾最轻,就是得益于这些水井。当地百姓因此十分感念赵烈文这位为民办实事的"父母官"。

李鸿章接任直隶总督后,对赵烈文在磁州的工作不仅给予充分肯定,而且特意要他总结打井经验在直隶全省推广。

对赵烈文在磁州的工作表现,曾国藩更是由衷赞赏。同治九年三月十三日,他在写给方骏谟的信中说:"惠甫迈往之韵屈居牧令,乃能不鄙吏事,竭诚爱民,贤者诚不可测!"(《曾国藩全集·书信》)喜爱赞赏之情,溢于言表。

同治九年七月下旬,马新贻遇刺身亡,曾国藩回任两江总督,赵烈文赶赴天津送行。因曾国藩去了北京,所以赵烈文拜谒新任总督李鸿章之后,又赶赴曾国藩南下时的必经之地新城县,于十月十七日见到曾国藩。后又陪同曾国藩南行到河间府辞别,来回一月有余。

同治十年五月,赵烈文卸任磁州知州。第二年正月,改任易州代理知州。同年五月十一日接吏部来文,赵烈文实授易州知州。

易州是直隶州,下辖涞水、广昌(今涞源)两县,位于河北省中部,处于北京、天津、保定(直隶总督府驻地)金三角地带,区位十分优越,地位相当重要,因境内有易水而得名。

赵烈文上任易州知州之前,还于同治十年十月上旬奉命前往赵州,会审隆平、宁晋两县县民因争堤而酿成的人命大案。

此案始于咸丰二年,两县县民多次申诉,反复控告,历经二十年不能结案。赵烈文不辞劳苦,步行深入实地勘察,又周览数日,遍阅旧卷,终于弄清了事情原委和漕河等河水故道所在,于是曲直立判。

为了早日办结此案,赵烈文三易其稿,亲自绘制所勘堤埝地理位置图,后又亲自撰写长达三千言的判决书。直隶总督李鸿章后来看到这些文书图表,特意把赵烈文叫入签押房久谈。他一边拿着"赵(州)案会禀内地图详悉见询",一边啧啧称赏说:"湘乡公(曾国藩)谓君能以经术饰吏治,信然。"(详见《能静居日记》和《阳湖赵惠甫先生年谱》转引方怡《赵府君墓志》)

赵烈文到易州上任后,按惯例先到城隍庙致祭,第二天即去查阅监狱人犯。当地监狱管理犯人很不人道,时有犯人瘐死狱中。狱中向有大木闸,凿孔仅可容足胫(小腿),晚上犯人睡觉时,每犯闸一足以防越狱。赵烈文认为这种做法非法制所有,且闸一足全身不能翻身,似近非刑,当即命令撤走大木闸。

方怡《赵府君墓志》称赵烈文在易州工作期间,继续发扬在磁州工作时的好作风:"先生为政,不汲汲邀民誉,惟审利弊所在而兴革之。在易修仓廪,复藏谷如旧日。增书院肄业生额,厚其饩(饩廪,粮食之类的生活物资),加设古学课,道以为学门径,士习大变"。

上世纪三十年代由浙江绍兴人寿鹏飞总纂的易县地方志《易县志稿》(1990年9月学苑出版社出版),赵烈文是为数不多有个人传记的易州地方官员之一。

曾国藩去世前,得知赵烈文担任易州知州的消息和到任后的工作表现,十分高兴,但又"拳拳以陵上事不易办为念"。

所谓"陵上事",就是在易州泰宁山(后改名永宁山)下,建有规模宏大的清西陵,安葬了雍正(泰陵)、嘉庆(昌陵)、道光(慕陵)和光绪(崇陵)四位清朝皇帝(赵烈文任易州知州时,清西陵只安葬了前三位皇帝)。此外还有三座后陵和若干座公主、妃子的园寝。

为了加强陵区管理,清政府在清西陵设立了一套机构,任命泰宁镇总兵兼总管大臣,统管清西陵,并委派一位王公大臣,作为皇室代表,专门负责守陵。下面设有内务府(主管行政和司法),礼部和工部(分别主管祭祀和工程施工),八旗兵(护陵)和绿营兵(守卫陵界)。泰宁镇总兵低职高配,向由各部侍郎、内务府大臣兼任,故体制与其他军镇不同。清西陵管理人员和陵工、杂务及八旗、绿营各营军饷,一直由泰宁镇署向易州政府索取,不仅事事相关,而且联系往来频繁,到易州担任知州的人,对守护、管理清西陵的人员向来以上司对待,从不敢怠慢和得罪。可这些人很难伺候,要满足他们的种种欲望和要求,与他们搞好关系,并非易事,所以曾国藩很担忧"陵上事不易办"。

赵烈文到易州上任不几天,就专门前往清西陵,遍访诸位"贵人"。同治十三年(1874)二月下旬,皇帝陪两宫皇太后到清西陵谒陵,赵烈文率州府全体官员和亲友专程前往梁家庄分项办差,更是小心谨慎,不敢有错。

当年二月二十三日至二十九日的《能静居日记》,详细记载了皇帝、皇太后谒陵情形,从中可见慈禧之奢靡、供应之烦费、阉竖之专横以及后妃待遇之不平,均为国运将替之预兆。

可是即使如此,到了同治十三年秋天以后,赵烈文还是因为怠慢和得罪了陵园管理官员,始是受到他们的刁难,继而被专章弹劾,说赵烈文"供应各差,每多延误,人地不甚相宜,请撤任另补"云云。曾国藩担忧的"陵上事不易办",果然不幸而言中。

直隶总督李鸿章及时出面说话,力辩其诬枉,并称赵烈文素有学行,整顿地方,尽心民事,最后才大事化小,免遭大咎。

26. 坚决不跑官要官

从同治八年五月赵烈文来保定候任,到同治十一年五月接吏部来文实授易州知州,整整三年时间里,赵烈文前后两次在保定候任就去掉了一年,其他两年时间分别在磁州和易州担任代理知州。赵烈文是曾国藩专折奏调到直隶做官的,前后两任直隶总督又分别是曾国藩和李鸿章,像他这种关系和背景出身的人,要谋得一个实缺都如此艰难,其他人如果不另想办法,不使用别的手段,要拿到一顶官帽子,想必比登天还艰难。

当然,赵烈文如果愿意跑官要官,也许早就谋得了州官实缺,只是他坚决不这样做,才出现了后来这种结果。

同治九年冬天,直隶州赵州知州高翰(字墨缘)去世后,赵烈文的亲朋好友乃至跟他关系不怎么密切的人都劝他赶快去省里谋取这一空缺。几个至亲好友甚至反复做他的工作,非要他去一趟保定不可。赵烈文却"以非素志所有",因而"多饰辞以谢之"。意思是像我赵烈文这样的人,哪里做得出跑官要官这种事啊!所以除了感谢大家的好意外,真的没办法照你们说的去做。

有人于是又说:同你一道奏调到直隶做官的六个人,五人已经落实了职务,只你还挂着"代理"二字。你在磁州声誉极佳,工作成效十分显著,只要自己积极争取,赵州知州一定非你莫属。

据《曾国藩年谱》卷十一记载,和赵烈文一同奏调到直隶任职的有八个人,他们分别是道员钱鼎铭、陈鼐,知府李兴锐,知州游智开、赵烈文,知县方宗诚、金吴澜及员外郎陈兰彬。这里之所以说六个人,是因为同治九年九月曾国藩再回金陵担任两江总督时,将金吴澜和陈兰彬奏调回去了,这在同治九年九月二日的《曾国藩日记》中是有明确记载的。另外同治十年三月五日曾国藩写给吴敏树的信中又提到,李兴锐奏调到直隶做官后,虽然补上了大名府知府实缺,但同治九年十月他本人力请辞职,随曾国藩返回了江南(《曾国藩全集·书信》)。所以到曾国藩离开直隶时,当时奏调到直隶做官的八个人,实际上只剩下五个,其中四人安排了实缺,钱鼎铭甚至当上了直隶布政使,成了正省级官员。

这个人的话确实点到了赵烈文的痛处,他听后也多少有些动心。不过转念一想,他又开始犹豫了。原来当时的直隶总督虽是李鸿章,人事却归布政使管,一般情况下

李鸿章不会插手过问。而当时的直隶布政使钱鼎铭,虽然早在安庆时,赵烈文就与他认识,后来又一同被曾国藩奏调到直隶任职,但他俩毕竟没有多少私交,只是一般朋友,如今去找他,怎么好意思开口要官当?万一碰了钉子,岂不弄得双方都很尴尬?当然更主要的是赵烈文觉得钱鼎铭不会让自己做赵州知州,因为他从来没有给过任何暗示。这样一想,赵烈文就决定不去保定了,一切顺其自然,凡事听天由命好了。

到了同治十年七月四日,已卸任磁州代理知州一个多月并即将离开当地的赵烈文得到确切消息,赵州知州已经名花有主,授给了一个叫存禄(字诚斋)的候补官员。消息正式公布后,赵烈文的亲朋好友和原来的同事无不为他扼腕叹息。赵烈文却解释说:"存刺史(古代州官叫刺史)已经等了十多载,我才等三年,这次如果让我做了赵州知州,存禄岂不要等到猴年马月才能得到一个实缺?你们想想他会多么伤心难过!再说我本来就无意谋取这一职务,所以大家不要为我感到难过。"赵烈文有个侄子根本听不进他的解释,痛心疾首地埋怨和指责叔叔太"懒散"。赵烈文"感其意诚",只好"为之引咎"。

赵烈文离开磁州后,于同治十年七月十九日在天津见到了曾国藩原来的幕僚,现在天津做知县的萧世本(字廉甫),萧向他介绍了赵州知州的授职内情。萧说:去年冬天高翰去世后,李相国(李鸿章)以为藩司(布政使司)必定会把赵州知州一职授给赵烈文,等到正式公文送来时,才发现布政使司向吏部报了存禄和赵烈文两个人。李相国非常生气,数次当着萧世本等人的面说:"赵某无论曾老夫子(曾国藩)谆托,即以其居官直隶,人恐做他不过,为地择人,亦应用之。今请部示,部中有不照例,肯破格邪(把存某和赵某一起报给吏部备选,向来依例办事的吏部岂肯破格任用赵某)?"说到这里,萧世本有点好奇地问赵烈文:你与钱公(钱鼎铭,字调甫)交情究竟如何?赵烈文回答说:"作事则在人前,不无凌越之咎;纳交则在人后,曾有菲薄之嫌。如是而已。"萧世本听后"为之深叹"。

李鸿章当时也在天津。此前一天赵烈文拜见他时,李鸿章除了赞扬他在磁州打井取得显著成效,还为赵烈文这次没有得到赵州知州实缺表示歉意。

十天后,赵烈文从天津到了保定。他本不想马上拜见钱鼎铭,后来得知钱鼎铭知道他到了保定,就不得不去见上一面。两人一见面,钱鼎铭就主动说起赵州的事情,并再三表示歉意。赵烈文却很大度说:"高翰与存禄为争夺赵州知州一职,几乎闹到要去吏部控告对方这件事,同治八年我刚到直隶时就听说了。存禄为此又苦苦等了数年。现在高翰去世了,我如果再同存禄争夺这一职位,就是争赢了,存禄又该怎想呢？我又怎么能够心安理得呢？所以半年前得知赵州知州有空缺后，我的内心如古井无澜，一直十分平静，更没有找人托关系走门子。我的志向素来如此，请您不要为这件事心存芥蒂了。"钱鼎铭听后，激动地举起手来，说既然如此，我也就不再说什么了。接着，钱鼎铭表示说："一定想办法尽快为你谋个代理职务。"赵烈文还是没有领情，说："出来做官，固然是为衣食起见，但拿国家的俸禄，首先要为国家做事，还要于地方稍有裨益，这样才无愧于这份俸禄。如今到某地代理政务，时间多是一年半载，哪里能够熟悉民情，知道何利可兴、何害应除？如果仅仅为了糊口，到某地领份工资，这哪里是我的志向所在呢？"钱鼎铭于是又说："那就委屈你同修《畿辅通志》吧！阁下才学，直省无之，虽有进士、太史，阁下可以无让。"赵烈文只是笑着表示感谢而已。不久之后，李鸿章也出面邀请赵烈文纂修《畿辅通志》，他才同意参与编纂工作，分纂《河渠》《金石》二略，于同治十年十一月二十二日开局于莲花池。

可能是大家都十分清楚赵烈文的特殊关系和背景，而他代理磁州知州期间的工作表现又非常出色，取得了良好声誉，所以人们都认为，只要赵烈文想谋取赵州知州，这一职位就一定非他莫属。后来赵州知州出人意外地授给了存禄，赵烈文的同事和朋友，便都认为是赵烈文主动谦让的结果。

这虽然不是事实，但又不能说完全没有道理。这说明，在任何朝代，跑官要官现象都是普遍存在的，为一个官位斗得死去活来的现象，也是时常发生的。钱鼎铭既不想得罪赵烈文，又不忍心亏待存禄，最后矛盾上交，也是被迫无奈。

同治十年八月二十日，赵烈文写给曾国藩之子曾纪泽的信中，对钱鼎铭的做法不仅充分理解，而且用掏心窝子的话语向朋友私下倾诉，自己坚守的做人原则和为官操守是不会改变的：

> 赵州一缺，去冬即议论纷纷。烈向知高墨缘（高翰）与存诚斋（存禄）之事，私心尝不直高，知爱中劝为省中之行，先事道地者案头之书，垂尽逾尺。既非生平所谙，且尤而效之，世岂有鸩人羊叔子哉！故设辞谢覆，迄未离官守一步。当事今日位置，其为欲存公道，或别有命意，非烈能知。要之于鄙心则甚凑泊，固无所谓牢骚之说也。补缺云云，诸公之翅（只）申之以盟誓，然天下事，致力则效可操券，坐俟侧势鲜弋获。烈江湖作达二十年矣，岂尚不知。自维半生斤斤，断无垂老而改弦易辙之理。

清朝三大幕

赵烈文信中提到的羊叔子，是指西晋大将羊祜。据《资治通鉴》卷七十九记载：羊祜与东吴陆抗在长江两岸对峙时，双方使者常奉命往来，陆抗送酒给羊祜，羊祜喝起来从不生疑；陆抗病了，向羊祜求药，羊祜把成药送给他，陆抗也马上服用。许多人劝陆抗慎用，陆抗说："岂有鸩人羊叔子哉！"意思是"怎么会有用毒药杀人的羊祜！"赵烈文用此典之意为：高翰与存禄争官做，我私下认为高翰是做得不对的，既然如此，自己怎么好意思再做这种事情呢！

对于李鸿章、钱鼎铭等人事后纷纷做好人，并给自己戴了一大堆高帽子，在给曾纪泽的信中，赵烈文也有说法。他用俏皮的语言说：自己就像小庙中的一尊菩萨，只享受人间香火，无法品尝祭祀物品，也就是得虚名而无实利的意思。这个比喻自然非常有趣：

上游自合肥相公（李鸿章）以次，相待辞貌均为优异，奖语时逮。烈本性如小庙土地，享香烟而遗牲醴。

同治八年五月二十七日，到保定不几天的赵烈文就听人说过：直隶省"州县吏治素不讲求，专尚应酬。地愈冲，则缺愈美。直隶州以赵、定二缺为最，府缺以正定、保定二缺为最"。意思是说：在直隶做官，能不能取得政绩，不是最重要的，重要的是会不会巴结上司，善不善于拉关系、走门子。另外，越是在靠近交通要道的州县做官越有油水，其职位也越抢手。在直隶州一级，赵州是最好的，其次是定州；在府一级，正定府排第一，省府保定府反倒屈居第二。

高翰与存禄前几年为争夺赵州知州一职闹得撕破脸皮，差点去吏部控告对方，与赵州是直隶州中最美的肥缺无疑也有关系。

平心而论，这次赵州知州人事任命，不仅赵烈文的表现值得称道，而且钱鼎铭没有完全被官场人际关系和背景所左右，李鸿章事前也没有干预，所有这些都是值得肯定的。

27. 婉拒曾国藩的特殊照顾

赵烈文不仅不跑官要官，而且还曾婉拒曾国藩的特殊照顾。

同治八年九月十六日，赵烈文去见曾国藩，谈话中曾国藩突然提出"欲以一腴缺相处"，意思是要安排赵烈文去直隶最好的州（府）任职。

赵烈文是当年五月二十三日到保定候任的，时间一晃就过了快四个月，现在曾国藩主动提出给他安排一个好的职位,此事想必有了眉目,很快就会落实,这对赵烈文来说自然是件大好事。可赵烈文的最初感觉并不是这样。他觉得这是曾国藩对他的特殊照顾,不仅有违自己的志向,而且将损害曾国藩的声誉,所以当即表示推辞。

口头推辞还不够,第三天,他又非常正式地给曾国藩写了一份小启,用书面形式向曾国藩辞去这一"腴缺"。

小启全文如下:

前日侍坐,恩达微忱,会谒入不罄。师之屡赐提唱,实为烈赡生私计,既已深体渊衷,感沦肌髓。烈在田间,久忘荣进,惟愿得安耕钓,家业粗成。儒者治生,初无足讳,今勉循恩命,来直筦仕,情形似与昔殊。虽薄宦本以代耕,而先事后禄,未敢全蠲古训。又出处之迹,略异寻常,忆自曩年,即蒙专召,继以山公启事,络绎人间,四方观听何知,久已忘其浅陋。一旦见草,则说无复余情。众指尤严,不独烈纯盗虚声,兼恐上尘藻鉴,此烈昔年之屡致徘徊,今日之未容尊率者也。然袜线微长,是否足供驱策,毫无把握。所幸师之知烈,胜烈自知,私愿留省学习,时加察看,倘不致取笑方来,自当仰求栽植。否则区区之心,所望追随函丈,勤求教益,本愿既足,进退尚可,绰然不足以劳盛虑。秉性朴率,即对尊严,辞貌无饰,故饔飧鄙志,亦渎听闻。至生平辞受之间,私有无形之尺寸,此本不足言,而恃高厚言之者也。敢布胸臆,伏祈垂烛。

这份小启的大概意思是:烈文对当官原本就不怎么看重,只是难却老师盛情,才到直隶寻求仕途上发展。既然是来做官,首先就要考虑能不能为老百姓办实事。老师对我的奖誉虽然很高,自己在社会上也颇有些虚名,但自己有多大本事,能不能胜任要做的工作,是毫无把握的。好在老师非常了解烈文,胜过自己了解自己,所以从内心来说,还是愿意继续留在老师身边,一边学习一边磨炼提高自己,等到有一天确实能担负一定工作了,自会主动请求老师安排一个合适岗位。

小启中写到的"山公启事"出自《晋书·山涛传》:山涛做吏部尚书时,对选拔官员十分认真负责,每当一个官位有了空缺,总是根据这一官位所担负的职责,衡量哪些人能够作为候选人,然后拟定一张几个人的候选名单供晋武帝选用。由于山涛对每个被推荐人的品行、才能都有一个总体评价,并将这一评价概括出一个标题,方便晋武帝一目了然地了解这个人的特点,因此时人把山涛上奏给晋武帝的荐书称之为

"山公启事"。赵烈文用此典的意思是:老师不仅将我奏调到直隶做官,而且对我的奖誉非常之高,实际上却是盛名之下,其实难副。

以赵烈文与曾国藩的特殊关系,有什么事情不能当面说清?再说相同的意思,赵烈文早已多次向曾国藩表达过,现在还需要如此正式地用书面形式提出辞呈?赵烈文此举是不是故意违反世俗人情,以显示自己的清高不凡?

曾国藩虽然不会这样看待赵烈文,但对他的这一举动不很理解,也是事实。九月二十四日下午,赵烈文来见曾国藩。一坐下,曾国藩就对他说:"足下昨复写此一段文字,正以举而不先为愧,乃更揭诬邪(你的过分谦让,岂不更加让我感到不安)?"

赵烈文马上回答说:"非也。虑相爱过切,以烈家计为急,越众见序,一则无以服人,二则非烈之素志。此行若以为尽外衣食,则不敢欺师;若以为徒事餔餟,则又不敢欺己。要之,内不失己,外不失人,庶荷栽植而无愧耳。"

从赵烈文的回答里,我们知道,他就是担心曾国藩对他关爱过切,才给自己特殊安排一个好职位,如果真是这样,那就既违背了自己的志向,又会让外人产生非议。他这次应诏来直隶做官,要说不是为家计考虑,那不是事实,但如果仅仅是为了让家人吃得上饱饭,则又不尽然。只有既能实现自己的志向,又不招致外人非议,才上对得起恩师的栽培,下对得住自己的良心。

面对这样的弟子,曾国藩除了表示赞许,还能再说什么呢?

可能正是考虑到赵烈文既想干一番事业,又不让人说闲话,后来他才高职低配,安排赵烈文做磁州代理知州。磁州是县级州,赵烈文是府级官员,曾国藩做出这种安排,目的就是让他到磁州这个地处冲要、事务繁忙、民情疲顽、民风强悍难治却能够历练政务和提高行政能力的地方磨炼自己。

也正是因为赵烈文不跑官要官,又婉拒曾国藩的特殊照顾,所以到同治九年九月曾国藩卸任直隶总督时,赵烈文还没有得到一个直隶州州官实缺。

28. 赵烈文的官位最终还是曾国藩暗中运作得来的

赵烈文自己虽然能够坦然面对,曾国藩却深感内疚。

同治九年九月二十一日,曾国藩给赵烈文写信时,特意表达歉意:"去岁调来诸君,惟阁下未得补一实缺,深以为歉。"给赵烈文另一封信中,曾国藩又说:"奏调诸公,独阁下未补一缺。高才远韵,羁于鸡肋,而复有向隅之叹,歉负实深。"

好在接任直隶总督的是李鸿章,曾国藩与他交接工作时,便特意把赵烈文的事情作为遗留问题提出来,希望李鸿章能"为鄙人偿此款衷"。李鸿章满口答应下来。

半年后,曾国藩又给直隶布政使钱鼎铭写信打招呼:"惠甫磁州当已解任,能速补一缺否?直隶州县动辄负累,若使诸君不登债台,端赖阁下有以护惜之也。"

看到事情仍然没有进展,两个月之后,曾国藩致信直隶清河道道员陈鼐,再次过问赵烈文的事情:"惠甫磁州解任,若不能速补一缺,可否委署一处(若不能很快补上实缺职位,可不可以先让他代理某个职务),以免赋闲赔累?"

二十多天后,曾国藩给李鸿章回信时,又用近乎命令的口气对他说:"惠甫犹未补缺,务恳关垂,先饬署任,继予真除(先代理后实授之意)。"(《曾国藩全集·书信》)

后来直隶方面果然让赵烈文先做易州代理知州,然后实授。

如果不是曾国藩始终抓住不放又催得很紧,还动用了所有能动用的关系,赵烈文的易州知州一职可能还不能到手。

赵烈文诚然是一个正直高尚又没有多大官瘾的人。他很反感跑官要官,也不希望恩师曾国藩特殊照顾自己,但事实证明他那一套完全行不通。现实就是这么残酷无情,他的官位最终还是曾国藩暗中运作得来的,此事真是具有莫大的讽刺意味。

同治三年四月七日,曾国荃有一次开赵烈文玩笑说:"君……虽高尚,无益。"那时曾国荃是说赵烈文"才识器局,规模已见,终有捉将官里之日",也就是他不想做官也不可能。但在晚清官场,曾国荃这句话却要倒过来理解:品德和志趣高尚的人在仕途上确实会处处碰壁。

29. 称病辞官回乡

同治十一年二月四日,曾国藩在金陵去世。

半个月之后的二月二十日,赵烈文才得知这一消息。

赵烈文于曾国藩受恩深重,一旦失所凭依,自然深感痛悼。他在当天的日记中写道:

> 惊悉涤师于二月初四日在江督官署薨逝之信,五内崩摧,顷刻迷闷,奋力一号,始能出声。师于烈恩逾骨肉,非复寻常知遇,烈自问不肖,无一事足以报称,从此有生皆觍颜之日。夫复何言!夫复何言!

因官位在身,路途遥远,不能去金陵奔丧。赵烈文只能含泪给曾纪泽兄弟写信,并寄去《告祭赠太傅谥文正曾涤生夫子》一文,以寄托自己的哀思。

后来,赵烈文专门请人绘制了一幅曾国藩画像挂在家中,每年几个特殊的日子里,都要在曾国藩画像前焚香祭拜。

同治九年九月曾国藩再回金陵担任两江总督时,赵烈文就有意跟他一起回南方,只是不想让恩师为难,也怕别人说三道四,最后才没有正式提出来。

曾国藩当然清楚赵烈文的内心想法。同治十年三月五日,曾国藩写给吴敏树信中就提到了这件事:"惠甫摄篆磁州,尚未补有实缺。见仆南迁江表,亦深以羁滞北州为憾。"(《曾国藩全集·书信》)

此后几年里,赵烈文在磁州和易州虽然勉力工作,也得到了当地百姓的肯定和赞扬,却还是一不小心得罪了陵园管理人员。李鸿章出面斡旋后,此事虽然有惊无险,但早已厌倦官场人际关系、向往田园读书生活的赵烈文,不久后还是称病辞官,荐人自代,于光绪元年十月二十五日回到江苏常熟家中。

这一年赵烈文四十四岁,正是一个人干事业的黄金年龄,他却早早退出官场,从此隐于乡里,大治园林,琴书乐志,置姬妾,娱声色之好,很是逍遥。

赵烈文学识渊博,思想敏锐,行事低调,为人谨慎,进入官场后,一直在曾国藩、李鸿章直接领导下工作,得到他们的悉心呵护,他的仕途,按理说应该非常顺遂,前景一片光明。可他为官六年,心情很少有舒畅的时候,时也?命也?

光绪十年(1884)五月,赵烈文得知曾国荃到金陵就任两江总督,当即专程前往拜访。曾国荃曾诚心请他留下来工作,赵烈文婉言谢绝;让他在金陵多住几天,赵烈文也未答应。

光绪十九年(1893)六月二十八日,赵烈文在江苏常熟去世,终年六十二岁。

(文中材料未注明出处者,均来源于赵烈文的《落花春雨巢日记》和《能静居日记》,恕不一一注明;撰写过程中参考了许多专家学者的著述和大量文献资料,在此表示衷心感谢)

「良幕」怎么是「劣幕」

——左宗棠的成功是清朝政治的失败

左宗棠的成功是清朝政治的失败
国家不可一日无湖南,而湖南不可一日无左宗棠

「良幕」怎么是「劣幕」
——左宗棠的成功是清朝政治的失败

左宗棠无疑是一个传奇。

在中国人的传统观念中,五十岁是一个"知天命"的岁数,也是一个"含饴弄孙"的年龄。但对左宗棠来说,却是仕途的起点和命运转机的开始。

这一年,刚从樊燮控告事件中解脱出来的左宗棠,奉命组建了一支五千人的队伍,到曾国藩大营襄办军务。

如果往前推十年,也就是咸丰元年(1851),年已四十的左宗棠尚无一官半职,不过是一个僻居山乡的私塾教师而已。

可是往后推十年,六十岁的左宗棠不仅做过浙江巡抚、闽浙总督和陕甘总督等高官,而且加太子太保衔,被封为一等恪靖伯,取得了与曾国藩不相上下的地位,并与曾国藩、胡林翼、李鸿章等人一起成了同治年间的"中兴名臣"。

六十岁以后的左宗棠,更是因为剿灭西捻和镇压陕甘回民起义以及收复新疆之功官升东阁大学士,被封为二等恪靖侯,可谓封侯拜相,官至极品。

短短二十年间,左宗棠的人生之所以有这一传奇转变,是因为在他四十岁到五十岁的十年内,经历过一段非常特殊的生活。

而所有这一切又都与太平天国起义有关。

这一年也就是咸丰元年,自号"湘上农人"的左宗棠依然在湖南湘阴过着宁静的田园生活。第二年,太平军由桂入湘,新任湖南巡抚张亮基为了应付时局,根据胡林翼的郑重推荐,于咸丰二年(1852)八月重礼聘请左宗棠入幕。次年正月,张亮基调任湖广总督,左宗棠也跟着去武昌。当年九月,张亮基改任山东巡抚,左宗棠才回归湘阴老家。在这一年多时间里,不管在湘、在鄂,张亮基对左宗棠均十分倚重,不仅让左宗棠"专兵事",而且"批答咨奏,皆(左)公一人主之"。左宗棠自己也说:"制军于军谋一切,专委之我,又各州县公事禀启,皆我一手批答,昼夜无暇……制军待我以至

诚,事无巨细,尽委于我,此最难得,近时督抚谁能如此?然我亦劳累难堪矣。"张亮基赴任山东时,函告胡林翼,说他自担任湖南巡抚以来,各方面"全恃"左宗棠为其部署。

随后接任湖南巡抚的骆秉章又于咸丰四年(1854)三月重新礼聘左宗棠入幕,对左宗棠越发信任,不仅"事无大小,专决不顾",而且"监司以下白事,辄报请左三先生(左宗棠排行第三)可否"(《清稗类钞·幕僚类》)。信托之专,倚任之重,成了晚清官场的一段"佳话",以致当时的湖南人都戏称左宗棠为"左都御史",较之官衔不过右副都御史(清朝巡抚向来兼任都察院右副都御史)的骆秉章,"权尚过之也"(《庸庵笔记》卷二)。时人甚至有"国家不可一日无湖南,而湖南不可一日无宗棠"之语。咸丰皇帝见到两湖人士或在两湖做官的人,也总要打听左宗棠的情况。对一个幕友如此评价和关注,真可谓前无古人,后无来者。左宗棠自己也认为:"以未著朝籍之人,辱荷恩知如此,亦稀世之奇遇。"

一直到咸丰九年(1859)底因"樊燮案"而被迫离开湖南巡抚衙门为止,左宗棠以幕友身份实际掌理湖南全省军政六年多时间,将湖南的各种事务不分巨细,都处理得井井有条,使本来比较贫弱的湖南一变而为"东南保障,天下倚属"(《湘军志评议·湖南防守篇第一》),在清王朝镇压太平天国过程中发挥了非同寻常的作用。

那么,在这七年左右时间里(湖南幕府六年多,湖广总督幕府九个月),这位"左都御史"在两湖幕府(重点是湖南幕府)到底是怎么干的?他获得成功的奥秘在哪里?他既然获得了巨大成功,到头来为何被人劾为"劣幕"?说左宗棠的成功是清朝政治的失败,道理又何在?

要弄清这些事实,就不能不从他的成长经历说起。

1. 年轻时就有不同凡响的见识和追求

左宗棠,字季高,一字朴存,早年自号"湘上农人",嘉庆十七年十月七日(1812年11月10日)出生于湖南省湘阴县东乡左家塅一个以"耕读为业"并在当地有一定声望的大家族。那时,出生于邻县湘乡的曾国藩正好满一岁。左宗棠生长于这样的家庭中,从小接受耕读家风的沐浴,自然会深深地受到传统思想文化及伦理道德的熏陶。

但左家并不富裕,父亲左观澜不得不为生计四处奔波。遇到灾荒年景,他家也像当地贫苦人家一样,需要吃野菜、填米糠,才能勉强生存下来。成长于如此清贫的家庭,左宗棠于是从小养成了吃苦耐劳和节俭质朴的生活习惯。

嘉庆二十一年(1816),左观澜带着一家大小迁居省城长沙贡院东左氏祠,以开馆授徒维持生计,左宗棠兄弟几人随父读书。

左观澜自己虽是个秀才,多年未中举人,但和多数父亲一样,对儿子们也抱有厚望,希望他们将来都有出息,能步入"中进士、点翰林"的升官之路。

从六岁开始,左宗棠就随父辈学习儒家经传,九岁时学习八股文,用心攻读科举考试的必读和必考之书。左宗棠还偶尔读读史书,留意书法。

道光六年(1826),十五岁的左宗棠参加童子试,第二年又参加长沙府试。这两场为取得生员(秀才)资格而进行的预备性考试,左宗棠均顺利通过。

正当左宗棠踌躇满志地准备参加院试之际,却因需要回家照顾病重的母亲而放弃了这次考秀才的机会。

随后母亲和父亲相继去世。丁忧期间,左宗棠也没有放弃学习。

和当时的绝大多数读书学子一样,左宗棠也企望能走上科举登第之途,所不同的是,他并没有把全部心思用在应科举、读四书、做八股上面,而是对经世致用之学颇加留意。

十八岁那年,左宗棠在书铺里购得顾祖禹的《读史方舆纪要》,如获至宝,潜心玩索,有所心得,便做笔记,因而对书中所载山川险要、战守机宜了如指掌。他还买到了顾炎武的《天下郡国利病书》和乾隆朝名臣齐召南的《齐氏水道提纲》等书。前者是一部规模宏大的地理著作,内容涉及军事、赋税和水利,后者是一部关于中国河道水系的专著。他对家中收藏的、汇总了清朝初年以来所有探求务实学问的著作《皇朝经世文编》,更是手不释卷并做了大量读书笔记。

由此可见,左宗棠不仅攻读儒家经典,而且广泛吸收经世致用学问,涉猎范围包括历史、地理、军事、经济、水利、行政管理等各个方面,从而形成了比较远大的政治眼光,并为后来带兵打仗和施政理财打下了坚实的学识基础。

在科举考试时代,读书人为了博取功名富贵,往往夜以继日、全力以赴从事八股时文的揣摩钻研,而置一切与应试无关之书于不顾。左宗棠却特别"另类":他不但不曾中举,而且连秀才都没有挣得一个,却迷恋上了经世致用之书,自然会引起一些人的非议甚至嘲讽。

左宗棠后来对儿子追述这一情形时说:"于时承平日久,士人但知有举业,见吾好此等书,莫不窃笑,以为无所用之。"说明他年轻时就有不同凡响的见识和追求。

2. 师友渊源

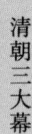

道光十年(1830),《皇朝经世文编》主编、时任江宁布政使的贺长龄丁忧回到长沙。贺长龄是著名的务实派官员和经世致用学者,左宗棠怀着敬慕之情前往拜访。交谈之后,贺长龄感叹其年少学博,推许他为"国士"。左宗棠受到如此器重,说明他在经世学问的探索上,已有足以为贺长龄所赏识的见解。

面对眼前这个爱读书又苦于没钱买书的青年人,贺长龄不仅答应出借家中所藏图书,而且左宗棠每次来借书,他都亲自上楼取书,左宗棠还书时,又问有什么心得,然后一起探讨。贺长龄对左宗棠既如先生对学生那样循循善诱,又像朋友一样相互切磋。

左宗棠当时只有十九岁,秀才资格都未取得,贺长龄则是名师硕儒和省级高官,这种事在如今简直不敢想象,在当时却做得非常自然,因而给左宗棠留下了终生难忘的印象。光绪六年(1880)十月五日,左宗棠在《请将前任云贵总督贺长龄事绩(迹)宣付史馆并准入祀湖南乡贤祠片》中深情回忆了这一幕:

> 臣弱冠时,颇好读书,苦无买书资。贺长龄居忧长沙,发所藏官私图史借臣披览。每向取书册,贺长龄必亲自梯楼取书,数数登降,不以为烦;还书时,必问其所得,互相考订,孜孜龂龂,无稍倦厌。其诱掖末学,与人为善之诚,大率类此。……至今每一思及,犹耿耿于怀,不能自释。

不久之后,左宗棠进入长沙城南书院读书,受教于贺长龄之弟贺熙龄。贺熙龄也是当地名儒,曾任湖北学政,大力提倡经世致用。

贺熙龄教学很有特点。他不大注重八股文,而是着重引导学生钻研义理经世之学。左宗棠追随贺熙龄求学十年,受他的影响很大,一直把他视为宗师。贺熙龄也非常器重左宗棠这个品学兼优的学生,后来为此著文说:"左子季高,少从余游,观其卓然能自立,叩其学则确然有所得,察其进退言论,则循循然有规矩而不敢有所放轶也。余已心异之……"(《贺长龄贺熙龄集·寒香馆文钞·左斐中像赞》)

跟贺熙龄求学期间,左宗棠与同窗好友罗泽南等人建立了深厚友谊并在学习中取长补短、互相促进。他还有幸结识了益阳人胡林翼并成为志同道合的朋友。

可以这么说:通过贺氏兄弟,左宗棠不仅学业大有长进,而且密切了与封建统治阶级中士大夫集团的关系,思想日渐向经世致用方向发展。

道光十二年(1832)四月,左宗棠守孝期满。这一年,他已经二十一岁,适值三年乡试之期。但他还不是秀才,如果要等中了秀才之后再考举人,势必又要再等三年。好在那时有所谓"捐监"的办法,就是说,未曾考取秀才而希望参加乡试,可以出钱买一个与秀才相当的监生文凭(清代晚期,监生可以用钱买,但是举人、进士不能买,必须通过考试——笔者注)。为了争取时间,左宗棠借钱捐了一个监生,然后参加当年举行的乡试并考中了第十八名举人。这是左宗棠在科举道路上获得的最高功名。

就是这个第十八名举人,左宗棠还是"搜遗"搜来的。所谓"搜遗",就是科举时代主考官在发榜前复阅落选考卷,发现优异者临时补取。

原来左宗棠的试卷,开头未能获得同考官赏识,被斥为遗卷,不予取录。而按照当时惯例,考生试卷须先经同考官阅看,择优评议,然后向主考官推荐,方能取中。

左宗棠幸运的是,这一科是为道光皇帝五十寿辰而开的"恩科",皇帝为此特命考官搜阅遗卷,多为国家选拔优秀人才。当年湖南乡试正考官为礼科掌印给事中徐法绩(字定夫,晚年自号熙庵),副考官是一位姓胡的翰林院编修。不巧的是,乡试开考不久,胡编修就病逝了,披览全部五千余份遗卷的任务,落到了徐法绩一人头上。徐法绩最后从中选取了六人,左宗棠位居六人之首。

徐法绩叮嘱同考官补荐这些考生,却没有得到响应。原来包括监考老师在内,所有同考官都怀疑它们是"温卷",也就是人情卷,因而不愿补荐。

徐法绩便对他们说:自己是奉了圣旨搜遗,才从遗卷中沙里淘金得到这六份优秀试卷的。为了让同事们相信自己确实不是开后门,徐法绩又把次场经文卷调出来,让同考官们传阅。在事实面前,大家才不敢有异议。

卷子拆封登名这一天,湖南巡抚吴荣光亲临贡院监督。左宗棠在湖南已小有名气,当拆开密封条,看到第一份搜遗卷上的考生名字是左宗棠三字时,吴荣光和其他在场官员,都起身祝贺徐法绩得到了真正的人才,并明白徐法绩确实不是凭关系取人。

本科湖南乡试,左宗棠不仅考中了第十八名举人,而且他的哥哥左宗植高中第一名。兄弟双双金榜题名,一时传为佳话,左宗棠在湖南的知名度也有了大大提高。

左宗棠是个人情味比较淡、做人也比较失败的人,他一辈子没有交上几个真正的朋友,但对于关键时刻帮过他的人,还是知恩图报的。后来发达了,左宗棠不仅先后写了《太常寺少卿徐公神道碑铭》和《徐熙庵先生家书跋后》两文,表达了崇敬和感恩之情,而且把徐法绩的孙子徐韦佩招到身边从事文案工作。

考取举人那年八月，左宗棠与湘潭一位富室千金周诒端结婚。由于家境清寒，此后他就以招赘女婿的身份住在周家。

尽管左宗棠深感做上门女婿脸上无光，但夫人能诗善文，对于夫君的学行关怀备至，倾心相助，用自己的柔情蜜意让这个落魄的王子感受到了家的温暖和爱的力量。

年轻气盛、自命不凡的左宗棠一心想通过科举考试提高身份，找到出路，改变命运，然而接连三次赴京会试，均铩羽而归。科举的失意使他愤懑不平，从此"绝意进取"，兴趣和精力完全转移到经世致用方面来。

读书之余，左宗棠还与夫人一起编绘各种地图，指出一些图志的弊端，试图较为精确地考证历史地图，并加文字说明。每作一图，左宗棠都交给夫人加以影绘，经过一年左右才完成。后来在安化小淹陶家教书，左宗棠又取《图书集成》中康熙舆图和乾隆内府舆图，悉心考察对比后，重新订正了往年所绘地图。

从事地学图说研究、明晰山川形貌和疆域沿革之外，左宗棠还拟写了一部历代军事大事记，从而加深了对社稷安危的关切和祖国边防重要性的认识。

在此期间，左宗棠做了一副对联，上联是"身无半亩，心忧天下"。意思是他虽然穷，连半亩田都没有，却关注天下大事、民族兴亡，为国家命运、百姓疾苦感到深切忧虑。下联是"读破万卷，神交古人"。这八个字其实就是上联"心忧天下"的注释。多读书，多思考，多领会，才能具备"心忧天下"的资格。一个白丁，心忧天下，那叫杞人忧天，跟左宗棠是没法比的。

这是一副很著名的对联。气壮山河的宣言，既是对自己的鞭策勉励，也是左宗棠志存高远的真实写照，说明他没有在悲观中走向人生的沉沦，而是在不断探求学问中寻找新的报国途径。

左宗棠一直很欣赏这副对联。三十年后他当了大官，又重写这副联语，交给儿子挂在家塾门前，并自题跋文说：

> 卅年前，作此语以自夸，只今犹时往来胸中，试为儿辈诵之，颇不免惭赧之意。然志趣固不妨高也，安得以德薄能鲜，谓子弟不可学老夫少年之狂哉。

意思是说：三十年前我写下这副对联勉励自己，至今还会常常想起，现在念给儿女们听，不免让自己感到惭愧。但是我想，年轻人应该有远大的志向，这是没有错的。所以不能因为自己现在成就不大，德行不高，就告诫年轻人别学老夫少年之狂。

3. 秉烛夜话

道光十七年(1837),左宗棠担任醴陵渌江书院主讲,在此结识了时任两江总督、后来成为其亲家的陶澍。

这年,陶澍借前往江西阅兵之便,转道醴陵回安化省墓。醴陵知县为陶澍安排馆舍时,请左宗棠撰写楹联。出于对陶澍德高望重和政绩卓著的敬慕之情,左宗棠挥笔写道:

春殿语从容,廿载家山,印心石在;
大江流日夜,八州子弟,翘首公归。

这副楹联记录在道光十七年左宗棠写给妻子的信中。楹联中的"印心石"是指陶澍年少时读书于安化石门潭之滨的石屋,潭中有块形如方印的石头从水中突出,故称"印心石"。另说陶澍家有一块古石,其形方正,名之曰"印心石"。道光皇帝曾多次在宫中召见陶澍,亲笔为他的书斋写下了"印心石屋"四个字的匾额。这件事,朝野相传,让人极为羡慕,陶澍也自认为是"旷代之荣"。

在这副对联中,左宗棠既把这个概括了陶澍一生最得意之事的典故嵌进其中,又借东晋陶侃都督八州诸军事的典故,一方面写了陶氏远祖光荣的历史,一方面写了家乡士子正以十分敬仰和热切的心情期盼他的荣归,马屁拍得恰到好处。

陶澍看到这副不同凡响的楹联后,自然喜出望外,极为赏识。这位年近花甲、"勋望为近日疆臣第一"的封疆大吏,当即提出要见见楹联的作者,结果一见"目为奇才,纵论古今,至于达旦"。

那一晚,两人秉烛而坐,谈了整整一夜,最后陶澍还与左宗棠"订忘年之交"。

通过这次交往,陶澍对左宗棠的才干、见识大为称赞,认为左宗棠有王霸之才,前途不可限量,因而有一种相见恨晚的感觉。

第二年,左宗棠第三次也是最后一次赴京参加会试,再次落第。他给妻子写信说:"榜发,又落孙山。从此款段出都,不复再踏软红,与群儿争道旁苦李矣。"

南返途中,左宗棠特意到金陵(今南京市)拜访了陶澍。陶与其见面之后,"即留住署中,日使幕友亲故与相谈论"(《清朝野史大观》卷七)。十多天之后,左宗棠告辞,陶又强行留他住了数天,最后还为其七岁独子陶桄求婚于左宗棠的长女左孝瑜。

这一切均表明：陶澍对左宗棠这个会试落第而又具有真才实学的举人，确实"目为奇才"，非常看重。

在京时，左宗棠购买了许多农业书籍，回家后即勤勉钻研农学知识，认为区种是个好办法，于是写作《广区田图说》，宣传区种的好处。

左宗棠出生于农村，对农活本来就在行，年轻时又专门钻研过农学知识，可谓既有实践经验，又有理论指导，以后他在西北边陲开展屯垦和植树造林工作，能够取得巨大成效，与此是分不开的。

光绪三年（1877），左宗棠写给陕西巡抚谭钟麟的一封信中就自豪地提到了这一点："弟自戊戌（道光十八年）罢第归来，即拟长为农夫没世，于农书探讨颇勤，尝自负平生以农学为长，其于区种一事，实有阅历，师行所至，辄教将士种树艺蔬，为残黎倡导，并课以山农泽农诸务，故劫余之区，得稍有生意，兵民杂处，临去尚颇依依，亦当日为农之效也。"

道光十九年（1839），陶澍病逝于两江总督任所。与陶澍有深交的贺熙龄要左宗棠担负起教育陶桄的责任，左宗棠责无旁贷，于次年春天前往安化小淹陶家，承担了为陶桄教书的特殊任务。

陶家藏书极为丰富，不仅中国古代诸子百家、三教九流之书皆全，而且有清朝的各种宪章文件以及陶澍收藏的臣工奏稿、书信等。此后八年里，左宗棠边教书边阅读大量图书文献，不仅实现了"读破万卷"的志向，而且从陶澍数十年收藏下来的奏疏底稿当中，了解掌握了清政府不少内幕，这是以前读多少书也难以接触到的内容。同时，又从陶澍的往来书信中知道了林则徐，并产生了仰慕之情。林、陶都是当时的重要人物，他们关心民情，刚直不阿，主张改革弊政和抵制外来侵略，这些，都为左宗棠后来的军事、政治生涯打下了很好的基础。

在小淹八年之久的教馆生涯，对左宗棠来说是一个非常重要的阶段。陶澍女婿胡林翼曾作过如此评论："左孝廉品高学博，性至廉洁。在陶文毅公第中读本朝宪章最多，其识议亦绝异。其体察人情，通晓治体，当为近日楚材第一。"（《胡文忠公遗集》卷五十四）

道光二十三年（1843），左宗棠用在陶家积年教书节余的银子，在离左家塅十多里的湘阴东乡柳家冲买了七十亩农田，并于次年秋天携带妻小由湘潭周宅移居柳家冲。从此，左宗棠结束了寄人篱下的生活，有了一个真正属于自己的家。多年后夫人去世，左宗棠为她写《墓志铭》，还辛酸地回忆说："此为有家之始。"

左宗棠在柳家冲居室大门上题写"柳庄"二字,并自号"湘上农人"。此后,左宗棠授课余暇,即回柳庄,督工耕作,巡行陇亩,打算做一个"太平有道之民"。

道光二十七年(1847)秋后,左宗棠结束在安化陶氏家馆七年多的塾师生活,返回湘阴柳庄,致力于兵学和农学研究。

道光二十八年(1848)前后,湖南遭受了比较大的自然灾害。先是两年大旱,接着又闹水灾,柳庄的农田被大水淹没,颗粒无收,仓储谷子被水浸泡之后也都发了芽。接着又疫病流行,左宗棠一家十二口全都染上疾病。为了救助灾民,左宗棠四处奔走,积极开展赈灾活动,并和夫人一起,拿出所有的储粮,送给灾民。他们还为生病的逃难者做药丸治病,保全了许多人的性命。赈事办完后,左宗棠返回柳庄,过了一段短暂的宁静生活。

道光二十九年(1849),左宗棠来到长沙,在朱文公祠开馆授徒,女婿陶桄仍然随他学习。

当年十一月,林则徐因病卸任云贵总督,回福建原籍途中经过长沙,派人到柳庄约请左宗棠相见。

林则徐早年在江苏做官,受到两江总督陶澍赏识器重,遣戍伊犁释回后,于道光二十七年担任云贵总督。陶澍与林则徐曾为同事,胡林翼既是林则徐的下级,又是陶澍的女婿,这两人都与左宗棠关系密切。陶澍与左宗棠结为亲家,胡林翼与左宗棠是至交,他俩订交于道光十三年(1833)左宗棠第一次赴京会试时。后来左宗棠在陶家教书,胡林翼丁忧回家,常来小淹陶家,来则与左宗棠"风雨连床,澈(彻)夜谈古今大政"。这些关系,都构成林则徐与左宗棠会面的因缘。

另外必须一提的是:一年多前,胡林翼曾向林则徐推荐过"品学为湘中士类第一"的左宗棠。林则徐对左宗棠这个异才也很感兴趣,想聘请他做幕友,从事文书笺奏工作。左宗棠何尝不想前往应聘,无奈侄儿左世延已年满十七岁,寡嫂急于为他完婚,定妥了当年的婚期,另外上年冬天就与女婿陶桄有约在先,让他跟到长沙读书,加上其他家事的拖累,左宗棠一时半会儿根本脱不了身,最后只能"西望滇池,孤怀怅结,耿耿此心,云何能已"。为此他特意写信向胡林翼道歉,说他早已从师友的言论和林则徐与陶澍的往来书信中得知林则徐的事功和为人,时刻关注他的行踪,对他极为敬仰。

如今,林则徐不仅到了长沙,而且邀请他见面,左宗棠当然十分激动。他当即赶到长沙,在湘江的一条船上见到了崇拜已久的林则徐。左宗棠视林则徐为"天人",极其崇拜,林则徐对左宗棠的卓荦才华也颇为激赏。两人于是秉烛而坐,饮酒交谈,

广泛探讨各种问题,其中着重提到了东南海防和西北塞防问题。

当谈到西域时务时,林则徐说:"西域屯政不修,地利未尽,以致沃饶之区不能富强。"当谈到在新疆开展屯垦事宜时,林则徐说:"道光十九年洋务遣戍时,曾于伊拉里克及各城办理屯务,大兴水利,功未告蒇,旋蒙恩旨入关,颇以未竟其事为恨。"

左宗棠后来在福州创办船政局和收复新疆后大力开展屯垦,或即渊源于此。

两人越谈越投机,不知不觉中,东方发白,天已蒙蒙亮了,才依依惜别。

一位是清代官员的佼佼者、杰出的民族英雄,一位是未来中国历史舞台上的风云人物,两人就这样纵横古今、神驰南北地聊了个通宵。

林则徐、左宗棠新老两代邦国柱石这番舟中夜谈被后人传为佳话,至今长沙湘江边上仍立有林则徐、左宗棠舟中夜话铜像。

这次会面,称得上是一次历史性会见,对左宗棠的一生有着巨大的影响。

让左宗棠痛心不已的是,与林则徐湘江夜话刚好一周年的道光三十年(1850)十一月二十一日午夜,他就在长沙听到林则徐去世的消息!"且骇且痛,相对失声"的左宗棠于是给林则徐长子林汝舟写信并撰挽联一副,表达沉痛哀悼之情:

忆去年此日,谒公湘水舟次。是晚乱流而西,维舟岳麓山下,同贤昆季侍公饮,抗谈今昔。江风吹浪,柁楼竟夕有声,与船窗人语互相响答。曙鼓欲严,始各别去。何图三百余日,便成千古!人之云亡,百身莫赎,悠悠苍天,此恨何极!

挽联是:

附公者不皆君子,间公者必是小人,忧国如家,二百余年遗直在;
庙堂倚之为长城,草野望之若时雨,出师未捷,八千里路大星颓。

林则徐是道光三十年十月赴广西任钦差大臣、督办广西军务途中病逝的,所以挽联中说"出师未捷,八千里路大星颓"。

就在这一年,洪秀全在广西发动了太平天国起义。

太平天国起义威胁到邻近的贵州、湖南。此时在贵州黎平任知府的胡林翼与左宗棠书信往来频繁,共同分析形势并讨论战守机宜。

咸丰元年(1851)春天,左宗棠从长沙回到柳庄居住,过着"湘上农人"的生活。

但他并不想做桃花源中的陶渊明,而是以卧龙岗上的诸葛亮自许。

第二年秋天,鉴于太平军已经冲出广西,攻入湖南,兵锋直指长沙的境况,为了全家的安全,左宗棠不得不从柳庄携家带口避居湘阴东山白水洞,砍茅草筑屋,打算隐居自保,亲友多数随他到此避乱。好友郭嵩焘和他的两个弟弟郭崑焘、郭仑焘也都举家避居附近的梓木洞。

此时,曾受到林则徐欣赏和推荐的张亮基担任湖南巡抚。经胡林翼积极推荐,左宗棠终于出山进入湖南幕府,开始了他的七年幕友生涯。

4. 第一次出山佐幕:"斯人不出,奈苍生何"

促使左宗棠最终跻身湖南幕府的一个极其重要的原因,是太平天国起义军进入湖南。

自道光三十年十二月十日(1851年1月11日)太平军在广西桂平县金田村正式起义,至咸丰二年五月的近一年半时间内,他们在广西境内同清军作战。此后,太平军在洪秀全的带领下冲出广西,进入湖南,连克道州、嘉禾、桂阳州、郴州等重镇,清廷为之震惊。

太平军突入湖南,使湖广总督程矞采极为恐惧。他立刻从衡州逃往长沙,想躲到省城避祸,并函请尚在广西的钦差大臣赛尚阿督师湖南。赛尚阿却把湖南军务推给程矞采。

鉴于这种状况,咸丰皇帝一面严旨赛尚阿、程矞采同办湖南军务,一面调整广西、湖南、湖北三省巡抚,想以此来加强内线的防御。这样,担任云南巡抚的张亮基于咸丰二年七月被清廷任命为湖南巡抚。张亮基主政湖南,也成为左宗棠出山入幕的重要机遇。

与胡林翼一样,张亮基原来也是林则徐的部下。这次奉命调任湖南,可谓临危受命。他深感责任重大,尚未到任,便开始四处寻找能够协助自己处理军政事务的人才。

恰在此时,胡林翼向他郑重推荐了左宗棠。求才若渴的他当即三次派专人携带书信和礼物,到山中恳请左宗棠入幕,并表示对左"思君如饥渴"。

前几年在湘江与林则徐会面时,左宗棠虽然亲耳听林则徐说过张亮基是一个非常不错的官员,但对张亮基头两次"专人备礼"上门聘请,他却没有完全动心。

人们以为他是效法当年的诸葛亮,让刘皇叔三顾茅庐,方肯出山。

左宗棠平日里确以诸葛亮自居,常说诸葛亮是"古亮(古代诸葛亮)",自己是"今亮(当今诸葛亮)"。与朋友通信,他也总喜欢自署"今亮""老亮"。

其实事情远没有这么简单,而是左宗棠还需要进一步观察形势,才能审时度势做出决定。

当时太平军的来势极其凶猛,整个湖南的形势十分严峻,左宗棠未看清局势发展变化及最终能否稳操胜券时,采取犹豫观望态度,是完全可以理解的。

另外,左宗棠对清政府并没有多少好感,尤其对当时腐败的官场作风深恶痛绝,不是迫不得已,他是不会冒着巨大风险出来为清政府卖命的。

如果说得更"恶毒"一点,左宗棠内心里其实还有看政府笑话的念头,巴不得这个腐败政府早日垮掉。

当时甚至还有传言:咸丰二年太平军围攻长沙期间,有人微服前往会见洪秀全,向他献计,但没有被采纳。此事传播甚广,不少人猜测此人是左宗棠,其中郭嵩焘说得最肯定:"此必左宗棠也。幸不合,合则不可收拾。"(《清代通史》第三册)

不管是否真有此事,但这足可说明,左宗棠对清政府的不满已经到了行将造反的程度。否则人们为什么测猜是他,而不是别人?

在此种情况之下,左宗棠当然不会轻易出山。

胡林翼于是又致函左宗棠,苦口婆心做劝说工作:"张中丞是林公一类人物,是少见的肝胆血性之人。他派专人备礼上门请先生出山,打算让你处宾师之位,运帷幄之谋,你怎么好意思回绝呢?"

信的最后,胡林翼还反问左宗棠:"你想独善其身,避祸于乱世,虽可理解,可是如果全湖南都被太平军占领,柳家庄和梓木洞(白水洞)还能够幸免吗?"

从胡林翼的这封敦促信中,可知张亮基对左宗棠的期盼确实十分殷切。

同在山中避难的郭嵩焘等人也动员左宗棠:"以堂堂巡抚(一省之长),卑辞厚礼请一寒士,这种事古代很常见,在如今的腐败官场,则是十分难得了。"又说:"你纵然有一肚子学问,可是不出去办差,又怎能帮助天下苍生呢?"很有点"斯人不出,奈苍生何"的味道。他们因此都奉劝左宗棠不要错失良机。

与此同时,正带领他的"楚勇"在长沙与太平军作战的好友江忠源,也写信恳请左宗棠尽快出山相助。

哥哥左宗植和夫人周诒端也劝左宗棠出山。

在几位好友和家人的积极敦促和张亮基的再三恳请之下,左宗棠终于被感动了。

当然他也深切感到：在山中躲得了一时躲不了一世，当太平军攻占湖南全境，白水洞也不是永久安全之地。他于是改变了主意，决意出山，参加张亮基幕府，并于咸丰二年八月下旬来到长沙城外，数天之后才得以进入这座战火包围着的城市。

俗话说："时势造英雄。"左宗棠这位未来的"英雄"，确实是时势锻造出来的。后来的事实还会进一步印证这一点。

5. 小试牛刀，初露锋芒

左宗棠抵达长沙之前，太平军已向长沙城发动进攻，打响了长沙战役。左宗棠入城之后，洪秀全、杨秀清统率的太平军主力也挺进到了长沙城南。

一方要打下长沙，一方要殊死保卫，双方寸土必争，激烈搏杀，战况之惨烈可想而知。

然而这也是左宗棠展现才华的绝佳时机。

从胡林翼等人的推荐介绍当中，张亮基知道左宗棠具有卓越的军事指挥能力，又了解此人做事独断专行，不喜欢别人指手画脚，于是明确表示：一切听左宗棠的，让他放手做事，绝不干预。左宗棠也不客套，当即献上了"河西合围之策"。

他对张亮基说："贼（太平军）背水面城，援师既扼其东北，已自趋绝地"，若能"先以一军西渡，扼其他窜，可一鼓歼也"。企图一举包围、全歼太平军。

左宗棠的胃口虽然不小，计策也算高明，如果能够按照他的想法行事，历史恐怕就要改写了。

可是别忘了，左宗棠毕竟只是一个刚出山的普通幕友，人微言轻，根本左右不了清军的战守大计，即使张亮基也无法做出最后决断。

当时，在长沙城内外，清廷高官云集，新旧巡抚就有三位，分别是现任湖南巡抚张亮基、已卸任的原任巡抚骆秉章以及太平军入湘后奉旨帮办湖南军务的前湖北巡抚罗绕典（湖南安化人，丁忧回籍已服阕）。此外，由于在广西和湖南打了败仗而被革职的钦差大臣赛尚阿也待在城内。武职官员，则有两名提督和八名总兵。清军在长沙城内有绿营兵三千余人，加上其他参战人员，城内共有守兵五千余人。已经抵达长沙周边的援兵则有三万多人。在清军一方，领导力量不可谓不强，兵力不可谓不强盛。

问题在于，这么多的清廷大员都是临时凑合到一起的，彼此没有统辖关系，很难达成一致意见，城外的援军于是"皆遥壁数里外，相顾莫肯进"（《湘军记》卷一《粤湘战守篇》)。

更难办的是,张亮基上面还有一位更大的领导,那就是新任湖广总督、钦差大臣徐广缙。这是一个胆小如鼠又毫无主见的人,不仅连长沙城都不敢靠近,而且对张亮基和左宗棠的所有咨请都是爱理不理。在这种情况下,张亮基和左宗棠怎能指挥调集部队,在河西对太平军进行围歼呢?困守城内的他们能够做的,就是日夜调配武器和兵力,与江忠源等人策划抗击太平军的攻城,这才使得太平军未能突入城内。

一个多月后的咸丰二年十月,左宗棠给胡林翼写信诉苦说:

> 此间兵勇非不足用,副将、参、游以下未尝无人,逆贼已趋死地,而未能即行扑灭者,事权不一;又新值易帅之际,无所禀承,未免迁延观望,坐失事机也。爵帅(徐广缙)自八月二十四梧州整节,一路濡滞,至十月初二始抵衡州,接钦差署督印。初十日抵湘潭,仍未见来省……河东、河西兵勇已三万有奇,守城兵勇五千有奇,日费饷三万余,半月以来率皆坐视。行间八总兵,同城两提军,新旧三中丞,彼此不相承摄。屡经中丞(张亮基)函致爵帅,乞其速临,又咨爵帅及福军门(福兴),将河西吃紧情形一一详陈,速其前进,总置不理,殊令人无从揣测。

长沙保卫战本该是湖南提督(相当于如今的湖南省军区司令员)鲍起豹具体协调指挥,但自左宗棠来后,文武事务、长沙战守全由左宗棠、江忠源两人说了算。鲍起豹等人后来欺负曾国藩软弱,弄得他在长沙无立足之地,被迫躲到衡州练兵。但左宗棠的脾气可不是好惹的,鲍起豹明知他没有任何官职和地位,不过是一个普通的师爷,也不敢丝毫怠慢和得罪。

太平军使尽各种方法,围攻长沙八十余日也未能攻下。洪秀全不愿在此空耗兵力,逞一时之气。他有明确的目标或者说更大的理想,就是尽快打下金陵,建立自己的政权。于是在清军将领互相扯皮推诿的时候,洪秀全决定从长沙撤军,以后转战于益阳、岳州等地,冲出湖南,进入湖北。从此,太平军就像一匹脱缰的骏马,奔向更远的前程。

此时,徐广缙等人才后悔没按左宗棠的计策行事。左宗棠为此发出了如此感叹:

> 徐爵帅人甚朴实,用兵实非所长,此事断非此公所能了。人言其沉毅有谋,实太不伦。贼已北窜,始悔不用河西合围之策……使当赛相(赛尚阿)拿问,爵帅未到之先,即用中丞(张亮基)署理大臣篆务,贼纵不即平,亦万万不至蔓延北

省（湖北）。

左宗棠初露锋芒就显示出高人一等的军事才识，使得清军将帅领略到了他的能耐，进而对其刮目相看。

6. 倡议建立湘军

由于左宗棠防守长沙有"功"，咸丰三年（1853）正月，清廷下旨将其以知县用，并加同知衔。

清朝地方机构为省、府、县三级。"府"相当于现在的地级市，首长叫知府，同知为知府的副职，正五品。

左宗棠进入湖南幕府仅四个多月，就以一个普通举人的身份得到了知县头衔，还附加个五品虚衔的"同知衔"，本来应该感到由衷高兴，然而他第一次出道所遇到的情况，却使他无法高兴起来，相反，他还有一肚子牢骚没处发泄，就给女婿陶桄写信，说现在军务都由昏庸的徐广缙一手办理，张亮基时时写信（都由左宗棠起草）给他提建议，他总不采用，"真令人闷煞"。左宗棠信中原话是：

> 徐爵帅一筹莫展，其才识昏庸，尚不及赛（比不上赛尚阿）。现在军务系渠一手办理，中丞虽时时致函，总不能用，真令人闷煞。

左宗棠于是异想天开地对陶桄说：只要皇帝任命张亮基为钦差大臣，有他和江忠源辅佐，太平军"何遂猖狂至此"！言下之意是很快就能打败太平军，结束这场内战。

为了证明他不是吹牛，左宗棠在信中还说："凡吾所谋，岷樵（江忠源）与曾涤生（曾国藩）、严仙舫（严正基）皆亲见之，胡润之（胡林翼）亦有所闻，非欺人语也。"

但是，皇帝的意志，岂是他左宗棠能够左右得了的？

长沙攻防期间，湖南官场一片混乱，各地会党借着太平军的声势，纷纷起事。太平军撤走之后，左宗棠协助张亮基训练兵丁、整饬吏治，并对响应太平军的广大群众进行报复。在左宗棠的谋划下，张亮基派江忠源仅用十二天时间就把浏阳"征义堂"会党起义镇压下去。骆秉章接替张亮基，重新担任湖南巡抚后，追叙左宗棠平定"征义堂"谋划有功，请旨将他以同知直隶州选用，左宗棠推辞，未获官职。

太平军进军湖北后,犹如猛虎归山,蛟龙入海,一路势如破竹,进展神速,于咸丰二年末连续攻克汉阳、汉口和武昌。这是太平军起事后占领的第一座省城。

武汉三镇的相继失守,使清廷大为震惊,也让左宗棠"不胜骇叹"。

鉴于清朝正规军作战毫不中用的状况,左宗棠开始设想在湖南训练一支由绅士统领的团练武装来保家卫国,于是在咸丰二年十二月十九日由他草拟、张亮基签署的《筹办湖南堵剿事宜折》中提出了这样的主张:"委明干官绅选募本省有身家来历、艺高胆大之乡勇一二千名,即由绅士管带,仿前明戚继光束伍之法行之。所费不及客兵之半,遇有缓急,较客兵尤为可恃。"(《张大司马奏稿》卷一)

十二月二十二日,也就是左宗棠写好这份奏折的第三天,被清廷任命为帮办团练大臣的曾国藩,在与张亮基和左宗棠等人"感慨深谈"之后,也向清廷上奏了《敬陈团练查匪大概规模折》,奏请在省城立一大团,以防守长沙及镇压本省农民反抗活动。

曾国藩指出:"自军兴以来,二年有余,时日不为不久,糜饷不为不多,调集大兵不为不众,而往往见贼逃溃,未闻有与之鏖战一场者,往往从后尾追,未闻有与之拦头一战者。"之所以如此,是因为以往"所用之兵,未经练习,无胆无艺,故所向退却(同'却')也"。他因此强调:"今欲改弦更张,总宜以练兵为要务。臣拟现在训练章程,宜参仿前明戚继光、近人傅鼐成法,但求其精,不求其多,但求有济,不求速效。"

曾国藩并且特别说明,他的这些想法,是"与抚臣熟商",意见完全一致的。(《曾文正公全集·奏稿》)

这两份内容稍异但根本点相同的奏折,构成了张亮基、左宗棠、曾国藩创办湘军的最初设想。他们都想建立一支由绅士管带、招募乡勇并采用戚继光成法进行编练的军队。

恰在此时,徐广缙被革职拿问,调张亮基为湖广代理总督,左宗棠和江忠源随同前往。编练湘军的任务,自然而然落到了曾国藩一人肩上。

可以这样说:湘军最初是由左宗棠倡议建立,而后由曾国藩具体完成的。

7. 协助张亮基收拾湖北烂摊子

左宗棠本不打算跟随张亮基前往湖北,因为他出山的理由是"保卫桑梓",那时的"桑梓",当然是指湖南老家。经张亮基多方劝说,他才勉强随行。

张亮基、左宗棠赴任湖北之日,也是太平军胜利进军之时。

咸丰三年正月二日,洪秀全率领太平军撤离武昌,水陆大军一路东下,依次突破清军在九江、安庆、芜湖设置的三道防线,兵锋直逼金陵。一个月之后,太平军攻入金陵城,不久正式建都于此,改名天京。

当年四五月间,太平军又分别派遣大军,进行北伐和西征,以图将胜利推向全国,彻底推翻清朝统治。

张亮基总督湖广,缘于太平军一举攻克湖北省城武汉。清廷震惊之余,试图通过重用这个"保全湖南"的巡抚来收拾湖北的烂摊子。

张亮基、左宗棠于咸丰三年正月下旬抵达武昌时,太平军虽已按新的战略部署弃武昌而沿江东下,但官衙和民房都已被烧毁,公私财产荡然无存,他们于是修缮城墙,筹集军粮,开市通商,抚恤难民,惩治会党,抓捕在逃的造反者。同时还要支援东下尾追太平军的官军,并抵御再次入境的太平军。

左宗棠竭诚辅佐张亮基,出谋划策,不遗余力。他虽然日夜操劳,常常忙得喘气的空闲都没有,但由于得到了张亮基的高度信任和器重,也就不觉其苦。相反,他还觉得自己做得不够好,于是在给胡林翼的信中如此写道:"中丞(张亮基)开诚布公,集思广益,为近代所罕有。弟与岷樵(江忠源)尤被赏识,恨无谋无勇,不能有所裨益耳。"

这年六月,太平天国北伐和西征军分别向安徽和江西挺进,与这两个省份毗邻的湖北再次告急,左宗棠协助张亮基积极筹划防御。

不久,太平天国北伐军一部南下湖北黄安、麻城一带,左宗棠料其定会再犯武汉,于是与张亮基一起赶往湖北黄州,运筹帷幄,调兵遣将,在与江西九江临近的田家镇重兵设防,分派部队日夜驻守,试图守住湖北的东大门,防止太平军由江西溯江而上进入湖北。接着,左宗棠一面调兵设防,一面指挥省城的三千余名兵勇,在团风镇与太平军激战,经过八天殊死搏斗,终于取得"奇捷"。

左宗棠对团风镇之役甚为得意,在写给女婿陶桄的信中自吹自擂说:"计此役自前月二十八至初五日,甫及八日,毙贼近千名,溺毙者数百,余具剃发潜逃……沿途自言自起事以来,未见官兵死战如此次者……是役非制军相信之坚,断不能有此奇捷,亦缘文武皆能听我计议,彼此相应,故能如此……用兵无他,只要训练得法,谋略总须先贼一着,自然应手。"

在湖广总督幕府中,张亮基对左宗棠确实高度信任,放手使用。据史料记载,每天晚上,张亮基都要召集左宗棠等人商量工作,"定明日某治某事、某治某事"。次日晚,大家先汇报工作完成情况,然后分派新的任务。"时羽檄蜂午,竟夕不能休。"张亮基常常"手挈总督印以属文襄(左宗棠)、崑焘(郭崑焘)曰:军情缓急,眉睫间耳。设有发,或先行而后告"(《张惠肃公年谱》卷三)。

从这段话中,完全可以想象当时闻报不断、羽檄飞传、军情紧急而幕中通宵达旦处理事务的情景。作为总督的张亮基,能大胆放权,手拿总督大印交给心腹幕友,让他们在军情迫在眉睫时先斩后奏,确实要有大度量、大胸怀。

当然,左宗棠并不满足于仅是谋士身份的幕友,他的理想是出幕为官。他说:"若朝廷与制军以钦差大臣剿贼,吾与岷樵佐之,老贼何遂猖狂至此!"一语泄天机,左宗棠的野心可谓暴露无遗。

对于左宗棠在两湖的"功绩",张亮基在给胡林翼的信中也给予了充分肯定:"全恃季翁为我部署,此君天下才也,办土匪、歼粤匪,以战则克,以守则固,进贤进能激励兵将,以残破之两湖而渐有生气。仆何能为,皆季翁之力。吾兄为我请其出山,则此功当与吾兄共之。"(《张亮基致胡林翼函》,详见孙占元著《左宗棠评传》第二章《幕宾生涯》)

正当左宗棠准备继续大干一番的时候,意想不到的事情发生了。

团风镇胜利不久,张亮基即被挤离湖北,调任山东巡抚。山东和湖南之间路途遥远,无法照顾家庭,左宗棠便决定离开张亮基幕府,于咸丰三年九月辞归湖南,当月下旬回到白水洞家中。

左宗棠在张亮基幕府的经历就此告一段落。

这段经历的时间虽然只有一年左右,却是左宗棠初施身手的阶段,可以说既是他出山前所获学识的初步运用,也为他以后开展工作积累了经验,增强了信心,同时进一步扩大了他的影响力。

8. 第二次进入湖南幕府:"不得已勉为一行"

湖南巡抚骆秉章听说左宗棠回来了,便又是写信,又是派人,又是送礼,连续三次诚心诚意到左宗棠家中相邀,请他再入湘幕。

但左宗棠觉得官场实在太腐败,人际关系实在太险恶。张亮基这么大一个官,又是十分能干的人,都被朝廷调来调去,难以发挥作用,自己一个普通举人,还能有什么作为?就以一年来的幕友生涯使其"心血耗竭"为由,表示"不欲复参戎幕",因而谢绝了骆秉章的盛情邀请。

刚当上安徽巡抚的江忠源，也"驰书来迓，其意甚勤，其词弥苦"。在衡州练兵的曾国藩，则想让左宗棠"招勇三千"，做统领带兵打仗，独当一面。对江忠源和曾国藩的热诚相邀，左宗棠均未积极回应。

他打算从此销声匿迹，隐姓埋名，躲到深山荒谷之中，再不和人世间来往："自分老死山中，不与世接，为干萤，为寒蝉，乃所愿耳。"

但骆秉章是不会轻易放手的。

如果说张亮基对左宗棠的了解，主要是通过别人的推荐和介绍，那么，骆秉章和左宗棠的关系，则有相当奇特的历史渊源。

早在道光三十年，骆秉章就担任了湖南巡抚，对左宗棠这个青年才俊，自然有所耳闻。

因受人陷害，骆秉章失去巡抚之职，张亮基临危受命来湖南任职后，骆秉章交接完工作，由于当时特殊的攻防形势，他并未马上离开，而是留在长沙，协助新任巡抚办理防剿事宜，左宗棠正是这个时候进入张亮基幕府。

后来，骆秉章奉旨出任湖北代理巡抚，于咸丰三年初抵达武汉上任。不几天，左宗棠与张亮基也接踵而至，到湖北履任新职。两个月之后，骆秉章才重回湖南担任巡抚。

也就是说，左宗棠出山之后，虽说一直在张亮基幕府做事，但不管是在湖南还是湖北，都与骆秉章有密切联系。这种奇特的共事经历，当然会让他们有相当多的接触和了解。

骆秉章对左宗棠的才干、性格、为人和工作表现既然有较深了解，如今他回到湖南来了，当然会想尽一切办法把他请到自己幕府工作。

于是便有了骆秉章用计"骗"左宗棠出山入幕的事情发生。

关于这件事的来龙去脉，骆秉章《自订年谱》是这样记载的：

> 上年冬，左季高先生自武昌回湘阴。屡次函请到省帮办军务，不就。四年三月同婿陶桄到省捐输，极力挽留，始允入署襄办，仍不受关聘。

《清史稿·左宗棠传》记载此事时，写得更加直截了当：

亮基移抚山东，宗棠归隐梓木洞（白水洞）。骆秉章至湖南，复以计劫之出佐军幕，倚之如左右手。

朱孔彰撰《中兴将帅别传》卷十四上《骆文忠公秉章传》，更说陶桄是被骆秉章拘留在巡抚衙门的：

左文襄公方为举人，公（骆秉章）欲罗致之而不肯出，乃假捐输事拘陶文毅公（陶澍）之子入署。文襄（左宗棠）遽出争辩，公笑曰："正欲公出耳，陶公子岂敢加以非礼？"于是笑谈甚相得，文襄遂出佐戎，知无不言，言无不行，湖南之强自此始。

综合以上记载可知：骆秉章万般无奈之下，这才心生一计，发函邀请陶桄到巡抚衙门做客，商量捐输事宜。陶桄不知是计，欣然前往。到了那里之后，便被骆秉章软禁起来，再也不让出门。骆秉章这时便放出风声说，陶家是官宦大户，必须出多少多少银子资助军饷，否则论罪处罚。左宗棠最疼爱这个女婿，哪里容得他受半点委屈，当即赶往长沙找骆秉章理论和问罪。相见之后，才明白是骆秉章使出的"请君入瓮"之计，真是哭笑不得。当时，左宗棠嘴上虽然骂了骆秉章一通，心里还是被他的良苦用心所感动，加上骆秉章的"负荆请罪"和诚心挽留，左宗棠哪好意思拂手而去？于是对骆秉章说：自己只能暂时留在巡抚衙门帮忙，不接受任何名分，也不领半分工资。另外，自己脾气不好，遇事又好专断，不喜受人掣肘，若与大人及诸位同僚相处得好，就在长沙多住些日子，若相处不好，就随时走人，到时大家切莫见怪。只要左宗棠能留下来，骆秉章的目的就达到了，于是全都答应了左宗棠的条件。

此事有多种可靠的史料作证，自然不是什么人随意编造出来的故事。

不过，对于左宗棠第二次出山，过分强调是被动行为，显然也不尽是事实。别看他嘴上说得那么决绝，但以他的志气、才能和争强好胜的个性，怎么可能"长为农夫以没世"，再也不和人世间来往？他主观愿望上即使真想这么做，客观形势的发展变化也会逼迫他改变主意。

当时的形势发展，就完全印证了这一点。

左宗棠离开湖北不久，因"石帅（张亮基）交卸在即，兵将解体"，太平军就一举攻克了曾由左宗棠重兵设防的田家镇，打开了通向湖北的门户。数日后，太平军第二次攻占汉口、汉阳。咸丰四年正月,太平军在黄州大败新任湖广总督吴文镕所率清军,吴文镕投水自杀。紧接着,太平军第三次占领汉口、汉阳,然后由湖北挺入湖南,仅仅十三天时间,就连续攻克岳州、湘阴、宁乡等地,威震长沙。太平天国西征军的进兵真是异常神速,像闪电划过长空,像洪水奔流而下一般锐不可当。

当时,左宗棠居住白水洞,从湘阴县城逃出来的群众告诉说:太平军已经放出狠话,要进山捉拿左宗棠。

事实上太平军不仅放出了狠话,而且派了三十余名轻骑兵进山搜捕他,庆幸的是只到了梓木洞而没有到白水洞。

左宗棠得知消息后,当即带领一百多名楚勇,到白水洞接家人出山并送往湘潭。他们一家到达湘潭当天,太平军也到了这里,两者"相距不过十里,为时不过数刻,一家八口,竟获敉平,此固非意料所及,然而险矣"!左宗棠事后得知,后怕不已,有一种劫后余生感觉:"今幸暂免,是又得一生也。"

正是缘于自身安全的考虑和与太平军为敌的本性,加上骆秉章的良苦用心以及"司、道、府、县诸公,三遣使币入山敦促再出",才使左宗棠"不得已勉为一行"。这是左宗棠写给胡林翼信中的原话,自然完全可信。

可以说,左宗棠第二次进入湖南幕府,也是形势逼迫之下做出的决定。

9. 湖南是"幕友当权,捐班用命"

入幕之初,左宗棠虽有临时工思想,未作长留打算,但因骆秉章对他"推诚相与,军事一切专以相付",因而"不得不留此共相支撑",结果一干就差不多六年。后来如果不是遭遇了"樊燮案",他在湖南幕府待的时间还会更长。

左宗棠是咸丰四年三月八日进入骆秉章幕府的,到九年十二月二十日离去,在骆秉章幕府实际工作了五年九个多月。

据各种史料记载,左宗棠第二次进入湖南幕府后,一开始与骆秉章的配合并不十分默契,也曾经发生过一些小矛盾,后来,由于左宗棠所表现出来的才干和取得的业绩,越来越受到骆秉章的信任和倚重,大约一年之后,骆秉章对左宗棠便言听计从了。再往后,骆秉章干脆当上了甩手掌柜,让左宗棠全权操办各项事宜,于是从撰写奏折到批答来文,左宗棠都一手包办,身为巡抚的骆秉章反倒一身轻松,只是按例在文件上签个字画个押而已。对此,左宗棠写给郭嵩焘的一封信中,是这样说的:"弟自入

居湘幕……骆文忠初犹未能尽信,一年以后,但主画诺,行文书,不复检校。"

左宗棠所说确实是事实。读过《左文襄公全集》的读者都会知道,在这本集子里,不仅收录了左宗棠自己写的奏稿,而且将张亮基和骆秉章两人在湖南、湖北任职的奏稿,也毫不客气地收进了本书的附卷。秘书为领导起草的文稿,可以名正言顺地收进领导人的文集,何时见过上司的文稿被收进秘书文集?《左文襄公全集》的编者杨书霖为此特意写了一篇《跋》文,解释其中的道理:"张、骆二公奏稿,左文襄公居幕府时拟作也。咸丰初……张大司马、骆文忠公先后抚湘,稔公才,延入幕,委以军事,奏疏书檄皆出公手,兼筹兵饷,罗致英杰,发纵指示,动协机宜,内绥土寇,外援邻省,所向有功。凡奏稿所陈,皆当时赞画,实见诸行事者。"原来杨书霖认为,张亮基和骆秉章做湖南巡抚期间,所有重要奏折都是左宗棠写的,这些奏稿无非是以他们的名义上奏而已。

同治年间先后做过湖南布政使和巡抚的王文韶在同治十一年六月十四日的日记中写道:"阅《骆文忠公奏议》两卷,皆左恪靖手笔也。"(《中国近代人物日记丛书·王文韶日记》上册)王文韶用他亲眼见到的铁一般的事实,无可置疑地证明左宗棠所言确实不虚。

年长左宗棠近二十岁的骆秉章是个涵养很深的人。闲暇时他常到幕友办公的地方坐坐,碰到左宗棠向同事布置工作,交代任务,他都是站在旁边静听,很少插嘴说话。有一天,左宗棠和另外几位幕友"慷慨论事,援古证今,风发泉涌",对他的到来就像没有看到一样,骆秉章也不计较,在旁边很有兴趣地听了许久,临走都未发一言(《清稗类钞·知遇类》)。

薛福成的《庸庵笔记》卷二也有段记载:有一次,巡抚衙门的辕门(外大门)发炮,骆秉章听到后,不知何故,赶忙询问发生了什么事情。旁边的人告诉他:"左师爷发军报折也!"按例,发军报折是很隆重的一件事情,一般要巡抚亲自主持。骆秉章都不知道发生了什么事情,说明他连折稿都没有看过,左宗棠就发出去了。对如此大事,骆秉章也听之任之,可见左宗棠的权力之大了。

这样,骆秉章不过是虚顶着湖南巡抚的牌子,左宗棠则成了把持湖南巡抚衙门的实权人物。属僚有事找骆秉章,这位巡抚大人总是说:"问季高先生,公可亦可,公否亦否。"(《中兴将帅别传·左文襄公宗棠传》)凡是左宗棠同意的,骆秉章从来不摇一下头;凡是左宗棠不同意的,骆秉章也从来不点一下头。骆秉章对左宗棠依赖之重、信任之深,由此可见一斑。

骆秉章对左宗棠不仅十分依赖、高度信任,而且在处理人际关系上也到了唯左宗棠马首是瞻的地步,于是不管谁得罪了左宗棠,他都很不高兴。同治六年(1867)七月十九日,曾国藩就亲口对他的机要幕僚赵烈文说过这样的话:"我刚到省里编练湘军的时候,很多人表示怀疑,对我诽谤、说我风凉话的人就更多。当时为了解决军费困难,曾要求湖南的官宦大户人家多捐一些银子。左宗棠为此找到我,说陶家虽是官户人家,实际上没有多少积蓄,意思是要我区别对待,让他女婿陶桄少捐一些。我没有同意,从此就得罪了左宗棠。骆秉章于是和左宗棠同一个鼻孔出气,拿我当仇人。有一次骆秉章到隔壁船上看望客人,明明知道我在船上,也不愿意多走几步,过来看我一眼。"(《能静居士日记》二十七)

正是因为有了骆秉章的无条件信任和支持,所以在此后几年时间里,左宗棠威震湖南,成了说一不二的人物。许多逸闻和时人的撰述、笔记都对此作了形象描述:"文武官绅非得左欢心者,不能得意;而得左欢心者,无不得意。"(《左宗棠逸事汇编》)"巡抚专听左宗棠,宗棠以此权重,司、道、州、县承风如不及矣。"(《湘军志·湖南防守篇第一》)"是时,骆秉章委事左宗棠,湖南诸将伺宗棠喜怒为轻重。"(《湘军志·江西篇第四》)在湖南幕府,左宗棠可谓要风得风,要雨得雨,要天公放晴就不敢下雨。

以上记述,无不说明左宗棠虽是以幕友身份居湖南巡抚之幕府,实际上却是操持湖南政柄之人。

有讽刺者于是说:湖南是"幕友当权,捐班用命"(《骆文忠公奏稿》卷六)。前者当然是指左宗棠,后者则是指并非科举出身,而是靠捐纳进入仕途的道员裕麟。

左宗棠之所以能够取得如此地位,专权到这种地步,不是靠溜须拍马,而是靠肚子里的真才实学,大家打心里就是服他。

这样,在骆秉章幕府期间,身为幕友的左宗棠不仅在军事上出谋划策,而且于整饬吏治、调理财税等方面均得以展示其非凡"才能"。

10. 稳住湖南官场大局,保护刚刚诞生的湘军

左宗棠再入湖南幕府,面对的是太平天国大兵压境的局势。

在此之前,当太平军由湖北进入湖南之时,曾国藩已在衡州练成一支粗具规模、水陆齐备的湘军,实现了张亮基、左宗棠等人于湖南创设一支由绅士统领的军队的初

衷。

咸丰四年正月二十八日,曾国藩督湘军自衡州出动,顺流而下,经湘潭到达长沙,迎战太平军。临出发之际,曾国藩发布了轰动一时的《讨粤匪檄》,号召人们参加剿杀太平军的队伍。

太平军虽接连攻占岳州、湘阴、靖港和宁乡,但面对湘军的猛烈攻势,一时还不能适应和这个新对手作战,于是主动放弃这些地方,撤回湖北。

不过他们很快就重整旗鼓,杀回湖南,于三月十一日再克岳州。接着,太平军乘胜南进,连克乔口、靖港等地,湘军纷纷溃逃,曾国藩也狼狈逃回长沙。

由于骆秉章、左宗棠在长沙严密防守,太平军决定由石祥祯扼守长沙北面的靖港,林绍璋率主力绕道宁乡赶往长沙西南的湘潭,以成南北合围长沙之势。

到长沙仅二十天的左宗棠急忙与曾国藩等人商讨对策。有人认为应该进攻宁乡,有人认为应该进攻靖港,只有左宗棠极力主张进攻湘潭。最后,左宗棠的意见占了上风。曾国藩身边幕僚李元度和陈士杰也赞成左宗棠的动议:"湘潭是省城长沙的咽喉,应首先攻打湘潭,湘潭拿下来了,靖港的太平军就会不战而败。"(陈士杰:《铜官感旧图序》)

曾国藩采纳了他们的意见,派塔齐布统领湘军陆师,褚汝航、彭玉麟等人率领湘军水师驰往湘潭,水陆夹击太平军。

按照原定方案,曾国藩应在第二天率领剩余部队前往湘潭增援,以求必胜。

然而就在这天夜间,曾国藩得到线报,说靖港的太平军只有几百号人,防守薄弱,而此时曾国藩手中尚有水陆官兵千余人,加上一些民团乡勇,在数量上处于绝对优势,一旦拿下靖港,不仅能够解除长沙北面的威胁,而且可以截断湘潭之敌的归路。战机稍纵即逝。曾国藩于是临时改变主意,自带湘军一支向靖港进发。

李元度马上表示反对:"精兵强将都已调往湘潭,胜利消息早晚会传来,我们这里只能坚守,不能轻举妄动。"头脑发热的曾国藩根本听不进不同意见。

李元度、陈士杰、章寿麟等文职幕僚要求同行,也不被允许。

曾国藩还写好了一份遗疏和一份遗嘱交给李元度,对他说:"如果我死了,你就把遗疏交给骆巡抚,把遗嘱交给我弟弟,营中所有军需物资,包括军械、辎重和一百多艘船只,都请暂时妥善保管起来。"(李元度:《题铜官援溺图》)

李元度看到曾国藩的决心不可改变,只好跟陈士杰商量,秘密安排年轻力壮水性好的章寿麟藏在曾国藩坐船的后舱里,叮嘱他见机行事,一定要好好保护曾国藩的生命安全,切莫有任何闪失。

四月二日,曾国藩自督大小战船四十余只、陆勇八百人,向靖港进发。

靖港的情况其实根本不是线报所说的那样。太平军不仅兵力雄厚,而且早有准备,专等曾国藩上钩。曾国藩果然上当受骗了!

更有一个意想不到的情况是:曾国藩率领湘军水师临近靖港时,西南风发,水流迅急,不能停泊,结果将湘军战船全都刮到了早已埋伏好的太平军兵营面前,想退都退不回来。太平军大炮猛烈轰击,湘军战船乱成一团,纷纷起火,水师很快全军覆没。

湘军陆勇遭遇更惨。他们刚刚越过浮桥,就遭到太平军迎头痛击,加上水师战败的阴影笼罩着他们,此时哪里还有斗志?他们掉头便跑,只恨爹妈少生了两条腿。

曾国藩见部队不战自溃,乱不成军,感到无比气愤,便离船登岸,在地上插了一面旗帜,手执宝剑高喊:"过旗者斩!"湘勇们为了求生,哪里停得下脚步,仍然纷纷后退,结果把浮桥给踩断了。慌乱中有许多人被踩伤和踩死,另有两百多人掉进水中淹死。

本想凭借刚练成的湘军大展拳脚,结果却被太平军打得满地找牙,曾国藩灰心到了极点,一时连死的心都有了。当逃到铜官渡时,他还是跳入湘江自杀。

曾国藩的警卫和随从纷纷跳进水中救人,却遭到曾国藩破口大骂。

正当这些人无所适从、进退两难之时,章寿麟从船舱里一跃而出,然后奋力游了过来,这才将曾国藩拖上一条小船。

被救上船的曾国藩仍然怒气未消。他双眼圆瞪,怒视章寿麟道:"你为何到了这里?"为安慰曾国藩,章寿麟只好谎报军情:"没有别的意思,我只是来报信的,刚刚接到战报,湘潭那边的战争已经取得胜利。"(章寿麟:《铜官感旧图自记》)说完,又不容分说将曾国藩挟持到了一条渔艇上。

回到长沙南湖港后,曾国藩的心绪仍然坏到了极点,不仅不换掉身上的湿衣,劝他吃饭也不肯,还偷偷再写遗嘱,打算第二天再自杀。好在李元度等人不停劝他,晚上又收到湘潭报捷的消息,曾国藩才放弃了自寻短见的念头。

左宗棠得知消息后,第一想到的就是出城去看望曾国藩,给他打打气、鼓鼓劲。初四日黎明时分,左宗棠用绳子捆住自己,从城上放了下去。

左宗棠赶到湘江船上见到曾国藩时,"气息仅属,所着单襦沾染泥沙,痕迹犹在"的曾国藩还是一副失魂落魄、狼狈不堪的样子。

左宗棠真是气不打一处来,于是用激烈的言辞,劈头盖脸地给了曾国藩一顿臭

骂。

他骂曾国藩实在太糊涂，事情远未到不能办的地步，怎么能够自寻短见？这样做，怎么对得起皇上的信任和天下百姓？只有笨蛋才会出此下策！

骂完之后，左宗棠又劝曾国藩不要因一次兵败而灰心。胜败乃兵家常事，只有经受得住挫折，才能变得更成熟、更坚强、更勇敢。

左宗棠的批评和指责，当然不是有意往曾国藩的伤口上撒盐，而是恨铁不成钢，打心里希望曾国藩不要就此倒下，而是重整旗鼓，迅速振作起来。

然而，左宗棠的良苦用心并没有使曾国藩回心转意。他不但"瞋目不语"，而且让人拿来纸笔，写下"所存炮械、火药、丸弹、军械之数"，交与左宗棠，要他过目清点（左宗棠：《铜官感旧图序》）。

曾国藩显然是把左宗棠视为湖南巡抚衙门的代表，点清数目之后，交还湖南地方，作为帮办者的他就没有任何牵挂了。

当着曾国藩面，左宗棠虽然毫不留情地进行了批评和指责，背地里却做了大量维护曾国藩的工作。

靖港惨败之后，曾国藩遭到湖南地方官僚一片指责和谩骂，长沙城里顿时掀起了一股反对曾国藩的浪涛，包括布政使徐有壬、按察使陶恩培、提督鲍起豹在内的湖南军政界要员都同仇敌忾，不仅向曾国藩投来了冷眼和嘲笑，而且纷纷要求弹劾他。有人甚至主张上奏朝廷，解散湘军。曾国藩的部下出入长沙城门时，也常常受到盘问和呵斥，有的甚至挨了打，有的还被驱逐出城。曾国藩昔日一些好友和幕僚也纷纷借口离去。

咸丰十一年八月二十一日，赵烈文在《能静居日记》中记录了这样一件事实：

著名淮扬水师统领总兵官黄翼升，原本姓邓，年轻时在长沙协标营当下层军官，跟随曾国藩攻打靖港，失败回到长沙时，遭到守门官员污辱。曾国藩创立水师后，调黄翼升为哨长，后积功升任营官。不久回原籍招兵买马，建立淮扬水师，黄翼升任统领，授淮扬镇总兵。赴教场点名时，湖南巡抚以下官员一同前往观看，长沙城门还是以前那个守门官员在站岗，黄翼升跳下马来，对那人说："老父母无恙，久劳苦，尚在是邪！"那人惭愧得不敢面对。黄翼升拱手行礼之后，扬长而去。

说明当时湖南军政当局的一些官员,气焰是何等嚣张,态度是何等恶劣,对曾国藩和他的部下是何等轻视!

湖南地方官僚之所以如此对待曾国藩,是有原因的。曾国藩担任的团练大臣,既不是地方大吏,又不是钦差大臣,非官非绅,地位确实非常尴尬。

湖南地方大吏本来就有些瞧不起曾国藩,不愿意买他的账,然而,曾国藩到长沙帮办团练后,却缺乏自知之明,不仅手伸得太长,管了许多不该管的事,而且凭主观愿望办事,一味蛮干,这就必然侵犯别人的职权,破坏原有的制度和秩序。

如曾国藩所设审案局,随意抓人杀人,便是对湖南司法机关(提刑按察使司)职权的公然蔑视和侵犯,陶恩培岂能容忍?

又如按照清朝常例,各省绿营兵归总督管辖,巡抚及其以下文官,除兼有提督衔的人,不得干预抚标营以外营兵的操练事务。曾国藩训练湘军时,却令绿营官兵一起会操并接受其训话,这样做,不仅是对湖南提督权力的蔑视与侵越,而且在绿营官兵看来,曾国藩简直是在折磨和污辱自己。鲍起豹后来对曾国藩极端不满和憎恶,绿营兵后来借机生事,冲进曾国藩团练大臣公馆,差点要了他的命,深层原因就在这里。

然而,左宗棠却告诉骆秉章,弹劾曾国藩或解散湘军的做法万万使不得,湘军的存亡,事关湖南的安危,而曾国藩在湘军的地位,是无人能够替代的。骆秉章也就没有听从湖南地方官员的唆使,去向朝廷弹劾曾国藩,从而稳住了湖南官场的大局,也保护了刚刚诞生的湘军。

在左宗棠代骆秉章等人拟写的奏折中,也尽最大努力替曾国藩开脱靖港战败的责任,真可谓煞费苦心。

在这份总结汇报湘潭、靖港之战成败得失的奏折中,那场导致曾国藩几次想死、湖南官场纷纷要求解散湘军的靖港惨败,已经看不出他有任何指挥上的失误,完全隐去了当时上当受骗、利令智昏地改变原来拟定的作战计划的事实,变成了一次根据战场实际需要,明知山有虎偏向虎山行的英勇壮举。更妙的是,这份奏折的题目不仅称湘潭、靖港之役为"互有胜负",并且故意把靖港之役和湘潭大捷合在一起上报。湘潭一战,歼敌一万余人,是太平军征战时期整个战局的重大转折点,李秀成后来把这次湘潭之战,总结为太平军的十次重大失败之一。尽管曾国藩和湖南提督鲍起豹都在奏折上署了名,但此份奏折毕竟是由骆秉章牵头撰写并代表了湖南军政首脑的共同意见,在皇帝心目中的分量当然大不一样。

有了左宗棠的妙笔生花,靖港之败的责任也就显得微不足道了。因此,曾国藩虽然自请从重治罪,可咸丰认为湖南军政当局总结上报的内容是值得相信的,于是作了这样的处理：

> 屯聚靖港逆船,经曾国藩亲督舟师进剿,虽小有斩获,旋以风利水急,战船被焚,以致兵勇多有溃败。据曾国藩自请从重治罪,实属咎有应得。姑念湘潭全胜,水勇甚为出力,着加恩免其治罪,即行革职,仍赶紧督勇剿贼,带罪自效。湖南提督鲍起豹自贼窜湖南以来,并未带兵出省,叠次奏报军务,仅止列衔会奏。提督有统辖全省官兵之责,似此株守无能,实属大负委任。鲍起豹着即革职,所有湖南提督印务,即着塔齐布暂行署理,该部知道。钦此!(《曾国藩年谱》卷三)

这道谕旨赏功罚过,是非分明。湘潭战役获胜,指挥作战的塔齐布代理湖南提督,这是赏功。曾国藩轻出浪战,损兵折将,革职而不剥夺军事指挥权,这是罚过。地方军事负责人鲍起豹在这次省城保卫战中没有派兵出战,也不参与指挥,守株待兔,尸位素餐,立即革职,与指挥作战失利的曾国藩革职而不剥夺指挥权相比,明显分清了罪过轻重。

显然,对于曾国藩的革职留用,只是虚的,做做表面文章而已,相反,将与曾国藩矛盾甚深的鲍起豹革职,则是实实在在地支持了曾国藩,无疑替曾国藩出了一口气。

湘潭失利后,太平军主动退守岳州,由进攻转为防御。不久,经过休整的湘军兵分三路攻下了岳州。一个月后,太平军被迫退出湖南。

11. "内清四境,外援五省"

太平军撤离湖南后,左宗棠与曾国藩在长沙密谋出省作战问题。在这段日子里,他们"无一日不见,无一事不商",黏糊在一起的亲密程度都会让人产生嫉妒。

经过反复讨论和协商,最后决定由曾国藩率湘军出兵湖北,左宗棠在湖南为湘军补给军火和饷源。这就好比曾国藩是前方带兵作战的司令,左宗棠是留守后方的总后勤部长,有点像西汉建立前韩信和萧何这样的角色。

在军事方面,左宗棠当时面临的主要任务,可用八个字来概括："内清四境,外援五省。"苦力支撑东南大局。

作为湖南巡抚的主要幕友,左宗棠对湖南的战略地位始终有一个比较清醒的认识,并能制定出对抗太平军的正确战略方针,然后一以贯之地去执行。其核心内容是以攻为守,尽量将太平军赶出湖南,然后积极组织出省作战,坚决地拒太平军于湖南境外。

这种湖南出钱、出物、出兵到外省作战的方针,表面上好像是挟境自保,尽量把战火推向外省,实际上左宗棠等人的心胸根本不是常人所想象的那么狭隘。因为只要控制住了湖南,就稳定了湘军的战略后方基地,湘军战士在外作战也就没有任何后顾之忧,这对主战场的发展当然是极为重要的。所以这一战略方针既有利于湖南地方,也有利于清政府对太平军作战的大局。

后来湘军之所以能够越战越勇,成为抗击太平军的主力军,湖南之所以能够成为"东南保障,天下倚属",全都得益于这条基本的战略方针。

咸丰四年八月湘军出兵湖北后,在武汉和田家镇等地击败太平军,取得了一系列骄人的胜利。不久又进入江西,于年底兵抵九江。

湘军的所向披靡,既让曾国藩万分得意,也不由自主地露出了骄气。对于一支军队来说,这是非常危险的。

左宗棠对湘军在省外的军事行动一直高度关注。他既为湘军接连取得胜利而庆幸,又对由此产生的虚骄之风表示深深担忧。他接连写信给曾国藩,要他谦虚谨慎,戒骄戒躁,稳扎稳打,千万不要头脑发热,贪功冒进。

骄兵必败,这是稍有理智和军事常识的人都懂得的道理,可实际情况往往是旁观者清当局者迷。当时的曾国藩也是如此。

正在得意头上、尾巴早已翘了起来的曾国藩,哪里会把左宗棠的提醒和劝说放在心上?不仅如此,他甚至连左宗棠的去信都懒得回:"涤公……颇露骄愎之气,弟数与书而不一答,盖嫌其太直也。""自克复岳州以后,直捣浔阳,节节得手,军威大振。然将士之气渐骄,主帅之谋渐乱。弟尝贻书戒之,而不我察也。"

这是左宗棠写给夏廷樾和王鑫等人信中的原话,可见曾国藩当时确实被胜利冲昏了头脑。

咸丰四年十月二十一日,狂妄的曾国藩在报给朝廷的《请饬各路带兵大臣督抚择要放堵片》中,还得意忘形地宣称:"长江之险,我已扼其上游;东南大局,似有转机。臣等一军,以肃清江面,直捣金陵为主。"(《曾文正公全集·奏稿》)

曾国藩于是兵分多路,试图一举攻占湖口、九江等地。

太平军翼王石达开以敏锐的眼光看出湘军的弱点,决定扼守沿江各要塞,将湘军分而歼之,结果湘军水师行进途中在湖口遭到太平军痛击。曾国藩慌忙弃船逃到湘军陆营,才捡回一命。

曾国藩感到无脸见人,再次投水自尽。身边人拼死力将其捞上来,然后护送他退守南昌。

此役让曾国藩付出了沉重代价,也验证了左宗棠的担忧是多么有道理。

湖口之败使得湘军出省作战以来取得的大好形势付诸东流,却扭转了太平军湘潭战败后节节后退的被动局面。

石达开令林启容在九江牵制曾国藩的湘军,派秦日纲、陈玉成率大军进攻湖北。

咸丰五年(1855)正月,湖广总督杨霈所部在黄州溃败,湖北再次告急。不久,太平军分路进兵,东路攻克黄梅和广济,中路从小池口袭击黄州和蕲州,然后向长江上游快速推进,于二月中旬攻克武昌,苦守孤城的湖北巡抚陶恩培自杀。

在太平军的凌厉攻势面前,作为湖北、湖南两省最高军政长官的杨霈却贪生怕死,节节败退,先是从黄州逃到蕲水,再逃到汉口,三逃到安陆,四逃到枣阳,就是不敢进入武昌城。左宗棠代骆秉章上疏弹劾杨霈,清廷将其罢官,任命官文为湖广总督,胡林翼代理湖北巡抚。

三个月之前,胡林翼刚从贵州知府奉调湖北,升任按察使。武昌失守后,他补署湖北布政使没有几天,又升任代理巡抚。由此基本上形成了左宗棠经营湖南后方基地,曾国藩、胡林翼分别盘踞江西、湖北的湘系势力发展格局。

此后半年里,左宗棠商请骆秉章,派出多路湘军入援湖北,到当年十一月,湘军水陆各师才好不容易从太平军手里重新夺回武昌城,并将其赶出湖北。

至此,长江中上游战略要地完全被湘军所控制。

可是,江西的形势发展,却令左宗棠等人措手不及,极为焦虑。

太平军攻占武昌一个月之后,即由湖北突入江西,半年内连克八府五十余县。江西全局岌岌可危,使得龟缩在南昌的曾国藩发出了"道途梦梗,呼救无从,中宵念此,魂梦屡惊"的哀叹。(《曾文正公全集·奏稿》)

左宗棠非常关注江西局势的发展。他说:"自章门(南昌章江门)数十里外,东抵吾乡,北抵鄂,皆贼踪也。""江西局势岌岌之甚,吾为涤公危,亦为吾乡危。"

好在此时湖北的形势基本得到了控制,左宗棠可以腾出手来专门对付江西的太平军了。他于是向骆秉章提出建议:太平军不得志于西北,便想在东南逞强,如果江西有闪失,则江、浙、闽、广都将被太平军占领,到时不仅湖南形势十分危险,而且东南大局都不可想象,所以从目前的时局来看,没有什么比救援江西更为迫切。

骆秉章、左宗棠于是一面吩咐王鑫在湖南招兵买马,一面派刘长佑、萧启江速带援军分道赶往江西,曾国藩这才得到了苟延残喘的机会。

太平天国内部情势的变化,更使江西战局向不利于太平军的方面转变。

石达开本已控制江西战场,并有可能全歼曾国藩湘军,天京方面却在咸丰六年(1856)二月下令调他率部东归,去夹击江南大营。半年后,天京城内又发生了太平天国领导集团内讧事件,杨秀清、韦昌辉、秦日纲等重要领导人相继死难,官兵牺牲数万人,精锐几尽,元气大伤,结果为湘军的卷土重来提供了客观条件。

咸丰七年(1857),曾国藩扔下江西的烂摊子,回籍丁忧。左宗棠气得骂娘,但也无可奈何,只好亲自担负对入赣湘军的遥控指挥。

这样说,有人也许会认为言过其实,觉得左宗棠没有那么大能耐。实际上,作为湘军总后勤部长,左宗棠还真有两把刷子。

为了彻底解决江西危局,他除了派江忠义招募湘勇补充刘长佑所部湘军之外,还制定了兵分三路的援赣计划:调刘腾鸿军由湖北援瑞州;曾国荃、周凤山军自湖南取道安福进吉安;王鑫、江忠义所部大军赴援临江等地。

左宗棠采用这种全线出击的战法,其意图在于投入重兵,迅速打开局面,并可以攻为守,撤湖南东线之防。同时,左宗棠在湖南积极募集军饷,为解决总兵力达"一万六千余、每月需饷九万余两"的援赣湘军的后勤保障问题而绞尽脑汁、费尽心血。

在用兵方略上,左宗棠主张控制南昌以南、赣州以北的江西腹地,把攻打瑞州、临江等府城视为关系江西大局的重中之重。

在左宗棠策划和遥控指挥下,湘军仅用一年半时间即先后攻克瑞州、袁州、临江、吉安、抚州、建昌六府,使太平天国西征军开辟的江西根据地大部丧失。

左宗棠还与胡林翼合谋,于咸丰八年(1858)四月攻克了九江。至此,湘军势力完全控制了江西。

如果不是左宗棠运筹帷幄,苦心经营,调度指挥得力,并源源不断地从湖南大后方向江西前线输送兵力、物力和财力,江西局面确实不堪设想。

据王闿运《湘绮楼日记》记载,仅咸丰六年至八年这三年间,湖南协济江西军饷银就达二百九十一万五千两。所以王闿运认为:救援江西的胜利,"此左生之功也。左生于江西,殊胜曾公。"(《左宗棠逸事汇编》)

在救援江西过程中,左宗棠被弄得身心疲惫。咸丰五年他在致王鑫的信中如是说:"本省频年扰攘,均为邻省所累,兵端迭起,饷项日增,昼夜焦思,殊无寸补,愤何可言!"

可能正是考虑到左宗棠在救援江西过程中所起的作用别人无法替代,援赣前线又急需一位有能力有威望的指挥官,咸丰七年曾国藩回籍丁忧后,朝廷曾发下寄谕,打算让左宗棠以"帮办曾国藩军务"的名义入赣,直接指挥援赣湘军作战。骆秉章为此特意向朝廷打报告说:"现在湖南军务,援江、援黔、援粤均属吃紧,未可舍此他去。"此议才未实行。

如果不是骆秉章留住不放,左宗棠不仅可以避开后来发生的"樊燮案",而且能够提早三年成为湘军副统帅。

由于此议未能实行,左宗棠只能在湖南遥控指挥入赣湘军作战。

在谋划进兵湖北、江西等地而运筹帷幄的同时,左宗棠还派兵镇压了广西、广东的会党起义和贵州的苗民起义。

广西是太平天国起义的策源地。太平军主力出境后,广西会堂起义仍然风起云涌,声势浩大。左宗棠认为:广西地区起义军人数众多,他们无力对付,拖延一定时日后,势必影响湖南,因而与骆秉章确定援广西之策,并很快将其镇压。

咸丰九年,石达开大军由湖南入广西,围攻桂林,骆秉章和左宗棠又迅即派刘长佑、萧启江率大军往援,桂林围解。

咸丰四年秋天,广东连州、韶州红巾军逼近广州,一时形势吃紧。骆秉章和左宗棠分别于咸丰四年、六年和九年,派出多路部队入粤作战,最终将其镇压。

咸丰五年,贵州苗民大起义,骆秉章和左宗棠调兵赴援,协助当地驻军将其镇压。

经过数年努力和苦心经营,"外援五省"成效显著,"内清四境"也功不可没。

咸丰九年二月,从太平天国分裂出去的石达开率所部太平军经安徽、浙江、福建、江西等省攻入湖南,连克宜章、兴宁、郴州、桂阳州等地,进围衡阳。当时"湖南兵饷皆竭于远征,腹地空虚",局势一时变得十分危急。骆秉章将战守事宜交给左宗棠全权处理,左宗棠向各州郡连发文件,调兵遣将,急如星火,一月之内即成军四万余人(《湘军记》卷二《湖南防御篇》)。

面对来势汹汹的石达开,左宗棠的脑子异常清醒。根据太平军的进军动向,他判断石达开可能出兵湘中的宝庆,便命令湘军迅速部署到位,对太平军严加防堵。

鉴于临时集合起来的军队"进止未能画一"的情况,左宗棠又向骆秉章建议,让他亲临前线协调指挥。骆秉章却以"左右无人"为由,不让他前往。"左右无人"当然是托辞,关键是骆秉章对他十分倚重,时时刻刻、事事处处离不开他。

事实证明左宗棠的判断非常准确。这年三月,石达开果然率军于祁阳强渡湘江,向宝庆快速推进。五六月间,两军在宝庆激战,湘军以逸待劳,太平军连连失利。石达开只得率兵撤退,冲出湖南,进入广西。

当时的湖南,既是曾国藩湘军的发源地和兵源主要补充地,又是支持东南五省与太平军作战的重要基地,如果不是左宗棠神机妙算,指挥得力,石达开进军湖南、攻占湘军老巢的计划一旦实现,湘军就会因为失去后方基地而无法维持,从而不可避免会导致土崩瓦解的结局。果真出现这种情况,局面肯定会大变。

既实现了"外援五省"目标,又完成了"内清四境"任务,在军事方面左宗棠确实有值得炫耀的资本。他在致湘军将领李续宜的信中说:"宝郡为湖南腹地,左右伸缩,均足有为,故逆贼必欲甘心于此。若有差失,则吾楚将旰食不遑,而东南大局直不可问,台麾一指,虐焰旋销,其为功桑梓,造福东南,殊非浅鲜。"

总之,左宗棠在骆秉章幕府期间,积极贯彻"内清四境,外援五省"的战略方针,不仅控制和稳定了湘军的战略后方基地湖南,而且从大局着眼,以一省之力对付五省之寇,并在外援中不断发展壮大自己,使湖南在短短几年内变得政通人和、社会安定、军力强盛,"由是湖南名闻天下,天下皆以为强国"(《雨窗消意录》卷二)。能做到这样,确实很不简单。而左宗棠以一个幕友的身份,取得如此骄人的成绩,那就更是神奇了。

12. "通绅民之气"

在整饬吏治和调理财税方面,左宗棠又是如何作为呢?

道光末年,清王朝的吏治十分败坏,州县官吏不仅贪墨成风,而且由于文法烦苛,普遍"因循讳饰,惟思苟且目前,罔顾国家大计"。在湖南,各州县官吏"稍可放心者不过三分之一",情况尤为严重,非大力整顿不可。

左宗棠向来认为:天下之乱是由于政治不修明,政治不修明是由于吏治腐败和人才得不到任用,所以"当此而力求整顿,非澄清吏治不为功"(《张大司马奏稿》卷一)。他把奖廉惩贪视为整饬吏治的关键,并且以身作则,赏罚分明。

再入湖南幕府之初,左宗棠便"劾奏失守镇道以下十八人",并同巡抚骆秉章"自以廉俭率下","故威行于府县,贪靡之风几革"(《湘军志·湖南防守篇第一》)。

左宗棠还注重起用绅士任官,不断扩大他们的权力,于是湖南地方官吏和湘军从统领到营官的各级官职多由湘籍地方士子充任。正是骆秉章、左宗棠苦心经营多年而形成的官绅结合的新的封建统治机制,才不仅确保了湖南的防守,而且把湖南建成为支撑湘军在湖北、江西作战并多次援助其他数省的后方基地。

《清朝逸史》卷三写到的"左文襄面诤骆文忠"一事,就很生动形象地说明了他们是如何"以廉俭率下"。

当时,骆秉章有个爱妾的弟弟虽然花钱买了个"佐杂候补"的名分,却因为僧多粥少,一直在湘中赋闲,因此很想通过裙带关系谋取一份差使。小妾软硬兼施求了多次,骆秉章都回答说:"此等事概由左师爷主持,我不便向左师爷启齿。"后来实在摆脱不了纠缠,才勉强答应一试:"等哪天左师爷高兴时,我再乘机说说。"

有一天,骆秉章到左宗棠办公室商量事情,气氛十分融洽,就试探性地开口说:"有佐杂班中某人,到省已久,至今赋闲,能否酌情安排一个差使?"

左宗棠听后,没有任何反应。

骆秉章又说:"实不相瞒,此人是小妾之弟。小妾向我恳求过多次了,我都一直不好意思向你开口。这人其实并不差,不仅小有才华,而且品行端正。佐杂班中像他这样的人,听说多有安排,既然如此,就不能因为他是我的亲戚而避嫌得不到任用。"

左宗棠这才莞尔一笑说:"今天我很高兴,能不能请我喝杯小酒?"

骆秉章一听有戏,就欣然让人备了酒菜,然后亲自给左宗棠斟上满满一杯。左宗棠也不客气,端起酒杯一饮而尽。骆秉章再斟,左宗棠再饮。

三杯酒下肚后,左宗棠收起杯子,向骆秉章深深鞠了一躬,说:"喝过三杯离别酒,左某从此告别矣。"不等骆秉章答话,就催促随从收拾行装,准备离去。

骆秉章惊讶地看着左宗棠,检讨说:"我不过随便说说嘛,你何必这么认真呢?!"

左宗棠说:"明人不烦细说。意见偶然不合,便当割席。君子绝交,不出恶声,何必多言。"

骆秉章这才意识到自己确实办了一件蠢事,于是立刻改容致谢说:"刚才说的全当废话,你不听就是了。骆某倾心相任,从善如流,此心可质天日。万勿因一时误会,就产生离去的想法。以后一切倚重,骆某再不干涉矣。"说完急忙招呼仆人给左宗棠安顿行李,然后换过杯子,与左宗棠畅饮起来。

左宗棠于是慷慨陈词道:"现在是什么时候?大乱初兴,军事倥偬,若想维系人心,急宜整顿吏治。倘若用人略一徇私,便足以贻误大局。左某诚知佐杂班中某人小有才华而亦谨慎,未尝不可安排个差使。然而中丞毕竟宜三思而行,让他离省委派别的差使就是,留在这里就得受点委屈。否则,官场中人就会怀疑他是得到了您的照顾,我左某顶不住您的压力,才给他安排了差使。这个话一旦传出去,来走后门的人就会踢破门槛,正派能干的人就会灰心丧气,这样一来,我们还能办成什么事情?这就是我想告辞,不愿意看到您名声败坏、公事无成的原因。"

骆秉章竭诚拜服说:"公真益我哉!骆某受教矣!"两人于是畅饮而散。

有了骆秉章的充分理解和支持,左宗棠于是一边整顿吏治,一边通过委任士绅来增收财税以筹集军饷。

战争是一台烧钱的机器,几万湘军的军饷是摆在他面前的一道难题。湖南当时只是一个中等偏下的省份,每年财政收入"不及江、浙七郡之一"。最主要一项是田赋,全年亦不过八十万两上下,远远不能满足本省和供应出省作战湘军的需要。能否解决"筹饷"难题,从一定意义上比"筹兵"更为重要,也更为困难,所以左宗棠在给朋友信中,发出了"此时筹兵非难,难在筹饷。弟心血呕尽,无补丝毫,且恨且愧"的感叹。

解决的办法无非这么几项:一是"劝捐",即卖官鬻爵和向富人借钱。二是举办厘金,即征收行商的货物过境税和坐商的商品交易税。三是开辟税源,征取盐、茶税。四是整顿钱漕,增加田赋收入。

四项中的前两项,是当时各省、各军普遍采用的搜括手段。但左宗棠与别省"俗吏"不同的是,他在湖南实施的"筹饷"办法,具有以下三个重要特点:

一是湖南创办厘局没有像别的省份那样依靠原有官员胥吏,而是征召所谓廉洁朴实的士绅来管理,一扫官场旧习。譬如厘局创办之时,即"仿唐臣刘晏委用士流之意,屏退吏胥市侩,访择廉干士绅,资以薪水,令其随同委员赴局办理"(《骆文忠公奏稿》卷八)。实权操在绅士郭崑焘、裕麟等人手里,"藩司列衔画行,莫能问其数"。厘税收支的数额,也每月张榜公示,专款专用,充实军饷。这种办法,不仅在政治上可以进一步动员士绅,选拔和安插了一批"草茅沈滞之才",将他们组织到反对太平天国的行列中来,而且在经济管理上有利于免除"向来衙署,关务一切陋习",相对减少了官吏胥役的需索和中饱私囊,比之由官府操办厘局的其他省份,湖南的办法确实略胜一筹。

二是不像其他省份那样单纯在增加盘剥花样上打主意,而是将"除弊"与"开源"结合起来,通过"除弊"增加财政收入。特别是作为湖南最主要财政收入的钱漕,早先积弊十分严重,"地丁正银一两,民间有费至数两者;漕米一石,民间有费至数石

者。款目繁多,民间难以析算,州县亦难逐一清厘,一听户粮书吏科算征收,包征包解,不餍不止"(《骆文忠公奏稿》卷八)。而所有的浮收滥取,全被州县官吏和胥役私自侵吞,地方政府的财政收入则每况愈下,最后到了难以为继的地步。咸丰七年,骆秉章采用左宗棠的建议,减"浮折漕粮,定军需公费,先私取十五者,率改为公取一"。即使遭到藩司以下官员的反对和非议,骆秉章和左宗棠也"决行之"(《湘军志·筹饷篇第十六》)。从此以后,漫无标准、浮收滥取、官吏中饱私囊现象基本不见了。

三是比较注意保护土地所有者利益和稳定社会经济生活。左宗棠不单纯是从筹饷的需要,而是首先从"政事"的角度来考虑财政经济问题,因而不像其他省份那样用附加田赋的办法,而是用剔除漕弊、堵塞漏洞的办法来增加财政收入。在此之前,土地所有者需要拿出地租收入的五分之一至四分之一以上来交纳田赋,改变征漕办法后,不仅省财政每年"增银二十余万",而且"民乃得减赋数百万"(《湘军志·筹饷篇第十六》)。可谓一举两得,皆大欢喜。

后来,左宗棠在谈到骆秉章抚湘期间的"德政"时,不无骄傲地说:"其遗爱之尤溥者,无如剔漕弊、罢大钱两事。"这其中自然也包含着对自己作用的欣赏和肯定。

左宗棠在湖南实施的"筹饷"办法,不仅措施得力,而且功效明显。仅从财政方面看,收入增加就较快较多。拿最重要的厘金来说,由于湖南执行的财政政策相对来说比较有利于社会经济的稳定,加上战事又少,所以被邻省的商人视为乐土,都拥到湖南来谋生和做生意,一时间商业活动呈现少有的繁荣景象,湖南的厘金也因此收入大增,年收入达八九十万至一百四十万两以上。加上年收入百余万两的盐税,两者合计新增税收约略相当于湖南全省额定田赋的三倍以上。而历来作为主要财政收入的田赋,经过"除弊"之后,不仅"年清年款",收数较定额增加四五成,而且连咸丰初年以来的积欠都一律补征齐全。所以说,左宗棠在湖南执行的税收政策,不管从政治还是经济上看,都是比较高明的。

对此,左宗棠哥哥左宗植曾这样说过:"以湖南九郡四州一隅之地,除正赋及勤王饷项外,既供应本省军支,更资济八省勇费,财源视各省为最狭,输纳较各省为倍丰,而农无加派之忧,市无折钞之哗。"(《慎庵文钞》卷下)他说的虽有溢美之嫌,但也不是毫无根据。

左宗棠另外一项值得肯定的做法是罢大钱。

从咸丰三年开始,清朝统治者为了缓解财政危机,满足军事支出浩繁的需要,开始滥发当十和当百的大钱,造成金融混乱,给社会经济带来灾难性后果,尤其是广大农民受害最深。左宗棠根据市场反应,很快断定"大钱、钞票之不可行"。如果强令通行,终归无益而有大害,因而即由骆秉章出令停用大钱,并以八成制钱兑一千大钱的比例,回收已发大钱。以后户部发来八万两票面值的钞票,湖南也拒而不用,使得湖南人民少受经济损失。左宗棠在湖南罢大钱,对于稳定全省经济,确保税收不减,是有莫大好处的。

由于采取了以上种种措施,使本来极度匮乏而紧迫的军饷问题得到了较好解决,为湘军在外省战场上的胜利提供了可靠保证。

后来毛鸿宾接任湖南巡抚,在奏折中对左宗棠的做法倍加推崇。他说:"臣近取历年卷宗,详细审阅,见其条理精密,自刑名、钱谷、征兵、练勇与夫厘金、捐输,无不布置井井,洞中机宜。始知张亮基、骆秉章之能逸于用人,而左宗棠之劳心任事,保全疆域,非偶然也。"(《毛尚书奏疏》卷三)

对湖南各方面情况都十分了解的郭嵩焘也说:湖南自张亮基、骆秉章担任巡抚以后,之所以能以一省之力"肃清东南各省,赞成中兴之业",并非有什么特殊的"异术",根本一条就是"通绅民之气"(《郭嵩焘日记》卷二)。

所谓"通绅民之气",就是通过整饬吏治和调理财税,将广大人民群众的积极性充分调动起来,全力协同清王朝平定太平天国起义。而这正是左宗棠协助前后两位巡抚治理湖南的最基本的方针策略。

左宗棠在湖南幕府还有一项重要工作,就是不断增募兵员,并为出省作战的湘军筹集战争物资。

左宗棠入幕之始,就"以灭贼为己任",而不是像他省将帅那样以"保境"为满足。左宗棠一方面全力支持曾国藩的湘军,将其视之为"平贼"的主力,自始至终以策应该军为己任,源源不断地从人力、物力、财力上给予接济,声言"涤公为今时办贼之人,岂可使有差失?"又说:"江西为东南腹地,涤公为灭贼之人,岂可坐视其危亡而不救之乎?"另一方面又给湖南规定了"内清四境,外援五省"的战略任务,气魄不可谓不大,胸怀不可谓不广。

由于左宗棠较好地解决了筹饷问题,在政治措施上又比较得人心,所以湖南能在接济曾国藩湘军的同时,又以较充裕的人力物力和财力在本省编练三万人以上的军队,分北、中、西三路肃清本省和邻省的农民起义军。到左宗棠最后离开湖南幕府之日,湖南全境基本上不再有战事。

在湖南幕府期间,左宗棠确实殚精竭虑,不遗余力,起到了举足轻重的作用。对

此,时人情不自禁地发出如此赞叹:"骆秉章委军事于左宗棠。宗棠刚明有智略,幼读书,究心舆地,夙以诸葛亮自负。秉章资其赞画,内绥土寇,外协邻军,东征兵源、饷源,倚之为根本,湖南屹然为强国矣。"(《湘军记》卷二《湖南防御篇》)

左宗棠自己也颇感自慰和自豪。咸丰六年,他在写给严正基的信中说:"以一省办五省之事,又须时以船炮军火接济湖北……区区千里瘠贫之地,何以堪之?军兴五载,惟湖南一省独当其冲,亦惟湖南一省尚勉力支持,幸而暂存。"

咸丰七年写给王开化的信中,左宗棠又说:"东南数省以湖南为根本,湖南频年所以能支持至今者,亦以数书生不畏难、肯任事之故。"

给胡林翼写信时,左宗棠甚至大言不惭说:"封疆将帅不得其人,则大难固未已,惟公与我着忙耳。"

他不仅当仁不让地将功劳记在自己账簿上,而且毫不客气地抬高和突出自己。

13. 声名鹊起

左宗棠的不俗表现,使他在政界声名鹊起。咸丰五年十二月,与左宗棠"无一面之缘、一字之交"的浙江会稽籍御史宗稷辰在上疏荐举人才时,上报了好几个人,左宗棠列于首位。他说:湖南有左宗棠,通权达变,为该省大员所倚重,若能让他独当一面,肯定不比胡林翼和罗泽南差(《清史稿·宗稷辰传》)。

咸丰六年正月,曾国藩上奏折,表扬左宗棠接济军饷的功劳。当年七月,胡林翼又奏称:"臣与左宗棠同受业于前御史贺熙龄之门,深知其才学过人,于兵政机宜、山川险要尤所究心。""其力能兼江西、湖北之军,而代臣等为谋。"因而推荐左宗棠为将帅人选。

左宗棠似乎成了一个为朝野瞩目的"绝世奇才"。

这么多人表扬举荐左宗棠,皇帝自然不能无动于衷。咸丰一面命左宗棠以兵部郎中用,并赏戴花翎,一面下达上谕称:

> 湖南举人左宗棠,前经曾国藩奏后,以郎中分发兵部行走;复经骆秉章奏,该员有志观光,俟湖南军务告竣,遇会试之年,再行给资送部引见。现当军务需才,该员素有谋略,能否帮同曾国藩办理军务,抑或无意仕进,与人寡合,难以位置。着骆秉章据实陈奏。

咸丰原想让左宗棠到北京去,以便一睹庐山真面目。骆秉章哪里舍得左宗棠离开湖南幕府,于是在复奏中表示:湖南军务繁忙,等形势缓和一些,遇上会试之年,再送部引见。咸丰又打算安排左宗棠到曾国藩军中帮办军务,也就是做曾国藩副手的意思,以充分发挥他的军事谋略之才,并命骆秉章写出切实考查材料。但左宗棠最终还是被骆秉章私自扣留下来了。

咸丰八年秋天,骆秉章又上奏为左宗棠邀功请赏,咸丰皇帝下诏赏加四品卿衔。

这年十二月三日,咸丰皇帝在养心殿西暖阁召见翰林院编修郭嵩焘。谈完其他事情,咸丰话锋突然一转,问起了左宗棠:"你可认识左宗棠?"

郭答:"我俩从小就认识。"

皇帝说:"自然有书信来往。"

郭答:"有信来往。"

皇帝说:"你给左宗棠写信时,可以转告我的意思,希望他出来为我办事。左宗棠所以不肯出来,是什么缘故?莫非功名心较淡?"

郭答:"左宗棠认为自己秉性刚直,无法迎合世俗。他在湖南办事,与巡抚骆秉章性情投合,彼此都不愿分开。"

皇帝问:"左宗棠的才干如何?"

郭答:"左宗棠是大才,观察事物极有预见性,没有办不好的差事,人品也极为端正,所以人皆服他。"

皇帝问:"左宗棠多少年纪?"

郭答:"四十七岁。"

皇帝说:"再过两三年,就是五十岁的人了,到时精力就会大减。趁现在年富力强,应该尽快出来办事,不要糟蹋了自己。你得好好劝劝他才行。"

郭答:"臣曾经劝过他。只是他觉得自己性格刚强,难以迎合世俗,所以不愿出来。这些年来,他天天在湖南办理军务,湘军不但保住了本省,还支援了湖北、江西、广西和贵州,所向无不获胜,这固然是骆秉章调度有方,实际上也是左宗棠运筹帷幄的结果。没有左宗棠的操持,湖南就会崩溃,东南大局也就危险了。"

皇帝说:"听说他有意参加会试?"

郭答:"他说过这个话。"

皇帝说:"左宗棠何必以进士为荣。文章报国与建功立业,哪个更重要?他有如

此高的才能,还是出来为朝廷办事为好。"

郭答:"左宗棠是人中豪杰,每当谈到天下事,无不感激奋发。只要皇上重用他,万无不出之理。"

以上这段对话,郭嵩焘不仅记在当天的日记里(《郭嵩焘日记》卷一),而且在写给左宗棠的书信中也全文予以照录。

这一切都表明:这几年的幕府生涯,对左宗棠来说实在太重要了,不仅锻炼提高了政治军事才能,积累了丰富从政经验,而且建立了很高名望,获得了巨大声誉,成长为一个朝野瞩目的政治家和军事家。

可以毫不夸张地说:左宗棠后来能够飞黄腾达,成为"中兴名臣"之一的"左文襄公",在历史上焕发出夺目光彩,都与此大有关系。

晚清长沙绅士杨书霖在《左文襄公全集·奏稿》附卷《跋》语中说:左宗棠"生平功业,权舆于此"。

主持整理编辑《左宗棠全集》,对左宗棠深有研究的湖南省社会科学院研究员刘泱泱先生也说:八年的幕府生涯,是左宗棠生平事业发展中的一个重要阶段……可以说,没有这一段幕府生涯,左宗棠就不可能有稍后的飞黄腾达,他的后期也就不可能焕发出如此夺目的光彩!

他们的评论,都是十分中肯的。

写到这里,我们不要忘了左宗棠的两位幕主。正是张亮基和骆秉章领导有方,知人善任,才给左宗棠提供了发挥聪明才智、建功立业的广阔舞台。像左宗棠这种有能力、有脾气、有个性的人,一般人是很难驾驭的,也是很难与其长期合作共事的。但他两次入幕,与张亮基和骆秉章都配合得非常好,尤其是在骆秉章幕府,时间长达六年之久,两人珠联璧合,共相支撑,这就不能不佩服他们作为上司的高明之处。张亮基和骆秉章确实有一般人达不到的气度和胸怀,作为领导人来讲,这就是一种非常可贵的品德和了不起的才干。

有人说:骆秉章之功,皆系左宗棠之功。这话固然有一定道理,听起来也很舒服,但毕竟没有全面反映事实。因为如果没有骆秉章的知人善任,左宗棠有再大的本事,也发挥不出来;有再高的智谋,也没有用武之地。正因如此,杨书霖在《左文襄公全集·奏稿》附卷《跋》语中才会说:"乡非二公知公之深,信公之笃,夷畛域而忘猜忌,公必不出,即出亦不能尽其才,则湖南危而大局将不搘矣。"他于是进一步感叹说:"而二公之知人善任,相与有成,亦非时贤之所能及也夫。"

因此，湖南的治绩，应该是骆秉章和左宗棠共同协作配合的结果，很难截然分出究竟是谁的功劳，谁沾了谁的光。所以王定安在《湘军记》卷二《湖南防御篇》中说："时论以宗棠善谋，秉章善任，两贤之。"

左宗棠对骆秉章也是始终佩服和推崇的。毛鸿宾做湖南巡抚后，曾于咸丰十一年写信给左宗棠，询问骆秉章治湘有何良策，左宗棠不仅详细列举骆秉章主政湖南期间取得的政绩，而且极口称赞他在湖南做巡抚"前后十载，德政既不胜书，武节亦非所短"。"其靖未行之乱，不动声色，而措湖湘如磐石之安，可谓明治体而识政要，非近世才臣所能及也。"左宗棠甚至认为，当时称为有才有德的那些人，和骆秉章比起来，其实都差得很远。

目空一切的左宗棠，对名满天下的曾国藩和胡林翼都公开说过他们不如己，对骆秉章的评价却如此之高，确实有些意想不到，然而却真切地反映了事实。

14. 左宗棠并不是全才

左宗棠当然不是全才。在湖南幕府期间，工作上他也遇到过许多难题，有时甚至感到焦头烂额。

左宗棠虽然一直喜欢将自己比作诸葛亮，但对于一般政务的认真程度远远比不上事必躬亲的诸葛亮。他只喜欢谋划军机大事，最讨厌繁文缛节。可是既然主持幕务，就免不了要代主人批阅下属报上来的司法案卷，同时要替主人起草上报朝廷的司法文书。做了一阵子后，他经手的案件卷宗大多被刑部驳回，不是被批使用律例错误，就是说其他方面还存在漏洞。左宗棠为此大发牢骚，又想撂挑子不干了。

老朋友胡林翼听说此事，赶紧从湖北写了封信给他。信中说："闻先生终日劳神案牍，竟无片刻之暇，窃谓宜再延一精晓例案之刑名幕友，专管咨题文案，而先生专管例外之奏折及例案外之文批，则精力有余，智慧更大，谋画（划）更镇定而有余。"（《胡文忠公遗集》卷五十七）也就是建议湖南巡抚衙门另外聘请一位"精晓例案"的刑名幕友（俗称刑名师爷），让其专门负责司法审判方面的事务和草拟判稿，左宗棠自己则专掌军政大事的奏章。

接着胡林翼又举西汉太尉周勃统兵百万而不识司法案牍的故事，说明大才不会处理司法审判细节的问题由来已久，无足为怪，也不用劳神去弄懂。

官场老手胡林翼也为此叹苦经："大清律易遵，而例难尽悉；刑律易悉，而吏部处

分律难尽悉。此不过专为吏部生财耳,于实政无丝毫之益。夫疆吏殚竭血诚以办事,而部吏得持其短长,岂不令英雄短气乎?"(《椒生随笔》卷五)

清朝的法律之所以错综复杂,不仅让英雄气短,而且连许多专业人士甚至吃了一辈子法律饭的人常常感到头痛,是因为在正律之外,又有则例,既前后抵触,又不无歧异。

清朝的正式法律,是顺治四年(1647)三月颁行的《大清律集解附例》(俗称《大清律》),这是清朝第一部完整的成文法典。以后又根据需要,地方上和朝廷各个重要部门都分别制定了一些临时性的带有行政法规性质的规定,称为《现行则例》,于康熙十九年(1680)颁行。雍正五年(1727),颁行《大清律集解》,将律例与则例合为一体。乾隆五年(1740),对《大清律集解》重加修订,并改名为《大清律例》。而后,又多次纂修《大清律例》,附例也迭经修改,纂入新例,"而例遂愈滋繁碎"(《清史稿·刑法一》),竟增至一千八百九十二条之多,且都是律外之例。

按理说,则例是带有行政法规性质的规章制度,其权威性远远小于正律,然而清朝却规定:在实际判案工作中,有例不用律。这样一来,法律多成虚文,则例的实际地位和作用逐渐凌驾于正律之上。加之这些则例都是陆续编订发布并随时修改补充的,于是"其间前后抵触,或律外加重,或因例破律,或一事设一例,或一省一地方专一例,甚且因此例而生彼例,不惟与他部则例参差,即一例分载各门者,亦不无歧异"(《清史稿·刑法一》)。这就为官吏的舞文弄法预留了广阔的空间。

事实上,清朝地方官员普遍缺乏相应的行政能力和素质,通晓律例的官员更是少之又少,他们更多的是法盲或准法盲,解决办法就是聘请幕友,在幕后出谋划策,草拟判稿。有些心术不正的师爷,便假公济私,从中渔利,有的甚至公然颠倒黑白,栽赃陷害。为此,清朝名幕汪辉祖曾如是说:"吾友邵二云(晋涵)编修言:'今之吏治,三种人为之,官拥虚名而已。三种人者,幕宾、书吏、长随。'诚哉言乎!今之为治,必不能离此三种人。"(《学治续说·用人不易》)清朝所谓的"师爷专政",指的就是这种情况。

胡林翼这封信写于咸丰三年正月二日,正是左宗棠入幕的最初阶段。他上岗前既没有经过专门司法培训,工作后又没有多少司法实践经验,要代主人起草、批复司法公文,难度自然相当大了,在工作中遇到难题,也就势所必然,毫不奇怪。

15. "忘(王)八蛋,滚出去!"

在湖南幕府,左宗棠不仅遇到过许多难题,而且麻烦不断。

由于左宗棠包揽了湖南军政大权,致使布政、按察两司长官包括巡抚本人都成了伴食,特别是由于他实行的方针政策,如伸张绅权、抑制官权和剔除钱漕积弊等等,均不同程度损害了官场和社会上一部分人的利益,因而不可避免地要遭受这些人的嫉恨和反对。

入幕才一年余,左宗棠即被"自私自利四字蚀尽"的官场所"积毁"。他对自己"所处之地,介于不绅不幕之间,踪迹太幻,早已为世所指目"的尴尬处境虽然十分无奈,可是仍然"毅然任劳怨,谤议颇起,然未尝稍自卸"(《湘军记》卷二《湖南防御篇》),为维护封建统治秩序竭智尽忠。他函告胡林翼说:"我辈此时已抛此七尺性命,在所不计,则怄气受苦恼,又其小者矣。事到无可如何时,不必计较成败利钝,与己之堪此与否,且索性做去为宜。在事一日,且做一日。除正事外,不必多作一想,多起一念,转安静也。"在写给王錱的信中,左宗棠甚至这样说:"弟以无学之身,处机要之地,所以不敢遽去者,桑梓之故耳。救一分算一分,保一日算一日,否则殉之而已。"如改变钱漕征收办法时,布政使文格曾"百计挠之",州县官吏甚至以"不肯收漕"相抗,但左宗棠毫不动摇,且严加惩处。

这样,左宗棠在全省内外和朝野上下都声名鹊起的同时,对他的不满和嫉恨情绪也在日积月累,与日俱增。到咸丰九年,终于借樊燮一案爆发出来。

樊燮是湖北恩施人,参军后有点军功,加以会交结,便逐步升到湖南永州镇总兵的位置,地位相当于如今的军分区司令。然而这个人的官声很坏,"同城文武员弁、兵丁,无不咨怨"(《骆文忠公自订年谱》卷上)。

咸丰八年冬天,骆秉章赴京陛见,向咸丰皇帝参了樊燮一本。第二年二月二十八日,骆秉章派员深入实地调查取证后,再次具文参劾樊燮。

骆秉章参劾樊燮的理由主要有三:一是樊燮严重违例坐轿子;二是让士兵给自己干私活;三是损公肥私,乱报开支。

清朝制度规定,武官不能坐轿子,只能骑马。武官要行军打仗,必须保持强健的体魄,如果像文官一样坐轿子,身体就会变弱,意志就会减退,还怎么带兵打仗?樊燮作为军人,却偏要摆文职官员的谱,出门从不骑马。他不仅非坐轿子不可,而且出入都要乘坐绿呢四轿。据说樊燮检阅新兵训练都坐在轿子里观操,永州百姓因此编了一条歇后语讽刺他:樊总兵阅兵——坐着看。

樊燮还长期抽调士兵到家里干私活,什么都得干,连姨太太的衣服都让士兵洗。他表面上是使唤军队的人,实质上是挪用公家的钱——用士兵做佣人,自己就能省下雇工的钱,岂不是变相挪用、贪污军费?

更为重要的是:樊燮抽调大量士兵到城里当佣工使唤,一旦遇上战事,不仅战斗力大大降低,而且能上战场的兵员也会相应减少,这些年正是永州镇"辖境军务紧要、存城标兵不敷派拨之时",樊燮竟敢如此"玩视军务,希便私图",自然"实为军政之蠹"。

不仅如此,樊燮家里建房以及他平时抽烟、喝酒、打牌、购物甚至玩女人的花费,都在军营里实报实销。仅提用军饷一项,有据可查者九百六十余两,公项钱三千三百余串,米折银两更多。

这樊燮就像如今的陈水扁,一点也不含糊,干脆公私不分,把公款当成自家的钱,想用就用,想拿就拿。

湖南财政本来就非常吃紧,士兵的饷钱也难凑够,可是上级给士兵发的月饷大都被樊总兵私用了,弄得士兵饿肚子,下级军官敢怒不敢言。

樊燮如此无法无天,是背后有座大靠山,那就是湖广总督官文,因为官文的爱姬是樊燮的亲戚。当时,湖南提督(相当于省军区司令)出缺,官文已经荐举樊燮替补这一职位。有趣的是,官文的荐折递到北京没几天,骆秉章就上了参劾樊燮的奏折。

咸丰皇帝看到骆秉章的奏折后,非常恼火,批示:"樊燮着交部严加议处,即行开缺;所署湖南提督印务,并着官文另行派员署理。"这下,樊燮不仅做不成湖南提督,连永州总兵也丢了。

地球人都知道,左宗棠是湖南的二巡抚,骆秉章的重要奏折大都由他起草,甚至由他直接发出,这个弹劾案十有八九也是左宗棠的杰作。疾恶如仇的左宗棠如果知道省内有德性如此之差的军官,肯定会想尽一切办法让他滚蛋,否则他就不是左宗棠了。

光绪九年,左宗棠写给郭嵩焘的一封信中,提到骆秉章弹劾樊燮的奏疏,确实出自自己之手:"后弟因官相猜忌,以骆中丞参樊燮疏出弟手,含沙射之。"

为了逃脱惩罚,争取主动,樊燮当然要想办法进行弥补。解铃还须系铃人。樊燮便前往长沙拜谒左宗棠,也就是到他那里走后门,看看有没有咸鱼翻身的可能。

清代官场有条不成文的潜规则,就是下级要向上级的幕友馈赠礼金,号为"幕敬"。平时也要礼貌周到,如有得罪,祸不可测。

左宗棠是个目空一切的狂才,不把一般官员放在眼里。樊燮既是戴罪之身,又有事求上门来,态度上理应表现得十分谦卑。可是不知道他哪根筋没有转过来,总之见了顶头上司骆秉章,樊燮还知道垂手单腿跪着行大礼,见了左宗棠,却仅仅是拱了拱手表示礼节性问候。

左宗棠看他本来就不顺眼,现在当然更是不爽,于是当即大声呵斥道:"武官见我,无论大小,都要请安。你为什么不请安?!"

平时作威作福惯了的樊燮一看这个架势,早把此番前来的目的和自己目前的处境忘得一干二净,于是一不留神就顶撞了一句:"朝廷体制没有规定武官见师爷要请安。武官再受轻视,可我毕竟是朝廷二品命官,凭什么给你请安?"

樊燮说的不错。若按朝廷体制,他确实没必要给左宗棠请安。可他忘了自己面对的是湖南"二巡抚"左宗棠,自己又是为了什么才跨进这道门槛的。俗话说:"人在屋檐下,不得不低头。"你既然做了那么多坏事,如今又求上门来,怎么还能摆二品命官的架子,讲什么朝廷体制不体制?

左宗棠也没有料到樊燮会是这个态度,平时伶牙俐齿的他,一时竟被樊燮反驳得哑口无言。他不由恼羞成怒,就脱口大骂了一句:"忘(王)八蛋,滚出去!"骂完还不解恨,就想上去踢樊燮一脚(也有说是想打樊燮耳光,但都被人劝阻)。樊燮于是悻悻退出。

樊燮受此羞辱后,便发誓要报复左宗棠,出出这口恶气。

他于是怀着满肚子委屈和怨恨回到了老家湖北,添油加醋地把左宗棠如何骄横跋扈、独断专行并且羞辱朝廷命官的情形向官文哭诉了半天。樊燮还将永州知府黄文琛一同告上,说黄知府与左宗棠合谋陷害他。

樊燮之所以要将黄文琛列为被告之一,是因为有一次黄去岳州出差,恰好遇上在那里巡视工作的骆秉章,于是不管出于礼仪,还是为了请示汇报工作,黄文琛都必须拜见骆秉章。同城为官的樊燮与黄文琛早有积怨,此后不久偏偏发生了骆秉章参劾樊燮这件事,做贼心虚的樊燮于是坚决认定:黄文琛必定在骆秉章面前告了他的黑状。

对骆秉章参劾樊燮本来就不舒服的官文,听了樊燮的一面之词后,更是恼羞成怒:打狗还要看主人呢,左宗棠一个小小的师爷,居然敢这样对待我官某的人,岂不是翻了天了?!他于是不仅决定参劾左宗棠,而且要将他置于死地。

说到这个官文,就不能不费些笔墨顺带介绍一下。

这是一个既昏庸又贪婪的满洲贵族,不仅生活上奢侈无度,贪得无厌,而且"于兵事未曾用心,亦毫无定见,但知何处请兵,即敷衍何处而已"。(《道咸同光名人手札》第一册)

然而就是这么一个没有多少能耐的人,却因为是满洲人,又很会结交上层权贵,加上一些小小的运气,居然很快当上了高官,成为主政湖南、湖北两省的封疆大吏。

左宗棠对官文一向十分鄙视,曾讥斥官文治下的湖北"政以贿成,群邪森布,深

为可忧",其所作所为"无一非酿患之事"。

给王鑫写信时,左宗棠甚至透露了湖南方面有弹劾官文的想法:"自张石帅(亮基)去后,湖北无好督。近闻大官专以酿乱为事,尤恐一击不中,恶焰益张。此则关乎两省治忽之机,非人力所能及也。静观天时人事,每用深忧。"

左宗棠还常常公开与官文为难。咸丰五年,官文派人到湖南劝捐,结果被左宗棠顶了回去。六年,左宗棠委派由他一手扶植起来的"老湘军"王鑫部从岳州进兵湖北,接连收复四县。官文便想通过奏请加王鑫按察使衔,以道员留用的办法将王部湘军置于他的控制之下。左宗棠看出官文的不良用心,立即将王鑫调回湖南仍驻岳州,并致函王鑫说:"此公(官文)为众所不与,润公(胡林翼)已与构隙",如留在官文处,无异于"明珠暗投"。给王鑫的另一封信中,左宗棠甚至怒不可遏地责问说:"吾省裹粮卷甲代鄂剿贼,而鄂并夺之,其与葛伯仇饷何异?"从此双方更是"嫌隙已深,伏而未发者数年"。

"葛伯仇饷"典出《孟子·滕文公下》:夏商时期,葛国与商汤为邻,葛伯放纵无道,不祭祀先祖。祭祀祖先在当时是很重要的国务活动,商汤于是派人责问他:"为什么不祭祀?"葛伯说:"我们没有祭祀用品。"商汤派人送来了牛羊等祭祀品。葛伯把这些牛羊吃了,仍然不祭祀。商汤又派人责问:"为什么还不祭祀?"葛伯说:"我们没有祭祀用的五谷。"商汤又派人到葛国种地,安排老人孩子给种地的人送饭。葛伯带人抢了送来的饭菜,还威胁说谁敢反抗就杀了谁。有个孩子不惧威胁,将饭菜送给种地的人吃,葛国果真杀了这个孩子。《尚书》上说的"葛伯仇饷(仇视送饭菜的人)",讲的就是这件事。后来商汤出兵灭了葛国。

左宗棠引用这个典故,是说湖北恩将仇报。

左宗棠在为湖南巡抚致湖广总督所拟的公文中秉笔太直,对官文也多有冒犯。

凡此种种,都让官文非常不爽,有时甚至恨得牙根痒痒。但由于正值太平军压境湖南、湖北,两湖地区一片糜烂的非常时期,所以无论是湖广总督官文,还是北京的咸丰皇帝,都不得不借助骆、左等汉族官僚抵抗太平军。作为坐镇武汉的钦差大臣,满族权贵官文更是需要汉族官僚为他"左抵右挡",维持两湖局面,来为他的"钦差"脸上增光。在这种情况之下,左宗棠的表现再怎么出格,官文耳边有再多的流言蜚语,眼里有再多的看不惯,心里有再多的怨气,也只能暂时忍耐,表示他"不惟不咎秉笔者,即主政者亦并不怪",摆出一副"廓然大公,所见者大"的样子,实际上他早已积怨于心,等待时机给对手以致命的打击和报复。(《湘军史稿》第四章第二节《与满族贵

族关系的初步调整》)

如今形势已经完全改观,太平军已被基本逐出了两湖,官文可以毫无顾忌地出重拳打击对手了。

刚好湖南布政使文格平时对左宗棠也多有不满,极力唆使樊燮出面呈控,官文便与文格合谋,利用"樊案"共同发难。

16. 左宗棠与文格的恩怨和满汉矛盾

为了便于读者理解文格为什么要墙倒众人推,趁机推波助澜,极力唆使樊燮控告左宗棠,就不能不把此人与湖南官场的关系介绍一番。

文格是盛京(今辽宁)锦州人,隶满洲正黄旗。道光二十四年(1844)文格中进士后,授工部主事,掌管工程营造和山川治理。咸丰初年,文格曾做过会试同考官,因其办事干练,受到皇帝表扬。咸丰四年,文格即升任广西按察使,第二年改任湖南按察使,同年又升任湖南布政使。

文格的仕途之所以如此顺畅,除了本身是满人,且小有能力外,还与得到左宗棠的欣赏和帮助不无关系。

王闿运的《湘军志·湖南防守篇第一》中有这样的记载:"幕客左宗棠,雅善衡永道文格,文格时擢广西按察,不欲往,因奏以文格署按察使。"

按照这种说法,早在文格还是衡永郴桂道道员的时候,就跟左宗棠的关系非常密切。当时他已被提拔为广西按察使,但他不想去那里工作,就找左宗棠帮忙疏通关系。左宗棠利用他对湖南巡抚骆秉章的巨大影响力,最终使文格留在湖南担任按察使。当年,文格又进一步受到提拔,成为布政使,在湖南官场上的地位仅次于骆秉章。

得到左宗棠提携和帮助的文格,照理应该终生感谢他才对,后来怎么翻手为云覆手为雨,成了暗中陷害朋友和恩人的小人呢?

这是因为文格的地位变了以后,许多事情也会发生微妙变化。

首先是在人员任用方面,骆秉章和文格产生了严重分歧。

当时,一位名叫黄淳熙的知县,因为性格刚强、为人正直得罪了上司,就以身体欠佳为由,辞职赋闲在家。骆秉章了解他是一个能干廉洁的官员后,亲自登门拜访,不仅强迫他出来工作,而且于咸丰七年直接任命他为湘乡知县。

清朝的地方官制,布政使实际上是一省行政长官,上承朝廷旨令,下帅府、州、县官。后为加强统治,设置总督、巡抚等官,布政使权位乃轻,渐居次要,但仍管一省财赋及人事。

骆秉章不与文格商量,不经布政使司发文,就直接任命黄淳熙的官职,这既是当时的特殊形势所决定,也与骆秉章(主要是左宗棠)的办事风格有极大关系。面对既成事实,文格虽然既惊讶又恼怒,但也无可奈何。

另外,一手遮天、舍我其谁的左宗棠在湖南官场开展整风运动后,选拔能人担任地方长官。知府当中,宝庆朱孙诒、衡州陆传应、常德葆亨,都是能人;州县一级官员中,道州冯昆、邵阳邵绶名、湘乡唐逢辰、东安赖史直等人,也都非常不错。这些人的官声虽然有好有坏,但都敢于任事。这时清廷有诏,要求地方推荐能够胜任道府的官员,湖南方面就上疏陈述朱孙诒等人的政绩。

文格不仅反对这个动议,而且对提拔重用赖史直尤其有看法。原来赖史直担任东安知县时,县城曾经失守过,对此不仅不议罪,反而提拔重用,他当然很有看法。然而,这只是文格能够摆上桌面来谈的冠冕堂皇的理由而已,真正的原因其实是他认为赖史直等人是左宗棠和骆秉章那条线上的人。

但是,按照骆秉章的说法,赖史直虽然"上年县城失守",但很快又亲自带人"随同克复",并且"已蒙天恩逾格免其治罪",而他在东安工作期间,"政声尤著,士民爱戴,迥异寻常"。对于这样的官员,骆秉章和左宗棠大胆任用,破格提拔,又有什么不应该呢?

后来,黄淳熙和赖史直等人都得到提拔,文格想用的几个人却一直坐冷板凳。这些,都令文格极为不满,并怀恨在心。

《湘军志·湖南防守篇第一》还记了另外两件事:一是"又案扬州例,榷商贾货厘,设厘金局,自为收支,以裕麟总之,藩司列衔画行,莫能问其数"。二是"省城大政,则盐道裕麟、委员王加敏得与操纵之柄,自余司、道,拱手而已"。

也就是说,左宗棠在湖南举办厘金,征收商品交易税和开辟税源,征取盐茶税时,都是任用他所欣赏的裕麟和王加敏等人来管理,作为布政使的文格不仅插不上手,而且连说话的地方都没有。

骆秉章采纳左宗棠的建议,在湖南剔除漕弊时,本来就极大地影响了包括文格在内的一些人的收入,如今在用人行政上又独断专行,把湖南名义上的二把手文格彻底晾在一边,理应由布政使司掌握的人事、财政大权统统旁落而完全听任师爷左宗棠"胡作非为",文格当然极为恼火。

文格本来就是一个比较贪婪的人。如他后来担任山东巡抚,为了弥补在湖南期

间的损失,变本加厉地索贿受贿,终于被人告发而被罢官。一个这样的人,自然无法长期忍受骆秉章和左宗棠联合行政、独断专行的现状。

于是不论从自己的切身利益还是官场的权力分享上,文格都迫切希望能对湖南的权力结构进行改变。而要实现这种改变,最便捷有效的途径和方法,莫过于对骆秉章倚重的左宗棠下手,打破骆、左联盟结构。只要把左宗棠搞掉了,骆秉章就成了一具泥菩萨,随便洒上几滴水,即可将其溶化,而文格本人则完全有希望升任巡抚,可谓一石二鸟,妙不可言。

在此种情况下,左宗棠原来对文格的那点私人恩情,在只有永远的利益没有永远的朋友的官场上,又算得了什么呢?

一直在暗中窥伺,像躲在阴暗角落里的老鼠一样不怀好意的文格,知道樊燮将对左宗棠进行控告时,认为机会终于来了。

文格于是一方面怂恿樊燮到湖广总督衙门进行控告,并出主意要他去都察院京控,把事情闹得越大越好;另一方面又把自己平时掌握和收集的所谓罪证材料全部交给樊燮,让他写进控告书中。同时,他还亲自出马,利用他跟湖广总督官文都是满人的便利条件,暗中向官文煽风点火。

区区"樊燮案"能够掀起这么大的政治波澜,文格这条"白眼狼"确实起了十分恶劣的作用。如果不是他提供的"重磅"控告材料,左宗棠所谓的"劣幕"罪行,就不可能罗列得那么具体和详细。

常听官场中人说自己只有公仇,没有私敌,似乎这样就可问心无愧,就能高枕无忧,其实完全不是如此。

不信请睁大眼睛看看,官场中发生的那些尔虞我诈、钩心斗角事件,有多少是由真正的私恨引发的?什么时候能够分得清是公仇还是私恨在其中发挥主导作用?所以官场中人除非不直接发生权力和利益冲突,否则不仅公仇可以转化为私恨,而且恩人也会变成仇人。

对官场中人来说,权力才是唯一的看重,利益才是永远的追求,其他的,神马都是浮云,都可以忽略不计。说翻脸就翻脸,说决裂就决裂,说你死我活就你死我活,毫无情义可言。

满族权贵在此时出重手打击左宗棠,除了官场间的权利之争外,还有更深一层原因,就是统治集团内部始终存在的满汉矛盾。

清朝以少数民族入主中原,历朝皇帝又世代相承地执行民族歧视政策,所以满汉

矛盾始终存在。而在镇压太平天国起义过程中，随着汉族官僚（主要是湘军将领）地位的上升，又导致了当局内部满汉矛盾的加剧。

这种矛盾，在湖南主要表现为骆秉章、左宗棠与布政使文格（满人）之间的嫌隙；在两湖地区，主要是湖广总督官文（满人）和骆秉章、胡林翼、曾国藩之间的权利之争。

在太平天国起义的烽火中登基的咸丰皇帝，虽然不得不依靠汉人的力量，让他们充当马前卒去镇压太平天国起义，但对汉族官僚一直心存疑忌。他为此特派官文为钦差大臣、湖广总督，并在上谕中一再强调"军务营伍，均该督专责"，不仅严格限制湖北巡抚胡林翼的权力，而且对手握重兵的曾国藩尤其不放心，因而不管曾国藩如何"忠诚自矢"，湘军如何舍命苦战，总是不能获得清廷的信任。相反，曾国藩的功绩越大，声望越高，清廷对他的疑忌也越深，因而长期不给他实职，搞得曾国藩"几于通国不能容"。洞悉此中奥秘的曾国藩为此牢骚满腹，但又深感恐惧，很担心落得鸟死弓藏、兔死狗烹的结局。所以咸丰本人对左宗棠在湖南的地位和作用尽管有所了解，对左宗棠本人也有好感，并希望他能够为朝廷所用，但一旦遇到汉人和满人有了纷争时，咸丰还是更容易相信满族权贵官文的话，并乐于满足官文等人的要求，迅即将左宗棠交由官文处理。

这是因为，在湘军的三个核心人物（曾、左、胡）中，唯独左宗棠官卑职小，自身不掌握武装，地位最为脆弱，他首先成为统治集团内部斗争的牺牲品，也就势所必然。

17."良幕"怎么是"劣幕"

樊燮的控告，可谓不迟不早，正是时候，官文当然如获至宝，于是当即上奏朝廷，参劾左宗棠为"劣幕"，并说湖南巡抚衙门是"一官两印"，意思是湖南巡抚衙门出了个品行恶劣的幕友左宗棠，他专横跋扈，越权干政，湖南只有一个巡抚，印把子却握在两个人手里，大权如此旁落，还成什么体统！再这么搞下去，满人的江山都要改变颜色了！

官文的这两个参劾，并非不实之词。

左宗棠按照自己的意思，写奏折拟公文，常常不经骆秉章过目，便以巡抚的名义发出，盖的印是巡抚的，这都是事实。

左宗棠和其他师爷完全不一样，他不是藏在幕后，而是在第一线处理公务。骆秉章也完全失去了分寸。他出于对左宗棠的高度信任和倚重，把军政事务一律托付给他，全都听凭他处置，自己乐得当甩手掌柜。左宗棠也当仁不让，毫不避嫌，该说就说，该干就干。

在左宗棠操持下，湖南对内整顿社会秩序，对外省给予经济和军事援助，虽然显示出了强省风范，也使左宗棠在政界声名鹊起，但他的所作所为，说轻些是越俎代庖，说重些是越权干政，确实是犯忌的。

根据大清朝律例，幕友没有任何官场身份，也不能抛头露面，只能隐身在幕主身后出谋划策，处理文档。

左宗棠却完全不管这些，将所有条条框框和清规戒律全都打破，该说就说，该干就干，颐指气使，舍我其谁，完全进入了二巡抚角色，毫无顾忌地从幕后走上前台。

这种严重超越常规的行为，确实为法纪所不容；官文参劾左宗棠为"劣幕"，也确实没有冤枉他；而所谓的湖南巡抚衙门"一官两印"，更是落在官文手里一个有力的把柄。

咸丰六年，左宗棠给王鑫写信时，曾自信满满地说过这样的话："我辈闲云野鹤，未入樊笼，岂若辈所能羁束哉？"意思是我不是体制中人，你官文能拿我怎么样？

左宗棠可能做梦都不会想到，官文如今只需轻轻拨弄"劣幕"两字，就能把他彻底打趴下！可见官文的正经本事虽然没有多大，整起人来还是十分在行的。

更要命的是左宗棠的脾气非常不好，责任心又太强，稍不顺心就训人，难得给人好脸色。

不管是自觉还是不自觉，左宗棠确实把自己当成了湖南的二巡抚，很想代骆巡抚把所有工作处理得有条不紊，把全部事务办理得妥妥当当。

可左宗棠就是没有去想：中国是个很讲究中庸和名分的国家，真正的巡抚，因出于皇帝的任命，有了与职权相统一的名分，凡巡抚以下的文武官吏，都必须绝对服从他的领导，即使他刻薄寡恩甚至胡作非为，人们也只能忍气吞声，默默承受。但如果并无巡抚之名而操巡抚之权，那情形就大不相同，人们就会反感和厌恶。尤其是巡抚以下的各方大员，差巡抚不过一阶，是响当当的省级领导，较之左宗棠的在籍举人和幕府师爷身份，地位不知高多少。若在平时，举人见了省领导，早就点头哈腰，作揖打躬，现在只是因为骆巡抚的过分倚信，左某人就如此不知天高地厚，大眼都不瞧这些人一下，把他们全都当成木偶和摆设，这不像是一只爬上秤杆的老鼠，称不出自己几斤几两么？于是久而久之，左宗棠与巡抚底下的各方大员，就难免发生许多不愉快，甚至积下很多怨仇了。

平常对左宗棠敢怒不敢言的人，见他终于遇上大麻烦了，无不幸灾乐祸，弹冠相

庆。有人甚至在左家大门上偷偷写下了"钦加劣幕衔帮办湖南巡抚左公馆"几个大字，以发泄心中的不满和怨恨。(《暝庵杂识》卷二)

可以这样说：在有些人心目中，左宗棠早已不是善类，而是一个招摇太甚，树敌过多，让人很难理解和接受的怪物了。

左宗棠在湖南巡抚衙门所做的一切，既然严重超越了幕友身份，不合制度，也不合礼制，在六年多时间里，为什么无人公开提出质疑和批评，上面也不追究，非要等到"樊燮案"爆发之后，才一起算总账？

原来到了晚清的时候，由于官员普遍无能，又忙于各种官场应酬，他们既无心思和能力处理好公务，又不屑于具体事务，师爷于是从"佐官以治"变成"代官以治"，从后台跳到前台，竟成为国家日常运作中一股不可或缺的势力。朝廷对此尽管大为光火，却又像猴子捡到一块生姜，欲吃不行，欲弃不舍，也就只好顺其自然了。

可以这么说：师爷作用的过分膨胀和官幕错位现象，既是晚清官场所独有的，也是长期存在的普遍现象，朝廷虽然洞悉其弊，却又无力解决，最后只能在权力冲突中寻求妥协。这一切无疑是专制政治外强中干的表现。

官文的参劾不仅有事实依据，而且出手极其阴狠。因为按照清廷"钦定"的律例，官员纵容幕友出署结交者，革职；督、抚、藩、臬接用旧任幕友，使其始终占据要津者，议处；督、抚如果听任幕友出署往来交结，被人参劾，即将督、抚治罪。

官文将左宗棠定性为"劣幕"，并说湖南巡抚衙门是"一官两印"，其阴险之处就在于不仅仅是针对左宗棠一个人，而是连骆秉章及其前任张亮基也牵扯进来了。

对曾国藩等汉族大臣历来极不放心的咸丰皇帝一见官文奏折，果然产生了高度警觉，在上谕中不仅有"劣幕把持"之语，而且下令官文与湖北正考官钱宝青查办左宗棠："左某如果有不法情事，即行就地正法。"(《清稗类钞·荐举类》)他显然要杀鸡给猴看，借此打压汉族官僚的气势和威风，给他们一点颜色看。

官文奉旨后，即传令左宗棠对簿武昌。胡林翼凭着与官文不错的私人情谊，极力劝解，才没有马上将左宗棠逮捕。

为了避免事态扩大，也为了不牵连其他人，咸丰九年十二月(1860年1月)，忧谗畏讥、痛感官场险恶的左宗棠，决定"藉会试一游京师，脱离此席，非敢再希进取，以辱朝廷，而羞当世之士也"。于是向骆秉章告辞，推荐"小亮"刘蓉以自代，黯然离开湖南巡抚衙门，结束了他的第二次也是最后一次幕友生涯。

对于"血诚办事"的左宗棠来说，这无疑是一个令人愤慨的悲剧。

18. "国家不可一日无湖南,而湖南不可一日无宗棠"

左宗棠被迫退出湖南幕府后,于咸丰十年(1860)正月二十八日从长沙启程,准备到北京参加为咸丰皇帝三十华诞而特开的"恩科"会试。

三月初,左宗棠冒着风霜雨雪行抵湖北襄阳。襄阳道毛鸿宾向左宗棠出示了胡林翼的密函,告诉他"含沙者意犹未慊,网罗四布,足为寒心。"(《胡林翼年谱》卷三)只能暂时忍耐,静等机会以图东山再起。左宗棠这才意识到自己的处境有多么险恶。

一时进退两难、走投无路的左宗棠只好临时改变主意,不再北行,而是沿江东下,去了英山的胡林翼处。

但这里离武昌较近,一旦走漏风声,被官文知道,会产生很多麻烦。

左宗棠很快离开英山,到了安徽宿松曾国藩大营。

左宗棠想在曾国藩帐下当一个营官,带上五百人冲锋陷阵,战死沙场。他宁愿拼死在同太平军作战的疆场,也不肯"死于小人"之手。

这次会试左宗棠虽未去成,却在科举史上留下了一桩趣事。

据《瞑庵杂识》卷二记载,京城中的士大夫们听说左宗棠要来北京参加当年的会试,就放话给考官们听:"你们这次可不能再失掉左宗棠。"考官们都渴望将左宗棠收为自己的门生,同时也不想让人说自己没水平,连左宗棠这样的大才都发现不了。阅卷时,他们看到一分卷子"甚奇伟",就认定是左宗棠的考卷,于是毫不犹豫地将其录取。发榜时,才发现弄错了,考生原来是湘潭人黎培敬。

更让左宗棠意想不到的是,事情很快出现了转机,一步步朝着有利于他的方向发展。

与左宗棠十分要好的几个重量级朋友,得知他在湖南幕府遭遇重大麻烦的消息后,立即秘密展开了紧张的营救工作。

在这一营救过程中,首要的关键人物是执掌军机的肃顺。

肃顺是咸丰的大红人,官至户部尚书、协办大学士。他虽是满人,却非常重视利用汉族官僚拯救朝廷于危难之中,曾国藩就是得到他提携的英才。

肃顺还在皇帝面前说过这样的话:"满将帅腐败不可恃,非重用汉臣不可。"(《春冰室野乘·高心夔遗事》)

《花随人圣庵摭忆》则说:"肃顺秉政时,待各署司官,眦睚暴戾,如奴隶若,然惟待旗员则然,待汉员颇极谦恭。尝谓人曰:'咱们旗人浑蛋多,懂得什么?汉人是得罪不得的,他那支笔利害得很。'故其受贿,亦只旗人,不受汉人也。汉人有才学者,必罗而致之,或为羽翼,或为心腹,如匡源、陈孚恩、高心夔,皆素所心折者。曾国藩、胡林翼之得握兵柄,亦皆肃顺主之。"

肃顺曾经嘱托过曾国藩注意提携人才。此次湖南出事,他当然十分关心。

他把此事告诉了自己的幕友高心夔,并指示其赶紧行动。

高心夔很快将此事告诉了肃顺的"西席"(旧时家塾教师或幕友的代称)、湖南名士王闿运,王闿运又告诉了在南书房工作的郭嵩焘。

郭嵩焘是左宗棠的同乡好友,历来欣赏和佩服左宗棠的思想和能力。听到左宗棠遇到大麻烦,郭嵩焘又吃惊又紧张,当即要王闿运偕同高心夔去找肃顺,非得请他亲自出面营救不可。肃顺爽快答应了,但说:"必须有人保奏左宗棠,等皇上问起此事时,我才好从旁说话,这样皇上也能听得进。如果直接跟皇上说,弄得不好还会起疑心。"

王闿运将肃顺说的意思转告了郭嵩焘,要他赶快找一重臣奏疏保荐左宗棠,郭嵩焘毫不犹豫地答应下来,并马上想到了同在南书房工作的潘祖荫。

潘祖荫是咸丰二年探花,才华横溢,时任南书房侍读学士,是当时有名的翰林,也是皇帝身边的红人。他的祖父,就是赫赫有名的状元大学士潘世恩。潘祖荫写诗、作文、起草公文,可以说有祖传基因,倚马可待,落笔成章。他毕生还有两大嗜好,一是收藏书画古玩,二是结交天下名士。

当时,郭、潘虽同在南书房上班,两人友谊也十分不错,但能否请动他保奏素不相识的左宗棠,开头郭嵩焘心里也没有底。思来想去,郭嵩焘于是定下一条"计赚"之策。

此事记载在《清稗类钞·荐举类》之中。

郭嵩焘先将保奏左宗棠的奏折写好,然后带上三百两银票,直接上潘祖荫家。

两人一见面,郭嵩焘就指着潘祖荫说:"伯寅(祖荫字),为何这么久不请我去莲芬家喝酒啊?"

莲芬姓朱,为当时名旦,是潘祖荫的老相好。

潘祖荫打哈哈说:"你又不是不知道,就这么点工资,哪能经常请客啊!"

郭嵩焘一听,正中下怀,就表示今天由他做东,然后强拉着潘祖荫,一路嘻嘻哈哈、打打闹闹地来到了朱莲芬家。

进了朱家门,郭嵩焘才抛出正题:"想请你保奏一个人,不知肯不肯给面子?"

潘祖荫问保奏何人?郭嵩焘却故意卖关子:"你暂时不要问。奏折我已写好,不要费你半点神。如果能答应,报酬是三百金。"说完掏出银票,边在潘祖荫面前晃来晃去,边连续追问说:"如何?如何?"

潘、郭是多年的好朋友、好同事,素来相互信任,潘祖荫如今手头拮据,正要金钱应急,在奏折上署个名就能得到如此丰厚报酬,要说不动心那是假话,于是当即接过银票放入口袋。

酒足饭饱之后,郭嵩焘拉着潘祖荫去奏事处递折子。

路上潘祖荫又问所保何人?确实,不告知所保者姓舍名谁,心里毕竟不踏实。郭嵩焘怕他中途变卦,还是支支吾吾,不实言相告。

到了奏事处,潘祖荫说:"事已至此,我想反悔也不可能了。你如果不告诉我保奏了谁,为什么要保奏他,万一皇上召我进宫问情况,我怎么回答?"

郭嵩焘这才掏出折子给他看,并说:"左宗棠如果遭遇不测,湖南的局面就会大变,两湖轴心也将不复存在,这不仅是他个人的悲剧,也是国家的悲剧。"

潘祖荫虽不认识左宗棠,但他在湖南幕府的工作表现,早已名动京华,当然略知一二;从郭嵩焘平日闲谈中,潘祖荫也知道一些左宗棠的情况,现在再听郭嵩焘这么一说,就更清楚左宗棠在湖南的地位了。依潘祖荫爱惜欣赏人才的一贯作风,本也应该出面保奏,何况还得了人家三百金厚礼。俗话说"无功不受禄",因此更无推脱之理。

潘祖荫的保折内容是:

> 楚南一军立功本省,援应江西、湖北、广西、贵州,所向克捷,由骆秉章调度有方,实由左宗棠运筹决胜,此天下所共见,而久在我圣明洞鉴中也。上年逆酋石达开回窜湖南,号称数十万,以本省之饷,用本省之兵,不数月肃清四境。其时贼纵横数千里,皆在宗棠规画之中,设使易地而观,有溃裂不可收拾者。是国家不可一日无湖南,而湖南不可一日无宗棠也。宗棠为人,负性刚直,嫉恶如仇,湖南不肖之员,不遂其私,思有以中伤之,久矣。湖广总督官文,惑于浮言,未免有引绳批根之处。宗棠一在籍举人,去留无足轻重,而楚南事势关系尤大,不得不为国家惜此才。

皇上看了奏折后,果然召潘祖荫进宫问情况:"你是如何认识左宗棠并知道他的为人的?"

潘祖荫没想到皇上会问这个问题,一时不知如何回答,就临时编了个理由说:"左宗棠教臣读过书。"皇帝相信了他的话,让他蒙混过了关。

这天,皇上终于征求肃顺的意见了:"官文劾左宗棠,潘祖荫又保举左宗棠。方今多事，用人之际，人才难得，左宗棠果为不法，固应严惩，如有大才，亦应重用，不知究竟何若？"

肃顺正好顺水推舟，就回答说："听说左宗棠为湖南巡抚骆秉章所信用，一切皆由其主持。官文弹劾他，也主要是说他大权独揽。骆秉章之在湖南，功绩昭著，即左宗棠之才可知矣。"又说："潘祖荫国家世臣，所保必可信，请姑宽之，以观后效。"（《春冰室野乘·高心夔遗事》）皇上似乎明白了什么，于是命令继续调查核实后再作处理。

一直在窥伺京师动向的官文知道皇帝态度有了转变，也就见风使舵："遂与僚属别商，具奏结案。"（《薛福成选集·肃顺推服楚贤》）从而结束了喧闹一时的樊燮控告案。

此后，胡林翼保奏左宗棠的奏折《敬举贤才力图补救疏》也到了皇帝手上：

> 湖南在籍四品卿衔兵部郎中左宗棠，精熟方舆，晓畅兵略，在湖南赞助军事，遂以克复江西、贵州、广西各府州县之地。名满天下，谤亦随之。其刚直激烈，诚不免汲黯大戆、宽饶少和之讥。要其筹兵筹饷，专精殚思，过或可宥，心固无他。臣与左宗棠同学，又兼姻亲。咸丰六年，曾经附片保奏。其在湘（湖）南情形，久在圣明洞鉴之中……以上二员（另一人为刘蓉），应请天恩，酌量器使，并请旨饬下湖南抚臣，令其速在湖南各募勇六千人，以救江西、浙江、皖南之疆土，必能补救于万一。（《胡文忠公遗集》卷四十）

为什么要等潘祖荫递上保折、皇上过问左宗棠一事之后，胡林翼才敢公开为左宗棠说话呢？这是有原因的。

首先是此案来头大，查办人对左宗棠极为不利，所以在案件开始阶段，谁都不好贸然行动，顶多只能在暗中做做工作，疏通关系。如官文提出指控之后，骆秉章不仅马上将樊燮妄控一事原委奏明，而且将查获的有关账簿、公禀、樊燮的亲供等文件材料，咨送军机处备查，以便皇上明了事情真相。同时，他还对"幕友当权、捐班用命"之类流言蜚语公开予以驳斥，说左宗棠他们所办之事，都是"本官裁决定夺而后施行"的，根本不存在"一官两印"这种情况。至于"人才量能器使，本无科甲、捐班之分，则又不足言也"（《骆文忠公奏稿》卷六）。胡林翼则凭借与官文不错的私人情谊，多方向官文进行疏通。他在写给官文的信中说：

> 湖南左生季高，性气刚烈矫强，历年与鄂省交涉之事，其失礼处久在山海包

容之中。涤帅（曾国藩）所谓宰相之度量，亦深服中堂之德大，冠绝中外百寮（僚）也。来谕言湖南之案……其案外之左生，实系林翼私亲，自幼相处，其近年皮（脾）气不好，林翼无如之何……如此案有牵连左生之处，敬求中堂老兄格外垂念，免提左生之名。此系林翼一人私情，并无道理可说，惟有烧香拜佛，一意诚求，必望老兄俯允而已。（《胡林翼年谱》卷三）

其次是此案直接牵涉骆秉章，说他重用、包庇、放纵"劣幕"左宗棠，此时他若立即公开上奏保左，不仅没有多大用场，弄得不好还会帮倒忙。

第三是郭嵩焘、胡林翼、曾国藩、王闿运等都是湖南人，又是左宗棠的好朋友，在摸不准风向之前，他们都不便公开出面保左。

正因为有了这些复杂原因，所以他们只能在暗中展开活动，否则就有庇护同乡、戚友之嫌疑。应该说，他们的活动是有作用的，否则官文早把左宗棠逮往武昌了。

潘祖荫则不然。他不仅与左宗棠，而且与整个湖南官场都没有任何关系，由他出面保奏，则是大公无私、为国家惜才的表现。

潘祖荫不仅救了左宗棠，而且由他署名的奏折中写到的一句话，还被誉为"千古佳句"：

国家不可一日无湖南，而湖南不可一日无宗棠。

按照逻辑推理，那就是"国家不可一日无宗棠"。分量之重，无出其右。对一个幕友如此评价，真可谓前无古人，后无来者。有此一句，千万称赞左宗棠的话语，都显得多余。

一个小小的湖南幕友左宗棠，竟然惊动了朝廷最上层和皇帝身边的几个大秘书，可见他的名气和影响有多大，也可知晚清政坛关系网是多么复杂和厉害！

对潘祖荫的出手营救，左宗棠一直念念不忘，发达之后，每年都送以厚礼。

左宗棠后来在陕甘总督任上，还花重金买了一件极不寻常的物品，送给有收藏古玩字画癖好的潘祖荫，以报答他的营救之恩。2012年1月21日（农历除夕前一天）下午笔者在国家博物馆参观时，有幸看到了这件清道光初年出土于陕西省郿县礼村、名为"大盂鼎"的古董。

此鼎外形雄伟壮观，内壁铸有铭文近三百字，记载了周康王二十三年（前990）九月册命贵族盂的史实,大意为:周康王向盂讲述文王、武王的立国经验与商内、外之臣僚因沉湎于酒以致亡国的教训,告诫盂要效法其祖先,忠心辅佐王室,并赏赐其命服、车马、邦司、人鬲、庶人等。通篇文字布局规整,书风凝重。

此鼎是西周早期大型、中型鼎的典型式样,距今已有三千年历史,价值无法估量,后来成了中国历史博物馆(今中国国家博物馆)的镇馆之宝之一。

19. 从幕后走上前台

左宗棠抵达宿松时,尚不清楚北京的朋友正在积极营救他。对落难来投的他,曾国藩也没有任何嫌弃,相反表现得很热情,不仅亲自接待,而且几乎天天陪左宗棠畅谈到深夜。但当左宗棠情绪愤激地想当一个湘军营官时,却被曾国藩断然拒绝,说他"不必添此蛇足"(《曾国藩全集·书信》)。

左宗棠是大才,以他的资历、年龄和才干,怎么能让他做一个下层军官,亲自带领五百兵丁冲锋陷阵、献身沙场呢?

左宗棠是咸丰十年闰三月二十六日抵达宿松的,四月一日,朝廷即颁下特旨,就左宗棠一事征求曾国藩的意见:

> 左宗棠熟悉湖南形势,战胜攻取,调度有方。目下贼氛甚炽,两湖亦所必欲甘心,应否令左宗棠仍在湖南本地,襄办团练等事。抑或调赴该侍郎军营,俾得尽其所长,以收得人之效,并着曾国藩酌量办理。(《曾国藩全集》奏稿)

又说:

> 左宗棠熟悉形势,运筹决策,所向克敌。唯秉性刚直,嫉恶如仇,以致谣诼沸腾,官文亦惑于浮言,未免有指摘瑕疵之处。(《清文宗实录》卷五)

在肃顺、郭嵩焘、潘祖荫等人出面营救之下,咸丰显然明白了樊燮控告案的真实内幕,于是不仅将官文对于左宗棠的指控定性为"惑于浮言"予以否定,并且打算重用后者。重用方案有两个,一是让左宗棠回湖南招兵买马,办理团练,二是安排左宗棠到曾国藩幕府协助工作。

曾国藩接旨后,于四月十三日奏明皇上:

  查左宗棠刚明耐苦,晓畅兵机。当此需才孔亟之际,或饬令办理湖南团防,或简用藩臬等官,予以地方,俾得安心任事,必能感激图报,有裨时局。(《曾国藩全集·奏稿》)

左宗棠这时还待在曾国藩大营,他不仅知道皇帝有这道谕旨,而且曾国藩的回奏,也是他们两人共同商量的结果。

曾国藩的答复也是两个方案:一是"办理湖南团防",这和咸丰的意见完全相同;另一方案是"或简用藩臬等官,予以地方",则是咸丰的原旨中所没有的。也就是说,曾国藩没有认同咸丰的第二种方案。

按道理说,左宗棠是难得的幕府人才,让他继续当军师幕友,留在幕府里出谋划策,这样才符合逻辑,也称得上"尽其所长,以收得人之效"。

曾国藩为什么不让左宗棠到自己幕府工作呢?原来他是想让左宗棠独当一面,让他的才智和能力得到更大发挥;或者为左宗棠谋取更高的官位,让皇帝直接提拔他为某个省的布政使或按察使。

左宗棠此前从未任过实职,而一个从未担任实职的举人,在某些人眼里,只不过是个布衣而已。曾国藩一开口便替左宗棠申请省级高官,有这种可能吗?曾国藩这样做,是不是一厢情愿甚至异想天开呢?所以后人多有议论,以为曾国藩无非是借这个理由把左宗棠支开,不想让他进入自己幕府。如果真是这样,那就真是小看曾国藩了。

我们知道,左宗棠初入张亮基幕府,就因防守长沙之功,被保荐为知县,后来在湖南幕府,更由骆秉章一路保荐为同知、直隶州、郎中,最后加至四品卿衔。也就是说,左宗棠这些年积累的做官资历,已经相当高了。现在正是国家急需用人之际,左宗棠又具有横空出世之大才,由皇帝破格提拔他为从二品、正三品的布政使或按察使,又有什么不可能呢?

曾国藩的回奏寄出没几天,还在等待皇帝进一步指示时,左宗棠就接到家里来信:爱子左孝威因为父亲遭遇樊燮控告案而焦虑成疾,如今病重。左宗棠最疼爱此子,在此情况下,他当然无心在外待下去,当即心急火燎地赶回湖南去了。

左宗棠原来打算在曾国藩大营多住些时日,并准备去看望湘军大将李续宜和彭玉麟等人,现在也只能放弃了。左宗棠为此特意写信给李续宜说明原因并请求谅解:

"老兄之约,竟未能赴,伏乞亮(谅)之。"

四月二十日,也就是左宗棠离开宿松的当天,清廷下发谕旨,令左宗棠"以四品京堂候补,随同曾国藩襄办军务"。

五月八日,也就是左宗棠回到长沙的第三天,他才得到这一消息。

咸丰的最终决定,意味着左宗棠的人生发生了巨大转折。他不再是某位高官私人聘请的师爷,而是一个四品京官,由朝廷委派,堂堂正正地到湘军统帅部担任助理,从此开始了他后半生的辉煌事业。

虽然早在三年前,朝廷就有意让左宗棠担任曾国藩的副手,去江西前线直接指挥对太平军作战,如今作出这种安排,无非是落实几年前的决定罢了,但对于刚刚经历过人生大难的左宗棠来说,能够得到这种结果,还是惊喜交集,感动莫名,因而觉得"恩遇优渥,实非梦想所期"。

左宗棠回到长沙后,给曾国藩写信,为他出谋划策。他认为,曾国藩应该派出一支部队保卫浙江,以此为根据地,图谋江苏。如果太平军的势力蔓延到浙江,江苏与浙江连成一片,首尾相应,湘军不仅丢失了一个重要的饷源,而且很难对付太平军的兵势。同时,他奉劝曾国藩大力整顿辖地江西的军事和饷事。

左宗棠之所以在此时匆忙提出这一方案,是基于以下两个原因:一是清廷已于四月十九日任命曾国藩为两江代理总督(两个月之后,清廷又实授曾国藩为两江总督,并以钦差大臣督办江南军务——笔者注)。二是太平军第二次击溃清军江南大营后,又于四月中下旬接连攻占常州和苏州,然后从苏州进攻浙江,攻占嘉兴。

鉴于当时十分危急的军事形势,又考虑左宗棠已经回到湖南这一事实,曾国藩立即让左宗棠在湖南招兵买马,组建一支五千人的队伍。左宗棠也不含糊,凭借自己在湖南幕府打下的基础和建立的威望,仅用两个多月时间,就募练成一支五千人的部队,并正式命名为"楚军"。

20. 左宗棠没有自立门户之意

楚军是湘军的一个支系。左宗棠不用湘军之名而用楚军,后人多以为他独树一帜、自立门户的愿望十分强烈。其实这是一种误解,有必要进行澄清。

与其他新生事物一样,湘军之名也有一个发展演变过程,并不是一成军就被统一称之为湘军。

在《湘阴县图志》卷十二当中，郭嵩焘确实说过咸丰四年(1854)曾国藩"立水陆各十营，号曰湘军"这样的话。但这部志书始修于同治七年(1868)，完稿于光绪七年(1881)，不仅历时十四年之久，而且成书时湘军之名已基本定型，郭在书中使用湘军名号，是一点都不奇怪的。

其实，湘军初起时，并不叫湘军，而是称"湘勇"。曾国藩撰于同治八年(1869)九月、完稿于当年十二月的《湘乡昭忠祠记》就是这样说的：

> 咸丰二年十月，粤贼围攻湖南省城。既解严，巡抚张公亮基檄调湘乡团丁千人至长沙备防守。罗忠节公泽南、王壮武公鑫等，以诸生率千人者以往。维时国藩方以母忧归里，奉命治团练于长沙。因奏……请就现调之千人，略仿戚元敬氏(戚继光)成法，束伍练技，以备不时之卫。由于吾邑团卒，号曰"湘勇"。(《曾国藩全集·诗文》)

湘军之名第一次出现在曾国藩笔下，是同治三年(1864)十月二十二日所上的《请准江宁省城捐建昭忠祠折》。这个昭忠祠，是根据曾国荃之请，为了纪念同治元年(1862)五月湘军进攻金陵以来阵亡、伤亡及病故文武官兵而建立的(《曾国藩全集·奏稿》)。

另外，湘军各将领对自己统领的部队一直叫得比较零乱，其中称楚军者为最多。如同治元年二月十一日，刘长佑在奏折中就称自己统领的部队为楚军，称蒋益澧统领的部队为湘军(《刘长佑集·奏疏》)。

到了光绪二年(1876)，距离湘军诞生已有二十三年之久，长沙传忠书局刊印《曾文正公年谱》时，书中凡提到湘籍部队，也是或称湘军或称楚军或称江军，并不一致。其中有没有什么讲究，譬如称湘乡人为主体的部队为湘军，称其他府县人为主体的部队为楚军，笔者没有深入探讨。

由此可见，咸丰四年曾国藩衡州建军后，直到光绪初年，二十余年间，湘军并无统一和公认的名称。

湘军名称被固定和统一起来，并得到举世公认，似乎应归功于光绪七年完成的《湘军志》一书。

即使在《湘军志》一书里，湘军、楚军、江军等名称也是交替出现的。

就是同属湘军集团的楚军，实际上也有两支，这是史学大师陈寅恪考证分析得出

的结论。其中一支是左宗棠、刘锦棠统率的湖北楚军,另一支是江忠源、刘长佑、刘坤一统率的湖南楚军(《刘长佑集·前言》)。

明白这一点后,对于咸丰十年左宗棠建军时称自己的部队为楚军,就知道除了地域意义外,并没有其他特殊含义。

左宗棠生性狂傲,自视甚高,确实有瞧不起曾国藩的时候,尤其是在他独当一面后,对曾国藩在湘军集团中的领袖地位不时发起挑战,这些确是事实。但毕竟此一时彼一时,不可一概而论。

事实上正如王闿运所说的那样,左宗棠刚当上带兵将领时,"益谨事国藩。当补太常卿,有陈谢,犹不敢自上奏。凡有军谋,咨而后行,自比于列将。及授巡抚,竟因以起"(《湘军志·浙江篇第七》)。

此时的左宗棠,对曾国藩唯恐谦虚不到位,哪敢滋生"自立门户"的想法和"独树一帜"的野心!

不过,左宗棠从此从幕后走上前台,由一个仅以绅士身份参戎幕府的宾客而转变为清廷的命官,从运筹帷幄的军师变成上战场冲锋陷阵的战将,这一点倒是事实。

对于左宗棠来说,可谓造化弄人,因祸得福。正所谓吉人自有天相,区区几个小人是扳不倒左宗棠的。而对那些想置左宗棠于死地的人来说,无疑是欲害之而反倒成全之。

世界上的事,有时实在很难预料和把握。

21. 志在平吴,不在入蜀

左宗棠没有独树一帜、自立门户之意,还有一件事可以印证。

就在左宗棠带着他招募的楚军,进驻长沙金盆岭加紧训练时,滇民蓝大顺率领他的起义军在四川闹得正欢。在贵州境内活动的石达开所部太平军,看到四川军政当局钩心斗角,矛盾重重,官军疲弱无力,就想入川浑水摸鱼,图谋发展。清廷于是打算调派左宗棠督办四川军务,率领刚组建的楚军入川作战。这段时间左宗棠因工作繁忙,刚好没有给曾国藩去信联系,曾国藩因此特别担心左宗棠会去四川就任"督办"高位而不能随他"襄办"军务,从而打乱原来的计划并势必削弱湘军对安庆乃至金陵的围剿。

为什么说"督办"比"襄办"地位高呢?原来到了清朝后期,中央与地方当局都会设置一些临时机构办理某项特殊事务,在这些机构任职的官员如果品级很高,就称督办或总办,副职称会办,资格次于会办者称帮办,帮办下面还有坐办,负责处理临时机构中的日常事务。很显然,督办或总办是钦差大臣性质人物,会办和帮办是督办或总办的副手,坐办则相当于这些临时机构的办公室主任。

至于左宗棠的襄办职位,从字面上理解,则是协助办理或帮助办理的意思,地位似乎又比帮办低,相当于督办助理。譬如左宗棠后来到督办江南军务曾国藩大营襄办军务,连续打了不少胜仗,经曾国藩奏请,清廷才于咸丰十一年四月发布上谕,令左宗棠帮办两江总督曾国藩军务。再过了半年,清廷又令左宗棠督办浙江军务。之后又过了两个多月,清廷便任命左宗棠为浙江巡抚。

至于督办是钦差大臣性质人物,也有现成例子可做参照。因左宗棠不愿入川督办军务,清廷只好改派湖南巡抚骆秉章督办四川军务,后来又任命他为四川总督。

左宗棠不愿入川独当一面情愿到曾国藩手下做助理,一是胡林翼知道曾国藩的担忧后,马上给左宗棠写信做工作:"公入蜀则恐气类孤而功不成。"(《胡文忠公遗集》卷七十六)意思是左宗棠如果入川,头上虽然戴着一顶督办的高帽子,却天时不如地利,地利不如人和,到头来很难与四川军政当局搞好关系,必成客军虚悬之局而受制于人,是难以取得成功的。二是左宗棠自己也觉得,"督办"的名分和地位虽比"襄办"高许多,其实都是有职无权的差事,都徒有虚名,入川后如果得不到上下左右支持,曾国藩昔日坐困江西的历史就将在自己身上重演,到时正派有上升希望的人,因怕他抢了他们的位子而处处给他难堪;那些心术不正的奸佞小人,则因担心他会断了他们的财路,又少不得处处刁难、百端陷害。到曾国藩手下做襄办则不然,两人既相互了解,又高度信任,工作上肯定能百分之百得到曾国藩的支持,政治上也能得到他的关心和扶持,既然如此,为什么要看重那一字之轻重呢?所以他给胡林翼回信说:

涤公与公书,盖以在吴为"襄办",而入蜀则有"督办"之名,疑鄙人之意,或将去此而就彼。不知"襄"与"督",虽同有事而无权;而能办与不能办,实不争此一字之轻重。襄涤军事或能办者,以彼此相知有素,可稍行其志;督蜀军事必不能办者,以彼此不相习,君子不能无疑我之心,小人且将百端以陷我也。公幸为我致意涤公,我志在平吴,不在入蜀矣。

左宗棠明确表明了"志在平吴,不在入蜀"的态度后,胡林翼和曾国藩马上联合上奏,以江西和安徽军情紧急为由,请求留下左宗棠所部增援安徽。朝廷批准了他们

的要求,改派抚湘十年并建立卓越功勋的骆秉章入川督办军务。骆秉章是一个久经宦海历练、具有崇高地位和名望的老臣,他进入四川后,当地军政当局官员谁敢给他脸色?工作因此很快打开局面,两年后便消灭了石达开带领的太平军,骆秉章也因此被提升为协办大学士,成了"宰相"级官员。

事实证明,左宗棠当初不自立门户而是紧紧依附曾国藩的选择和朝廷的决策,都是完全正确。

由此可见:错误的判断无一不是脱离客观实际。在不占有足够的实际材料,不了解事物真实本质的情况下,乱做结论,妄下断言,确实要不得。对任务事物的肯定或否定都必须以客观事实为依据,不言则已,言必有据,真正做到忠实、客观地反映情况,这才是正确科学的态度。

22. 因祸得福,否极泰来

咸丰十年八月八日,左宗棠在金盆岭召开誓师大会,然后亲率楚军从长沙出发,经醴陵进入江西,于十月二十七日中午赶到安徽祁门,与曾国藩共商军事,曾国藩出城迎接。

此后,左宗棠率领他的楚军,从江西打到浙江,一路高歌猛进、势如破竹。

有鉴于左宗棠杰出的军事才能,咸丰十一年十二月(1862年1月),清廷任命左宗棠为浙江巡抚,让他收拾浙江乱局。左宗棠也不负众望,力战克复浙江金华、绍兴等地,不及一年,晋升为闽浙总督。

1864年左宗棠收复杭州后,又带兵进入福建、广东追击太平军残部,于同治四年(1865)末在广东嘉应州(今梅州)彻底消灭江南太平军,取得平定太平军的最终胜利。

至此,被清廷封为一等恪靖伯的左宗棠已经取得与曾国藩不相上下的地位,是楚军和太平军将士的鲜血染红了他的顶戴花翎。

左宗棠过去在湖南幕府虽然倍受重用,名声不小,然而充其量不过是一个高级师爷而已;而这一来,却真正成了一员身拥重兵、手握实权的高级统帅。以后正是凭着这一资本,左宗棠的权力越来越大,以至与曾国藩等人并驾齐驱,成为同治年间的"中兴名臣"。

"樊燮事件"虽迫使左宗棠退出湖南幕府,却给他的政治生命带来了新契机,并受到清廷高度重用。

之所以有这种意想不到的结果,还与咸丰十年清朝统治集团面对的社会环境有直接关系。

清政府在镇压太平天国起义过程中,一向寄望于它的正规军队能夺得"首功",即在太平天国定都金陵后,分别在长江南岸的孝陵卫与江北扬州设立两座大营,号称江南大营与江北大营,试图依靠这两个由满族贵族指挥的绿营军收复金陵。然而,江南、江北大营在咸丰六年便被太平军击垮。清廷重新组建这两营,江北、江南大营又先后于咸丰八年和十年被太平军围歼。江南大营的彻底覆灭,标志清朝正规军队的彻底崩溃,清政府以湘军出力,江北、江南大营收功,也就是汉人种树、满人摘桃的计划完全破产,只能转而重用由汉人组成的湘军了。湘军集团成员也自此在晚清政坛中青云直上。这一年刘长佑被任命为广西巡抚,曾国藩被任命为两江代理总督,不久实授。

正是在这种新形势之下,樊燮控告案才迅速发生戏剧性变化;也正是在这种大背景之下,左宗棠才因祸得福,否极泰来,开始了新的更为重要的人生。

是金子总会发光。经历了生死波折的左宗棠,注定会干出一番惊天动地的伟业来。

23. 左、樊之争的后续故事

最后还得对樊燮此人做个交代。

左宗棠受命募兵从征,樊燮则被革职,永不叙用,只好带着家眷和孩子回到原籍湖北恩施。

樊燮回到老家后,暗暗发誓:就是倾家荡产,也要培养两个儿子读书做大官!

为此,樊燮专门盖了一幢读书楼,楼盖成后,大宴家乡父老,即席致辞说:"左宗棠一举人耳,既辱我身,又夺我官,且波及先人,视武人如犬马。我宅已定,敬延名师,教予二子,雪我耻辱,不中举人、进士,点翰林,无以见先人于地下。"接着,樊燮花重金请来一位名师,教樊增洵、樊增祥兄弟读书。此后就将两个儿子和老师关在楼里,闭门读书,饭菜都由他亲自预备。为了保持安静的读书环境,樊燮规定:师生三人之外,其他人一概不得进入这幢楼房。

为了"激励"儿子发愤学习,樊燮还强令增洵、增祥兄弟俩,在家时必须从里到外穿女孩子衣服,不准着男装。考取秀才,才可脱去女外衣;中了举人,与左宗棠功名相等,才可脱去女内衣。不仅如此,樊燮还在家里立了块"洗辱牌",形状如长生禄位牌,上写"忘(王)八蛋,滚出去"六个大字,安放在祖宗神龛的下侧。每月初一和十五,樊燮都要带着两个儿子向"洗辱牌"顶礼膜拜,边拜边告诫儿子:不中举人以上功

名,不能拿掉这块牌子;你们以后总要高过左宗棠才行。

父亲播下的仇恨种子,当然会在儿子心中生根发芽,他们于是在自家楼壁上写了"左宗棠可杀"五个大字。几十年之后,这几个字迹都还清晰可见。

皇天不负苦心人。樊燮的小儿子樊增祥后来果然中了进士,进翰林院为庶吉士,外放渭南知县,累官陕西按察使、江宁布政使、护理两江总督。大儿子樊增洵虽然没有考取进士,但学问和文才不在弟弟之下。张之洞督学湖北时,刻印选本《江汉炳灵集》,曾入选樊增洵的好几篇文章。不幸的是,他因病早逝,文名渐渐被人遗忘。樊增祥中进士后,樊家的"洗辱牌"终于被撤掉。

还有后续一段故事,也值得一记:樊增祥做陕西按察使时,朝廷要在西安建纪念左宗棠的祠堂,陕西巡抚委派樊增祥前往祭祀,樊增祥推辞说:"宁愿违命,也不愿获罪先人。"(《世载堂杂忆·左宗棠与樊云门》)

樊燮为争一口气,发誓教儿读书,虽有将自己的意志强加给儿子之嫌,方式方法更有可议之处,但还是可以理解的。同时,他的苦心,包括他的警策和激励,也让左、樊之争在历史上留下了一段佳话,说来无疑是件趣事。

(文中材料未注明出处者,均来源于《左宗棠全集》和《左宗棠年谱》,恕不一一注明;撰写过程中参考了许多专家学者的著述和大量文献资料,在此表示衷心感谢)

劣币驱逐良币

——汪辉祖独善其身无力回天

一个社会,如果像汪辉祖这样的人都失去了生存土壤和空间,只能说明这个社会已经高度腐烂,无可救药。

劣币驱逐良币
——汪辉祖独善其身无力回天

汪辉祖,字焕曾,号龙庄,晚号归庐,生于雍正八年十二月十四日(1731年1月21日),卒于嘉庆十二年三月二十四日(1807年5月1日),浙江绍兴府萧山县(今杭州市萧山区)人。

十七岁那年,汪辉祖就考取了秀才,但由于父亲早逝,家境贫寒,他不得不为生计而奔波,很早就到私塾教书。当时塾师收入很低,仅能糊口,幕友相对来说是一个高收入群体,现实生活的压力与佐治报酬的诱惑,使得汪辉祖不得不选择游幕来赡养家庭。

乾隆十七年(1752),二十三岁的汪辉祖到其岳父江苏金山知县王宗闵幕府任掌书记,从此开始了幕友生涯。

清代州县幕友虽然以幕为名,但其所入并不是真正的"幕府",而是"无幕之幕",称之为"幕府",名不副实。只是为了叙述方便,才按照以往习惯,暂且如此称呼。

两年以后,汪辉祖在江苏、浙江两省十六位官员幕府内充当幕友,直到乾隆五十年(1785)弃幕为止,从幕时间长达三十四年之久。

从入幕那天起,汪辉祖就立志出人头地,以后终于成为一代名幕,办了不少疑案,为地方长官争相聘请。

在汪辉祖的幕学著作《佐治药言》一书的最后,他详细罗列了自己曾经服务过的十六位官员的姓名职务以及出任其幕友的起讫时间。

汪辉祖从事幕业早期,政治比较清明,是清代幕风幕道最好的时期。那时,幕友地位比较尊贵,注重幕学幕品修养。汪辉祖有着清代盛期幕友的品行操守,却无绍兴师爷的世俗巧诈,是幕友中出类拔萃的人物,称他为一代名幕,是有充分依据的。

在为人佐治的同时,汪辉祖仍孜孜不倦地向科举正途努力。但多次应试,都名落孙山,直到乾隆四十年(1775)才考中进士。不巧的是,那年他的继母病逝,按规定要回乡守孝三年,不准选官。汪辉祖于是返回故乡,继续应聘从幕。

乾隆五十年,汪辉祖结束了幕友生涯,之后赴吏部选官,出任湖南省宁远县知县。为官四年,历任宁远知县、道州知州,政绩斐然,人称"湖南第一好官",是远近闻名的清官良吏,其事迹被收入《清史稿·循吏传》。

很显然,汪辉祖走的是一条与一般士子不同的道路:由贫而幕、以幕养学、学优而仕。

汪辉祖在州县佐治为官四十年,游幕和吏治经验十分丰富,又勤于总结,因而留下了丰富的幕学和吏治著作和资料,尤其对于幕学的阐发可谓淋漓尽致。这方面的著作主要有《学治臆说》《佐治药言》《续佐治药言》《学治说赘》等。它们风行海内,被誉为"宦海舟楫""佐治津梁",居官佐幕者几乎人手一册,视为枕中鸿宝。

汪辉祖的自订年谱《病榻梦痕录》和《梦痕录余》,以编年体形式,记录了自己一生的主要活动,写了自己为人处世的准则、当官游幕的经历、定案推理的方法等等,读过之后,不独可以了解他个人,而且可以了解他的时代,是一部难得的个人回忆录,为学习研究汪辉祖提供了极大方便。

然而,就是这样一个从幕为官都严格自律,并对幕学幕道有过重大建树和贡献的人,在即将退出幕业之前,却遭到不法胥吏和长官长随家人的联合陷害,险些毁了一世英名;而上官为了自己的政绩和仕途,断案不依照律例,随意草菅人命,眼看冤案将成,自己却回天无力,痛心疾首的汪辉祖于是既感叹世风日下,道德沦丧,又痛心幕道不修,官场腐败,在这种情况之下,他想洁身自好,对得住自己的良心,除了辞职而去,已经别无选择。劣币就这样驱逐了良币。

1. 尊严要比金钱重

汪辉祖最初入幕,是跟随岳父王宗闵,时间为乾隆十七年三月。王宗闵当时任金山知县,汪辉祖在他幕府做掌书记,帮忙处理一些公文和信件,年薪三十六两银子。次年五月,王宗闵调任常州武进知县,汪辉祖随行。

乾隆十九年(1754),王宗闵丁忧去职,于是推荐汪辉祖到扬州大盐商程氏手下主管文翰,年薪高达一百六十两银子。汪辉祖起初欣然答应,不久听说程氏态度傲慢,对下属颐指气使,毫无尊重之意。汪辉祖是个非常自尊自重之人,心想自己肯定不能忍受他的倨傲作风,于是告诉岳父,他不想去扬州找气受。王宗闵责怪女婿高傲,但又不能说服他,最后只得找个理由替他搪塞了事。

过了不到两个月,常州知府胡文伯看到汪辉祖写的文章,觉得非常不错,就聘请他做掌书记。王宗岗任武进知县时,是胡文伯的下属,于是不好意思提什么条件,也没有办理正式聘任手续,汪辉祖就到常州工作了,所得年薪只有二十四两银子。

汪辉祖辞去富商重金聘请,就任胡幕低薪岗位,知道内情的人无不感到奇怪。汪辉祖解释说:"知府给的工资虽然很少,但他将会以宾师之礼对待我。"他显然把尊严看得比金钱重,其志节由此可见一斑。

汪辉祖赴任常州是在这年的二月上旬。当他挑着简单行李,于初八日晚上三更左右下船登岸后,正遇上倾盆大雨,就想在码头附近的馆舍借宿一晚。但人家看他寒酸的样子,爱理不理,汪辉祖只好独坐皇华亭,在风雨交加中等待天明。在此后三十多年游幕生涯中,汪辉祖对此晚的遭遇最为刻骨铭心,于是对自己的工资收入不敢乱花一钱。

2. 家有良田万顷,不如薄艺在身

幕友的收入虽然远远高于私塾教师,却按职责分成多个种类,其中最重要的是帮助官员处理司法审判事务的"刑名师爷"和处理财政赋税事务的"钱谷师爷"。另有帮助官员征税的"征比师爷";帮助官员处理、起草公私文书的"书启(书记)师爷";帮助官员处理公文收发的"挂号师爷";帮助官员掌管经费开支的"账房师爷"等等。

幕友担负的工作不同,收入当然大不一样。收入最丰的是刑名和钱谷师爷。汪辉祖进入幕府工作时,州县刑名师爷年收入约二百六十两银子,钱谷师爷年收入约二百二十两,其余不过百两内外,或只有数十两。汪辉祖担任胡文伯的掌书记也就是书启师爷,年薪二十四两,显然更低。

清代的刑名师爷不仅能赚一份很高的工资,而且在衙门诸位师爷中始终霸占第一把交椅的位置,其原因就在于中国古代地方政府是行政与司法合一,而在州县衙门的职权中,又以司法和征税为主,上级考核地方官,也是首先考察狱讼是否合情合理合法;老百姓对地方官的期望,也着重在"为民做主"、除暴安良,所以将其概括为"司法兼理行政"也未尝不可。司法事务既然是地方政府的一件头等公务,绝大多数州县官员又不懂甚至完全不懂法律,难以胜任繁重的公务,不得不依赖刑名师爷这一专门行政司法人才来佐理,他们的身价地位自然最高了。

俗话说"家有良田万顷,不如薄艺在身"。这种地位和收入上的巨大差距,使得汪辉祖寻思转学为专业的刑名师爷。刚好常州幕府有一位叫骆彪的刑名师爷,是个

精明干练、经验丰富而又乐于助人的老者,汪辉祖就拜他为师,公事之余跟着他"究心刑名之学"。

刚开始学习法律的时候,汪辉祖经常诚惶诚恐,惴惴不安,唯恐自己不能学成。骆彪就开导鼓励他说:"凭你的才干和能力,学成一门技艺,是完全不成问题的。我倒不是怀疑你做不来,而是担心你太能干了。"汪辉祖有些听糊涂了,就恳求他说明原因。骆彪推心置腹地说:"衙门中的各种事情,可以了结时就让它了结,和事情本身没有多大关系的情节,就不要去深究。一个人往往依仗自己的聪明,对问题的细枝末节,一丝一毫都不肯放过,这样就会横生枝节,给别人带来无穷的烦恼,这就是做得太过分了。所以,古代贤达流传下来的为人处事经验,就是要注意和把握好分寸。"

从为人宽宏的角度理解骆彪的忠告,是有一定哲理的,但将其用于公事,就是推脱责任的借口。然而,汪辉祖却把这番话牢牢记在心里,并称此后数十年的游幕生涯中,都觉得这些话对自己的启发和教益甚多,因而终生受益匪浅。这又是为什么呢?

原来清代刑名幕友的职业要求和特殊的社会地位以及复杂的人际关系,不仅造就了他们异乎常人的心理,而且对其人格也有很大扭曲。周作人在谈到绍兴师爷的职业、心理和性格特点时,不仅说他们"满口柴胡,殊少敦厚温和之气"(《雨天的书》自序二),而且"专以苛细精干见长"(《知堂序跋·陶庵梦忆序》)。在刑名幕友深文周纳、苛细严峻、陷害无辜的现象十分普遍的社会条件下,骆彪对汪辉祖的这番告诫,对一个刚刚踏入社会并有心从事此项工作的年轻人来说,确实不无教育意义。

3. 严是爱,宽是害

当年九月,胡文伯升任江苏督粮道。汪辉祖想辞职,胡文伯坚决挽留,并允诺给他增加工资,月收入从二两增为八两银子(汪辉祖《病榻梦痕录》卷上写到此事时的原话是:"许每月增脩八金,盖一岁不啻倍蓰矣。"如果照此说法,应该是每月增加八两银子而不是增为八两银子,因为"倍蓰"两字既有"数倍"也有"五倍"之意。但汪辉祖在《双节堂庸训》卷一当中又说自己"至年三十,岁脩尚不满百金"。可见当时确是增为八两银子,年薪合计为九十六两——笔者注),汪辉祖无话可说,就跟随胡文伯到常熟上任。

胡文伯是一个清廉、正直、勤政、爱才的官员。在众多幕僚中,他最器重汪辉祖,每遇大事,必同他一起商议,对汪辉祖提出的意见和建议也多能采纳。胡文伯甚至对几个儿子说:"汪君必不久于人下,以后定当成为国家有用之才,你们要把他当老师,虚心讨教学习。"

胡文伯办什么事都考虑周密,做工作很有条理,并能贯彻始终。他总是反反复复地商量讨论工作计划,研究需要注意的问题和事项,以寻找正确的解决方法。他常说:"凡事预则立,不预则废。只要肯动脑子,就没有办不成的事情。心的职能功用,越用就越灵活。譬如思想的思字,田在心上,田中一个十字,四面俱到,缺一面便不成字。"所以当时的人都称他为"三世佛",意思是他考虑问题和处理公事时,对于过去、现在和将来,每一个方面都能考虑周到。

胡文伯对汪辉祖工作要求很严、很细,哪怕轻微的过失都不放过。为此他告诉别人说:"汪君是一个明白爽快之人,我让他养成严谨细致的工作作风,对他的成才是有好处的。"汪辉祖在胡文伯幕府做掌书记前后六年,他的言传身教,对汪辉祖的影响难以估量。后来汪辉祖深有感触地说:"我在幕府工作数十年,能够避免粗疏之咎,都是胡公教育影响的结果。"

4. 哪怕轻微的肯定和赞扬,对好学上进的
年轻人都是巨大的鼓舞

清代地方幕府掌书记就是通常所说的书启师爷,主要负责幕府的公文写作和文案处理。

汪辉祖替胡文伯撰写公私文书,都是用骈体。有一次,他代撰陕西布政使唐绥祖的祭章,提到他做湖北巡抚时曾被弹劾起用一事(《清史稿·阿里衮传》载:乾隆十五年,阿里衮出任胡广总督。湖北巡抚唐绥祖为前总督永兴劾罢,阿里衮上任后查清了事实,说唐绥祖并无受赇之事,唐绥祖重新起用,永兴因此坐黜——笔者注),胡文伯看后虽然不大满意,却又提不出修改意见,就寄发了。

一个月之后,阳湖杨述曾编修自扬州回来,特意告诉胡文伯:在所有八十多篇祭章中,写得最好的是胡文伯那篇。胡文伯听说后,非常高兴。汪辉祖此后凡有所作,胡文伯无不称心如意。

这说明不是汪辉祖的文章写得不好,而是胡文伯一时看不习惯。

汪辉祖为此感叹说:"对于刚出道的年轻人来说,能够得到前辈的肯定和赞扬,是非常幸运和重要的。"

5. 知识就是力量

汪辉祖能写出让胡文伯刮目相看的公文,不仅在于他的文字功底好,而且得益于他的知识面广。当时东南沿海市面上流通一种"宽永钱",朝廷怀疑是民间私铸,乾隆皇帝为此发布上谕,要各地官府严厉查禁,同时指示两江总督尹继善、江苏巡抚庄有恭"密饬干员,确查来历,据实具奏"。清朝刑律对私铸制钱处罚极严,查禁不力的地方官员会受到"失察"的处分。

江苏巡抚庄有恭接到命令后,即派精干得力官员调查此事。可是内查外调了许久,也没有取得任何实质性进展。原来此钱并非民间私铸,而是从日本带到国内来的。它是日本国的一种制钱,铸于日本宽永三年也就是中国明朝的天启年间。这种制钱的外形与中国古钱几乎一模一样,也是圆形方孔形状。

宽永钱能够大量流进中国,是因为乾隆初期中国经济繁荣发达,东南沿海各省到日本做生意的人越来越多,他们卖了货物,收了日本钱币,就随身带到国内来了。又由于日本宽永通宝与中国乾隆通宝外形极其相似,币值也同,久而久之,两个国家的制钱便在中国市场上不分你我地混用起来。而当时的中国人又非常自大,觉得没必要学习了解人家日本的经济和文化,所以偌大一个中国,竟然没有一个官员知晓此钱的来历。

此事一时无从查起,经办人员都束手无策。

大家都知道乾隆是个精明而忌刻的主子,如果不及时查复,后果将十分严重,尹继善和庄有恭因此都焦急万分。他们于是利用行政力量,扩大调查范围,发动群众侦破这个案件。

汪辉祖从胡文伯那里得到这个信息后,就对胡文伯说:"宽永"乃日本年号,这种铜钱是在日本铸造发行,再由东南沿海海民在和日本贸易时带入国内,并非本国民间私铸。

汪辉祖之所以能够言之凿凿,是因为有人送了一部朱彝尊的文集《曝书亭集》给胡文伯,胡文伯自己没有翻它,汪辉祖倒抽空看了。他记得其中辑有《吾妻镜》一书,此书亦名《东鉴》,为日本国书,前有"庆长十年"序文,后有"宽永三年"国人林道春后序,"宽永三年"即中国明朝的"天启四年(1624)"。原任编修徐葆光在其《中山传信录》一书中也提到了"市中皆行宽永通宝"钱。

胡文伯马上将汪辉祖提供的书证材料上报到庄巡抚那儿,然后由庄有恭写成奏折上奏朝廷,从而消弭了一场大祸。

人们于是无不佩服汪辉祖见多识广,历史地理知识非常渊博。

汪辉祖却不觉得自己有什么了不起,相反他还得到了一条终身受益的经验:开卷有益,所学知识不知道什么时候就能派上用场,所以知识越多越好,对做幕友的尤其如此。自此以后,只要一有空闲,汪辉祖就如饥似渴地学习,从不懈怠。

6. 初生牛犊不怕虎

乾隆二十一年(1756),胡文伯督运山东临清,汪辉祖因病不能随行,临时加入江苏无锡魏廷夔幕府,给一位姓秦的刑名师爷当助手。

一年之前,汪辉祖才利用业余时间跟骆师爷学习刑名知识,秦师爷则是"专法家熟律令"的法学名家。可是千万别轻视汪辉祖这个新手,因为不久之后在处理"浦四童养妻与未婚夫叔通奸"一案时,不仅秦老手输在汪新手手上,而且知府、按察使、巡抚等一拨儿高官大吏都拿他没办法,汪辉祖也因此案名声大噪。

浦四是无锡当地一位农民的儿子,在父母包办下,老早就养了一个王姓童养妻。

童养妻(媳)在我国传统社会里很是普遍,1949年以前的中国农村,都还相当普遍地存在这种现象。她们自幼受"夫家"养育,与"夫家"家人关系密切,往往以亲属名分相称,一如已婚妻(媳)。但是历代法律上,并未确定她们与"夫家"是否有亲属关系,是一个地位相当特殊的群体。

王氏情窦初开后,却与浦四的叔叔浦经勾搭成奸。

在清代,通奸是有罪的。

依照清代法律规定,凡是没有亲属关系之人通奸,各杖八十;如果女方有夫,则各杖九十。如果双方有亲属关系,处罚则更重。譬如通奸之人是互相必须服丧的亲属,各杖一百、徒三年。而依照清代则例(带有行政法规性质的规章制度)规定,奸夫甚至可以发往附近边卫充军。

则例的权威性虽然远远小于法律,但清朝政府特别规定:在实际判案工作中,有例不用律。这样一来,法律多成虚文,则例的实际地位和作用逐渐凌驾于正律之上。

此事被告发到官府后,秦师爷按照当时的则例条文规定,建议判浦经充军。

汪辉祖不同意这样判。他说:王氏与浦四没有拜堂成亲,还不能算夫妻,她和浦经通奸只能按非亲属关系处理,合理的量刑是杖刑。

秦师爷不能接受汪辉祖的说法,但又谁也说服不了谁,最后只好请魏廷夔裁决。

魏廷夔赞同汪辉祖的意见,并嘱咐汪辉祖撰写判稿,秦师爷只得认输。

清代的刑罚承袭《明律》,主刑为五刑,即笞、杖、徒、流、死。每个刑罚又有不同的等次,五刑共有二十个等次。主刑又称正刑,其外的枷号、迁徙、充军、发遣、凌迟、枭首、戮尸等刑,为随时所加,皆非正刑。主刑之外,另有从刑,如籍没家产、刺字等。

作为清代刑罚体系中的一个刑种,充军是轻于死刑、重于流刑的一种刑罚,州县、府、省按察使司、督(抚)四级都无权判决,只有中央刑部才有终审判决权。杖刑则是较轻的一种刑罚,州县本身就可以判决生效。

可是,此案申详常州府(因此案性质难以确定并事涉"名分"大事,所以需要申详上级)之后,却遭到常州知府的驳诘,理由是浦经与王氏是亲属关系,不能按非亲属关系定案。

汪辉祖当然不能认同,于是起草顶复说:"妻子的服制,是由丈夫决定的。王氏为童养妻,与浦四并未成婚,他们没有夫妇名分,浦经自然不能算作王氏的叔叔,怎么会是亲属关系?"常州知府看了汪辉祖的解释后,没有新的反驳理由,就勉强同意汪辉祖的意见。

案件逐级上报到江苏按察使司,又遭到诘难:叙供中王氏一直称浦四的父亲为"翁",那么翁之弟即为"叔翁",以此而论,浦经与王氏当然是亲属关系。

汪辉祖又起草顶复说:"王氏所称之'翁',是按照当地农村习惯,对长辈的一种尊称,是老公公老婆婆的'公',而不是公公婆婆的'公'。"这下按察使司也无话可说了。

案件被转到巡抚衙门。

当时的江苏巡抚庄有恭是乾隆四年(1739)状元,既是官场上有名的才子,又是乾隆初期督、抚中比较有政绩的一个人。他亲自批阅此卷,提出了新的不同意见:"王氏是浦四的童养妻并一直生活在浦家,如果说他们不是亲属,那么王氏与浦四就没有任何关系,这在事实上好像说不过去。"

汪辉祖再次起草顶复说:"童养妻只是个虚名而已。浦四与王氏平时都是兄妹相称,兄妹称呼当然不得视为夫妇。浦四既然不是丈夫,他的叔叔浦经就更不是王氏的叔公。"

庄巡抚又驳诘:"此案事关名分,不能说他们是非亲属关系。"

汪辉祖又顶复:"《礼记》说:未正式拜堂的妇女死后,必须归葬于她的娘家坟地。如今王氏与浦四也未拜堂成亲,他们的夫妇名分当然不能成立。《礼记》同时又说:'附从轻言。附人之罪,以轻为比。'《尚书》也说'罪疑惟轻'。说的都是量刑可轻可重时,应按较轻的刑罚判处。现在王氏的妻子地位有可疑之处,不能完全确定,那么按照儒家经典的要求,遇到疑难问题时就应该从轻处罚。如果无视事实,硬要将王氏和浦经定为亲属量刑,显然违背了儒家经典'罪疑惟轻'的精神和原则。"

汪辉祖于是进一步提出建议说:考虑到王氏与浦经的关系确实比较特殊,在法律上很难诠释清楚,所以除了按普通人通奸量刑外,另外从重给予枷号三个月的处罚,王氏归娘家另嫁,另由浦经出钱给浦四讨老婆。

汪辉祖的新建议显然是在亲属与非亲属之间做出的一种妥协性选择,这就使得通奸者既受到了应得的处罚,又考虑了两者确实存在的特殊关系因素,更使受害者浦四获得了经济补偿。这一意见确实显得比较高明。

庄有恭果然觉得这种处理意见"似非轻纵",既合情合理又合法,可以接受,于是表示同意。

汪辉祖当时只是一个初出茅庐的幕友,王氏与浦经通奸案也是他独力承办的第一个案件,却能初生牛犊不怕虎,唯事实是从,唯法律是依,不仅引经据典,据理力争,而且不畏强权,与知府、按察使、巡抚再三辩驳,最终使浦经和王氏免遭重罪,其名也"颇为抚军(庄有恭)所知"。

7. 此君"甚有胆识"

当年五月,魏廷夔丁忧回家,汪辉祖归应乡试,九月下第。胡文伯寄来请柬,重招汪辉祖入幕,仍然担任掌书记。

这年十一月间,胡文伯带领钱谷师爷朱某去淮安谒见总漕,汪辉祖随行。一路上,胡文伯与朱某就漕船改造一事多次发生争论,到最后也没有统一意见。

快到淮安时,汪辉祖问他们争论的焦点是什么。他们说:漕船大多已满十年,粮道已发价改造,户部却以部分船只曾停运二三次,未满十运,不允改造,并驳斥擅动库银。朱某援例申辩,未获总漕批准,无计可施,所以争论不休。

汪辉祖于是给他们出主意说:"朱某援船只十年改造之例,户部则以十运为准,这就是有意出难题,所以非破其十运之说不可。"

胡文伯大喜,不停地点头说:"汪君的意见很有新意,还是头一回听说,头一回听说!"

朱某有些尴尬,就顺水推舟说:"我已经无能为力了,这篇呈文就请汪君代劳吧!"

汪辉祖说这怎么使得,但结果还是没有推掉。

清朝三大幕

汪辉祖最后拟定的呈文是：

> 截留漕船，以裕民食，破格之恩，前所希有，是以向来止计十年，而不扣足十运。但船只一项，利于行驶，不利停泊。盖一经停运，久泊河干，上之日晒雨淋，犹有苦盖银两，时为检点，至船底版片，泥胶苔结，日渐朽损。若因船身无恙，勉强起运，重载米石，远涉江、黄，设有疏虞，所关匪细。故不敢因慎重钱粮，致误天庚正供。既满十年，不得不造。

汪辉祖此稿主要说了三层意思：一是船只改造向来按十年时间计算，从未有过十运之说。二是船只停泊比运输更容易受损。三是过期船只如不及时改造，继续使用，万一出了事故，造成人员和国家财产重大损失，谁负得了这个责任？这就完全击中了户部的要害，让他们再也没有刁难的理由。

朱某看后，心悦诚服，连说想不到。胡文伯二话没说，就将此稿抄呈总漕。总漕阅后，不仅大加肯定，而且要他们赶快去找巡抚签字上报，还说万一遭到户部驳诘，就可据此奏免。江苏巡抚庄有恭看了此稿，嘉许说："理足词达，必可不致部驳。"接着问胡文伯："此稿好像不是原来那个师爷写的，你换了钱谷师爷吗？"得知这次是汪辉祖拟的稿子，庄有恭不无感慨地说：此君"前在无锡办浦姓案，甚有胆识，将来条议，当令此君为之。"汪辉祖从此更为胡文伯所器重，"遂留常熟兼司条议事"。

8. 合则留，不合则去

然而，一年之后，汪辉祖却一度辞去了胡文伯幕府的工作。

这件事的起因是：乾隆二十二年（1757）十二月初，他们一同到常州查漕，苏州白粮帮千总姚起潜因事与胡文伯发生争执，让胡文伯十分恼火，一气之下，便要将其参劾。他要汪辉祖拟稿，汪不同意，说姚起潜没有大错，无非口过而已，将其参劾，处理过重。胡文伯正在气头上，哪里听得进汪辉祖的意见。汪辉祖的从幕原则是合则留，不合则去，自己的正确意见既然不被采纳，继续留下来也就没有多大意义，加上快要过年了，思家心切的他便于当月上旬辞离胡幕。

后来汪辉祖在《佐治药言》中特意写了"不合则去"一条，说："幕友与主人志同道合，就留下来辅佐他；如果志不同、道不合，就应该拂袖而去。如果以去留作抗争，对方还是执迷不悟,事实也就证明了这种人确实不是可以一起造福社会的人,既然如此,还有什么值得留恋呢?所以幕友要做到知无不言、言无不尽,就一定得给自己留一条易于退守的路子,那就是'不合则去'。"

汪辉祖还说:幕友要尽心,首先要尽言。幕友回报主人的恩德没有比尽言更好的办法了,所以尽心尽言是从幕的根本原则,一旦发现主人有不对的地方,就应该"抉利害而强诤之",以便让主人"悚然"悔悟。尤其对于主人欲行贪赃枉法、鱼肉百姓之事,幕友更应坚决抗争,直至做出辞职表示。这是因为"夫官之禄,民之脂膏,而幕之修出于官禄,吾恋一馆,而坐视官之虐民,忍乎不忍?"(《佐治药言·得失有数》)意思是说:"当官者领取的俸禄,都是民脂民膏;做幕友的收入,也是官员薪水中的一部分。如果自己留恋这份收入而坐视官员虐待残害黎民百姓,良心上难道忍受得了吗?"当然汪辉祖也认为,幕友与主人所争之事,如果仅为"寻常公事"且是"一时议论不合",那也"不妨从容计较",一笑了之。

慢慢冷静下来之后,胡文伯醒悟到了自己的行为确实很不理智,再说他也不想失去汪辉祖这个好帮手,于是一过完年,就叫了一个亲戚,带着他的亲笔信,于正月八日到了汪辉祖家里,一是拜年,二是赔罪,三是坚请,才好不容易把汪辉祖带回到常熟官府。

9. 舍律引礼息争讼

常熟虞山东麓,有古贤虞仲、言子的墓地,虞墓在上,言墓在下。虞仲后人仲氏家族每次到虞山扫墓,都要经过言子的墓道,言子的后人认为越了界,就要他们从旁边的一条荆棘小道上山扫墓,仲氏家族又不同意。两个家族为此事每年都要上访,由县到府到省里的按察使司,拖了十多年也没有解决问题,不仅影响非常不好,而且牵扯了领导不少精力。为了不影响安定团结,尽快化解社会矛盾,江苏巡抚于是委派在常熟任江苏督粮道的胡文伯查议此事,责令他解决这一老大难问题。

这本来是一件小而又小的事情,为什么会闹得那么僵呢?关键是仲、言两族各执己说,却又拿不出让对方信服的证据。原来仲氏认为虞墓在先,言墓在后,言墓本来就在虞墓禁地之内,还说别人扫墓时越了界,哪有这种道理?言氏却依据本族谱牒,说从汉朝开始,两块墓地就划了界线,怎么不存在越界?因而各执己说,互不相让。

胡文伯要汪辉祖拿出调解意见。汪辉祖听了双方申诉之后,认为:禁地、谱牒之

说,皆起于后世,都不足为凭,因而这起纠纷不能依据法律法规来处理,只能诉诸道义。为此,他起草调解书说:

> 墓前禁地之说,起于后世,仲说不足为凭。言谱墓道起于汉时,亦荒远无稽。虞先言后,相距数百年。虞以让国而逃,必不爱此区区之地。言为道南文学,礼让为先,必不忍与先贤争路。两姓互持,皆非祖宗本意。若舍正途而另辟荆榛,不惟不便,亦属非礼。应令仲氏每年展祭,俱由言氏墓道而上,墓道之外,不得樵采,庶莫幽魂而杜嚣风。

为了帮助读者更准确地理解这份调解书的含义,我们还得先介绍一下虞、言两位先贤的情况。

据《史记》的《周本纪》和《吴太伯世家》记载:商朝末年,周族首领古公亶父有长子叫太伯,次子叫虞仲,少子叫季历。古公觉得自己的少子季历最为贤明。更为可贵的是,季历的儿子昌有圣瑞之兆,就赞叹道:"我的后代当有成大事者,大概就是昌吧?"太伯和虞仲知道古公想立季历,以便将来能传位给昌,便一起逃亡到了南方,并按当地风俗身刺花纹,剪短头发,表示不可再当国君,以此来避让季历。后来季历果然登位并传位给了儿子昌。昌就是大名鼎鼎的周文王,而太伯和虞仲后来在太湖流域创建了吴国。虞仲死后安葬的地方,被称为虞山。

言子名偃,字子游,常熟人,春秋时孔子三千弟子中唯一的南方人,故史称"北学中国,南方一人",被誉为"南方夫子"。后人所以称他为"言子",是出于对他的尊敬。言偃出生于吴地,成年后到鲁国就学于孔子。从言偃比孔子小四十五岁来看,他当是孔子晚年的学生。孔子有弟子三千、贤人七十二,言偃即为七十二贤人之一,并名列孔门"十哲"之一。言子擅文学(指历史文献),曾任鲁国武城宰,阐扬孔子学说,用礼乐教化士民,境内到处有弦歌之声,为孔子所称赞。

看了两位先贤的介绍,我们不妨想想看:虞仲连国家都可以让给弟弟季历,哪会在乎自己墓园这一小块地方呢?言子作为孔门"十哲"之一,一直主张礼让为先,终身用礼乐教化士民,自然也不忍与先贤争路。如今,两位先贤的后人为了一条墓道纷争不休,岂不完全违背了祖宗的本意?所以汪辉祖最后提出的处理意见是:为了方便大家扫墓,以后仲氏还是从原来的墓道上山,如果舍此不用,另外开辟一条荆棘小道,不仅行走不便,而且也是对先贤的不敬。但仲氏除路过之外,不能破坏路旁一草一木。只有这样,才既祭奠了祖先的幽魂,又杜绝了相互吵闹和争夺的不良之风。

汪辉祖舍律引礼,以两姓祖先都讲究礼让的事例说服感动双方当事人,结果调解书一出来,仲、言两族再也无话可说。一件看似无法调解的群体性上访事件,在双方心悦诚服的友好气氛中得到了妥善解决。

10. 一年几得好时光

自外出游幕以来,汪辉祖年终必回家,只有乾隆二十二年春节是个例外,是在官府过的年。这当然有特殊情况。这年正月,皇帝要奉皇太后南巡,年前胡文伯就接到任务,要其负责派理船只并前营差务,作为胡文伯最为倚重的幕友,汪辉祖当然必须佐理。对此,汪辉祖不仅理解,而且觉得理应如此。可是今年年关眼看将至,胡文伯却一直没有批准汪辉祖的探亲假,看来他又想留汪辉祖在身边过年了。汪辉祖心里很不高兴,嘴上却不好说出来,腊月二十六日晚上,他做了一首诗题写在官署的墙壁上:

> 如归岂复叹他乡,爆竹声中岁欲央。
> 八口自怜穷骨肉,一年几得好时光。
> 殷勤醴酒开东阁,寂寞斑衣负北堂。
> 记得临分曾有约,椒盘鞠胥捧霞觞。

第二天早晨胡文伯看到此诗后,马上意识到了自己的不妥,对汪辉祖归心似箭的思乡之情自然完全理解,于是预备了一艘快船,将汪辉祖飞送回家。等到汪辉祖走进家门时,除夕之夜正好降临。

我们常常听人说:要以工作为重,以单位为家,领导叫干啥就干啥。似乎只有这样,才是一个好干部好职工。如果按照这种说法来检验对照汪辉祖的行为,他自然称不上合格的秘书。其实人人都心知肚明,说大话唱高调容易,真正落实在行动上就比较困难;或说偶尔做几次没有问题,长期这样做便不大可能。就是那些喜欢唱高调的人,也多半是对别人马列主义,对自己自由主义,真正带头行动的人很少。再说领导的话也有正确与错误之分,如果他说什么都必须无条件照办,这也不科学。所以说话办事还是要实事求是、脚踏实地好。尤其像汪辉祖这种长年独身在外游幕的人,经年远客,离乡背井,一个人在外打拼,只身居住在衙门里,有双亲不能奉养,有娇妻不能温存,有儿女不

能管教,有田地不能耕种,有房屋不能打扫,如果不是生活所迫,谁愿意过这种苦行僧式的日子?正因如此,汪辉祖在《佐治药言·俭用》中才会发出这种感慨:"吾辈游幕之士,家果素封,必不忍去父母、离妻子,寄人篱下。"另外一位长期在外游幕的万枫江先生,在他的幕学名著《幕学举要·总论》里,也自叹说:"余幕游三十余载,身心岁月,俱非已有。"做了四十多年师爷的浙江绍兴人许思湄,在写给王沧亭的信中,说到自己的思乡之情,更是让人潸然泪下:"去国八年,萍踪远托;白云亲舍(比喻思念父母),魂梦为劳。只以鸡肋縻人(比喻收入不高却不忍舍弃的师爷职业),遽难割弃,惟有日诵'举头望明月,低头思故乡'之句已耳。"在写给王沧亭的另一封信中,许思湄甚至说:"比值同人归里(同事们回家之后),馆中(幕府)惟我独居,加以清磬红鱼(听到附近寺院诵经和敲打木鱼的声音),直是修行古刹(仿佛身处僧人修行的古庙之中)。"(《秋水轩尺牍·与王沧亭》)由此可见,幕友长期单身住馆是一件多么痛苦的事情。一年就一个春节,如今好不容易盼来一个与家人团聚的机会,幕主却要人为剥夺它,哪怕你有千条万条这样做的理由,也难免会让人觉得刻薄寡情。好在汪辉祖的幕主胡文伯不是这种人,他有情有义,会设身处地为幕友着想,这就是汪辉祖的幸运。

汪辉祖当然也是个懂得感恩之人。这年春节期间,他虽然新纳了一个小妾,但一过完年,就告别新婚燕尔的娇妻和家人,返回胡文伯幕府。

11. 胡文伯支持鼓励汪辉祖自学成才

胡文伯不仅生活上关心理解汪辉祖,而且对他的前途和事业也总是放在心上,一有机会,就鼓励支持他努力上进,做得确实非常感人。

前面写过,汪辉祖出来做师爷,是为生活所迫,只是一时的权宜之计而已。他的最高理想或说人生主要目标,还是希望能走科举正途。他认为,幕友佐官而治,虽可借以施展平生治国抱负,然而终究不如自己做官,可以实现人生价值并且能够光宗耀祖。汪辉祖的两位母亲(继母和生母),三十岁不到就辛苦守节,也是将家庭的全部希望寄托在儿子的科举功名上。所以无论在岳父王宗闵还是胡文伯幕府,汪辉祖都是一边佐幕,一边读书,从未放弃过科举努力。

然而按照一般的人情世故,幕主花钱请幕友佐治,自然要求幕友把心思全部用在工作上,而不希望看到他一边吃着公家饭,一边种着私人田。有些心胸狭窄、眼光短浅的官员,甚至将手下人的良好读书习惯视为不务正业、一心二用之举,于是横挑鼻子竖挑眼,左右看不惯。作为汪辉祖的岳父,王宗闵当然不会对女婿提这种无理要求,于是让其"掌书记外,读书如故"。但如果胡文伯这样要求汪辉祖,就完全正当和合理,因为幕府毕竟是一个工作的地方,有繁忙的事务要处理,而不是培养人才的学校,可以大大方方读书学习。胡文伯的可贵之处就在于他是一个非常豁达且十分爱才之人,只要幕友工作表现好,没有耽误事情,别的他都开绿灯,从不横加干涉。他看到汪辉祖工作之余总是埋头学习,从不把时间浪费在无聊的应酬和使身心俱疲的玩乐上,心里不知有多高兴。他觉得这个年轻人是一个可造之才,将来定当大有出息,就不仅不干涉他的业余生活,而且积极鼓励支持他努力上进。

乾隆二十四年(1759)三月,山东昌邑进士孙尔周来常熟官署探亲,胡文伯便让汪辉祖向他请教科举考试方法,并嘱咐汪辉祖抄录举业文字求正。汪辉祖抄了三十篇科举考试方面的作文,请孙尔周点评。但过了一个月,也没有发还作业本。汪辉祖忐忑不安,又不敢问孙尔周原因,就将心事告诉了胡文伯。第二天早上,汪辉祖还未起床,孙尔周就穿戴整齐来找汪辉祖,对他说:"你的文章我早看完了,只是不怎么满意。你的才学非常不错,文章却写得不合乎规范。我如果照顾你的情绪,盲目夸赞一番,自己于心不安,于你也没有益处;如果直言相告,又怕你接受不了,所以迟迟不敢同你讲。昨天胡公批评我懒,还说你两位母亲辛苦守节,最大的希望就是你能够科举题名。从这个月与你接触来看,执礼甚恭,虚心可敬,不是那种自恋之人。既然如此,我也就可以打消顾虑,按照自己的理解来点评你的文章,请你切莫见怪。"当天,孙尔周就将汪辉祖的文章一一做了点评,有从破题抹起者,有逐句抹者,有隔句抹者,三十篇中,得连圈(肯定鼓励)者只有三句话。汪辉祖听得汗流浃背,多不能解,就恳求孙尔周收下他做弟子,好跟着他继续学习。孙尔周无法拒绝一个如饥似渴求知的青年,就答应了。在接下来的两个多月时间里,汪辉祖"每日官事毕,即赴师请题,次早呈卷",常常要到四更过后才能休息。经过孙尔周反复调教,悉心指导,汪辉祖的举业才"渐为师许可"。

当年七月,汪辉祖回浙江参加乡试,孙尔周也要回山东,两人同至苏州。临别时,孙尔周来到汪辉祖船上,握住他的手说:"你这次的准备算是比较充分,但最终能不能考取,我也不敢完全肯定。不久我将进京谒选,如果被派到南方来做官,你又还在做幕友,我当虚席以待。"汪辉祖回答说:"我的两位母亲体弱多病,不能远离。如果老师在我家千里范围内为官,学生定当应命。"说完,两人挥泪而别。

自乾隆十二年(1747)汪辉祖第一次参加乡试起,几乎每试必到,至今已是第六

次,可谓屡试屡败又屡败屡试,精神确实可嘉。失败的原因,从孙尔周的谈话中似乎可见端倪。这当然不能怪汪辉祖不努力。因为家穷,汪辉祖从没有经过系统学习,更无名师指点,基本上靠自学的人,哪能轻易摸得到科举考试的门径?这次有了孙老师精心指导,汪辉祖取胜的希望本来很大,然而命运弄人,入闱不久,即遇大雨,大水浸湿坐板,汪辉祖狼狈不堪,第一场考试几乎不能完卷。几天后再考第二场,汪辉祖已患重病,茶饭不思,哪有充沛精力应付考试?结果可想而知。

此次乡试,汪辉祖不仅再次铩羽而归,而且染上了重病,返家之后,病情进一步加剧,经常处于昏迷状态,生命几度垂危。汪辉祖自信不起,好几次嘱咐家人准备后事。后来幸得友人徐颐亭诊治,才逐渐好转。汪辉祖从小身体就不好,说来也怪,此次病后,居然再没有大病过,身体一直很强健,一直活到七八十岁才寿终正寝。在医疗条件不是很好的年代,这当然是很高的寿命了。

十月,汪辉祖返回胡文伯幕府。

胡文伯不仅支持汪辉祖参加科举考试,而且主动创造机会和条件让汪辉祖学习刑名知识,希望他早日完成专业转型,做上刑名师爷。

前面说过,比起书启师爷来,刑名师爷不仅地位崇高,而且年薪要高出数倍甚至上十倍,只要有能耐的幕友,谁都希望自己能成为刑名师爷(司法秘书或说助理)。然而,在清代幕业中,只要具备秀才资格、有一定文字功底的读书人,就能胜任书启师爷这项工作,汪辉祖"以骈体文受知当事",就是他少年时代打下的"四六"文字即骈体文的坚实功底(乾隆五年汪辉祖十一岁时,父亲汪楷交给他《陈检讨四六》一书,让他每日读半篇,不得下楼。此书是清初著名词人和骈文作家、康熙年间曾任翰林院检讨、被时人称为清代骈文开山鼻祖的陈维崧所著,全书共二十卷,书中骈文秀丽无比——笔者注)。而刑名师爷不仅需要精通律例(法律和则例),而且必须掌握司法文本知识和办案技术,因为如何拟批呈状、分析口供及证词,如何正确运用法律条文草拟判稿等等,都是一门博大精深的学问,没有几年时光,是无法学成出师的。

也许有人会说:法律都有明确的条文规定,通过自学,不是同样可以成才吗?然而有所不知的是:法律条文虽然摆在那儿,有文化的人都可以学习,但它毕竟是一门具有极强实践性的学问,加之"律条有限,事变无穷",在复杂的现实情况面前,其抽象、简单的一面常常暴露无遗。所以如何用律、用例、用成案解决纷繁复杂的司法问题,这一切都没有现成的教科书,也不是光靠书本就能学到的,需要经过别人指点或传授,并通过长时间的实践,才能揣摩与领会。

汪辉祖虽然没有经过专门学徒，但业余师从刑名师爷骆彪一年左右，还在无锡魏廷夔幕府做过几个月刑名助手，后来几年里，他虽然一直职司书记，却在胡文伯的支持鼓励之下，但凡涉及刑名之事，都让他兼顾，遇有案件，也让他参与讨论，所以到他正式离开胡文伯幕府时，不仅断断续续、前前后后有了差不多五年的学幕时间，而且由于他的刻苦和悟性，此时的他已经完全能够胜任刑名师爷这一工作了。

后来，汪辉祖回顾自己走过的历程时，对胡文伯奖掖后学、鼓励支持自己成才一事充满感激之情：

> 常州太守胡公赏余骈体文，招之幕下。闲以余力读律令，如有会心，稍为友人代理谳牍，胡公契焉。比胡公迁苏松粮储道，余与偕行，凡六年，事之关刑名者，皆以相属，则无不为上游许可。

胡文伯支持鼓励汪辉祖自学成才，并不是想留他为自己服务，因为他的幕府里并不缺乏刑名人才。他是完全抛弃了个人打算，无私地为汪辉祖着想，这就更使人崇敬了。

汪辉祖一出道工作，就能遇上这么好的领导，确实非常难得，是他的福气。

12. 选择幕府宜谨慎

汪辉祖急于转型为刑名师爷，固然是这一行当的收入很高，让人难以抗拒它的诱惑，另外一个原因是他父亲死得早，两位体弱多病的母亲不仅要维持一家八口的生活（祖母和五个年幼的孩子），而且汪辉祖的叔叔是个赌棍，欠下了一屁股赌债，也需要他的两位母亲偿还。汪家变卖了所有值钱的家产之后，只能长期靠举债度日。汪辉祖虽然十几岁就出去赚钱了，但做塾师和书启师爷的收入都很低，应付科举考试又要花不少钱，所以他家一直清贫如洗，生活极端困难。而到乾隆二十四年汪辉祖三十岁时，他在胡文伯幕府的年薪仍然不满一百两银子。他既想摆脱家庭贫困，又没有理由让胡文伯增加工资，唯一的解决办法只能是另谋高就，真是领导虽好，但生活是现实而严峻的，所以不能不如此，不得不如此。这年年底，汪辉祖便以"素有积负，重以危疾，称贷势不能支"（完全是实话实说）为由，坚辞胡文伯，转受江苏长洲（今江苏苏州）知县郑毓贤聘，与另外一位刑名师爷共同承担幕府的刑名事务。从此，汪辉祖正

式做起了刑名师爷，直到乾隆五十年。

汪辉祖虽然离开了胡文伯，心却一直在感念他，以至乾隆五十年他正式退出幕业之后，在家中撰写《续佐治药言》，还特意深情回忆了与胡文伯共事的点点滴滴。他说：

> 选择幕府宜谨慎，虽然主要是针对如何在幕府开展工作而言，其实和人品好坏更有关系，更要考虑重视。平常朋友、同事和同学，少有整年相聚在一起的，唯有幕友和他的主人不一样，他们朝夕相处，天天在一起共事，性情和气质最容易相互影响和感染。如果所辅佐的主人品行不好，往往会使自己背离本色。我刚进幕府工作的时候，稀里糊涂，什么都不懂，在岳父的官署中，两年多一直没有参与什么公事，后来到了常州胡公幕府，举目无亲，人地生疏，才开始惊醒自励。胡公官到太守却极为节俭，甚至超过了贫寒的读书人。他没有声色方面的嗜好，也不喜欢游山玩水，更不会评功摆好、夸夸其谈、吹牛说大话。太阳尚未升起，随从仆役还在睡觉，胡公就起来工作，认认真真批阅文书。每天晚上，他也是二更过后才放下手头工作回房歇息。这个生活和工作习惯，无论起风下雨，寒冷炎热，胡公一直保持，从不间断。我在他幕府做掌书记，他可能觉得我有些思想和见解，于是每遇刑名钱谷大事，都要征求我的看法，我也乐于为他所用，总会毫无保留地说出自己的意见和建议。我一方面敬佩他公正、廉洁和勤奋的品德，另一方面也是因为他和我父亲出生年月相同，只比我父亲小一天，所以一直把他当作父辈严谨地侍奉。胡公也很器重我，视我为国家有用之才，用很重的礼节待我，比对别的幕友好上许多。其他幕友对他的严谨认真感到苦恼，不乐意长久在他幕府任职，唯独我和他亲密共事了六年，受他的言传身教影响最深，从他身上学到的东西也最多。从那以后，他就成了我选择幕主的榜样和偶像，凡是觉得为人和品行与胡公不同的，我就不会考虑受聘。孔子说：居住在这个国家，就要选择到一个贤明的大夫那里工作，所以选择幕府这件事是万万不可随便轻率决定的。

13."此批得体！此批得体！"

仿佛有意要考验汪辉祖的能耐或给他一个下马威，汪辉祖首次以刑名幕友正式受聘，到郑毓贤幕府上班，就遇上了一件棘手案件。

当地有个富婆周张氏,十九岁守寡,抚养遗腹子继郎到十八岁,当年八月准备为儿子完婚,不料头一个月继郎染病身亡。按照当地礼教和风俗,应该为没有后代的死者"立嗣"。

周氏宗族认为:继郎未娶,只能给周张氏的丈夫立一个嗣子,周张氏却想为继郎立嗣。由于双方无法达成一致,最后只好形成诉讼。前面几任知县都因为当朝律例没有规定未成年和未娶妻子的男子死后能不能立嗣,所以一再批由房族公议。由于双方各持己见,公议久久不成,结果拖了十八年也未能结案。

乾隆二十五年(1760)二月,双方又来县府打官司告状。郑知县也是刚上任,他收下状纸后,不敢马虎,就要汪辉祖尽快拿出处理意见。

汪辉祖先听周张氏简要介绍情况,接着查阅了全部案卷。周张氏说:继郎死后这十八年,比抚育他成长的十八年还要苦百倍。这些年我数次濒于死亡。死何足惜,只是继嗣未定,死不瞑目。今年我快到六十,在世上的日子已经不多了。我一旦死去,最大的遗憾就是丈夫和儿子的灵魂无人祭祀,终将成为饿鬼。周张氏说得非常伤心,汪辉祖听得十分同情。

由于拖时过长而又纷争不已,本案积累下来的案卷已厚达数尺。汪辉祖翻阅全部案卷,发现周氏宗族的意见,都会遭到周张氏的坚决反对;周张氏的要求,周氏宗族也无法接受。前面几任知县,能推则推,都不明确表态,只说让房族公议,公议有没有结果,却不闻不问。乾隆十九年以前,周张氏看中了一个孩子,想认他为孙,周氏宗族却认为:这个孩子乳臭未干,谁能保证他一定能够长大成人?后又另议,终究拖延不决。

汪辉祖认为,遇到此类纠纷,推给房族公议,当然不能算错,因为清代法律制度确有这方面的规定:立嗣纠纷原则上应由房族公议,民间也多半是这么做的。问题是房族公议了十八年也不能解决问题,州县政府再这样踢皮球,就是一种不作为甚至不负责任的表现了。

他于是起草了一个批文,准备了断此案:

> 张抚遗腹继郎,至于垂婚而死,其伤心追痛,必倍寻常。如不为立嗣,则继郎终绝,十八年抚育苦衷,竟归乌有。欲为立嗣,实近人情。族谓继郎未娶,嗣子无母,天下无无母之儿。此语未见经典。"为殇后者,以其服服之",《礼》有明文。殇果无继,谁为之后? 律所未备,可通于礼。与其绝殇而伤慈母之心,何如继殇以全贞妇之志。乾隆十九年张氏欲继之孙,现在则年已十六,昭穆相当,即可定

议。何必彼此互争,纷繁案牍?

翻译成白话文,这段批文的意思是:

> 周张氏含辛茹苦抚育遗腹子继郎长大成人,到儿子快结婚时却不幸夭亡,她的伤心悲痛,一定数倍于常人。如不尊重她的意愿为继郎立嗣子,那么继郎就断了后代,周张氏十八年寡妇带息的苦衷,最后都将化为乌有。周张氏想替继郎立嗣子,完全符合人之常情。同族人认为:继郎没有讨老婆,嗣子没有母亲,天底下何曾见过没有母亲的儿子?这些话在儒家经典中是找不到根据的。相反,《礼记》中却有这样的明确说法:"谁做未成年而死的人的嗣子,按照和他血缘关系的亲疏来决定。"未成年而死的人如果没有继承人,究竟谁可以做他的嗣子?律例中万一找不到规定,就可以按照《礼记》的精神来办理。与其让早死之人不能立嗣而伤害慈母之心,不如为早死之人解决立嗣问题以成全周张氏的贞妇志向。乾隆十九年以前周张氏想要立的孙子,现在已经长到十六岁了,辈分相当,此事完全可以定下来了。何必让他们互相争辩,使一件简单的事情变得越来越复杂难办呢?

这个批文的核心是批驳了周氏宗族"继郎未娶,嗣子无母,天下无无母之儿"的说法,认为儒家经典从无此说,相反,《礼记·丧服小记》却有"为殇(未成年而亡称殇)后者,以其服服之"的明确记载,说明夭折之人也可以立嗣,并不以嗣子是否有母为前提。既然周氏宗族的说法没有理论和法律依据,周张氏的要求又符合《礼记》精神,为什么不能确认她的请求是正当合理呢?

另外值得一提的是,汪辉祖的批文不仅引经据典,言之凿凿,而且写得极有人情味,真正做到了以情感人。的确,人家张老妇人十九岁守寡抚育遗腹子,好不容易盼到儿子要娶媳妇,儿子却又不幸死去,青年丧夫,中年丧子,世上还有比这更悲惨的事情吗!其间她吃了多少苦,受了多少罪,外人是无法想象的。后来她又为儿子继嗣一事苦争了十八年,她的一片苦心,究竟为了什么?还不是为了周氏后继有人!再不满足她的心愿,让她唯一的希望化归乌有,于情于理都说不过去!汪辉祖于是十分动情地写道:"与其绝殇而伤慈母之心,何如继殇以全贞妇之志。"彼此不要再争来争去了!

然而,汪辉祖的批文刚拿出来,就遭到幕府内部同僚一致反对。他们认为:此事事关富室，舍律引礼，已让人觉得好奇，何况前面几任知县多次批示，都是让房族公议解决，现在由主官独自臆断，一定会引来争议，因而过于冒险。郑毓贤见此批断，也吓出一身冷汗，再三嘱咐汪辉祖做些修改。汪辉祖却寸步不让，说："为民父母而使节妇抱憾终生，没道理；为主人代笔而使主人造孽，心不忍。我不管其为富为贫，只论事理。这个批文不能改，要改就另请高明。"于是向郑知县辞行。

汪辉祖态度如此坚决，郑毓贤知道说服不了他，就勉强同意这样结案。汪辉祖于是立下继书，按照礼仪规定了断了此案。

郑毓贤之所以被汪辉祖的批断吓出一身冷汗，是因为此稿虽是汪辉祖一手写的，但一旦惹下什么麻烦，最后担责的却是他这个知县，所以他既要为民做主，了断司法案件，又要为自己的仕途着想，不能因为工作连累而丢了乌纱帽，甚至遭受牢狱之灾。

清代州县一级政府实施的司法职能，按照情节的轻重和审理的行政程序，大致可以分为词讼与案件两大类：词讼就是罪在杖枷以下的诉讼案件，像上面写到的争嗣案便是，此类案件一般由州县议决即可；案件即杖徒以上的诉讼案件，例须逐级向上通详、禀报，尤其是命盗重案，更要上报刑部审核。

然而不管是词讼还是案件，判决不妥或有错误，都将引来麻烦，从而关系到州县官的考评和奖惩。当官的都怕出事，都希望做太平官，尤其是在只对上不对下负责的体制之下，下级的前途完全捏在上级手里，他们只担心上级不高兴而不怕得罪群众。像争嗣案这类词讼案件，拖个十年二十年不解决，对地方官的前途毫无影响，倘若一旦判决不妥，被当事人中的一方咬住不放（另有爱管闲事打抱不平的），然后越级上告，纠缠不休，地方官的名声就会被他们败坏得一干二净，最后让你吃不了兜着走。郑毓贤要求汪辉祖修改判决书，就是担心惹祸上身。

然而非常有趣的是，汪辉祖一提辞职，郑毓贤就软下来了，这一来说明他是个明理的人，心地也比较善良，二来他毕竟是个新官，不是官场老油子，心里尚存为民请命、主持正义之类思想，第三点呢，可能是他相信汪辉祖不会坏他的事，而是一心想为他谋取政绩。除此之外，他也许还有其他考虑，为了节省文字，在此不再一一分析。

郑毓贤的担心果然不是多余。审理结果公布之后，周氏族人不甘心巨额财产落入外人之手，于是拒不接受并反复起诉。汪辉祖的态度也很坚决，任你如何纠缠，他概不受理。

过了几个月，长洲官衙的官员和幕僚们正在高高兴兴过端午节，突然收到巡抚亲笔书写的手令，命将争嗣一案的卷宗全部送交巡抚衙门，巡抚大人要亲自审查。所有官员和幕友无不震惊，郑毓贤更是吓得胆战心惊，唯恐大祸临头。汪辉祖却坦然自若,说:"我无私心,上可对天,下可对地,何况对上官?"话是这样说,但在接下来的日子里,大家还是忐忑不安,不知如何是好。

几天之后,郑毓贤应召去省里谒见巡抚。他是怀着紧张恐惧心理去的,回来时却春风得意,笑逐颜开,见人就笑得合不拢嘴,仿佛捡到一个大圆宝。他告诉大家:巡抚陈宏谋见了他之后,对汪辉祖的批文大加赞赏,连说:"此批得体!此批得体!"原来有一个爱打抱不平的秀才为此案上诉到巡抚衙门,陈宏谋调阅全部原始档案之后,发觉控诉不实,就责令苏州府对这个秀才严加惩罚并注为劣等,同时召见郑毓贤,询问此批由来。郑毓贤如实汇报后,陈弘谋听说是一个年轻幕友所拟,于是赞叹不已。巡抚表扬赞赏汪辉祖,等于肯定夸奖了郑毓贤,郑毓贤当然满面春风、心花怒放了。

与庄有恭一样,陈宏谋也是乾隆前期一个干练抚臣,能实心任事,力察吏治,凡上控之案,皆不批查,先以朱单调卷,如发现断案有误,则训诫官员并训斥其办事幕友,故一时吏治肃然。

汪辉祖入幕初期,就能遇到胡文伯、郑毓贤这样的好上司,并获得庄有恭、陈宏谋等高官大吏的嘉许,确实是他的幸运。他以后能成为一代名幕,确实有其主客观因素促成,不是无缘无故的。

郑毓贤从此对汪辉祖言听计从,再不怀疑,汪辉祖也因批断此案而名扬江南。

不过需要说明的是:汪辉祖以经补法批断此案,虽然使得多年以来因法律未备而产生的纠纷得以解决,并得到巡抚陈宏谋的高度评价,但这一成功判例并未成为后世遵循的原则。过了十多年之后,朝廷于乾隆三十八年(1773)开会讨论此类案件,指出凡无子之人,家有资产,族党即群起纷争,不夺到手便不甘心;甚或子属夭亡,并未成婚,亦为议继,殊有未妥。与会者于是一致认为:有独子未婚而亡,则无后在父,自当首先按照服制次序,在同宗侄辈中为父亲选择一个继承人,不必再为未婚夭亡的儿子立嗣。只有在同宗侄辈中找不到合适的继承人,无法为父亲立嗣的情况之下,出于情非得已,才可考虑为未婚夭亡的儿子立嗣。这一意见后来被修订的新律例所采纳,载于《大清会典事例》之中,意思恰好与汪辉祖的批断相反。

14. 非分之财得之是祸

俗话说"人怕出名猪怕壮"。汪辉祖名声在外之后,各种诱惑也接踵而至。另外,刑名师爷是地方政府司法事务的幕后操盘手,很容易滥用职权,徇私舞弊,移花接木,上下其手,自然也会成为当事人争相行贿的对象。

汪辉祖所处的时代,幕风幕道虽然比较纯正,但也有少数师爷唯利是图,见钱眼开,吃了原告吃被告,然后利用手中的权力或者说自身的影响力,做出有利于行贿人的判决。更有甚者,还有一些师爷充当中间人,为贪官与行贿者牵线搭桥,讨价还价。

汪辉祖在一次办案过程中,就碰到一件让他啼笑皆非的事情。

有一位满面长着大胡子的李姓浙江嘉兴人想给汪辉祖行贿却又担心被拒绝,就偷偷来到汪辉祖办公室进行试探。他虽是黄鼠狼给鸡拜年没安好心,见面后却不急于表明来意,而是一个劲儿地问长问短,向汪辉祖套近乎。

做过这番铺垫,有了充分预热之后,他才慢慢切入主题。他先是装成推心置腹的样子对汪辉祖说:"除了接受别人的好处,要想脱贫致富是不可能的。"接着,他又用诡秘的语气对汪辉祖说:某某知名前辈,某某达官要人,就是如此升官发财的。企图以此让汪辉祖动心,然后拉他下水。再接下来,他又摆出开导汪辉祖的姿态,"毫无保留"地传授了不少接受贿赂的方法技巧。

汪辉祖心里虽然一直很反感,但考虑到自己是后进新学,又刚来乍到,应该微笑服务,就只是虚与委蛇一番。这个李大胡子却会错了意,很快就按他说的那套理论和方法来向汪辉祖行贿,结果遭到汪辉祖严词拒绝。李大胡子不明就里,还以为自己送钱少了,就加重贿赂分量,再次上门行贿。汪辉祖勃然大怒,把他赶走后,立即起草了一份拘押原告的文件。李大胡子正巧前来观察动静,见了批文大吃一惊,忙问汪辉祖是何缘故。为了保全他的面子,汪辉祖只说是主人的意思,这才彻底断了他行贿的念头。

到了七月间,汪辉祖告假回家参加乡试,一位刘姓刑名师爷接手这个案件。李大胡子故伎重演,刘师爷抵抗不住诱惑,最终被他兜售的那套伎俩拉下了水。两个月后,汪辉祖回到长洲幕府,刚到三天,这件事情就已败露。江苏巡抚陈宏谋下令严查,李大胡子和刘师爷闻讯后双双仓皇出逃,刘师爷最终落了个被通缉的"劣幕"下场。汪辉祖暗自庆幸,从此更加告诫自己不要以身试法,不要贪图不义之财,要坚守廉洁奉公之志。

这件事留给汪辉祖的印象非常深刻,得到的教训实在刻骨铭心,以至二十多年之后他写作《佐治药言》和它的续篇,总结自己的为幕之道时,不仅详细记载了此事的全过程,而且进一步发挥说:幕友要在人格上自尊自重,不仅非分之财得之是祸,而且不能额外接受主人的恩惠,否则自己想要辞职时,就会碍于情面,不好意思开口说出来。另外,多接受了主人一分额外好处,有时就不得不做自己不该做、不想做的事情,所以除了正当的年薪之外,其他最好分毫不取。

汪辉祖甚至还认为:为了保持幕友自由、独立的"宾师"地位,幕友与主人的私人感情也不应过于融洽,最好不要在一个官员的幕府内工作时间过长,否则在去留问题上就会陷入两难境地,并会受到感情因素的影响而不能冷静、客观地向主人提出忠告。为此,他在《佐治药言》和《续佐治药言》中专门写有"勿过受主人情""处久交更难""宾主不可忘形"等条目,告诫幕友要保持独立的人格与立场。

汪辉祖不仅是这么说的,也是这么做的。后来他在浙江省平湖县做刑名师爷时,知县刘国煊和他年岁相当,情趣相投,就提出要和汪辉祖结拜为兄弟,汪辉祖却回答说:"待我离开你幕府那天再从命。"汪辉祖当时不过是一介寒士,主官想与他结拜,他却不给面子,旁人于是都笑他迂腐得过了头,刘国煊却更加敬重他。后来刘国煊得到提升,汪辉祖特意写诗相赠,其中两句是:"形迹略存宾主分,情怀雅逼弟兄真。"就是如实记载当时的情况。

15. 结束在江苏的幕友生涯

刑名师爷判生判死,处理司法审判案件,从传统观念来看,自然也要和法官一样,为所处理案件的正确与否承担法律和道义的双重责任。处理得公平合法、合情合理,就是积德;处理得偏心,尤其错杀人命,就是作恶。按照善有善报、恶有恶报的说法,作恶多了,就会灾祸缠身,甚至影响子孙后代。正因如此,很多正直的读书人欲操此业都犹豫不决,即使是以从幕为时尚的浙江绍兴人对此也常常心怀忐忑。如汪辉祖的父亲汪楷最初选择科举仕宦之路,后因屡试不中,就和许多绍兴落第士人一样,改习幕学,走上了充当刑名师爷的道路。但从幕不到两年,汪楷又觉得刑名师爷佐官断狱,有损阴德,开头转而从商,后来捐资入官,做了八年未入流的河南淇县典史。

社会上也有许多人看不起这项职业,对刑名师爷没有什么好感,有的甚至在背地里骂这些人断子绝孙。小说、戏剧中所描写的师爷,也大多不是好角色。

当时之所以会形成这种普遍的社会心理,是因为判案过程中,刑名师爷难免犯下无心之过,有时甚至好心办坏事。更有不少刑名师爷为利益或私心所驱使,颠倒黑白、滥用刑具,冤枉好人,草菅人命,害得不少人妻离子散、家破人亡。

汪辉祖有个老乡丁某,在河南总督衙门做刑名师爷,为田总督所赏识,赚了许多钱,红火了十多年。汪辉祖十岁那年,丁某回到乡里,拜访汪辉祖爷爷。汪辉祖爷爷问他盛名如何得来,丁某很得意,说起幕中种种情形,还特意举了几个例子。汪辉祖当时不完全懂事,当然不能理解丁某说的这些事情。他只记得爷爷说道:"你这样做,手段不是太毒辣了?"丁某回答说:"如果不这样,事情就不容易了结。"丁某走后,爷爷问汪辉祖:"刚才丁某的话你听见了没有?他虽然赚钱多,但不值得羡慕。他手段毒辣残忍,而人一旦残忍,做事就刻薄寡恩,造下的罪孽就会很多,这样难道能持久吗?"接着又抚摸汪辉祖的头说:"孩子,你明白这个道理吗?"汪辉祖回答说:"明白。"爷爷欣慰地说:"明白就好。"没过多久,丁某就死于旅途之中。他的儿子只有十五六岁,嗜赌成性,还经常酗酒,过了六七年,丁某挣下的万贯家业就被儿子败得精光。丁某老婆死后,他儿子到处游荡,最后不知流浪到哪儿去了。

汪辉祖一辈子都忘不了此事,终身引以为戒。后来他做刑名师爷,特意写了一副对子,不管工作到哪里,都将其挂到自己的办公场所:"苦心未必天终负,辣手须防人不堪。"(《续佐治药言·忌辣手》及《椒生随笔》卷七)一是表明不忘爷爷的叮嘱告诫,二是时时刻刻用来自警。

正因如此,当汪辉祖为生计所迫不得不走上刑幕之路时,他的两位母亲都是同声反对:"你父亲因为担心这一行会影响子孙而中途退出,我家三代单传,你为什么还要走这条老路?"在两位母亲看来,做刑名师爷,就是挣昧心钱,就是作孽,要遭报应的。汪辉祖赶紧跪下,发誓说:"儿子没有其他谋生手段,不从事这一行就无法赚钱养家。儿子愿意对天地祖宗发誓:决不敢负心造孽,使母亲担忧。只要不是自己应得的报酬,绝对分文不取,更不会做任何对不起祖宗和子孙后代的事情。"两位母亲这才勉强同意,并反复叮嘱他:"你要牢记这项誓言。不仅你父亲听到了,而且天地鬼神都记下来了。"

后来汪辉祖做刑名师爷,始终不敢忘记母亲的郑重嘱咐和告诫,总是如履薄冰,小心谨慎,洁身自好,与人为善,尤其对人命重案更是慎之又慎——他做刑名师爷二十六年,总共才办过六个死刑案件。他曾说过,经手的案件无论大小,开头都要静坐片刻,为犯事者设身处地着想,并为其父母儿女通盘筹划,始而怒,继而平,久而觉其可怜,然后与幕主细心商量推鞫,能在法律范围内从轻处罚的,绝不从重。

汪辉祖在长洲做刑名师爷时,社会虽然比较安定,经济形势也相当乐观,但由于贫富差距较大,失去土地的农民和城镇无业人口越来越多,因而经常发生盗窃案件,社会治安问题严重的地方更是人心惶惶,鸡犬不宁。

为了严厉打击盗贼,江苏巡抚陈宏谋和别省的一些主官,决定从重从严治贼,为此采取的措施之一,就是按稻米时价估赃,盗贼偷米七八十石,俱入满贯。而依照清代以前制定的律例规定,盗贼偷米一百二十石才入满贯。

原来律例出台的时候,稻米一石折银一两,一百二十石稻米换算成银子,就是一百二十两。如今稻米价格涨了近一倍,同样是一百二十两银子,能买到的稻米却只有七八十石。米价日增后若按时价估赃,表面上虽然还是按照"一百二十两为满贯"的部颁标准量刑,实际上大大加重了刑罚。

汪辉祖认为:从严治贼虽然很有必要,然而计赃终须课实;事主多半痛恨盗贼,申报损失时不免浮开数量;斛斗大小不一,米色也有高下,仅凭一纸赃单,就将盗贼绞首,恐怕日久会导致冤案。他于是为郑毓贤起草了一份请示,请求省里仍照部价估赃,巡抚陈宏谋当即批给按察使司议准通行。

过了几年,汪辉祖到浙江省平湖县做刑名师爷,又碰到这一问题,于是再次援例具禀,结果却被浙江按察使司驳回,不予采纳。江苏、浙江两省毗邻,偷米定罪轻重却不一致,这让汪辉祖感到迷惑和遗憾,并感叹"不知近日作何办法也"。

汪辉祖在实际工作中大行仁恕之道,并不是没有底线。他知道,怜悯歹徒即是姑息养奸,恻隐之心万万不可滥用。接着不久,他在如何对待一个残疾人盗墓贼的定罪量刑上就不打算行"仁恕"之道,而是严格执法。

当时发生了一件影响恶劣的盗墓案,但让人惊讶的是,作案人没有右手,是个残疾人。他是用左手打开棺木,盗取财物的。

县里审判定罪时,拟判充军,却又依照政府对残疾人的优惠减刑政策,准备减轻处罚。汪辉祖觉得此人既然能用左手作案,所犯罪行又比较严重,影响更为恶劣,自然不能按残疾人减罪。可他转念又想:对残疾人的优惠减刑政策,是政府的法外施仁行为,体现了政府对残疾人的关心和照顾,如果因为这个人的情况特殊而不执行这一政策,以后犯案的残疾人会不会受到影响呢?因而左右为难,不知如何是好。汪辉祖最后的决定是辞职,让别人去处理这个案件。

后来这个案件果然被刑部驳回,不许减轻处罚。汪辉祖虽然早就意识到了这一点,却不敢毅然决然行事,只能以辞职来回避这一难题。

汪辉祖辞去长洲幕职,回避难题是原因之一,另一原因是当年四月他的老师孙尔周到浙江秀水县任职,特意经过长洲,约其相佐,他答应下来了。不过不是年底而在十月辞职,其中还有一个十分特殊的因素,就是十月十八日清晨,汪辉祖给郑毓贤的塾师吴桂送毛笔,回来时却发现自己的住房全部倒塌,房间里的东西都被压碎。同事们都以为他被压在废墟里,正商量如何开展营救,却见他毫发无损回来了,于是无不感到惊奇,并拍手庆贺。此事确实触目惊心,让人后怕,汪辉祖考虑都没有考虑,就决定辞职,至此结束了在江苏的幕友生涯,回到了浙江工作。

16. "治刑名者,奈何不慎?"

乾隆二十六年(1761)二月三日,汪辉祖到浙江省秀水县知县孙尔周幕府做刑名师爷。

他一到秀水,就碰到一件棘手案件。

这年正月五日黄昏,在别人家喝酒归来的许天若,路过邻居蒋虞氏家门口时,仗着酒劲,一边使劲拍自己的钱袋,一边对着屋里大声嚷嚷,说自己有钱,要请蒋虞氏一起喝酒。蒋虞氏闻声出来,咬牙切齿、舞手跳脚地将许天若臭骂了一顿。

两人对骂一阵后,各自散开。

第二天一上班,蒋虞氏就来县衙门递诉状,告许天若耍流氓,光天化日之下调戏自己。县里接受了她的控诉,却没有及时开庭审理。在此期间,两人相安无事,没有任何激化矛盾的言行。

拖了二十多天之后,蒋虞氏于二月一日到县衙门催审此案,返家途中,刚好与许天若迎面相撞。许天若骂她无耻,两人就又大吵起来。进了家门之后,双方还一直骂个不休。

蒋虞氏可能是认为自己在声势上吃了亏,也可能是觉得县衙门不把她的名节大事当回事,二月二日晚上她竟然想不开,在家里上吊自杀了。

汪辉祖不迟不早,刚好在蒋虞氏自杀的第二天来到秀水县上班。

汪辉祖当时与另一位刑名师爷张某分里办案,蒋虞氏居住在张某分管的里内,此案起初由张某主办,汪辉祖参加讨论。

按照《大清律例》有关条文规定,调戏妇女致其"羞忿自尽"者,要处以绞监候;但如果仅仅是污言秽语辱骂导致妇女轻生者,则例减一等,杖一百、流三千里。

在讨论此案如何定性的分析会上,张某提出按"羞忿自尽"定罪,令将许天若收禁通报。汪辉祖却认为:蒋虞氏是死于"气愤",而非被调戏后的"羞忿",所以应该按第二种情况定性。张某大不以为然。孙知县信任汪辉祖,不仅同意了他的意见,而且指定他代拟判稿。汪辉祖于是拟杖枷通详。

然而案件一经通报,浙江巡抚马上下令将许天若逮捕关押,同时严词斥责秀水县办理此案援引法律错误,予以驳回。汪辉祖却不屈不挠,拟定"顶复",详细说明自己的判案依据:

但经调戏，本妇羞忿自尽，例应拟绞。本无调奸之心，不过出语亵狎，本妇一闻秽语，即便轻生，例应拟流。夫羞忿之心，历时渐解。故曰"但经"，曰"即便"，是捐躯之时，即在调戏亵语之日也。今虞氏捐生，距天若声称沽饮已阅二十八日。果系羞忿，不应延隔许时。且自正月初六日以至二月初一日，比邻相安，几忘前语。其致死之因，则以虞氏催审，天若又向辱骂，是死于气愤，非死于羞忿也。拟以杖枷，似非轻纵。

这段话的核心意思是：蒋虞氏如果是在遭到调戏后羞忿自尽，许天若当然应当判处绞刑；如果许天若并无调戏之心，却用污言秽语辱骂了蒋虞氏而致使其自尽，许天若也应该判处流刑。然而，蒋虞氏是在事情发生二十八天之后才自杀的，其死显然并非出于"羞忿"。再说，自正月六日至二月一日，两家毗邻而居，相安无事，差不多都忘记了二十多天前发生的不愉快，怎么能说她是因为"羞忿"而死呢？她的真正死因，是二月一日到县里催审回来的路上碰到许天若，被许天若骂了无耻，她一时气愤不过，才自寻短见的。蒋虞氏既然是死于"气愤"而非"羞忿"，自然没有理由按照调戏致死的法律来处理，判处许天若杖枷之刑，也就谈不上是轻判，而是根据具体情况做出了"罪刑相应"的处罚而已。

总之，汪辉祖对"羞忿""气愤""即便""但经"等词汇作了严格的法律解释，"气愤"绝非"羞忿"，"即便""但经"都是马上的意思，最起码不能超过当日。本案蒋虞氏并非死于"羞忿"，而且也不是"一闻秽语""即便轻生"，所以决不能适用"但经调戏，本妇羞忿自尽，例应拟绞。本无调奸之心，不过出语亵狎，本妇一闻秽语，即便轻生，例应拟流"这条法律规定。

然而，嘉兴府和浙江省按察使司将这个顶复照转给巡抚衙门之后，又被巡抚驳回，汪辉祖只好将许天若按辱骂导致妇女轻生罪名减刑一等上报，也就是将原来的"杖枷"改判为"杖一百，徒三年"。

汪辉祖做出这种改判，显然是屈从了权力的压力，但也不完全如此。因为清代并无"令人气愤致死"该怎么量刑的法律规定，所以本案乃无律例可遵。然而蒋虞氏之死，确与许天若先后调戏、辱骂有关。此等行为不能不罚。至于罚轻罚重，自然存在一定弹性空间。汪辉祖尽量考虑和采纳各方面意见，以便让案件顺利获得通过，也就完全可以理解。

但不管怎么说,这个案件正是由于汪辉祖的坚持,许天若才没有以命抵命;也正是他的坚持,才导致蒋虞氏的形象受到了一定损害,给人的感觉不再那么"高大光辉",她的亲属也因此无法为她申请建立"节妇"的贞节牌坊,为此汪辉祖心里始终留有很大的阴影(这很可能也是促使汪辉祖做出改判、加重许天若刑罚的原因之一)。

三十五年后的嘉庆元年(1796)正月,已经六十七岁高龄并且儿孙满堂的汪辉祖仍然梦见自己被人带至阴间,接受蒋虞氏的控告。蒋虞氏告汪辉祖判案不公,偏袒许天若,汪辉祖为自己一一辩护,都不能得到蒋虞氏的谅解。直到冥司连说两次汪辉祖的判稿写得并不差,然后"亲笔"在蒋虞氏的诉状上写下数字判词,蒋虞氏的阴魂才散去。

汪辉祖后来在他的回忆录《病榻梦痕录》里几次写到此事并告诫后人:"治刑名者,奈何不慎?"

如此看来,一直到汪辉祖生命的晚年,他都坚持认为:自己原来的判稿,是写得完全正确的,因而是问心无愧的。

写到这里,有个事实必须说明一下:《病榻梦痕录》所写的蒋虞氏,实际上是"陈张氏"之误,后来汪辉祖写作《病榻梦痕录》的续篇《梦痕录余》时,亲自做了订正。

那是嘉庆八年(1803)五月间,汪辉祖在禾嘉遇见秀水县民朱履贞,偶然谈及当年蒋虞氏的事情,朱履贞便告诉汪辉祖:他当年曾经"亲办此案",案中自尽的妇女并非蒋虞氏,而是陈张氏,张氏的丈夫叫陈经叔。汪辉祖听后有些不信。不久到了朱履贞家里,朱将当年留存的档案翻出来,汪辉祖才不得不信:以前在《病榻梦痕录》内所写的"蒋虞氏",确是"陈张氏"之误,于是特意做了订正。

朱履贞大概是四十多年前秀水县衙的刑房书吏,所以曾经"亲办此案",并且在家里保留了此案的文书档案。

朱履贞还告诉汪辉祖:据陈张氏的侄女说,当年陈张氏催审后,许天若昼夜恶骂,还污以不洁之名,因而致其速死。许天若判处徒刑后逃回,其兄拒绝接纳,走投无路的他于是投河自尽。后来县里给陈张氏家人发了一块烈妇的牌匾,遗憾的是陈张氏死后,她的丈夫和十岁的儿子也先后死了。

汪辉祖听到这一不幸消息后,捐钱重新安葬了陈张氏一家并为之勒碑。

17."立志作举业文字,不敢懈"

蒋虞氏自尽案了结不久,巡抚即保举孙尔周可以胜任知府,于当年四月赴吏部引

清朝三大幕

见,汪辉祖回家等待。九月三日孙尔周回秀水上班,汪辉祖也回到秀水,仍在孙尔周幕府做刑名师爷。孙尔周的儿子孙含中(号西林)考取进士后,当年来秀水探亲,汪辉祖与他相识并结下深厚友谊。

乾隆二十七年(1762)三月,汪辉祖得到生母徐氏病重消息之后,急忙从秀水赶回萧山。他是三月十四日到家的,此时徐氏已经不怎么能说话了。三天之后,她却忽然开口对汪辉祖说:"自己万一不能拖过九月,就要耽误你当年的乡试了。"当天,徐氏就去世了。

母亲的死,让汪辉祖十分伤心,尤其是她的遗言,更让汪辉祖想起来就感到难过。以前他每次参加乡试,徐氏都会宽他的心,说汪家祖祖辈辈都没人考取过功名,你现在既然靠游幕养家,就不能再老是想着功名。人的精力是有限的,如果一心二用,边工作边学习,那么"学而荒幕则造孽,佐幕复学则精力不继"。三年前徐氏大病一场后,更是再三嘱咐汪辉祖不要把自己弄得太辛苦,功名有没有都无所谓。汪辉祖由此真的以为母亲是这么想的。现在,他听了母亲的临终遗言,才知道母亲最放不下也是最关心的一件事,还是盼望他能够考取功名以光宗耀祖!以前她无非是担心儿子身体吃不消,才要他多休息、少看书。这些年来,汪辉祖本来就没有放弃过科举努力,从此以后更是"立志作举业文字,不敢懈"。

18. 引经据典决疑案

处理完母亲的丧事回到秀水,汪辉祖即全身心投入一件缠讼已久的继承疑案的处理。

秀水县民陶爱泉之子陶惠先是当地大家族陶家的长房独子,从小就过继给了叔叔,成为叔叔这一房的继承人。陶惠先后来生了五个儿子,父亲陶爱泉却没有再生育儿子,他因此成了陶爱泉兄弟两家的一根独苗。不久又遇到了新问题:陶惠先本人活得好好的,大儿子没有留下后代却死去了。

为了延续大儿子的香火,陶惠先打算从其他四房里过继一个孩子给他,因涉及很大一笔财产,所以只能严格按顺序从二房中选择合适继承人,最后决定将老二的儿子陶璋过继给老大。决定宣布后,自然无人敢提出异议。

然而,陶惠先的三儿子陶世侃不甘心大哥的家产落入二哥之手,等到陶惠先去世之后,就巧立名目说:我们的父亲过继给叔叔做儿子,自己的亲爷爷就绝嗣了,应该先给爷爷立个后人，才能考虑为大哥立嗣的事。他的用心非常清楚，就是要按照立继顺序，把二哥的儿子过继给爷爷，然后由他的儿子继承大哥的财产。

为了推翻父亲生前做出的决定，陶世侃精心伪造了一份父亲陶惠先的遗嘱，说老二的儿子陶璋既然已经过继给了老大，老二就应该归嗣祖父陶爱泉，以延续陶家本身长房一房的香火，老大的香火则应由老三的儿子来延续。

一边是死去的爷爷，是个虚名，另一边是死去的哥哥，有实实在在的大笔遗产，老二哪能看不出老三的不良用心？兄弟俩为此打起官司来。

由于陶家是世家大族，所以老二老三在当地都有一定势力，身边都有一批黑高参，加上家族的人各自利益和人缘关系不同，于是有向着老二的，也有向着老三的，且各方均有说辞。

那些向着老二的，就引经据典说，陶惠先既已过继给叔叔，陶爱泉即为无子，以陶惠先的二儿子归嗣，是以孙继祖，与礼法不合，此事绝对行不通；帮老三说话的，则说陶家本房有子而绝嗣，于情不顺，以陶惠先二儿子归继之说，未为不可。

官司从县里一直打到浙江省巡抚衙门，皆因找不到恰当的法律依据，所以缠讼多年，一直无法解决。

最后，浙江巡抚庄有恭觉得秀水现在的知县孙尔周工作能力较强，幕中又有汪辉祖这样的高手，就决定将此案重新发回当地审理。

案件发回来不久，孙尔周即升任河南开封府同知（知府的副手，相当于如今的地级市副市长），庄有恭怕他踢皮球，将案件推给新任知县办理，就明确指示：此案事关富家大族，孙尔周不了结此案就不能卸任。

孙尔周原是汪辉祖的老师，现在又为主宾，关系自然非同一般。为了尽快结案，让老师早日高升，汪辉祖简直伤透了脑筋。

一天晚上，汪辉祖通宵不眠，开动脑筋反复想、彻夜想，脑壳快要想破了，才忽然想起《礼记》上有"殇与无后者，祔食于祖（未成年而夭折或突然死亡的人，如果没有男性继承人，就可以把他的牌位放在祖先的牌位下面，那么大家祭祀祖先的时候，他也能够享受同样的祭祀）"之说，觉得这句话可以拿来了断这个案件。

第二天，汪辉祖便向孙尔周建议说：陶爱泉已经去世多年，不必多此一举再给他另立嗣子，把陶惠先的牌位祔在他下面就行了，这样不仅不必过问陶惠先的遗嘱真伪，而且使得陶爱泉兄弟均得有后。其实他是想方设法巧立名目把陶世侃的要求给驳回去了。

此建议大得孙尔周赞同，汪辉祖因此拟定判文说：

祢祖之说,必不可行。陶惠先出继叔后,断难以己之次子归继。本宗有子而绝,情有难安,请以其主祔食于伊父爱泉支下,听惠先子孙奉祀。遗命之真伪,可无置议。

汪辉祖这样判决,既使陶世侃想让自己儿子继承大哥遗产的阴谋不能得逞,又使陶爱泉兄弟可以共享陶惠先子孙的祭祀香火,确为两全之策。

庄有恭得知判决结果并知道是汪辉祖的大手笔之后,大为赞赏,说:"此君余在江南(江苏)久知之,真有学识。"并特地将汪辉祖招去相见。政坛大佬开了口,还特地招他见面交谈,这还了得,汪辉祖一下子就声名远扬了,于是钱塘、嘉兴、海盐、平湖等地争相关聘。汪辉祖了解到平湖知县刘国煊贤明,就接受了平湖的聘请。

当年八月,孙尔周解任,离开秀水,汪辉祖即去平湖工作。

19. 判案工作要坚持"爱民"和"省事"原则

汪辉祖虽然善于"引经决狱",但由于人们对经义的理解往往有所不同,所以汪辉祖舍律引礼判决的案件,也常常招来一些非议。

如周张氏为儿子继郎继嗣一案,他的批文刚拿出来,便遭到幕府内部同僚一致反对,巡抚陈宏谋收到控告后,开头也怀疑汪辉祖的批文有问题,竟至调取全卷,亲自复核后,才打消疑虑。

这次陶世侃企图冒继案的判决,多年之后也遭到桐城学者胡虔的质疑和批评。他在《识学录·书〈佐治药言〉后》一文中论及此事时,"援据礼文,反复申辩",一口咬定汪辉祖误释了经义。

如果严格依据经义精神,那么"庶子成人无子者",便"无以兄弟子为后"。陶惠先乃长房陶爱泉的独生子,自然不能再出继给叔叔。如果陶惠先不能出继给叔叔,那么没有后代的就是陶爱泉的弟弟,而不是陶爱泉本人。只有把陶爱泉弟弟的牌位祔在祖先下面,享受陶惠先子孙的祭祀,才是符合经义要求的。

应该说胡虔的质疑和批评是有充分依据和道理的,汪辉祖也觉得"其言甚正",因而对他的说法做出了正面回应和肯定。

既然如此,汪辉祖当年为什么要这样判决呢?

原来他觉得胡虔的说法虽然完全符合经义精神,他的质疑和批评也是善意的、建设性的,却与事实严重脱节。也就是说,胡虔只在那里以理说理,却没有顾及当时的基本事实,而离开事实得出的道理,在现实面前是行不通的。

当时明摆在那里的事实是:陶惠先出继给叔叔,是很久以前做出的决定,陶氏宗族内部长期以来也无任何异议。对这一既成事实,后人只有认可,而不能改变。如果现在因为陶世侃企图冒继大哥的遗产,就把他的父亲陶惠先判回给爷爷陶爱泉做儿子,那么陶惠先的叔叔岂不因此失去了后代? 这样做,于情于理都是说不过去的。

还有就是陶爱泉弟弟一房的姻亲,也绝对不会同意陶惠先不继其叔,即使无奈同意,也会提出重新为陶爱泉弟弟立嗣的要求。

再说陶家是当地世家大族,"家资巨万",向未分家,如果要让陶惠先返回长房做儿子,就必须先给他们分家,"分家则觊觎分肥之辈从旁构扇,势不至破家不止"。

古代家庭讲究同居共财,没有父母教令,是不能随便分家的,即使要分,也要提留祖产和公共财产,用来祭祀和资助家族里贫穷的小孩子上学等,所以分家是件非常麻烦的事。俗话说的"清官难断家务事",就包含着财产共有这样一个深刻的社会背景。

这样一来,不是问题越来越多,事情越搞越复杂吗? 硬要这样干下去,好端端一个陶家大族,势必分崩离析,家不成家。

当时正是因为考虑了这些现实因素,汪辉祖才断令陶惠先祔食于父,使争继者无所借口,企图分肥者无从构扇,而"陶氏遂得保全无恙"。

汪辉祖知道这样引用经义并不严谨,只是"一时权宜调剂,不得不尔"。他的用意非常明确,就是"爱民"和"省事",尽可能保全陶氏一族的安宁。

在汪辉祖看来,判案工作中坚持"爱民"和"省事"的原则,比钻牛角尖式地探究礼经文义重要得多,何况"礼顺人情,情之所不可禁,不能执礼以夺之也"。如果按照胡虔的"甚正"之言,也就是完全机械地按经义条文办事,必将"观望荡延,滋为民病"。

汪辉祖于是反过来批评一般的读书讲礼之人(自然包括胡虔在内),大多"拘文牵义","避谤引嫌"。而他引经决狱,则"往往经旨不必如是,每藉以厌(压)服人心。惨淡经营,颇费神用,故通经之上官无不委曲允从"。

汪辉祖的同乡好友、国学大师章学诚对汪辉祖能够灵活引用经义精神解决司法难题的做法颇为称赞。他在《书梦痕录后》一文中说:汪君"读书通变而不失其正,可为经旨通其外义,真通达治理之言"。

章学诚的意思是说:只要动机"不失其正",即使引经不严谨,却能够公正地解决纠纷,维护社会秩序,保障个人权利,达到"爱民"和"省事"目的,也是符合经旨之"外义"的。

20. 在儒家经典面前,法律是一根可以灵活应用的橡皮筋

如果我们没有记错的话,便知道陶世侃企图冒继案是汪辉祖第三次引经据典判决疑案。前两次分别是乾隆二十一年在无锡处理童养妻与未婚夫叔通奸案和乾隆二十五年在长洲处理周张氏为儿子继郎立嗣一案。

"引经决狱"是西汉武帝时期董仲舒等人提出的一种断狱方式。它要求司法官吏在审理案件过程中,从经书中找出所谓的"微言大义",作为审理案件和定罪量刑的主要准则,并按经义的精神解释和适用法律。

这一方面是因为中国古代法律本身就是根据儒家礼教原则制定的,另一方面也是因为法律多偏重于刑法,而属于民事方面的很多案件,只能以儒家经义加以判断。汉代"引经决狱"者经常引用的儒家经典有《诗》《书》《易》《礼》《春秋》五经,尤以《公羊春秋》为主,"引经决狱"故又称为"经义决狱"或"春秋决狱"。

以现代法制眼光来看,直接运用法律以外的手段或援引法律之外的规范体系处理司法案件,简直不可思议。但在中国传统社会里,礼是儒家维持统治秩序的重要工具,凡是礼所不容的,就是刑法所禁止的,凡是符合礼的,必然是刑法不禁止的,人的行为一旦越出礼的规范,就必须由刑来处罚。可见礼本身不仅属于法的范畴,被称之为"礼法",而且在主辅关系上,礼为本,刑为治,礼主刑辅,礼是主要的,刑罚只不过起辅助作用而已。所以引经决狱不仅被人们视为博学多才的表现,而且把能否用经用典解决司法难题看作司法水平高低的体现。

中国传统法律文化甚至将引经决狱认定为司法审判的最高境界。一流的刑名师爷,只有博通经史,娴熟判例,才能被尊为"上幕"或"良幕"。在这一点上,整个清代社会早已形成共识。

既是"文学作品,又是活生生的形象的社会风俗历史"的清代著名现实主义小说《歧路灯》,在第一○五回《谭绍闻面君得恩旨,盛希瑗饯友赠良言》中描述"上幕"时,就是这样说的:

> 那做官请幕友也是最难的事。第一等的是通《五经》《四书》,熟二十一史,

而又谙于律例,人品自会端正,文移自会清顺、畅晓,然着实是百不获一的。

汪辉祖能够名闻江南,成为"百不获一"的一代名幕,很重要原因就是学识渊博、善于引经决狱。

还需要进一步说明的是:中国传统法律文化之所以将引经决狱认定为司法审判的最高境界,固然是汉以后历代封建王朝普遍崇尚儒家经术,而儒家又普遍认为经书的权威高于法令所致,但也不能忽视另外一种因素的影响,那就是在中国传统法律文化的影响下,中国古代法官在使用法律时,从来都只是为了达到某种社会和政治目的,甚至是证明法官个人能实现某种程度上需要的社会安定、和谐的一种手段,如果有其他手段和方法能更好地实现这些终极目的,法官或其他执法人员就可以把法律置诸脑后。

于是在儒家经典面前,法律对执法者来说就不再是死的度量、权衡、绳墨,而是一根可以灵活应用的橡皮筋。

21. 一帙《无为教经》差点害死九个信佛的人

从乾隆二十七年八月到三十二年正月,汪辉祖一直在平湖知县刘国煊幕府做刑名师爷。在这四年多时间里,汪辉祖不仅每年都要经手一两件大案要案,而且以人为本,让中国自古以来就具有的"慎刑恤罚"思想和原则,在司法实践中得到充分运用,从而体现了尊重生命和实施刑法中的人道主义精神,对我们今天加强社会主义法治建设,关注民生和社会弱势群体,尊重和保护人的生命和公民的各项基本人权,仍然具有启示和借鉴作用,是一笔珍贵的法律文化历史遗产。

就在汪辉祖到平湖上班的第三个月,乍浦巡司称拿获邪教徒徐某等九人,说他们虽然在家拜佛,但在缴获的一箱经卷里面,有一帙《无为教经》。当时官府对邪教势力的打击十分严厉,徐某等人如果真是邪教徒,此案即属大案,可处以极刑。地方巡检捕获邪教徒,则可以得赏,不获则受参处。

汪辉祖打开箱子,仔细检查全部经卷,发现确有一帙《无为教经》,其余全是《金刚经》《楞严经》《观音阿弥陀心经》等佛经。

可是当他检查完全部经卷之后,却有了不同看法。他认为:"无为教"虽系邪教之名,但此帙《无为教经》是明朝万历年间的刻本,经文后面不仅隐约存有"万历十七年……历城……并妻王氏"等字样,而且已经虫蛀蠹蚀,残破不堪,前后文字既不连贯也不完整,显然不是徐某等人有意用来传播的,他因此怀疑这些人不是邪教徒。

汪辉祖将自己的想法告诉了刘国煊,刘国煊亲自带人到九个人家中进行搜查,果然没有查到任何违禁物品。

为了慎重起见,汪辉祖又建议说:信奉邪教的人长期吃斋,不吃猪羊肉,这九人如果真是邪教徒,自然会遵守教规,不妨拿肉给他们试试。

试验结果是:这些人见菜里有肉,无不争着抢着吃,这就可以确认他们不是邪教徒。

既然如此,这帙《无为教经》又是怎么来的呢?经审讯才知道,箱子里的经卷都是从要饭的游僧手里买的,他们也不清楚其中还有违禁出版物。

真相大白后,汪辉祖便参照道教的私家拜斗例(拜斗是道教独有之科仪,为世人对星宿的崇拜而生的敬仰,与人的生死祸福有关——笔者注)拟写判稿,对九人分别责处;烧掉《无为教经》;《金刚经》等佛经则送给当地德藏寺收藏。

多年之后,汪辉祖的堂侄汪在心到乍浦经商,回来后对汪辉祖说:当地有户居民,长期在家中书室里供奉叔叔的生像,问其原因,说是以前曾经误犯大案,幸赖汪师爷保全,才逃过此劫。因为没有其他法子报答汪辉祖,所以在家中供奉他的生像。汪辉祖猜测此人或许就是当时所谓教案中的某一个人。

又过了若干年的嘉庆五年(1800)五月,汪在心从乍浦回来,再次告诉汪辉祖说:以前说的供奉叔叔生像的人家,主人姓高,如今虽然已经去世,但高家后代依然在家中供奉叔叔的生像。汪在心问其原因,高家儿子说:"乾隆二十八年,吾父为怨家陷入命案,官验时适他出,官谕补提,旬日后竟不被传。侦问承行吏,知令叔在幕中,屡抹稿不行,官曲从之。吾父感不去心,尝言'微汪公,吾身受刑,家必破'。后于裱背铺见令叔小像,倩人摹埭(请人用泥土等做成人和物的形象)供奉。"

高家儿子还说:后来他父亲听说汪辉祖考取进士去湖南做官了,高兴得不得了,就对儿子说:"天道报善不爽,这一点你们千万不可忘记。"

汪在心将汪辉祖的近况向高家儿子们做了简要介绍后,他们对汪辉祖健康长寿、儿孙满堂、德高望重、名满天下,无不欢喜异常。

听了堂侄这番叙述,汪辉祖才搞清楚那人原来不是教案中人,而是另外一起人命案中险些被牵连进来的无辜群众。

仿佛真是善有善报。结婚十多年一直没有儿子的汪辉祖,在乾隆二十七年和三十年,妻子和小妾分别给他生了一个儿子。

22. 不可轻信别人整理好的口供材料

乾隆二十七年底,孝丰(今浙江省安吉)县民蒋某在运河中行船运货,被几个歹徒抢劫一空。清代法律规定,在江河要津拦路打抢属于重大犯罪行为,要立即通报附近州县协助缉拿罪犯。

平湖县得到通报后,立刻在各个要道口设卡盘查。几天下来,既没有找到犯罪嫌疑人,也未发现任何线索。时近年末,办案人员都要回家过年,这一桩邻县的重案要案也就被暂时搁置起来。

春节过后没几天,还沉浸在节日欢乐气氛中的汪辉祖突然接到县里通知,要他立刻赶回平湖上班,说是平湖有个叫盛大的人,年前突然从充军的地方逃了回来,他胆大包天,贼心不改,一到家就纠集数名同伙拦路抢劫,八名案犯全部抓获归案后,不仅对本案犯罪事实供认不讳,而且承认年前孝丰县的运河抢劫案也是盛大领头干的,希望汪辉祖尽快回来协助处理。

不费吹灰之力就破获了一起大案要案,对平湖知县刘国煊来说,当然是一件了不起的政绩,汪辉祖完全能够体会他此刻的心情,于是二话不说就告别家人,赶回平湖。

刘知县把汪辉祖迎进县衙后,水都来不及让他喝一口,就将前几次提审盛大一伙的口供记录交给他看。汪辉祖看过供词后,心情却很沉重,半丝高兴劲儿都没有。

这些供词不仅如出一人之口,而且案件如何起意、如何纠伙、如何实施抢劫、如何打伤船夫、如何搬运赃物、如何分赃销赃等等,面面俱到,一应俱全,根本不像审案原始记录,反倒更像按照判案需要精心制作出来的叙供材料。

供词如此完整、齐全,不能不让汪辉祖感到疑惑。他于是建议刘国煊不要急于定案,还要继续审讯。

当天晚上,刘国煊重新提审盛大等人,汪辉祖坐在屏风后面凝神细听。刘国煊提问什么,八个犯罪嫌疑人就回答什么,没有犹豫,毫不躲闪,不仅口供熟练得如同背书,而且八人的供词没有半句不同。

一般而言,案情至此,可谓铁证如山,真相大白,可以结案了。汪辉祖却更加怀疑其中有诈。

根据汪辉祖的要求,第二天晚上刘国煊不仅再次提审犯罪嫌疑人,而且对审讯方式做了调整和改变:这回不是集体提审,而是一个一个单独审问;问口供时,也不是按

照前后次序甲乙丙丁顺着问,而是根据情节轻重,对不同人提出不同问题,要他们如实回答。汪辉祖仍旧躲在屏风后细听。

不出所料,这回不仅有人认罪,有人否认,而且八个人中言语分歧很大,甚至有大呼冤枉者。汪辉祖见状,赶紧叫门子传话过去,要刘国煊暂停审讯。

盛大等人被抓获归案后,刘国煊追问孝丰抢劫案赃物的下落,犯罪嫌疑人供称已在年前全部销赃,所得钱财也已挥霍一空,如今只剩下一条蓝布棉被。刘国煊便移文孝丰县,请那位遭劫的船主蒋某前来认赃。蒋某抵达后,确认这条蓝布棉被是他的。

对这件仅存的"赃物",汪辉祖非常重视。为了验证它的真假,他让人到外边或借或买,一共弄来了二十多条颜色新旧大致一样的蓝布棉被,然后亲自在那件所谓的赃物上做上记号,一同交给犯罪嫌疑人辨认。他们乱翻一阵后,竟然指认不出哪条棉被是抢来的。

刘国煊一拍惊堂木,厉声喝问:"你们究竟抢过货船没有?!"那些疑犯一愣,呆了一会,然后纷纷叩头求饶,口称冤枉,直说不曾抢过货船。

既然如此,这些人为什么要往自己身上泼脏水呢?原来他们都是盛大的铁哥们,对盛大历来惟命是从,马首是瞻,不管做什么都听他的。盛大从充军地潜逃回来后,纠集他们抢劫,弄点钱物过年,不料刚一作案就被一网打尽。盛大想,自己是逃军,再犯抢劫案必死无疑,多认一个死罪一样是死,就打肿脸充胖子,把孝丰那件大案一起揽了过来,并嘱咐死党统一口径,一起承认,不准翻供。至于那条蓝布棉被,其实是盛大自己的,有缝被人可以证明。这种被子在当地十分普遍,除极少数穷苦人家,几乎家家都有,孝丰被抢船主损失的物件中恰好有这么一条被子。

盛大说自己必死无疑,其实是法盲的表现,事实并不如此。其他七位同伙更是罪不至死。只是他们历来奉盛大的话为圣旨,从不敢有丝毫怀疑,才稀里糊涂地轻信了他的说法。要不是汪辉祖明察秋毫,精心办案,这七个人当了冤死鬼,都不知道是怎么回事。

根据最终得到的审讯记录,汪辉祖草拟了判决意见上报,盛大等人分别被判处发遣边疆、充军和数额不等的有期徒刑。

两年之后,江苏元和县破获了一个案子,起赃时发现了孝丰抢劫案许多赃物,此案真正主犯,终于落入法网。

然而,当初汪辉祖建议为盛大等人开脱罪行时,却遭到幕中同僚纷纷反对,认为他"曲纵枉法"。有人甚至说汪辉祖开脱盛大等人的罪责而使主人无功,是不顾主人考绩的表现,因而是大错特错的。

汪辉祖听到这些议论后,心里很难过,却无处倾诉,就向刘国煊提出辞职。刘国煊坚决不同意。汪辉祖便说:"你如果要坚持留下我,就一定要开脱盛大他们的罪责。孝丰抢劫案损失财物很多,如果仅仅凭借一条可疑的蓝布棉被就定这几个人为死罪,不但我会大损阴德、贻祸子孙,而且你日后也会为其所累。"

刘国煊表示完全听从汪辉祖的意见,汪辉祖才没有离去。

但人们的议论一时并未消除,私下里仍然有许多不同的说法和意见。幸好刘国煊坚定支持汪辉祖,否则他都会被这些不负责任的口水淹死。可见汪辉祖当时的处境是多么艰难,与其他同事的关系是多么紧张。

两年之后,刘国煊已被保举为知府并赴吏部引见,孝丰抢劫案也已真相大白,刘国煊暂回平湖任职等待高升时,一见到汪辉祖就说:"你当时竭力为盛大等人开脱罪责,真是神了!"汪辉祖笑道:"这只是您不当抵罪,我也不应绝后啊!"

汪辉祖此话虽然带有玩笑性质,听起来似乎显得相当轻松,其实经历了此案之后,他的变化非常之大,对待工作也更加认真和慎重,具体表现一是从此"不敢以草供为信",二是"犯人应判徒罪以上,无不亲听鞫问",说明他的心理压力一直很大。

为此,他后来在《续佐治药言》里特意写了"草供未可全信"一条。说是给犯人定罪,主要是根据供词,所以犯人的供词最为重要。但司法审讯"五听"之说里,"辞听"只是其中的一种,况且记录供词的刑房书吏,还可能从中作弊,如果根据供词定罪,就很难完全保证符合事实原委而做到量刑准确,所以我后来再也不敢轻易相信别人做好的供词,凡属徒刑以上案件,主人庭审时我都要在堂后凝神静听,一旦发现供词有可疑或者矛盾的地方,就提请主人再审,一个案件常常要审上四五次甚至七八次才能结案。

中国古代司法审讯"五听"之说,是指中国古代司法官吏在审理案件时观察当事人心理活动的五种方法,是辞听、色听、气听、耳听、目听的简称。这种方法始于西周,对后世影响较大。据郑玄注释,辞听是"观其出言,不直则烦"。即观察当事人的语言表达,理屈者则语无伦次。色听是"观其颜色,不直则赧然"。即观察当事人的面部表情,理屈者则面红耳赤。气听是"观其气息,不直则喘"。即观察当事人陈述时的呼吸,理亏则气喘。耳听是"观其听聆,不直则惑"。即观察当事人的听觉反应,理亏则听觉失灵。目听是"观其眸子,不直则眊然"。即观察当事人的视觉和眼睛,理亏则不敢正视。

很显然,五听是通过言语、表情、呼吸、听力、视觉等反应来确定当事人供词的真伪。"五听"之中最重要的是"目听",其次是"色听"。可惜刑名师爷不能公开参与审

清朝三大幕

案,只能躲在大堂后面凝神静听,无法当面观察当事人的各种表情和情绪反应来判断其心理活动。他们仅能间接参与"辞听",也就是通过听声想象、用心分析来了解案情真相。

在"草供未可全信"一条里,汪辉祖不仅强调刑名师爷要认真参与堂后"听审",而且反复告诫主人不要意气用事,更不能轻易用刑;审案时一定要有耐心,不能有畏难情绪,更不能怕麻烦。只有这样,才能厘清案情真相,防止冤假错案产生,在工作中真正贯彻"慎刑恤罚"思想和原则。

古代的"慎刑恤罚",其核心内容是要求司法工作者在审理案件时一定要慎重、小心、严谨,关注人的生命,严格依法办案。其中至少包括五个要素:一是案件有疑问,犯罪事实没有完全搞清楚的情况下,不要急于抓人,已经抓了的,不要急于判案。二是犯罪事实搞清楚了的情况下,定罪量刑可重可轻时,用轻刑;可罚可不罚时,不罚。三是对于宣告死刑这种人死了不可复活的重大案件,必须用严格的、周密的程序,使冤死的情况尽可能降到最低程度。四是对于已经判处徒刑以上的案件,法律明文规定了自动逐级复审制度和严格的上诉纠错程序。五是一旦错判被发现,不仅直接责任人要受到严厉处罚,而且所有承担"审转"责任的官员,都可能因此受到牵连。

对照汪辉祖在"无为教案"和"孝丰抢劫案"中的表现,便不难发现:他的工作确实较好体现了以人为本的"慎刑恤罚"思想和原则,不仅是古代先民博大精深人文情怀在法律生活中的生动运用,而且与现代社会的政治文明在精神诉求上具有暗合性一面,对当代法治社会、政治文明社会建设无疑具有借鉴意义。

当年汪辉祖还有一件事值得一记。

有位妇女俞张氏,纵容女儿与人私通,女婿发觉后,就将妻子痛打一顿。俞张氏上前劝阻,也被女婿打掉一颗牙齿。女婿虽不是有意为之,但按当时法律规定,还是要判有期徒刑。汪辉祖却认为:"妇人犯奸,罪应离异;母纵女奸,即与婿义绝,应同凡论(不能再视为女婿与岳母娘关系)。"于是建议从轻处罚。知县采纳了他的意见。报到嘉兴府和浙江省按察使司后却被驳回,于是改判为"杖一百、枷号一月"结案。

23. 官员政绩怎能大于人命

这几年汪辉祖在平湖佐幕,办案总为犯人着想,不仅得到幕主刘国煊高度信任,更让刘国煊的顶头上司、嘉兴知府邹应元十分欣赏。乾隆三十年(1765)二月,邹应元见到刘国煊,就说:"君幕汪某所办案,必为犯人留余地。议论纯正,当有后禄。"

邹应元的话传回平湖后,那些攻击反对汪辉祖的同事,态度才稍微有所改变。

当年五月,邹应元来乍浦巡视工作时,又特意到平湖官署看望了汪辉祖。

乍浦镇虽归平湖县(如今的平湖市)管辖,但地位比较特殊。它东邻如今的上海市,南濒杭州湾,西连海盐县,北接平湖林埭镇,是杭州湾北岸重要商埠和海防重镇,素有"江浙门户""海口重镇"之称,为历代军事要冲。乍浦自南宋以来即为商港,元朝曾设市舶司,开港对外贸易。到了清代,乍浦更成为浙北地区对外经济文化交往的重要门户,先后在此设立海防、理事同知和满洲水师副都统署。

乾隆三十年六月,乍浦同知(副知府级)陈虞盛会同乍浦营参将汤云龙,声称抓获外洋渔匪;之后辗转株连,又捕获盗犯三十余人;以寄赃、买赃等罪名受到牵连的,又不下四十人。他们对嫌犯严刑拷打,记录口供,都以拿获洋匪(海盗)上报。上面将此案交给平湖县初审。

经反复审讯,汪辉祖发现,这些人中,只有一个叫林好的福建人曾经抢夺过财物,另有十六人或偷过渔网或偷过鱼,其他都是屈打成招的普通百姓,根本没有偷抢过东西,更不是什么外洋渔匪和汪洋大盗。汪辉祖于是以事实为依据,以法律为准绳,坚持依法办案,不附会同知和参将,建议只将林好和另外十六人继续关押,其余一律释放出狱。

汪辉祖将此案法律文书全部制作完毕后,回杭州参加当年的乡试。等他考完回到平湖上班,竟然发现事情发生了根本性变化。原来参将汤云龙很想将此案办成大案,他和陈同知就好拿着擒获洋匪的功绩向朝廷邀功请赏,汪辉祖的建议将其美梦化为泡影,当然使他很不痛快。他为此特意去谒见闽浙总督杨廷璋,故意夸大和吹嘘破获此案的重要性,偏听偏信的杨廷璋不做任何调查和核实,就发文诘问平湖知县刘国煊。

刘国煊确实是一个好官,他顶住压力,坚决支持汪辉祖的意见不变。

陈同知和汤参将又通过各种渠道和关系,对刘国煊施加影响和压力。刘国煊同样毫不退缩,因此大大得罪了这两个小人。

在对刘国煊施加影响和压力的同时,陈同知和汤参将还暗中指使一些人诬陷汪辉祖,说他故意开脱嫌犯。

看到刘知县的压力实在太大,不忍心看到他陷入更大的困境,汪辉祖于是向刘国煊辞职。但刘国煊坚决不同意。

不久,汤云龙身长毒疮死去,陈虞盛死了亲爹丁忧去职,刘国煊和汪辉祖的压力才有所减轻。

刘国煊敢于坚定支持汪辉祖的意见,当然主要是出于对汪辉祖的高度信任,但也与当时的浙江巡抚熊学鹏和按察使李治运的暗中支持分不开。当初,熊学鹏打算以拿获洋匪上奏,李治运及时提醒他:陈虞盛等人的说法绝对相信不得,应当按平湖县的审理意见结案,熊学鹏这才没有那样做。

正是在这种情况下,汤云龙才越过府司和巡抚衙门,直接找闽浙总督进行干预。

作为闽浙两省的最高领导,杨廷璋看到自己的权威受到挑战,心里当然很不高兴。就在他即将调任两广总督之时,又将此案上奏朝廷,提请最高领导进行干预。他当然是按照陈虞盛和汤云龙的说法,以拿获洋匪上报的。

朝廷下旨:命浙江、江苏两省巡抚会审此案。

一件小小的偷窃案,居然闹成惊天大案,说明当时的官场是多么复杂和可怕!在某些官员眼里,只要自己能够取得政绩,会不会草菅人命是不管的!

浙江按察使司将全部犯人押到杭州后,责令嘉兴知府邹应元审理此案。

邹应元起初也将此案定性为洋匪抢夺。刘国煊反复申辩,邹应元都不采纳;汪辉祖据理力争,邹应元仍然固执己见。他对汪辉祖说:"别的不说,仅以十五(十六)人在黄盘外洋合伙抢劫船主沈厶的三条渔船这一点,不是海盗行为又是什么?"(《元史本证》附录《汪龙庄行状》)

见邹应元仍然不可理喻,汪辉祖只好用事实说话。他举例说:"在一条只有五六丈宽的内河里,几条拴在东岸的船只,被强风吹断缆绳漂到西岸后,肯定会停得横七竖八、凌乱不堪,绝对不会像原来停靠在东岸那样排列有序。何况黄盘为外洋,海水无涯无际,风浪又高又大,事主却报案说:他们三条船原本在一起捕鱼,被强风漂入黄盘洋面后,还是一条紧挨一条、整齐有序地停靠在一起,然后遭到几条海盗船的同时抢劫,这种说法能让人相信吗?"

邹应元这才恍然大悟。

他再诘问失窃船主沈厶,得到的答复是:三兄弟开始在一起捕鱼,后遇强风飘散,各不相顾,林好等十几个人是分散作案,各窃各船,他们既不是同谋,也不是合伙作案。

案情真相虽然大白,但两省巡抚坚持认为:洋匪必须严惩,当依强盗律定罪。

两省巡抚幕友见案情重大,关系十多条人命,纷纷找借口离去。

出于对汪辉祖的高度欣赏和信任,邹应元不用自己的师爷,特请汪辉祖协助办理此案。汪辉祖连续奋战四天四夜,重新写出全部法律文书后,又反复修改十多次,才最终定稿:判处林好绞刑;其他犯人则分别判处流、徒、杖、笞等,受牵连者一概无罪。乾隆命下刑部核查,刑部报可。

在汪辉祖苦苦坚持下,十多条人命终于保住了。

此案自县禀至两省巡抚会奏,都是汪辉祖一手起草文书材料,邹应元越来越感到汪辉祖是一个难得的人才和好人,后来他调任台湾知府,打算用年薪一千六百两银子的天价高薪聘请汪辉祖去台湾工作,只是因为继母考虑路途太远,又要漂洋过海,反对他前往,汪辉祖才未成行。

24. 让信奉种肥田不如告瘦状的人彻底死心

清朝乾隆年间,浙江平湖县一些世家大族和富裕人家,对"种肥田不如告瘦状"这一套相当信奉,因而"好争讼惰劳作",总想投机取巧,甚至通过讹诈,以期不劳而获。他们不仅常常为了"争继"一事打官司,而且在县里打不赢官司,就府、道、司、院逐级上控喊冤,或者在这一任县官手里被判败诉,等下一任官员上任后,再次起诉。遇有这类官司,房族不免左右袒护,官吏因而上下其手,从中渔利。

汪辉祖非常看不惯这种行为,很想扭转这种风气,于是和知县刘国煊商量之后,做出一条不成文规定:凡遇争继诉讼案件,暂时都不要搭理,而让房族公查,看看有没有为无子之人立继的确切理由,再查无子之人是否有辈分相当的侄子。如果无子之人或妻子有一方健在,就由其自主决定;如果夫妻双方都已去世,就根据《礼记》"殇与无后者,祔食于祖"的记载,一律不准立继,他们的遗产则作为宗族祭祖的族产。几年之后,这种争继官司明显少了许多。

对于极少数见财起意、贪得无厌之人,汪辉祖也是想方设法不让他们的阴谋得逞。

平湖县有个叫殳凤于的人,生前一直和哥哥嫂子住在一起,财产也是兄弟俩共同拥有。殳凤于哥哥有一个儿子,他自己则只有一个女儿,已出嫁。殳凤于夫妇和哥哥嫂子都去世之后,哥哥名下的那份田产,当然由他自己的儿子继承,这没有问题,但殳凤于夫妇留下的二百七十亩田产,却一直悬在那里,无人继承。这是因为他哥哥也只有一个儿子,按例不得出继给兄弟。

需要说明的是:乾隆四十年以后,朝廷曾经颁布上谕,允许独子兼祧。但本案发生在此谕之前,所以殳凤于的亲侄子不能继嗣。

二百七十亩田产,可是一笔相当大的家产,殳凤于的一个远房侄子殳球,于是见

财起意,提出要做殳凤于的儿子,由他继承这笔遗产。殳姓家族也认为,殳凤于留有二百七十亩田产,为他立嗣也应当。

可汪辉祖不这么认为。他觉得殳球的眼里只有那二百七十亩田产,根本就不是诚心想当殳凤于的儿子,对这种居心不良、贪得无厌之人,当然不能让其得逞。他于是拟定判词,将一百亩田产判给殳凤于的女儿,二十亩用来营葬殳凤于夫妇,剩下的一百五十亩作为祭产,不准他人占有。殳凤于的牌位则袝于其父亲名下,享受他哥哥的儿子祭祀。承继之事,殳球不必过问。

殳球不服。他援引清代法规中"死者无子允许同宗侄辈继承"的规定,上告到嘉兴府。嘉兴知府邹应元虽然十分欣赏汪辉祖的学识和能力,却觉得他写的这个判词有些矫枉过正,有失平允。在他看来,殳凤于既有遗产,自应立后;殳球果真应继,即非妄告;嫁女分得田产,而殳凤于袝食于祖,皆非继绝之道,于是下令平湖县重审此案,并将审判结果上报知府。

很想通过具体案件的判决来矫正平湖争继之风的汪辉祖,当然不会同意邹知府的说法,他为此起草了一篇长达万言的禀议,向知府反复说明和解释此案为什么要这么判决的理由:

本朝法规中确有死者无子允许同宗侄辈继承的规定,但允许继承不是一定要继承或非继承不可,所以应不应该继承,需不需要继承,都要根据实际情况而定,不能一概而论。

其次,选择什么人作为继承人,或要不要选择继承人,都必须由无子之人自己决定,若本人没有这种想法和要求,旁人也就无权干预,更不允许别人以同宗的名义,通过打官司的方式争得继承人资格,这也是本朝法规中有明确规定的。

第三,继承的目的是承祧而不是承产。生奉养,死服丧,这叫承祧。殳凤于夫妇生前并未指定继承人,现在他们死了,别人却来争继,死者连自己的继承人是谁都不知道,遗产却被这个人公然占有,这不是赤裸裸的承产吗!

第四,按照礼法要求,某人要去做别人的儿子,必须得到他亲生父亲的同意,如果亲生父母已死,则不得再去做别人的儿子。殳球的父亲已死多年,他既不是殳凤于生前所选定,也不是殳姓家族所推荐,更不是他亲生父母所命令,如今他要舍弃生我养我父母之恩,求为他人之后,忘本贪财,已为不孝,不能孝于所生之亲,岂能指望他孝于后认的父母?

第五，殳凤于生前一直与哥哥一家共同生活，说明他在生之日，一心一意与兄长共同扶养哥哥的儿子，若要为他议继，就必须先为他们兄弟俩分家。如今，一个不知从哪里冒出来的外人，不仅要无端夺取他们后辈的资产，而且要生生割裂他们兄弟俩的友爱情谊，殳凤于如果死而有知，恐怕也会伤心伤肺般痛苦的。

所以经过通盘筹划，殳球断无出继之理；这样判决，并非敢矫枉过正也。

汪辉祖笔锋凌厉，反复说理，目的只有一个，就是彻底断绝殳球争继的念头，让知府知道这种判决是堂堂正正、大义凛然的，并非矫枉过正之举。

事实也确实如此。不信请试问一下：一个人没有儿子，在他死后，却要违背他的意愿，听凭一个毫不相干的人来争做自己的儿子，并将大批遗产继承了去，而自己的亲生女儿却得不到一丝遗产，这在道理上说得通么？所以汪辉祖的立场和观点，在法律上虽然难以找到恰当依据，也暂时难以让人充分理解，但又确确实实符合天理人情，让人无法反驳。

在汪辉祖看来，法律规范有三个层次，上者为天理，中者为礼经，下者为法律。司法制度的目的，就在于依据天理、人情和国法，公正、合理、合法地解决社会问题。可见汪辉祖心目中最终的法制目的，就是"爱民"和"省事"，这也是天理的体现。

拖了两个月，见平湖县仍顶着不办此案，知府只得批准这个判词，驳回殳球的上控。邹应元为此深有感触地对刘国煊说："汪友之议创而确，吾细察之，甚敬其为端人。倘万一有是识，有是笔，心术不正，不可倚矣。"

邹应元的这番感慨，传达的意思是非常明确的：如果完全按照律例，是不能这样判决的，但汪辉祖也是情非得已才这么做，对他这种大胆创举，当然要给予支持。

要评判汪辉祖的判法是否得当，就必须了解中国古代立继制的本意究竟是什么。

在以男性为中心的中国传统社会里，立继是一件非常重要的事情，既可以延续男方家族的血统，继承死者的遗产，又解决了祖先无人祭祀的大问题，使死去了的人免为"孤魂野鬼"。而女儿出嫁之后，便脱离父族，加入夫族，帮助丈夫延续血统，祭祀丈夫的祖先。汪辉祖把殳凤于的一部分田产判给其女儿，在天理人情上虽然说得通，却没有解决殳凤于本人的继嗣问题，与立继制度的本意又明显不合，这就是他的判决难以让人充分理解，知府邹应元拖了两个月才勉强批准本案的原因所在。

既然如此，两个月之后，邹应元为什么先疑后准，不仅批准了汪辉祖的判案，而且称赞他的判法"创而确"并"甚敬其为端人"呢？这从汪辉祖所写的万言禀议中就可

以找到答案,其中最重要的一段话是:殳球"舍弃生我养我父母之恩,求为他人之后,忘本贪财,已为不孝,不能孝于所生之亲,岂能指望他孝于后认的父母?"

只要对这段话稍加推绎,就不难得到这样的解释:立嗣的本意,固然在于死者有人祭祀,但祭祀并非只是形式上的上一碗斋饭、烧几炷香和烧几叠钱纸这么简单,而是祭祀之人对死者要有虔诚的态度和敬爱的心情,也就是祭祀祖先就像祖先真在面前,祭神就像神真在面前一样,如果没有这种"虔敬"之心,那么有这种祭祀和没有这种祭祀,又有多大差别呢?所以孔子说"吾不与祭,如不祭(我如果不亲自参加祭祀,那就和没有举行祭祀一样)"。(《论语·八佾》)殳球为了图产,可以无情地舍弃祭祀亲生父母的责任,怎么能指望他会"虔敬"地祭祀殳凤于夫妇?像他这种人,时间一长,甚至连形式上的祭祀都难以做到,所以与其让他做殳凤于的儿子,继承这笔遗产,还不如将一百五十亩田产作为祭产,交给殳凤于的亲侄子管理,其牌位则袝于他父亲名下,共同享受侄子的祭祀。殳凤于生前与哥哥及侄子同居共财,情义深厚,如今又将田产的过半给了侄子,侄子祭祀爷爷和父亲时,一道祭祀亲叔亲婶,其情自然"虔敬"。

所以汪辉祖的判法,表面上好像与律例不同,实质上更符合立继的原则和本意。此点不加深思确实难以体会。难怪邹应元犹豫了两个月之后,不仅批准了汪辉祖的判决,而且大加赞扬了。

多年之后,汪辉祖在他的家训著作《双节堂庸训》卷三《治家》一章里,特意写了"不可求为人后"一条,其中说:

> 恩莫重于父子,出为人后,以义裁恩(割裂情爱),事难由己。择立(选择确立)之所不及,议立(商议确立)之所不到,而曰"吾应为后",忘本贪财,不孝极矣。

紧接着,他又在"祭先宜敬"条目里写道:

> 羊跪乳,乌反哺,物犹知本,何况于人?祭先之道,不惟物之致丰,尤贵心之致敬。即力有所绌(不足),不能备物,诚意勿渝(改变),先人亦格享之(也会来享用)。不然,能邀福佑者,未之有也。

这两段文字,显然是汪辉祖多年前办理殳球争继案时让他感触太深,一直不能忘怀,此时非得一吐为快不可。

25. 不要轻易引用成案判案

对殳球争继案的判定,虽然可使无端谋产的人受到打击,让孤苦无助的孤儿弱女获得保障,可是在一班无赖的族人眼里,也未尝不可利用这种方法来侵凌孤寡,如果不细心体察案情,而贸然地一概而论,还是不免会冤屈好人的。不久果然就有一个奇怪的案件产生出来。

殳球争继案了结不久,刘国煊被保举知府,赴京引见,汪辉祖也回家休息。到了九月,刘国煊暂回平湖上班等待高升,汪辉祖也回来继续协助他工作。

汪辉祖一回到平湖,就遇到一件让他哭笑不得的事情。

就在他和刘国煊离开平湖这段日子里,当地又发生一桩争继案:黄氏宗族族长援引殳球争继案那份判词,要将抚育两个女儿、守寡四年的黄俞氏的四十二亩田产作为祭产,收归宗族所有。黄姓宗族把状纸送到县里,代理知县刘开焘也不认真想想,就同意一位习惯用成案判案的师爷的拟稿,按殳球争继案引用的"祔食于祖"之例,判黄俞氏应将全部田产交给宗族管理,由族长收租,每年给黄俞氏三十石租米,各佃户不用再向黄俞氏交租,黄俞氏也不得私自出卖这些田产。

黄俞氏无端失去田产,被迫上诉。此时恰好汪辉祖回来上班,见状自然大吃一惊。他说:"祔食之说,所以杜不肖争继之习,而非开房族攘产之风,不得妄引殳案,觊觎干咎。"案情不同,当然不能以此类推。他于是批断说:那个成案仅适用于夫妇双亡的情况,现在寡妇尚在,又有两位幼女需要抚养,自然应该优先援引现成的法律法规:"妇人夫亡无子守志者,例承夫分;户绝财产,果无同宗应继之人,例得亲女承受。"如果无视这些法律规定而要强行剥夺其财产,"不惟嫠妇含冤,并使幽魂饮泣",是"无此政体,亦无此风俗"的。所以黄俞氏的四十二亩田产,应以五亩立黄祠祭户,其余三十七亩,任由黄俞氏自己经营处理,黄氏宗族不得过问。

黄氏宗族不服,上控嘉兴府,被嘉兴府驳回了才彻底死心。

从这个案例可以看出,清代师爷在援引成案时往往相当随便,稍微沾点边就拉来使用,有时甚至连现成的法律法规都可以搁置一边。像汪辉祖这样仔细推敲判词,唯恐成案之后又生成案的师爷,是少而又少的。

此案同样给汪辉祖留下了很深印象。后来他写作《佐治药言》时,就特意写了"勿轻引成案"一条,告诫人们不要轻易引用过去案例办案,因为每个案件都有其特

殊情况和原因,如果照搬照套,机械引用,是少有办得准确恰当的。所以他说:"成案如程墨然,存其体裁而已。必援以为准,刻舟求剑,鲜有当者。"所谓"程墨",就是为应付科举考试而编辑的八股文章,作为范本阅读,可以掌握一些大致的作文规范,读书人有了它,就可以抛开经书,找到一条应考捷径。然而"人情万变,总无合辙之事"。即使"同一贼盗,而纠伙上盗,事态多殊;同一斗殴,而起衅下手,情形迥别"。所以"小有参差,即大费推敲"。那意思是说:人情事态瞬息万变,找不到完全相同的事情,即使同一个盗贼纠集团伙作案,情况也会大不相同;同样是斗殴,其起因、下手的情形也会迥然有别,所以稍微有一点儿不同之处,就应该反复推敲。案情既然明了,自有一律一例适当其罪,何必用成案,而依样画葫芦呢?

诚如汪辉祖所说:在司法实践中,刑名师爷们如果投机取巧,放着现成的律例不用,动不动参照成案办案,势必移情就案,牵强附会,刻舟求剑,削足适履,带来办案程式化的后果,是很难做到公正、合理、合法和在法律面前人人平等的。

在汪辉祖做刑名师爷的二十多年里,也确实没有发现他引用成案办案的例子,只在他罢官之后,隐居老家萧山之时,远近乡民有纠纷之事向他请教,有一次因无律例可循,他才建议人家可以参照成案办案。

那么,清代有没有援引成案判案的做法呢?有的,但主要出现在自理词讼(民事案件)之中。这是因为清代律例虽然既多且繁,但对于人们日常的民事财产活动规范得非常少,另外案情往往千变万化,许多情形之下是没有妥当的律例可用的,所以在发生法律没有明确规定的诉讼时,州县长官对于自理词讼有相当大的自由裁量权,可以在律例之外寻找判决理由。于是司法者需要了断某个民事案件时,就必须发挥自己的聪明才智,自行找出一个准则来,作为断案的依据。这个准则,既可是法典内的一个类似的条文,也可是法典外的一种规范(譬如儒家经典),还可用比附援引的方法,将当地前任官员所判决的某个成功案例作为判决同类案件的依据。不仅如此,清代司法者还可依靠"情理"来裁决自理词讼,以证明自己的判决是符合"天理人情"的。所谓"情理",既可以是天理和人情的合称,也用来指一些被普遍认可的自然或社会规律。这样一来,解决自理词讼并不一定需要严格依据法律,在判决书中也并不一定要明确引用法条作为依据的现象,在清代司法实践中就普遍存在了。

为此,有着三十多年从幕为官经验并且善于处理民间纠纷和审理诉讼案件的清朝官员方大湜的经验之谈是:

自理词讼案件,原不必事事照例。但本案情节应用何律何例,必须考究明白,再就本地风俗,准情酌理而变通之,庶不与律例十分相背。否则上控之后,奉批录案,无词可措矣。(《平平言·本案用何律例须考究明白》)

方大湜这段话大体是说:自理词讼案件,虽然没有必要严格依据律例条文办理,但案件判决并不能背离律例精神,因此不管是用儒家经典办案,还是用成案办案,或者依据天理人情办案,都要根据本案情节,尽量考究明白适用于律例的什么条款。同时还要结合当地风俗,遵循人情,斟酌情理,加以变通,这样才能不与律例精神相违背。否则当事人向上级控告之后,接到上司复查本案的批示,本官就无法措辞了。

清代不仅允许援引成案判案,而且如果用比附援引的方法判决的案件关系重大,影响深远,刑部往往会把它列为新的成案予以"通行",使全国司法官员一体遵守,等下次修订律例之时,很有可能被篡成定例。

除了由中央刑部认可的成案之外,各地还有自己的成案先例,保存在各衙门的档案里,由书吏们掌握。有的书吏甚至将档案留在自己家中,视为秘本收藏,遇到类似案件,便将成案找出来,作为拟稿的蓝本。官员和师爷也大多乐于有此依据。因为在专制社会里,官员动辄得咎,如果能有旧例可援,当地州县衙门过去历任长官对于此类案件是怎么判的,我也怎么判,这种依样画葫芦的做法,自然既省事,又比较安全和保险。正因如此,汪辉祖才说"勿轻引成案"而没有说"不能援引成案"。

黄氏宗族谋夺寡妇黄俞氏资产一案,是汪辉祖在平湖做刑名师爷时经手的最后一个有影响的案件,因为第二年年初,刘国煊就到九江府做同知去了,汪辉祖也接受了仁和知县李学李的聘请,到他幕府做刑名师爷。

26. 汪辉祖也有封建卫道士思想

乾隆三十二年(1767)二月,汪辉祖到仁和做刑名师爷,当年十月,李学李即因户书匿名讦告去官,所以他在仁和只待了八个月左右。

汪辉祖在仁和时间虽短,但也办了两个比较有影响的案件,一是王魏氏误杀婢女芝香一案,二是某妇人告官改嫁一案。

芝香姑娘是仁和县民王魏氏的婢女,有一天服侍生病的主人喝参汤,不小心将杯子摔在地上,参汤倒掉了,杯子也摔碎了。当时王魏氏见芝香端着参汤过来,就从床

上抬起身子准备接过杯子,芝香却一不小心,将杯子摔到地上了。王魏氏一气之下,顺手从床边茶几上拿起界尺(为画线兼纸镇的工具。另有戒尺,旧时老师用以责打学童的用具)打了过去,结果不偏不倚,正好打在芝香的左太阳穴上,芝香姑娘当即仰面倒地身亡。案情非常简单,现场勘察及证人口供,也都非常明确。

按照我国现行《刑法》,王魏氏无疑构成了故意伤害(致死)罪。但在清代,由于奴婢的地位十分低下甚或毫无地位,而芝香姑娘又有错在先,所以根据清朝"奴婢违犯教令而依法决罚,邂逅致死勿论"的法律规定,失手打死人的王魏氏不要承担任何法律责任。汪辉祖为此起草判决书如下:

> 律载:奴婢违犯教令而依法决罚,邂逅致死勿论。王魏氏病需参治,芝香碎杯于地,参汁全倾。魏氏方起坐待饮,顺取床前几上界尺,信手一击,不期误中左太阳,立时仰跌毙命。已讯伊夫王某,历历供明。验其卧室碎杯犹在,所指殴处形势宛然。殴因违令,死系邂逅,魏氏律得勿论。恐扶病匍匐,或酿不测,夫既供明,应免提质。

从这份判词看来,王魏氏不仅不要承担过失杀人的法律责任,而且可以免于出庭受审,理由是她病重,怕万一出现意外,所以最后仅凭现场勘察结果和王魏氏丈夫的一纸证词,就审结了此案。此案是否附有民事赔偿责任,汪辉祖没有写到,我们也不好猜测。这说明,在等级森严的社会里,最底层群众的命运是多么可怜。

笔者在这里为可怜的芝香姑娘掬一把同情之泪,但古代官场上那些人仿佛都是铁石心肠,并不觉得亏欠了芝香姑娘什么,相反倒还认为,如果不这么做,反倒是对王魏氏的不"仁恕"。譬如汪辉祖后来到湖南宁远做知县,由于能力超群,政绩斐然,湖南巡抚打算给他换个肥缺,让他去攸县做知县,但当长沙知府陈嘉谟当面向汪辉祖征求意见时,他却固请代辞,当时就把陈嘉谟搞糊涂了。汪辉祖说了自己的真实想法之后,陈嘉谟虽然表示理解,却也为他深深感到惋惜。这时,陈嘉谟便主动谈起,汪辉祖当年办理王魏氏误杀芝香一案时拟写的那篇判词,如今他还记得清清楚楚,还说他曾经对亲友说过,汪辉祖那篇判词写得实在好,因此"佐幕入官,必具此等才识,方是仁恕"。

在2012年1月16日香港《文汇报》上,笔者读到香港城市大学中国文化中心访问学者蒋竹山先生写的一篇谈清代人参消费文化的文章,说是清朝乾隆年间,人参价格飙涨,数十年间涨了十几倍,成了昂贵的奢侈性消费品,常与貂皮和宝石等富贵商品一起列名,其原因就与清代江南的温补文化大有关系。当时的江南人(浙江人尤其如此)普遍有个观念,就是价钱贵的药才是良药,价钱低的药为劣药,社会大众普遍喜欢补药,而不服用攻剂。所以即使是服用人参而死,病家都会认为医者已经尽职,人子已经尽孝,这已是命中注定,不会有遗憾;假若服用攻剂而死,即使用药没有错误,病家反而会责怪医者。所谓"人参杀人无过,大黄救人无功"的说法,就是这么流行开来的。在此风气之下,一般医家为了躲避刑责,通常会开列人参当作药方。一般民众则认为:人参是药中之王,有特殊疗效,甚至可以起死回生,又因为此药相当贵重,所以深信它能挽回性命。于是不管家庭条件允不允许,为了病好,哪怕耗尽家产甚至死后无钱下葬,多数人还是希望有病能够服用人参。清代大医家徐灵胎为此痛心疾首:"天下之害人者,杀其身,未必破其家;破其家,未必杀其身。先破人之家,而后杀其身者,人参也!"(《医学源流论》卷上《人参论》)

蒋竹生的文章和徐灵胎的感叹虽然有助于读者理解王魏氏当时为什么会有那么激烈的情绪反应,但一碗参汤与一条人命比起来,毕竟微不足道,是绝对不可等量齐观的。

仁和县另有一个妇女到县政府递诉状,援引"夫逃亡三年不还,告官改嫁"之例提出离婚改嫁。李学李知县接到诉状后,打算批准她的诉求。汪辉祖却劝阻说:这个妇女援引的条例只适用未婚之女,如果已经出嫁,则当从一而终。"如逃亡三年即请改嫁,是人伦之大变也,理不可允。"(《汪辉祖行述》卷七)后来查明,这个妇女有些姿色,当地一位不肖之子想娶她为妾,就撺掇她告官改嫁。过了两年,这个妇女的丈夫竟然带着大笔钱财回来了,原来他是外出赚钱去了。

汪辉祖的劝止,虽然维护了一个家庭的稳定,保护了一桩婚姻,却也散发着浓烈的封建礼教气息。

作为旧时代的读书人,汪辉祖处处维护封建统治秩序和富裕阶层利益,并不奇怪,是可以理解的。

27. 好幕友十分难得

李学李去官之后,汪辉祖即接受乌程知县蒋志铎的聘请,到了乌程县工作。

汪辉祖到乌程上班不久即得知:蒋志铎此前聘任的刑名幕友,因办理沈二命案不

清朝三大幕

力被辞退,这才特意聘请汪辉祖接理此案。他虽然为蒋志铎纠正了这起特大冤狱,却没有能够挽救他的仕途。

沈二是渔民沈洲的堂弟,一天晚上,他被悬尸在一条船上。此船是沈洲与蒋四合伙捕鱼用的,去年六月就停在岸边进行维修。修船的地方有两间房屋,屋主是一位姓张的妇女。蒋志铎到现场勘察,发现沈二脖子上有一条明显的绳印,便怀疑是他杀。

将张氏抓来刑讯,张氏招供说:她原来与沈二相好,后来又移情别恋,和沈洲好上了。再刑讯沈洲,沈洲也招供说:张氏和自己好上后,仍然放不下沈二,弄得他好不妒忌,就请蒋四帮忙,一起把沈二勒死了。他俩动手的时候,发出了一些响声,惊动了张氏。她闻声出来看了一眼,就因害怕而赶紧把门关上。此后她就一直躲在房里睡觉,不知道他们是如何把沈二的尸体悬挂到船上的。

蒋志铎于是按故意杀人罪定案上报。

汪辉祖认真读过案卷之后,感到此案疑点太多,就对蒋志铎说:张氏与沈二感情既然很好,目击他被他人谋杀,又是因自己而引起,仓促之间,按理应该情不可遏,怎么反倒默不作声,闭门安睡?沈洲妒忌沈二,与蒋四毫无瓜葛,蒋四又不是没脑子,怎么会轻易帮助沈洲杀害他的堂弟?他俩勒死沈二之后,为何不抛尸灭迹,这样做既方便又安全,却要给自己出难题,将沈二的尸体悬挂到船上?凡此种种不合情理之处,蒋志铎虽然解释不了,但因为前任刑名师爷办理此案时,都得到了他的支持,所以现在要他推倒重来,不仅面子上过不去,而且内心也有些不情愿,当然更大的顾虑还是怕担责任。

汪辉祖于是明确向蒋志铎提出:如果继续按照以前的思路办案,获咎必然甚大,因而提出辞职。蒋志铎只好放手让汪辉祖全权处理。

此案经蒋志铎重新勘察之后,汪辉祖发现沈二毙命之日,沈洲与蒋四并未与他相见,也没有在船边歇宿;张氏也已回娘家数天,并未在家。这些情况,张氏母亲与沈二邻居都可作证。原审案情,皆属子虚乌有;谋害沈二凶手,另有其人。

汪辉祖于是让蒋志铎向上面报告,请将此案发还本县重审。

乾隆三十三年(1768)四月,上级委派归安知县与乌程知县一同会审沈二命案,得出的结论与汪辉祖分析的情况完全一致,因而特请另缉真凶。不久,浙江巡抚要杭州府复检,结论是沈二实属勒死。

五月,蒋志铎被参劾革职,汪辉祖也将离去。秀水知县韩本晋听到消息后,当即派专人赶到乌程,恳请汪辉祖去秀水县工作。

汪辉祖将要动身之时,新任乌程知县战效曾到任,他对汪辉祖说:离开杭州前,浙江布政使刘纯炜告诉他,乌程情况极其复杂,历来是块难啃的骨头,如果不是汪辉祖为蒋志铎纠正了冤案,势必酿成特大冤狱,他的下场可就惨了。好的幕友十分难得,你到任后,一定要及时将他留下。

战效曾又说:自己是刚上任的新官,既不熟悉情况也没有从政经验,来到这么一个情况十分复杂的地方工作,实在离不开汪辉祖的帮助,因而恳请他留下来协助自己。

汪辉祖既感念刘纯炜的知人之言,又难却战效曾的一片盛情,于是答应了他的要求,辞掉了秀水方面的聘请。

六月,杭州发生大火。七月,邻县德清民间妖言四起,群相惊惑,纷纷剪掉头上的发辫。此风传到乌程,汪辉祖让战效曾赶快查禁。德清知县阮芝生为此被参劾去职。战效曾是一个步入仕途不久的官员,能够安然度过这场突发政治风波,自然多亏了汪辉祖的及时提醒。

不久,汪辉祖回杭州参加乡试,九月公布结果,考取了第三名举人。汪辉祖的考卷本来最优秀,初定为解元,后因为两座主之一的陆锡熊"欲传衣钵",于是被改为第三。这位陆锡熊,就是与纪昀同修《四库全书》的那位大才子。当年,他想收德清许春岩为弟子,故将其定为榜首,汪辉祖改为第三名举人。

这是汪辉祖第九次参加乡试。工夫不负有心人,这一次他不仅如愿以偿,而且名列前茅。继母王氏十分激动和高兴,说:"这三十年来,惟有今天我最高兴!现在终于可以死而无憾地去见你父亲了!去年我不让你去台湾,事后其实也很后悔,心想这么高收入的工作,以后到哪里去找呢?如今看来我并没有做错,否则你今年哪能参加乡试,取得功名呢!这也是你今年命该中举,凡事都是命中注定啊!"

考取了举人,就取得了参加会试的资格。这年十二月,汪辉祖便以明年春天要进京参加会试为由,辞去了战效曾的幕职。

28. 吏治腐败是社会风气败坏的根源

乾隆三十四年(1769)五月,汪辉祖从北京参加会试回来,六月接受芮泰元聘请,到钱塘县做刑名师爷。

九月初,芮泰元陪浙江巡抚熊学鹏上吴山进香,义乌生员王学吾拦路告状,熊学

鹏授意芮泰元讯供,芮将诉状交给汪辉祖阅处。汪辉祖阅其呈词(清代称起诉为"呈控",称诉状为"呈词",又称"状词""控词",俗谓"状纸""状子"),是一件普通的田土纠纷,不难处理。但让人头痛的是,状纸后面还粘着一张单子,控告被告家里私藏了军器,语多不经。清代严禁民间私藏军器,违者重惩。汪辉祖寻思熊学鹏办事认真,如果让他见到这张粘单,肯定高度重视,不会简单发到县里审讯,现在既然将本案发到了县里,就可以肯定他没有见过这张单子。芮泰元也未必见过此单,因为他递给汪辉祖阅处时,未作任何交代。汪辉祖推测王学吾的情绪有些偏激,或者精神有些不正常,否则不会做出这种不计后果的事情来。为了保护双方当事人,他就撤下粘单,让芮泰元专讯田土纠纷之事。后来查明王学吾精神确实有些异常,于是禀请上级同意,将此案发回义乌审结。

二十年之后,汪辉祖的外甥孙继英在义乌工作,王学吾参加岁试,名列前茅,发现他是个安分守己的秀才。汪辉祖当时见到粘单,假如不加分辨,一并审讯,必成大狱,王学吾也将背上诬告的恶名。他年轻时精神本来就受过刺激,有些不正常,再遭此打击,从此一蹶不振,甚至毁了这个人,都完全有可能。果真如此,那就造孽不小。汪辉祖办事之认真和慎重,由此可见一斑。

当时,钱塘县监狱里关了一个特殊犯人,叫吴青华,乌程县人。乾隆二十七年,二十一岁的吴青华就考取了举人,称得上是个青年才俊。但他很不自重自爱,专"吃漕饭",招致当地官吏忌恨。

清朝赋税中征收的粮食,在晾晒、保管、运输过程中,免不了被老鼠麻雀吃掉一些,这种损耗于是被称为"鼠雀耗"。还有就是解送搬运钱粮入库时也有一定损耗,需要一定费用,这种损耗和费用于是被称为"脚耗"。加上收税银时产生的"火耗",在当时便被统称为"耗羡"。有了耗羡,当然需要弥补。但地方官府不会掏腰包补这个漏洞,只能转嫁到纳税人身上。于是在征税过程中,各地都按不同比例私自加征一定钱粮。久而久之,耗羡就成了正税之外的一种附加税。由于耗羡并不上交,所以地方官吏肆意加征,以饱私囊。据文献记载,康熙后期各省耗羡加征率一般都在正额钱粮的三四成之间。山东和河南的耗羡率则高达八成。个别特殊地方,甚至出现"税轻耗重,数倍于正额"的怪现象。

赋税加征耗银虽说是宋朝以来我国封建税收的通例,但清朝滥征耗羡与实行低俸禄制度大有关系。

清政府为了标榜清廉,对官吏实行低薪制,雍正时文官之俸(正薪)为:一品俸银一百八十两,二品一百五十五两,三品一百三十两,四品一百零五两,五品八十两,六品六十两,七品四十五两,八品四十两,九品三十三两一钱,从九品三十一两半。吏役俸禄更加微薄,一年只有六到八两。另外每银一两,给米一斛,在外文官则不给俸禄米。地方官另给养廉银,大体是正俸的二三十倍。

这么一点银两,不但要养家糊口,地方官还要聘请幕府师爷,加上应时打点孝敬各级上司的礼金和日常送往迎来交际应酬的招待费用,真可谓杯水车薪。在这种情况下,朝廷只好睁一眼闭一眼,让地方官员随意加征耗羡,私征、私派、私用耗羡于是成了一项约定俗成的地方权利,纳税人负担沉重。

此外,具体负责催粮、收粮的胥吏差役也会巧立名目索取各种规费,使尽手段克扣钱粮。农户稍有不从,即按"抗粮"处置,抓入看守所"躲猫猫(原意为捉迷藏,属南方方言,北方则称作'藏猫猫',现为网络流行语)",其亲属、邻居有时都会被当成人质关起来,不交钱就不放人。官吏为刀俎,农户为鱼肉。通常情况下,农户只能逆来顺受、任其宰割。

由于州县官吏浮收滥取成风,于是每到官府开仓征漕之际,地方上的"刁衿讼棍"便纷纷递状告漕,甚至一路告到京城,轻则有损地方政声,重则坏了县官前程。官吏忌惮他们滋扰生事——毕竟浮收滥取是朝廷三令五申禁止的,事情闹大了对谁都不利,何况"刁衿讼棍"不比一般农户,不仅在地方上有很大势力,而且见多识广,熟知律法和官场内幕,晓得如何与官差斗法,所以州县官吏对他们既恨且怕,轻易不敢招惹,更不敢得罪。

为了堵住"刁衿讼棍"的嘴巴,图个耳根清净,每年征漕时,州县官吏不得不从多征的附加税和滥加的规费中拿出一小部分,让他们也得点好处。这种分肥行为,就叫"吃漕饭"。套用现在的一句流行语,吴青华得的钱,就是"封口费"。吴青华就是乌程县"吃漕饭"的头目。

乾隆三十二年汪辉祖到乌程工作后,就知道吴青华这个人。当时,蒋志铎很想借其他事由将吴青华绳之以法,汪辉祖查明他并无其他劣行,就未同意,蒋志铎只得作罢。

乾隆三十四年,漕粮又将开征。负责此项工作的官吏不甘心煮熟的肥鸭子飞到别人的锅里去,就打算给吴青华这个讨厌的家伙一点颜色看。

知县衙门大大小小的官吏早就觉得吴青华这个人碍手碍脚,不除掉他就没有安宁日子过,于是上下串通好,设计将吴青华灌醉,然后让妓女引诱他上床。门一关上,

妓女突然高喊遭人强奸，冒充左邻右舍的司漕吏早已等候在一旁，迅速上前将其拿获并扭送官府。知县乘吴青华醉不省事，录下口供后将其投入监狱。

第二天早上吴青华酒醒后，坚决不承认有强奸行为，还说要去府里告这些人无法无天，冤枉好人。哪知府、县早已暗中串通好，知府本人尤其酷烈，吴青华想去府里讨清白，可谓缘木求鱼，结果可想而知。

知府亲自审讯时，以妓女和所谓的左邻右舍为证，对吴青华严刑拷打，吴青华屈打成招，被迫画押认罪，从重外遣。

浙江按察使司复审时，吴青华虽然呼天抢地，大喊冤枉，拒不认罪，但此案人证物证俱全，早已做成了铁案，任何人都翻不过来了。

汪辉祖认为，吴青华在征收漕粮时勒索官吏，遭到报复，虽属咎由自取，但知府、知县以及司漕吏联合制造冤狱，也是天理难容。但他早已离开了乌程，已经管不到吴青华的事情，所以只能"为之慨然太息"。

汪辉祖是笃信因果报应之说的。后来，他不仅记述了制造这一冤狱的知县和知府都惨遭报应的事实，而且十分痛心地回忆道：

> 曩余佐胡公督理苏松粮道时，纲纪肃清，征漕之县，无不兢兢奉法，斛面浮一指半指，即干谴咎。其时漕船过淮，总漕杨勤恪公锡绂秉公盘量米色，小不干洁，即责运丁、运弁。丁、弁止较米色，不敢向州县别求津贴。督运之员，皆无杂费，是以征漕者无可借名浮收。比幕浙江，风犹未改。甲申、乙酉(乾隆二十九、三十年)以后，运丁诡称沿途费用，勒索州县，米色钱逐岁加增。州县因以为利，恣意浮收，甚有七折、八折，内加、外加之名。愿者重累，视输漕为畏途；黠者生波，盼征漕为奇货。官既自决其藩，民遂敢越其畔。上官以为源不易清，阳禁之而阴庇之，民之挠法者，亦不敢明正其罪。以故官肆民骄，习为故常。若青华之所为，其由来者渐矣。

可见，"吃漕饭"现象产生的根源，在于吏治腐败，上梁不正下梁歪。同时告诉人们：风气一旦败坏之后，要想扭转过来，是难而又难的。

29．汪辉祖何以成了香饽饽？

乾隆三十六年(1771)正月，汪辉祖再次赴京参加会试(恩科)。他的试卷虽然得到本房阅卷官、翰林院编修谢启昆的欣赏和推荐,却仍然落第而归。他的科举之路确实非常艰难。

五月,汪辉祖回到家里,本来已经接受海宁知县刘雁题的聘请,准备去海宁上班,已从乌程调至嘉善工作的战效曾得知消息后,却坚持要汪辉祖回他的幕府,他只好辞掉海宁的聘请,跟战效曾到了嘉善。两个月之后,战效曾调任新职,汪辉祖又跟到了富阳。八月,战效曾被任命为乡试同考官,汪辉祖于是返回家里待命。

当年十月,孙尔周的儿子孙含中担任宁绍台兵备道,向战效曾借调汪辉祖相助。孙尔周是汪辉祖的恩师,而十年前孙含中来秀水县探亲时,汪辉祖就与他相识并结下了深厚友谊,自己如今在家闲着,孙含中请他临时帮忙,汪辉祖当然义不容辞。

汪辉祖到了宁波后,正好趁机了却自己多年来的一桩心愿。原来她的生母徐氏是浙江鄞县(今宁波市鄞州区)人,只是由于出生寒微,九岁时父母相继去世,其兄无力抚养,就将她交给一位亲戚,长期寄养在山阴县的一户亲戚家里,所以她始终弄不明白自己家里究竟住在宁波什么地方,与家里亲人也长期失去了联系。她只隐隐约约记得自家大门对着一座石桥。汪辉祖长大后,曾多次委托朋友打听舅舅那边的音讯,但都没有结果。现在汪辉祖自己到了宁波工作,当然很想将舅家的情况探访清楚。安顿下来之后,他便在宁波城里走街串巷,四处奔波,凡是有桥的地方,他都走遍了,遇到徐姓人家,就报出舅舅的名字打听,这样一连找了四天,也没有得到任何消息。汪辉祖潸然泪下,却又无可奈何。

当年年底,汪辉祖向孙含中告辞,回家过年并准备明年的会试考试。

乾隆三十七年(1772)正月,汪辉祖第三次进京参加会试。

汪辉祖赴京之前,乡试同年许春岩见其课艺文字,以为骨节生疏,后来果然下第而归。不过此次会试汪辉祖也有一大收获,就是知道那些会试被录取的考生,接下来参加皇帝亲自主持的殿试时,考卷文字都书写得中规中矩,非常讲究。汪辉祖素来不注重书法,回来后,就把练习书法当成一门功课,每天坚持不懈。

六月三日,汪辉祖才从北京回到萧山。

早在上个月,海宁知县刘雁题就将聘书送到他家里,然后天天盼望他归来。汪辉祖非常感动,很快就到了海宁上班。

乾隆三十八年,朝廷颁布新例,禁止地方官员聘请本省幕友,汪辉祖不得不向刘雁题提出辞职。

浙江巡抚考虑到杭嘉湖地区公事繁忙,一时全部撤换当地幕友势必影响工作正常开展,就通知各地变通执行这一条例,对于工作确实需要又十分熟悉本地情形的幕友,可以暂时留用,等物色到了合适替代人选之后再进行更换。

刘雁题接到通知后,高兴异常,马上向上级打报告,请求留用汪辉祖并获得批准。这样,汪辉祖就可以继续留在海宁工作。

刘雁题好不容易留下了汪辉祖,有人却想利用朝廷新规定挖他的墙脚,这个人就是孙含中。

原来这一年多时间里,孙含中先是从宁绍台兵备道调任江苏河库道,不久又调任上海巡道,完全离开了浙江。他看到朝廷颁布的禁止地方官员聘请本省幕友的规定之后,如获至宝,当即请父亲孙尔周出面,并派专人赶到海宁,要汪辉祖去他那里工作。刘雁题坚决不答应。之后他又亲自出面做孙含中的工作,再次留住了汪辉祖。

海宁赭山巡检司所辖钱塘江沙地,都在山阴、萧山两县境内,海宁鞭长莫及,而山阴、萧山又没有管辖权,久而久之,该地便成了一块"三不管"地区。海宁提犯征粮,颇多周折,遇有人命及斗殴案件,县官必须绕道杭州和萧山查验,动辄延误。沙民剽悍,械斗不断,而巡检权轻,不能弹压,海宁追捕,则逃入山阴、萧山境内,很难捕获。

汪辉祖认为:绍兴海防同知久驻绍兴城内,却没有多少事情可做,还不如改为南海防同知,移驻赭山。他让刘雁题向浙江巡抚熊学鹏打报告,再上奏朝廷,奉谕补禀商办。

浙西漕粮开征时,来交粮的人非常多,常常要排队十天半月才能交上粮,那些负责收粮的官吏就利用手中那点权力,大肆收受贿赂,然后开后门让人交粮——这种现象,与二十世纪九十年代末之前粮食市场没有完全放开时遇到的情况极其相似。当时,党和政府为了保护农民的种粮积极性,三令五申要"保价格、保资金、保收购"把农民的余粮全部收上来,尽可能解决农民的卖粮难问题,但在许多地方,熟人、亲戚、朋友的粮食随到随收,没门路的农民的粮食却要等候很长时间才能卖掉——汪辉祖了解这些情况后,就向刘雁题提出建议:详细统计各乡道路远近和征粮数目,分期分批让乡民交粮。这一建议虽然极为简单,但自从实行之后,乡民便没有积压、守候、行贿之苦,胥吏也不能作威作福、从中渔利,多年之后,海宁群众还称颂不止(《汪辉祖行述》)。

乾隆三十九年(1774)八月,海宁升为州,刘雁题调平湖,升任西防同知,汪辉祖刚好要准备明年的会试,就回家集中精力复习功课。他"锐志揣摩,是岁闲日必作一艺"。当时,他的同乡好友来起峻进士授徒里门,孙辰东主讲东阳书院,汪辉祖每写好一篇文章,必抄录两份,分别寄给他们评阅,稍不如意便做修改,常常要改上三四遍,才能基本满意。他还撰写《策拾》十卷,抄录以供揣摩。直到除夕之夜降临,汪辉祖才停下来休息。

乾隆四十年三月三日,汪辉祖抵达北京后,许春岩来看他,发现他这次准备得确实很充分,就鼓励说:"火候已到,可必中。"两天后,汪辉祖却突发伤寒,很担心不能参加数日后就要进行的会试。许春岩等人鼓励他带病入场,汪辉祖才咬紧牙关,坚持下来。连续三场考试,汪辉祖只吃生梨,不能进粥饭,完全靠意志支撑自己。奇怪的是,考试结束,病也渐渐好了。

四月九日会试揭晓,汪辉祖名列四十六位,取得了贡士(准进士)资格。

此次会试,大总裁为兵部尚书稽璜,副考官为刑部左侍郎王杰和都察院右副都御史阿肃,本房为翰林院编修汤先甲。考试结果公布那天,汪辉祖拜谒汤先甲,知道自己是阿肃拔取的,本中第三,但最后排名时,稽璜以其诗句用重瞳,嫌《史记》不专指虞舜,不便进呈,于是移改为四十六名。十天后进行殿试,汪辉祖排名二甲二十八名,赐进士出身。

汪辉祖九应乡试,四上公车,终于在四十六岁那年考取了进士,总算功成名就。到了晚年时,他曾不无自得地说:"我汪氏始祖迁萧以来,传世二十,历六百余年未有科第。余以肤学开先,衰龄入仕,获免大戾,归田数载,课子读书,婚娶皆完。"可谓光宗耀祖,功德圆满。

但让汪辉祖深深感到遗憾的是,就在会试刚刚结束,录取名单尚未公布之时,继母王氏便于三月二十六日在家乡去世。如果她能多活上一个月,知道汪辉祖终于考取了进士,那该有多么激动和高兴!

汪辉祖虽然考取了进士,但因继母去世,必须回家守孝,不能选官,所以只得继续从幕。

当年七月二日汪辉祖回到萧山后,于九月一日到了慈溪,在黄元炜幕府工作了二十几天,即因事辞职。黄元炜是汪辉祖服务过的第十三位幕主,也是共事时间最短的一位幕主。

已调至海宁州担任知州的战效曾得知汪辉祖辞去了黄元炜的幕职,当即上门聘请,这样汪辉祖又回到了海宁工作。

但在战效曾幕府只工作到当年年底,汪辉祖又被刘雁题挖走了。原因是刘雁题调到平湖担任西防同知,汪辉祖回家集中精力准备明年的会试时,他们两人之间曾有

约定,所以汪辉祖不得不辞去战效曾的幕职。

此后整整一年,汪辉祖都在平湖刘雁题幕府工作。

从以上介绍可以知道:过去五六年里,汪辉祖由于接连三次进京参加会试,又在好几个幕府间转来转去,加上一些家事的拖累,所以真正用于工作的时间,加起来也不到三年。就是在这种情况之下,他还是被当作宝贝似的,被数个幕主争来抢去。要知道,古代做刑名幕友的人,收入虽然比较可观,但由于工作很不稳定,所以常常会面临失业。失业之后,要想重新找一份理想工作,不知有多艰难。汪辉祖不仅没有失业之虑,而且成了一块香饽饽,被众多幕主争着抢着要,于是在选择职业时,他有很大的自主权,既可以选择合得来、好共事的幕主,又可以选择离家最近的地方就业(乌程、归安就是如今的湖州市,钱塘、仁和就是如今的杭州市,平湖、海宁、嘉兴、宁波等都离汪辉祖家乡萧山不远——笔者注),这说明什么呢?应该不言自明吧!

30. 共事不成情义在

乾隆四十二年(1777)四月,孙含中升任浙江布政使,从上海调回浙江工作。他一到杭州上任,就马上派人赶到平湖,要汪辉祖去他那里做事(可能是四年前朝廷颁布的不能聘用本省幕友的新规定早已失去了效用,否则孙含中绝对不会这样做)。汪辉祖何尝不想和好友一块共事,但念及与刘雁题的深厚友谊和考虑到其他因素,他又实在不便答应。

孙含中未能请动汪辉祖,似乎觉得自己的面子不够大,就请正在浙江督学的王杰出面,分别做汪辉祖和刘雁题的工作,一定要汪辉祖去他那里上班。

王杰是乾隆二十六年辛巳科状元,既是汪辉祖的会试座师,如今又是朝廷高官,面子当然大到天上去了。可是刘雁题会不会买他的账,我们暂且不提,首先汪辉祖这一关,他就未能通过。王杰最后不仅没有说服汪辉祖,反过来还被汪辉祖的一番言辞所感动,稀里糊涂就被对方"缴了械"。

汪辉祖对王杰说的那番话是:"孙君是省级领导,刘君只是一个副市级干部,我怎么好辞卑就尊?否则人家会怎么看我?再说我和刘君早有约定,也不好中途辞职而去。更重要一点是:孙君为官刚正,正气凛然,他的顶头上司、浙江巡抚王亶望却是一个贪得无厌的小人,他们两人势若冰炭,完全是两股道上跑的车。我如果接受孙君的聘请,到他幕府工作,该怎么处理他和王亶望之间的关系?我若以刚佐之,必与王宣望发生冲突;如劝孙君和稀泥,做好人,又非辅人之道,所以对好友的热诚相招,只能敬谢不敏。"听了汪辉祖这番肺腑之言,王杰除了给予理解,还能再说什么呢?

汪辉祖虽然婉辞了孙含中的诚挚邀请,但并没有影响他们两人的友谊,作为朋友,他们仍然肝胆相照,亲密无间。

乾隆四十三年(1778)四月,汪辉祖老家萧山县知县谈官诰向浙江巡抚王宣望打了一个报告,说是凡田产按号颁给清单,遇有买卖,同契送验换单,始准交易。王宣望批给了省布政使司,要孙含中拿出处理意见。孙含中一时拿不准该不该同意,这时恰好汪辉祖到杭州来拜访他,孙含中就向汪辉祖请教办法。

汪辉祖态度明确地告诉孙含中:

这个绝对使不得!为什么呢?因为民间买卖田地,向来只凭户册田契,现在突然增加一张清单,岂不是脱掉裤子放屁,多此一举?以前禁止验契,以杜需索、等候,如今不仅要验契,还要验单,完全是违例行为。那些贫穷的农民,不是急着要钱用,不会卖田地,官府没有时间,不会给他们验单。官府有没有时间,农民怎么清楚?农民急不急钱用,官府也无法体会。既然如此,为什么要多添一道手续,增加办事的难度?何况穷乡僻壤之人,嫠妇孤儿之家,他们卖掉田地,都是巴不得马上能够拿到现钱,有的甚至半时三刻都等不得,可是单子捏在官府手上,他们不验行,事情就办不成,哪怕你急得团团转,他官老爷照样慢悠悠,有时干脆见不到人影儿。计穷势迫之下,狗急还会跳墙呢,这就难免会酿成事端。再说一号之田,多或数亩,根据耕作的需要,今年把它归并到一起,明年又分成几个小块耕作,朝分暮合,舍业缴单,已极纷扰,如果遇到水火盗贼,农民吁请官府补给,官府例应查讯,不免稽迟,吏胥从而抑勒,讼狱必至滋繁。如果担心号亩舛错,易于假冒,以假充真,只要查明情况,核准价格,勘清地界,与地契完全相符,就可判定真伪。

总之在汪辉祖看来,田产买卖,颁给清单,只便于办事人员从中渔利,于百姓不仅没有任何好处,而且会带来无穷麻烦和扰乱,可以说有百弊而无一利。孙含中完全赞同汪辉祖的看法,于是向巡抚回话,下令县里停止施行。然而萧山已经领单的人家业已不少,后来几年里,该县空号飞粮方面的诉讼一件接一件,都是由此引起的。

假如孙含中没有听取汪辉祖的意见,批准了谈官诰的报告,可就流弊无穷了。

遗憾的是,两个月之后,孙含中就英年早逝。老年失子的孙尔周,不久也离开了人世。汪辉祖是在护送孙含中的灵柩到苏州返回萧山后,于九月份得知这一消息的。他当即在家中设立恩师的牌位,予以祭拜。

31. 诗书根底深的巨大威力

乾隆四十四年(1779)三月,刘雁题调任杭州府东海防同知。刘雁题的新工作单位离萧山县虽然更近,但汪辉祖并没有同行。

在汪辉祖服务过的十多位幕主中,他与刘雁题不仅私人交情最为深厚,而且在他幕府工作时间最长,前后两次加起来长达六年五个月。前面写过,汪辉祖是不赞同幕友与主人的私人感情过于融洽的,并主张不要在一个官员的幕府内待的时间过长,可能正是考虑到这一点,他才趁机离开了刘雁题幕府。

按理说,幕友与幕主共事时间越久,感情越融洽,了解得越透彻,做起事来就越得心应手,开展工作就越方便,相互配合就越默契,汪辉祖为什么会有这种异于常人的想法和做法呢?原来他认为:朋友交往达到忘形的地步,才称得上密切,但唯独做幕友的人不能忘了与主人的宾主关系。为什么呢?因为幕友在工作中能够详尽地说明自己的意见和想法,全在于主人尊敬他、信任他,对他的一言一行不敢有任何怠慢,如果双方相处久了,心思都摸得很透,或两人的感情融洽到可以忘形、不分你我的地步,就很容易产生不恭,不恭就会心生不敬,有了不敬,幕友再劝谏主人就可能不再被听取了(《续佐治药言·宾主不可忘形》)。这就是汪辉祖历来主张幕友必须保持自由、独立的"宾师"地位的原因。

事实也的确如此。譬如现在的秘书一旦成为领导的"自己人",两者便很容易形成工作关系与个人感情难以分开的现象,甚至由工作服务关系变成可怕的人身依附关系,性质完全变了。在这种情况之下,不仅工作中会掺杂许多个人私情,而且出了问题后难免相互迁就和包庇。

当年五月,汪辉祖接受乌程知县兴德的聘请,再次来到乌程工作。

乌程向来是个难治的地方,汪辉祖一回到这里上班,果然遇到了一件比较麻烦的案子。

当地冯某无子,同宗兄弟后辈中也没有合适的继承人选,于是挑选了姑妈的一个孙子作为自己的继子。冯某去世后,继子顺利继承了冯某的家产。可是不久,有一个

清朝三大幕

同姓不同宗的冯姓男子却说冯某姑妈的孙子不该继承冯某的家产,只有他们姓冯的人才具备这一资格,因而要求由他来继承。状纸递到官府后,湖州知府很快批准了他的请求。

上级知府既然判定了此案,作为湖州的属县,乌程知县兴德也就乐得清闲,不用费心管它了。但汪辉祖不这么认为。他十分清楚:按照本朝法律规定,无子者应该选择同宗晚辈亲属承嗣,并没有提到同姓不同宗之人也有优先继承权。既然如此,这位跳出来打官司的冯姓人士想挤掉冯某姑妈的孙子,由他来继承冯某的家产,在法律上根本找不到依据,所以他的诉求是得不到法律支持的。知府判他胜诉,完全是一种误判,必须彻底纠正过来。

争继者得不到法律支持,那么又该怎么做,才能保护已继者权益,使争继者心服口服、彻底放弃上控呢? 这就是汪辉祖需要面对的一道难题。

前面写过,遇到疑难案件,没有妥当律例可用之时,司法者必须发挥自己的聪明才智,调动大脑中的知识储备,自行找出一个准则,以便作为断案的依据。知识渊博而又善于引经决狱的汪辉祖,自然不会被这道小小的难题所难倒。

他果然很快找到了理论依据:朱熹晚年得意门生、南宋著名理学家陈淳写过一部《北溪字义》,专门用来宣扬朱子学说。在这部书中,陈淳明确提出:"系重同宗,同姓不宗,即与异姓无殊。"

什么意思呢? 就是说:在中国传统宗法观念里,确实非常看重同宗同族的血缘关系,但如果不是同宗同族,而只是普通的同姓,则与异姓完全一样,没有任何区别。

如果更深究一层,那意思就是:强调同宗同族的优先继承权,目的是要保持死者与继嗣者之间的亲密血缘关系,而同姓不同宗之人,是否有血缘关系,那就很难保证了。一来同姓之人不知有多少,二来姓氏来源极其复杂,有后来改姓的,有皇帝赐姓的,还有冒姓的,不一而足,谁能搞得清同姓之人有无血缘关系? 所以那位争继者虽然也姓冯,实际上与已继方的身份完全相同,都算是异姓,没有半点优先地位。既然如此,他还有什么资格和权力与人家争继承权呢?

再说,已继者虽然不姓冯,却是冯某亲姑的孙子,又是冯某生前亲自选定的继承人并得到了已继者父亲的同意,且冯某本宗也都承认了这一事实。在这种情况之下,争继者再来与已继者争继承权,企图霸占别人的家产,岂不是无耻之极!

汪辉祖此论一出,不仅争继者哑口无言,再也不敢上控,而且府、县两级官员无不心悦诚服。一桩原本被上司断过的案件,至此被彻底翻了过来!

这就是知识的力量和多读书的好处!

汪辉祖为此也感慨颇多。后来他在《佐治药言·读书》中曾如此写道:

先学习前代知识,再步入仕途当官,并不能拿这样的标准要求幕友。然而,幕友佐官而治,在道义上也要和主人承担同样的责任。如果遇到了疑难事情,难于定夺,必须从书本上寻找解决方法,或者需要引用经书来判决疑难案件,那就非读书不可。我以前在秀水的时候,处理陶姓继承案,后来在乌程,又遇到了冯氏争继案,都是从儒家经典中得到启发的。假如不是旁通典籍,就只能身处困境,无法找到解决问题的途径。在公余时间里,我经常看见一些幕友,不是饮酒下棋,就是闲谈胡侃地打发日子,或者拿上一本稗官野史和小说之类的书籍消磨时间。他们读这些闲书,虽比喝酒下棋好,但对身心毕竟没有多大益处,与世务也没有很大关系,哪里比得上摒除一切干扰,清心寡欲,读点有用的书籍,然后把学到的知识应用到处理政务当中,其所获得的裨益,真是太大太大啊!

2012年3月19日《人民日报》刊文《领导干部该读什么书》,称干部读书不仅是爱好问题,更是一个严肃的世界观、价值观、人生观问题。文章举例称:"江西省原副省长胡长清爱读《肉蒲团》《金瓶梅》,结果荒淫无度沦为阶下囚;辽宁省沈阳市原副市长马向东随身携带《赌术精选》《赌博游戏技巧分享》,结果赌博成性输掉了整个人生;山东省泰安市原市委书记胡建学爱看《麻衣相法》《相术大全》,最终'鬼迷心窍'踏上了不归路。"由此看来,读闲书无益于身心,读烂书毁了自己,只有读好书,才可以立德、修身、养性、改过,才能纯洁人的心灵、陶冶人的情操、丰富人的知识、增强人的才干。

汪辉祖说的"有用的书籍",主要包括儒家经典和各种史地著作。对前者,他尤其主张精读,要做到融会贯通,牢记于心。当然他也认为,读书不一定非读传统的经典著作不可,凡是对身心有益处的书籍,都可以阅读。读书最大的好处是既可提高从政本领,又能开阔心胸,增长见识。当然,书读得多了,还能医治俗气,让人刮目相看,因此做幕友的一定要高度重视学习。

说到读书的好处,清代另一位著名幕友张廷骧在他编辑的幕学名著《入幕须知》中也深有体会地说:"幕学固以例案为本",但如果想在办案时胸有成竹,明白事理,文词畅达,论理精密,还是要在平日"多看书史,以广其识"。

晚清时做过多年幕友的周询写过一部《蜀海丛谈》,其中有一节专谈幕友的文字,也如是说:"法律虽系专门,学此亦视诗书根底为何如。根底深者,不惟易成,成后词理亦必充沛。若仅识之无,即令学成,亦多贻浅俗之诮。"他还引用当时师爷行当里的一句名谚"多读一年书,少读十年律",来鼓励从幕人员多读书、读好书。

从汪辉祖的刑幕实践中,我们也确实感觉到了诗书根底深的巨大威力。他刚出道做刑名幕友时,只是业余跟别人学了几手,并没有经过系统专业培训,工作中却不但敢同老幕友抬杠,否定人家的意见,而且居然能够得到上司的赏识并成功决断一系列疑难案件,这是为什么呢?原因大概就在于做刑名师爷的总是因为读书找不到出路,才转而去读律,读书既不成,第一样,文理就不能很通,而只能抱定一个死例子依样画葫芦。第二样,不读书就不明事理,没有见识,所以遇到复杂一点的案件,要用理性来判决的,他们就不能应付自如了。汪辉祖则不然,读书很多,关键时就能用书上的道理来补充和救济律例之不足,且体察天理人情,不为律例所束缚,所以他一办案就能出彩,就能让人刮目相看,就能让上司赏识器重。

32."首欲回时先废书"

汪辉祖做幕友后,虽能写出让主官称心如意的公文,所办案件也因为知识渊博,常能让人刮目相看,其实他从小读书条件并不好,学问功底全靠后天努力向学得来。

汪辉祖父亲去世早,幼时家境相当贫寒,既无力聘请名师授业,也没钱买书阅读,所以向学较晚。父亲汪楷仅留下坊间刻印的《古文阶凤》和《陈检讨四六》二书,从舅舅家里借了一部《纲鉴正史约》,没多久就归还了。十四五岁时,始见《五经类编》,便如获至宝,爱不释手。考取秀才后,无钱买书,偶尔从朋友那里借来一本读经史古文选本,便想废寝忘食抄下来,但只抄了一部分,就被要回去了。二十岁后,为生计所迫,汪辉祖外出工作挣钱,看到主官那里有书,借来如饥似渴学习,虽然"不敢自暇逸",但无奈工作太忙,能够用来读书的时间太少,还是难得完整地读完一本书。多次进京参加会试,听到其他学子谈吐不凡,满嘴新知识,汪辉祖总是感到惭愧,遗憾自己读书太少。考取进士后,收入多了,有闲钱买书,他的藏书才逐渐多起来。

从读书条件来说,汪辉祖确实比较艰难,不如别人。但他能够以勤补拙,又好学深思,所以能够超越常人。

鲍廷博《佐治药言跋》说:

余尝过其（汪辉友）幕斋，经史鳞比，而所为幕学之书，百无一二。客为予言，其佐理官事，率有恒度，虽在剧邑，日不过三二时便了。暇则读书自娱，辨色起，丙夜（三更时分）方息，不以寒暑少间。遇公宴，必以漏刻补之。韩子（愈）有言"业精于勤"，岂不诚然乎哉！（《鲍廷博年谱》卷三）

王宗炎《汪龙庄行状》也说：

君历处繁剧，力余于事，又自策之以勤，久困场屋，志不少挫。晨起，界素纸习书数百字毕，次第判案，量事繁简道里远近，录要以授主者。日昳竣事，则挟策诵经书，及制举业中程，然后就寝，以为常。学益进，文日益有名。（《元史本证》附录）

汪辉祖的儿子汪继坊后来回忆父亲读书时情景，也这样写道：

府君生平略无嗜好，惟癖耽经籍。向幕游时，继坊尝侍左右，见府君治官书，每日三二时便了，暇即浏览书史。同幕诸君，或以饮酒博弈相娱乐，府君终不一过，诸君亦无敢以俗事恩府君。及宦湖南，读史日以卷计，有事不满数，必益烛补之。归里后，键户养疴，课继坊等读书，亦自读，往往至夜分不止。吾母苦谏，府君笑应之曰："吾倚书为命，子但见吾废书，当为料理后事。"易箦（换竹席。比喻行将死亡）前三日，犹坐堂中看书，数数折角，若将复阅者。

对于自己的勤奋学习，汪辉祖晚年曾赋诗说：

　　　　结习深深老蠹鱼，精勤聊借补荒疏。
　　　　销磨岁月经兼史，检点篇章卷更舒。
　　　　润饰尚期师一字，工夫何忍负三余。
　　　　十年前与家人约，首欲回时先废书。

"首欲回时先废书"，意思是你们（指他的家人）哪天看到我不想读书了，也就是我要离开人世那一天了。读书显然成了汪辉祖生活中不可或缺的重要内容。

汪辉祖读书,不仅刻苦勤奋,手不释卷,而且始终将经世致用作为头等要求。他强调读书必须与现实社会紧密结合,读有用之书,能够服务于社会,才有价值。他说:

"天下无不可效用之地,儒者无不可致用之才。""所贵于读书者,期应世经务也。有等嗜古之士,于世务一无分晓。高谈往古,务为淹雅。不但任之以事,一无所济;至父母号寒,妻子啼饥,亦不一顾。不知通人云者,以通解情理,可以引经制事。季康子问从政,子曰:'赐也达,于从政乎何有?'达即通之谓也。不则迂阔而无当于经济,诵《诗三百》虽多,亦奚以为?世何赖此两脚书厨耶!"(《双节堂庸训》卷五《读书以有用为贵》)

又说:

"书之用无穷。然学焉,而得其性之所近,当以己为准。己所能勉者,奉以为规;己所易犯者,奉以为戒;不甚干涉者,略焉。则读一句,即受一句之益。"(《双节堂庸训》卷五《读书求于己有益》)

他不仅自己这么做,而且在他的家训著作《双节堂庸训》中教育子孙读书一定要务实,主张"读书以有用为贵"、"读书求于己有益",不必盲目崇古。前人讲"两耳不闻窗外事,一心只读圣贤书",孔子也反对读书人耕田种地,汪辉祖却要求子女除了读书外,还要更多地学习各种技能:"艺事无不可习","一名一艺皆可立业成家","惟游惰必致饥寒"。

汪辉祖还认为:为官为幕者读书不但要讲求实际效用,而且尤其要"涉猎诸史,以广识议"。因为"经言其理,史记其事。儒生之学,先在穷经,既入官则以制事为重。凡意计不到之处,剖大疑,决大狱,史无不备,不必刻舟求剑,自可触类引伸。公事稍暇,当涉猎诸史,以广识议,慎勿谓一官一邑,不足见真实学问也"。(《学治臆说·暇宜读史》)意思是说:经书讲述道理,史书讲述往事。做儒生,当然要弄懂弄通经书上的道理,做官之后,则主要裁决各种实际事务。凡是预想不到的地方,譬如裁决重大疑难问题,判决重大案件,史书上都有先例,不必刻舟求剑、墨守成规,完全可以触类旁通地找到解决问题的方法。所以办理公事稍有空闲时,就要广泛阅读各种史书,以便增长见

识,开阔眼界,明白事理,切不要认为做一个小小的地方官员,不足以显示真才实学而忽略了读书。

广泛阅读,刻苦用功,给汪辉祖带来的好处是显而易见的。普通幕友办案,仅能机械地照搬律例,依样画葫芦,汪辉祖却擅长引经史以决狱,这正是他的超越常人之处。

33. 轰动一时的方骨案

乾隆四十五年(1780)四月,前任乌程知县徐朝亮回任,仍然延聘汪辉祖接理刑名事务。六月,徐朝亮丁忧去官,汪辉祖回家,徐朝亮于是成了汪辉祖第十五位也是服务时间第二短的幕主。

已调任金华知县的兴德听到汪辉祖到家的消息后,赶忙前来续约,这样汪辉祖又到了金华工作。当年九月,王杰堂侄王士昕被任命为龙游知县。兴德是王士昕叔叔王猷的门生,当时王杰又督学浙江,王杰就找到兴德,要他把汪辉祖让给王士昕。兴德无法拒绝,于是汪辉祖在金华的板凳还没有坐热,就又到了龙游县王士昕幕府。王士昕是汪辉祖最后一位幕主,汪辉祖在他幕府工作了近五年时间。

乾隆四十六年(1781)正月十三日,龙游举行迎花灯活动(每年正月,许多乡村都有迎花灯的习俗),县民卢标与邻里余某争道,互不相让打了起来。卢标被余某踢伤小腹,当时就倒地说不出话来,真是乐极生悲。旁人一边报案,一边将卢标抬进余某家里。当晚典史过来验伤,做了记录后,要余某请外科医生为卢标调治。

半个月之后的正月二十八日,卢标伤愈,在别人陪同下,自己步行回家。

二月二日,当地又举行文昌神会(旧时每年二月三日为文昌帝君神诞之日,官府和文人学士都要到供奉文昌帝君的庙宇奉祀,或吟诗作文,举行文昌会),卢标高高兴兴去参加。乡里乡亲聚到一起,非常热闹和高兴。卢标当天喝多了些,回来时至少有个七八分醉。

谁知过了一晚,卢标突发高烧,他弟弟虽然请了一位姓汪的内科医生给卢标治病,但到二月九日这天,卢标还是呜呼哀哉,丢了小命。

如果没有上个月的踢伤,卢标之死自然怪不得他人,既然有这次意外事故,卢标家人哪能不产生联想? 于是当即告到了官府。

早在正月里,王士昕就去了省城杭州,汪辉祖这时自然也不在龙游。

邻县何知县奉命代理此案,验得卢标小腹伤痕与典史原来验伤时记录的分寸、颜色完全相符,于是断定卢标是被余某踢伤致死。

在结论报告里,何知县也只是写了迎花灯时卢标如何受伤,至于他一星期前喝酒醉归,请了内科汪医生治病等一系列情节,都略而不述。

不久,王士昕和汪辉祖回到了龙游。

看过典史的验伤记录和何知县的结论报告之后,汪辉祖认为,如果卢标是因为小腹被踢伤致死,那么就是一个致命之伤,会迅速死掉,最长也不会拖过三日,而卢标之死距离踢伤已有二十七日;卢标伤愈后,自己步行一里多路回家,后来又能高高兴兴参加文昌神会并喝得醉醺醺而归,这一切都说明他原来的小腹伤已经痊愈。二月三日卢标患病之后,不请外科医生而请内科医生诊治,也说明他的病不是因为小腹伤引起的。

汪辉祖详细阅读和分析这些文字材料时,王士昕也没有闲着。他把内科汪医生传来,认真查阅了当时的药方和医案,并要他如实陈述给卢标治病时的情况,从而证实了卢标之死确实是由伤寒而引起。

汪辉祖认真对照审核典史验伤记录和何知县的验尸报告后,又指出:受伤痕迹都是日远日消,受伤颜色也是日远日减,卢标小腹被踢伤,过了二十七日才死,他死后的伤口痕迹和颜色,怎么会与被踢伤时的验伤记录完全一致?其中唯一的解释,就是何知县初审时的验尸报告是不能相信的。汪辉祖因此建议王士昕与何知县一同复审此案。

到了十月份,复审虽然得以进行,何知县却始终拒不认错,坚持初判不变。

从何知县的个人仕途考虑,他这样做是完全可以理解的。因为清朝的州县官判案,无论是否存在偏私或腐败,任何"错案"都可能带来严厉的惩罚,不仅可能殃及仕途,还可能带来牢狱之灾。

可是,余某虽是一介草民,但毕竟是一条人命,究竟是何知县的仕途重要,还是余某的性命重要? 在这个不等式面前,稍有理智的人都不难做出正确判断。

王士昕很无奈,只得请求上级派员开棺验尸。

打开棺木后,发现卢标的尸体已经高度腐烂,牙根顶骨并无红色,根本无法验尸。梁姓验尸官因此不敢填写验尸报告。

王士昕迫不得已,只好携带卢标尸骨样品赴杭州检验。何知县则于年终大计时被参才力不及,将面临降职、撤职或下岗的处分。

过完年之后,汪辉祖也赶赴杭州,协助王士昕工作。

但他们的工作根本无法正常进行。

原因是浙江省按察使司的一把手李封按察使(相当于如今的省政法委书记)与何知县关系不浅。他一心要保何,因而希望王士昕能够迁就何知县的初判。王士昕是个正直有良心的官员,哪能为了某个人的仕途而草菅人命?因此说什么也不答应。

按察使司于是再委派处州府杨知府和衢州府王知府共同复检。两人皆迎合李封之意。

龙游县虽归衢州府管辖,王知府虽是王士昕的顶头上司,但照常受到王士昕的坚决抵制。

李封不得不亲自出马了。他装模作样地亲自检验一番之后,就认为方骨黑色为小腹荫(阴)伤,令将余某绞首。

王士昕还是顶着不办。

汪辉祖则以清代法定检验书《洗冤录》所载并无"小腹受伤,须验方骨"之说,反复向上说明不能以方骨为证判余某绞刑。

汪辉祖还说:卢标伤愈则归期可证,病死则医药有凭,怎么可能是被踢伤致死呢?

但按察使司不仅不批复他们的报告,反而多次指责王士昕倔强。闽浙总督兼浙江巡抚陈辉祖也对王士昕颇不满意。

杭州全城官员和幕友为此议论纷纷。

有些官员为了缓和僵局,说卢标死于"限外十日之内",就是判余某绞刑,亦可依例奏请减罪,最后改判为流放,因而劝王士昕和汪辉祖放弃己见。

汪辉祖依然故我。说:"我游幕佐治,只知奉公守法,依法办案。法律上只判笞刑,却要人为判为绞首,对得起天理良心吗?!"

王士昕极为相信汪辉祖,即使得罪所有上司和同僚也不在乎。

然而以一区区知县和他的刑名幕友之力,要与早有成见和私心的按察使相抗衡,等于拿鸡蛋碰石头。

眼看冤案将成,自己却回天无力,痛心疾首的汪辉祖既感叹世风日下,官场腐败,又痛心上官断案,竟不依照律例,随意草菅人命,于是借故辞职。

乾隆四十七年(1782)五月一日,汪辉祖黯然神伤地离开了王士昕幕府。

卢标案在当时被称为方骨案。此案轰动了杭州城,官民无日不谈。

34. 莫名其妙的逼嫁案

杭州当时另有一个逼嫁案,也与汪辉祖密切相关,也一度成了杭州老百姓街谈巷议的热门话题。

杭州府新城县妇女孙叶氏,三十四岁那年死了后夫之后,带着后夫与他前妻所生的四岁儿子,守着二十几亩田地,与一个姓秦的雇工相依度日。

自来"寡妇门前是非多",何况孙叶氏还与一个壮年雇工长期生活在一起,所以没过多久,村里就有了许多闲话。

孙叶氏后夫的一个远房侄子孙乐嘉,觉得这样发展下去影响实在不好,就以孙叶氏与雇工秦某瓜田李下,难避嫌疑,要她尽快辞退那个姓秦的雇工,另外雇请一个可以避嫌的长工。孙叶氏爽快答应了。

可是过了许久,孙叶氏仍然无动于衷。孙乐嘉于是直接找到秦某,诘问他为什么赖着不走?

秦某说他好长时间没有拿到工钱,等工钱到手就走。

又过了几个月,秦某还是没有离去。

看来不采取别的办法,秦某是不会离去的。孙氏宗族的族长便与孙乐嘉商议,以人言可畏为由,劝孙叶氏尽快改嫁。

孙叶氏没有反对,只说好人难觅,一时哪能找到合适对象?所以想急也急不了,只能慢慢来,等缘分。

此话倒也有些道理,族长和孙乐嘉自然表示完全理解。

事情还真有这么凑巧。就在孙乐嘉和族长劝孙叶氏改嫁不久,邻村有个周姓男子便死了妻子。族长就与孙乐嘉商量说:他们两人各方面条件都比较合适,可谓天作之合,是不是我们出面做媒,把他们凑合到一块呢?孙乐嘉表示完全同意。

这边做媒的事还只是说在嘴上,那边秦某早获得了消息,并马上告诉了孙叶氏。孙叶氏觉得无理由拖下去了,就怂恿秦某到官府状告族长和孙乐嘉逼迫她改嫁。

在提倡妇女为丈夫守节的礼教社会里,违背寡妇意愿逼迫其改嫁,自然被认为是有伤伦理纲常的重大事件,所以县官很快就受理了。

族长和孙乐嘉接到传讯后,非常气愤,就去找秦某理论。可是他们找遍了全村也不见秦某踪影,原来做贼心虚的秦某早已逃之夭夭。

他们于是又去找孙叶氏，斥责她不应该昧着良心说瞎话："我们何时逼迫过你改嫁？只是为了你和全村人的名誉着想，才好心好意同你商量这件事嘛！"孙叶氏知道自己理亏，就把责任全部推到秦某身上。

可就在当天晚上，孙叶氏竟然上吊自杀了！

新城知县勘查现场后，将孙乐嘉带到县衙，定他"威逼尊长（地位或辈分比自己高的人）自尽"的罪行，建议判处杖刑或徒刑。

案件上报到杭州府。知府认为孙叶氏虽是嫁过两次男人的妇女，但她既然不愿意第三次嫁人，就不能强迫，所以应按照"威逼寡妇自尽"的法律判处充军。

案件继续上报，卷宗送到了浙江省按察使司。按察使怀疑族长等人威逼寡妇改嫁，是意图霸占别人财产，于是将案件发到邻县钱塘县重审。重审结果是判处孙氏族长绞刑、孙乐嘉流放。

案件再上报到浙江巡抚衙门。巡抚觉得此案越弄越复杂，罪名也变来变去，量刑更是越来越重，就委派湖州府同知唐若瀛重新审理。唐若瀛曾任萧山知县，一向佩服汪辉祖的办案能力，就把他请来，私下请教应该如何量刑。

汪辉祖仔细研读全部卷宗后，发现历次招供案情，皆支离破碎，只有最初验尸报告记录得比较完整：孙叶氏脸上涂抹脂粉，上着红衣、衬色衣，下着绿裙、红小衣、花膝裤，脚穿绣花鞋。孙叶氏自杀现场只有一间房，孙叶氏生前住在里面，秦某住在外面，中间仅用木板隔开，隔板上没有装门，两人进出自如。汪辉祖因而推断孙叶氏和秦某必有奸情。

汪辉祖于是对唐若瀛说："历次审讯皆是舍本逐末、缘木求鱼。这起案件不仅不应判绞刑，也不应判充军或徒刑，只要杖枷就可以了结。"

唐若瀛忙问原因，汪辉祖解释说：

逼嫁罪名能够成立的前提是寡妇自愿守寡。孙叶氏后夫死后不到一年，她就浓妆艳抹、穿红着绿，把自己打扮得花枝招展，哪里是真心为丈夫守寡的模样？与她结婚十七年的原配死后，她都很快嫁人，现在却立志要为结婚才十一个月的后夫守寡，这在情理上根本说不通。她嘴上所谓的守寡，其实只是舍不得离开雇工秦某。姓秦的是个穷光蛋，出来做长工就是为了赚钱，哪会长期拿不到工钱还甘愿在别人家里劳作？孙乐嘉劝孙叶氏改嫁时，她并没有严词拒绝；族长和孙乐嘉商议，准备为孙叶氏做媒，嫁给邻村周姓男子，根本没有同孙叶氏提起。秦某告状后，逃得无影无踪，孙乐嘉等人找到孙叶氏，追问秦某下落，斥责他们诬告，这与所谓的逼迫改嫁完全是两回事。孙叶氏之所以轻生,是因为秦某不告而别,并非孙氏宗族强迫她改嫁。案件的关键是找到雇工秦某,只要找到他,一切就会水落石出。

唐若瀛认为汪辉祖分析得很有道理,于是按他说的意思,暂时搁下案件不办,全力通缉追捕雇工秦某。不久将秦某抓到,一审他就坦承自己和孙叶氏有奸情,并不存在所谓的逼嫁事实。那他为什么要逃跑呢?当然是诬告后的做贼心虚。不过连他也没有想到的是,他这一跑,孙叶氏居然会因此而自杀。

真相大白后,唐若瀛以通奸罪判处秦某杖刑,又因为他诬告了别人,所以另外从重给予枷号的处罚。

35. 上梁不正下梁歪

方骨一案,汪辉祖因为回天无力,不得不借故辞职,而所谓的逼嫁案,他可以说是"得行其志"。然而,当时杭州城的官员和幕僚们还是众口一词地讥讽汪辉祖办理这两个案件的观点,汪辉祖对此十分气愤并批评当时的吏治之坏:

自余初习幕及佐幕二十余年,凡为幕者,率依律阐义,辨是非于一定,不敢丝毫假借。为吏为上官者,据义斟酌,惟律是遵。虽颟顸如临汾中丞(中丞是御史中丞的简称。清朝都察院副都御史职位相当于以前的御史中丞,常用作巡抚的加衔和别称。临汾中丞是指王亶望),刚愎若如皋观察(观察是清代对道员的尊称。这位出生于江苏如皋的道员,是个刚愎自用的人),事关人命,犹不敢径行己见。一二年间风气顿易,律例几不可凭,而幕之风气日下矣。是时吏治亦极难问,盖以总督兼巡抚,权统于一牧令,初详未协,皆可乞恩抽换。抚军(陈辉祖)乐属吏在省,各府常驻行馆,县亦常有三四十员稽留省寓。或请回任,抚军辄不悦,故不敢留。日一谒上官外,无所事事,则相聚饮博,甚至盲女弹词,流娼侑酒,毫无顾忌,较临汾(王亶望)时殆尤过之。

汪辉祖提到的王亶望是山西临汾人,江苏巡抚王师之子。乾隆年间,王亶望考取举人后,花钱买了个知县,几年之后步步升迁,历官甘肃、宁夏知府,甘肃、浙江布政使并代理浙江巡抚一职。王亶望向上爬的秘诀就是用钱开路,行贿送礼,巴结上司。他在甘肃任职期间,搞起了"捐监冒赈"的勾当。所谓"捐监冒赈",就是先将收捐监生

清朝三大幕

（清代允许以钱谷购买国家最高学府国子监学生"监生"的资格。监生可以直接参加乡试，跳过考秀才的院试——笔者注）的米粮改为折色银两，然后年年虚报旱灾，打着用监粮赈济的名义，将银子全部私分。甘肃省一半多官员，都得到了"捐监冒赈"的好处，得钱最多的当然是王亶望。这一切，号称英明的乾隆完全被蒙在鼓里，还升王亶望为浙江巡抚。直到有人反映地方官员在浙江海塘工程中弄虚作假，中饱私囊，才引起乾隆的怀疑。不久，乾隆又从来自甘肃的奏报中得知前些年当地并无灾情，这才马上派官员去浙江对王亶望进行严审，王亶望只好招认。乾隆抄了王亶望的家，没收财产折合白银三百余万两。此案被查处治罪的总督、布政使、知府、知州、同知、通判、知县、署知县、县丞共计一百余员，其中斩首五十六人，免死发遣四十六人，革职、杖流、病故、畏罪自杀数十人，甘肃全省官员几乎为之一空。《清史稿》因此称王亶望为乾隆季年诸贪吏之首。

极具讽刺意味的是，负责查办王亶望的闽浙总督陈辉祖，办案过程中竟然偷梁换柱、侵吞赃物，事发后被责令自尽。

陈辉祖是湖南祁阳人，系两广总督陈大受之子，也是个官二代。王亶望出事后，时任闽浙总督的陈辉祖兼任浙江巡抚，负责查办王亶望案件。但不久就有人控告陈辉祖奉命查抄王亶望家产时以银换金，隐藏玉器，抽换朝珠，肆无忌惮地将王亶望的赃物窃为己有，结果被责令自尽。陈辉祖也是乾隆末期有名的墨吏，贪赃枉法，不问吏治，所以汪辉祖认为陈辉祖的影响比王亶望更为恶劣："较临汾（王亶望）时殆尤过之。"正是陈辉祖主政浙江这段时期，这里的风气变得越来越坏。

考虑到当时浙江官场贪官污吏横行，平民百姓遭殃的现实，汪辉祖很想远离这块让人气闷的地方。就在他想重回江苏游幕时，浙江按察使李封升任湖北布政使（这种人还能升官，这个世道真是让人很无奈），王士昕也调离了衢州府龙游县，来到湖州的归安县任知县。在这种情况下，王杰于是再次出面做汪辉祖的工作，希望他能留下来，跟王士昕一道去归安工作。汪辉祖还是心有余悸，不敢答应。王杰说：

> 士昕为了与你保持完全一致，长时间心甘情愿得罪上司，这是你所知道的。你辞职后，士昕一直没有另聘幕友，这也是你所看到的。他本来也想告病而去，只因身在官场，身不由己，这才未能如愿。如今李按察使已经离开浙江，你们也不要再回龙游，可以远离衢州的王知府，你为什么不能再辅佐士昕一段时间呢？

话说到这个份上,汪辉祖如果再推辞,那就过于矫情了,于是在辞职两个月之后,汪辉祖重新回到了王士昕幕府并与他一同到了归安。

可是令汪辉祖意想不到的是,归安县竟差一点成了他幕友生涯的"滑铁卢"。

36. 领导要管好自己身边人

归安原是乌程的一部分,后来才分出来,单独成立一个县,再后来两县又合并为吴兴县(今湖州市辖区)。乌程向来是个难治的地方,与乌程同城而治的归安县,自然也是块难啃的骨头。汪辉祖非常了解这里的习俗,喜上控而不求审理,善良之人往往受到连累。汪辉祖于是与王士昕约定:凡上官批准之事,暂不对外宣扬,先密提原告与应审人对质,如系子虚乌有,即治以诬告之罪。这里的人又历来喜欢以赌、以奸、以侵占水利、以朋充牙行(为买卖双方介绍交易、评定商品质量、价格的居间行商)等名目凭空讦告,而衙门差役胥吏藉以生财,汪辉祖也要王士昕一概禁止,这就断了这些人的财路,引起他们的嫉恨。

原来清代的差役没有薪金,只有菲薄的"工食银(相当于伙食补贴)",每年六至十两银子。书吏原来有工资收入,康熙年间革去后,也成了没有正规收入之人。但差役胥吏也有衣食之需,也要养家糊口,他们办理公事,同样要开支经费,官府不给他们解决费用,只有取之于民,这在当时被称为"差房陋规"。差房陋规不仅名目繁多,而且多半是从诉讼当事人那里索取的,如"挂号费""买批费""开单费""出票费""到案费""带案费""铺班费""踏勘费""结案费"等等。从官府来说,当然希望诉讼越少越好,差役胥吏则巴不得天天有案可办,只有这样,他们才有活干,才能靠山吃山、靠水吃水。

当地有个刁民姓丁,告发别人赌博,牵连多人,归安县没有受理。丁某又改名换姓,向湖州府控告。府里将控告信转回归安处理。王士昕先提原告到案,一问,连赌具都没有,控告自然不实,就将丁某以诬告结案。丁某的党羽郭某改换情节,再次到湖州府控告。府里还是将告状信转回归安。

汪辉祖恰好有事回了萧山老家。一日,归安县派人告诉汪辉祖:丁某所告发的赌博案中,有许多富户,他们向汪辉祖行贿,才被开脱罪名。郭某还公开对外宣扬,说他亲眼看到一个姓孙的人将钱交到汪辉祖手上,真是说得有鼻子有眼,让人不得不信。

看门人将此情况告诉王士昕,王士昕断然说:"这完全是诬陷!"于是将郭某传来

审讯,郭某供认说是受丁某指使。

汪辉祖回到归安后,要王士昕再传讯孙某。孙某坚决否认行贿一事。再审丁某,丁某说是听县里某个衙役说的。讯问县里的衙役,又说是得自传闻。总之,无根无据,空穴来风;颠三倒四,一派胡言。

汪辉祖说:"这件事已经完全明白了:县役乐于诬赌而我不愿意受理,从而断绝了他们的财路。如今他们不告发别人赌博而说我受贿,是因为要弄清是否行贿受贿的事实,就不得不传讯双方当事人,这样案件虽然是虚的,但他们中饱私囊的目的还是达到了(清代诉讼中当事人需要给差役、书吏、捕快等人种种陋规费用。另外,打官司的人要跨进衙门这道门槛,首先必须给司阍大爷送红包——笔者注)。"诬告的源头既然来自县役,那么他就必须承担相应责任,于是将县役、丁某、郭某分别杖枷结案。

正因为汪辉祖深知兴讼之害,所以后来他在《佐治药言》中专门写了"省事"一条,告诫人们一定要省事爱民:

> 谚云:衙门六扇开,有理无钱莫进来。非谓官之必贪,吏之必墨也。一词准理,差役到家,则有馈赠之资;探信入城,则有舟车之费。及示审有期,而讼师词证,以及关切之亲朋,相率而前,无不取给于具呈之人;或审期更换,则费将重出,其他差房陋规,名目不一。谚云:在山靠山,在水靠水。有官法之所不能禁者,索诈之赃,又无论已。

案件审理完结后,汪辉祖提出辞职。王士昕说:"事情真相已经大白,与你无关,何必辞职。"汪辉祖说:"如果我要避嫌,就惟有徇私舞弊,满足衙役的贪欲,否则终受其累。再说,这件事是否起源于衙役,还是一个疑问。我最担心的,就是那个看门人恐怕也是同谋。"王士昕还是坚决请求汪辉祖留下。

过了几天,王士昕告诉汪辉祖:"您真是太神了!看门人王节,是我的老随从,这件事真是他出的坏主意!"王士昕将此人辞退,而对汪辉祖越发信任。

对高官大吏都无所畏惧的汪辉祖,为什么对衙役、书吏、门卫之类下人反而避之唯恐不及呢?这是因为他们多半是长官的长随家人。俗话说的"宰相家人七品官",讲的就是他们的出身来历非比寻常,切不可因为身份低贱而小看他们。实际上,他们在清代各级衙门中扮演着十分关键的角色。

就说司阍也就是如今称之为门卫的那个人吧,他表面上只是个看门的角色,实际上却是官员的心腹和耳目,是官衙、官宅的咽喉,诸如传宣长官命令、传递进出公文、接待来访宾客、稽查家人出入等等,都由他们负责。他们还是官场中的消息灵通人士,对长官的日常行动和生活起居习惯都了如指掌,对官场的各种消息、情况也都较为熟悉,甚至对长官与每个下属的亲疏关系也了然于胸。所以你想进到官衙来,你想知道长官的行踪等等,不首先疏通门卫是不行的,送门包于是成为衙门通行的惯例,哪怕是州县长官到上级衙门办事,同样要送门包,何况普通百姓。"衙门八字朝南开,有理无钱莫进来",就很生动形象地反映了这种事实。至于那些倚势弄权,贪婪营私,或于内外之间作梗,或乱嚼舌头根子搬弄是非,或延滞往来行文的司阍,那就更让人可怕了。

汪辉祖出入官场数十年,对司阍的危害和不可得罪,自然十分清楚并看得入木三分。为此,他特意在《学治续说·用人不易》中写道:

> 我的朋友邵晋涵曾这样说过:"现在的官场事务,是三种人在主持,做官的反而只担了个虚名。这三种人就是幕友、书吏和长随。"这话说得简直妙绝了!官之为治,必不能离此三种人。然而在此三种人中,好的坏的都有。要想在幕友中找到品行优良、为人正直的人,往往十个中找不出四五个来。书吏偶尔也懂守法,但要看用他的人是否正直善良,他们的品行是随主人而转移变化的。至于随从仆人之类,就根本不知道正义事理是何物,只晓得贪图私利,仗着他是当官的心腹人士,很少有不把事情搞得乌七八糟的。对当官者的声誉破坏最大的,还是那些看门人。唉!他们这三种人所产生的弊病决不是三言两语就能说得清楚的。想约束他们,却拿不出切实可行的考察和管理办法;放纵他们,则必定会让他们更加肆无忌惮、无法无天。从我佐治为官的经验来看,当官需要自己当,不要太依赖身边人。

如何才能管好自己身边人呢?汪辉祖开出的方子是:

> 当官者身边的人,主要靠蒙骗长官徇私舞弊获得各种好处,因此他们最惧怕的事,就是当官者明察秋毫,不给他们一丝一毫揽权获利的机会。于是他们一听长官说要礼贤下士、与群众打成一片、深入实际调查了解情况之类的话,就很不

高兴,甚至玩弄种种手段从中加以阻挠。应该责令传达室,让他们不得以任何借口阻挡来宾;要把约束吏胥的各种规定和办法反复强调,并写成条款张挂到墙上,让每一个人都听得到、看得着;做每一件事情之前,都要提出严格要求,做好宣传教育工作。如此一来,左右侍从之人,就不敢随意弄权,胡作非为,而当官者自己的耳目,也就不会被堵塞了。(《学治续说·宜防左右壅蔽》)

汪辉祖的想法虽然非常不错,但实际工作中能不能取得实效,还要看整个社会环境好坏才能确定。如果吏治清明,风气纯正,当然会有好效果;如果社会组织的每一个肌体都已腐烂不堪,全国各地很难找到一块真正的绿洲,仅仅某一个正直的官员想这么做,那就很难奏效了。

乾隆五十年,吏部规定,现任官员双亲年老而系独子的人,可以循例终养。王士昕的母亲已经七十一岁,他又没有兄弟,完全符合这一条件,于是请求辞官终养。当年八月,王士昕解任,汪辉祖归里,双双离开了这个腐败官场。

37. 劣币最终驱逐良币

汪辉祖佐幕三十四年,为照顾家庭,只在江苏、浙江一带游幕,其中江苏九年,浙江二十五年。他洁身自好,秉公办事,一身正气,特立独行,可在即将结束幕业之前,却遭到不法胥吏和长官的长随家人联合陷害,险些毁了自己一世英名。要不是王士昕完全信任他,并将案情彻查清楚,归安很有可能成为汪辉祖幕友生涯的"滑铁卢"。再联系到最近几年汪辉祖参与办理的方骨案和所谓的逼嫁案,我们可以看到:此时的官风官道和幕风幕道,确实远远不如从前了。

汪辉祖后来总结自己的从幕经历,深有感慨地说:

> 我从幕三十四年,选择服务的对象,一共有十六人,他们都有很好的名声。我生性迂阔,不知道见机行事,更难做到善解人意,遇事稍有不合,即按照不合即去的从幕原则,辞去幕职。所幸遇到的主人,对我都很理解和看重,这才能够与他们共事愉快,善始善终。我曾经写过一首《留别同事诗》,其中一句是:"一事留将同辈述,卅年到处主人贤。"我有如此好的运气,说明老天爷确实非常眷昵我,不忍心让我过饥寒交迫的生活。

然而，和所有的行业一样，在幕友这个行业里，也是鱼龙混杂，什么样的人都有。那些不自爱的人，无论是所谓的正直刚强、不亢不卑之人，还是人格低下、举止不端、品性恶劣、曲从世俗之人，我与他们都很难建立融洽的工作关系，所以一起共过事的人虽然不少，真正合得来、有共同理想和语言的人却为数不多。乾隆二十九和三十年那两年里，我更是四面楚歌，到处受人排挤。所有这些，无非是艰难困苦、玉我于成而已。

我开始进入幕府工作时，刑名师爷的年薪不过二百六十两银子，钱谷师爷次之，年收入约二百二十两银子，但这已经很高很高了。当时松江有一位很牛的董师爷，年薪没有三百两银子，他就不受聘，因而号称"董三百"。十年以后，也就是乾隆二十七年以后，幕友的工资逐年增加，到了乾隆四十九和五十年间，刑名师爷的年薪已经增加到八百两银子，而幕学幕品早已今非昔比了！

清代的幕风幕道是如何变坏呢？当然是随着官风官道的变坏而变坏。幕风是服从于整个官场作风的，与整个社会的政治风气息息相关。在清代吏治整体走下坡路时，幕友的风气自会同步趋向腐败。

乾隆五十八年（1793），汪辉祖在写作《学治臆说·得贤友不易》时，对幕友的变坏过程，曾经作过专门探讨和回忆，他说：

我刚开始习幕时，幕友俨然以官员的宾师自居，常常日夜伏案工作，办理文书，既不博弈游戏，也不应酬谈笑。为了公事，会援引律例与主人反复辩论，不会毫无原则地迁就主人。如遇上司驳诘，也敢于坚持自己的意见，反复说明情况和解释原因。主人对幕友也很讲究礼节，对他们的意见非常尊重，礼遇不到，或意见不合，幕友就会毅然辞去。偶尔有一两个不自重的幕友，大家就会看不起他们，甚至指着他们的鼻子予以嘲笑，很少见到唯唯诺诺之人。这种风气直到乾隆中期还是如此。但是好景不长，过不了几年，风气就开始变化，到后来，大家更是把严守正直的幕友视为迂腐，有的幕友甚至收受贿赂，为当事人打通关节，与贪官污吏狼狈为奸。有些刚踏入仕途的官员，受这些幕友的影响，误入歧途而不自知。

此时的幕友不仅道德沦丧，而且缺乏起码的工作责任心。嘉庆六年（1801）九

月,汪辉祖在写给章学诚次子章华绂的《论幕学书》中,再次感叹幕风日下:

> 近见入幕者,不必衡品,不必课学。律义可不解,例文可不读。如文之待批者曰申,备案者曰验,罪之在徒上者曰通详覆拟,不及徒者曰随详拟结,皆习幕三五日即当耳熟。今则俨然大幕,得厚脩,据首座,应验而申,应拟结而通详,案牍徒烦,转滋驳诘,累官累民,动辄流毒。论者或疑其有欲,余独憨其无知。

不仅汪辉祖有幕风幕道今不如昔的感叹,而且其他官员也有同样的感受。乾隆五十三年(1788),湖南永州知府王宸在《重刻<佐治药言>序》中,就指出:

> 夫吏非素谙律令,其不能不藉手于幕宾也,夫人而知之矣。延宾者鲜不卑礼厚脩,以重其付托。而入幕之宾能视官事如己事者,什不得二三,往往视百姓之休戚,漠然无所系于其心,甚者以博弈余力从事录牒,或交愈久则息气乘之,治日以弛,而官声为之不振。

王宸是从幕主的立场感叹幕道不修,并与汪辉祖产生强烈共鸣。

由于幕友们的职业道德和业务素质整体严重下滑,再往后发展,尤其到了嘉庆和道光年间,师爷幕友已经普遍被人当作反面角色,只要一提到幕友,人们就会加上一个"劣"字,以"劣幕"相称。劣币最终驱逐了良币。

38. 当之无愧的一代名幕

然而,不管幕风幕道如何变化,汪辉祖从入幕到出幕,三十多年间始终秉承家教,洁身自好,特立独行,保持了良好的操守,在乾隆晚期以后乌烟瘴气的清代幕府中,其幕学幕品和为人行事都非他人可比,确为凤毛麟角,鹤立鸡群。汪辉祖的老主人,后来官至安徽巡抚,有"胡青天"之称的胡文伯,在写给汪辉祖的一封信中就曾这样说过:"我在官场上混了五十多年,见过的幕友不知有多少,能立品端纯,尽心佐理,时时以国事、民事为念的,再找不到第二个像您这样的人。"历来十分欣赏汪辉祖的原浙江布政使刘纯炜,也称赞汪辉祖"志洁行芳,以恺悌刚直佐人治案牍,汪辉祖的大名可谓如雷贯耳。每当我和官场同僚谈起当今的幕友情况,大家首先提到的,必定是汪辉祖"。汪辉祖后来在宁远做知县时的湖南巡抚浦霖,也说:"湖南幕风日下,与主人休戚无关,吾知宁远(汪辉祖)佐幕时,必不若是。"

汪辉祖能够坚守己志,主要是立身端正、律己极严。他在《双节堂庸训·律己》中说:"有一不善念起,辄用以自儆。比在幕中,率以为常,日治官文书,惟恐造孽,不敢不尽心竭力。从宦亦然,历五十年,幸不为大人君子所弃。"他与主官之间,始终保持着一定的分寸,不图非分的情谊关系。在工作上,却尽心竭力辅佐主人,使他们最大限度地获得贤名。如果遇到分歧,他便择善固执,不稍假借,从不轻易附从上官,更不会借此曲意逢迎。但如果主人确有难处,他又会顾及主人的处境,主动请辞,使主人得以自行定夺。事实上他每次都能获得主人的理解和支持而被恳切挽留下来。

汪辉祖既不怕得罪主人,也不曲意讨好同事,他处理人际关系的唯一准则,就是一切以公事为重。别人再怎么不理解他,甚至与他为敌,他都我行我素,直道而行。乾隆五十年,刘雁题升任南宁知府,汪辉祖与他话别,刘雁题就直言相告说:"吾初与君交,阖署上下无一爱君者,皆畏君矜严不可犯,吾独重君,能得君益。"这些情况,汪辉祖当然十分清楚,但他只将其视为玉己于成的一种磨难而已。

对普通老百姓,汪辉祖却有一颗仁恕爱民之心,时时处处为他们着想。办案也好,处理其他政务也好,他都秉持除暴安良的原则,时刻想到维护百姓利益,为此在许多案件里,他都挺身而出,维护弱小的利益,抵制强暴的侵害,使得贪鄙却步,孤寡得保,真是大快人心。几十年后,一些受过他恩惠的普通百姓仍对他感激不尽、称颂不止。

汪辉祖的爱民之心还体现在设身处地替犯人着想上,但又不是无原则地怜悯和同情。譬如他要为人犯开脱减免罪行时,一定要翻来覆去地酌量案情,研究犯罪情节。有时他还假设情境,让死了的被害者坐在号房内和他互相对质,让其有话可说。在此之后,他才开始下笔撰写判稿,否则"不敢草草动笔"。他为此不无自豪地说:"二十余年来,可质鬼神者,此心如一日也。"(《佐治药言·慎初报》)

汪辉祖读书多,精律例,又十分了解当地风土人情,所以办理司法案件既能以法律为准绳,又能以人情为旨归,法律运用之妙,尤在以情融法,善体人情。他主张"法贵准情",用人情变通法律,以儒家经典为断案原则。他最擅长也最为人称道的是引经决狱,常常将一件件看似无法调和的争讼处理得让各方人士心悦诚服。

汪辉祖还认为:儒家经典之上还有更高、更基本的规范,那就是天理。天理本指自然法则,儒家却将天理引申为"天理之性",是"仁、义、礼、智、信"的总和,即封建的

伦理纲常,在法制领域则体现为爱民和爱人,所以在司法审判中要参酌"天理、人情和国法",做出最适当的判决,实现社会的公平正义。

综观汪辉祖的幕学、幕品和所取得的幕业成就,确实无愧于一代名幕的崇高称号。

一个社会,如果像汪辉祖这样的人到最后都失去了生存土壤和空间,只能说明这个社会已经高度腐烂,病入膏肓,无可救药了。

附录：刑名师爷是司法秘书而不是法官

很多描写清代问案的影视作品里，常常出现官员坐在公堂上审案，刑名师爷站在一旁出谋划策的情景。这种描写实际上与事实不符，纯粹出于创作者的臆想。刑名师爷没有任何官方身份，只是主官聘请的司法秘书或说助理，是不能出庭干预审讯的，公堂上不可能出现他们的身影。他们能做的，就是躲在大堂后面凝神静听，一旦觉得有什么不对，就立即让人传话给前堂审案官员，提醒他们应该注意什么事项，或提示他们如何抓住漏洞，一举突破案犯的心理防线。所以在一些创作态度比较严谨的戏曲、小说里，有时也会出现这样一幕：官员正襟危坐大堂之上审讯犯人，犯人百般狡辩，官员一筹莫展，忽然一只带盖的茶碗送到手中，官员掀开一看，里面装着一张写有字迹的小纸条。官员看过内容，茅塞顿开，连连追问，最后水落石出，真相大白。原来茶碗就是前堂审案官员和堂后听审的刑名师爷之间联络用的工具。

清代刑名师爷不仅不能参与审案，而且案件发生后，现场勘察和案情侦破也不是他们的任务。他们只是在幕后充当顾问，为主官提供专业技术指导，并为主官破案和审案准备全套法律文书。

要了解刑名师爷的具体工作，还得从一个案件的起诉说起。

按照清律规定，一般案件，如田土、债务纠纷的当事人，被盗的事主，人命伤害案中的被害人的亲属等等，都可以作为控告人，向官府提出控诉，经州县受理后，才能开始诉讼审判程序。

清代律例规定，每年四月一日至七月三十日为"农忙止讼"期。在此期间，除谋反、大逆、人命之类的重罪案件之外，禁止百姓因户婚、田土、钱债之类"细事"起诉，否则官府一律不予受理。其余八个月中，也不是每天都可起诉。清代各地方官府一般都规定了"词讼日（清代官府规定收受呈词的日子，也称放告日）"。清初词讼日多为每月的逢三、逢六、逢九日，清中期以后改为每月的逢三、逢八日，一年中可起诉立案的日子不过几十天，这样做的目的在于严格限制平民起诉。按照规定，词讼日应由州县长官亲自坐堂收受呈词，实际上多半由值堂书吏代收。

即使在词讼日，也不是每个案件都会被官府受理，于是对于呈控的案件是否予以受理，官府都要仔细分析，然后做出明确书面批示，这种批示叫作"批词"。批词通常由刑名师爷起草。这是官府接到呈词后，刑名师爷要做的第一项工作。

起草批词

起草批词之前，刑名师爷要认真分析起诉人是否具有起诉能力，案件是否应由本地管辖，状纸是否合乎格式，所叙内容是否合乎情理和法律等等。除此之外，还要看所告之事是否有人证、物证、书证。如果条件符合，案件就会得到受理，否则不予受理。

准予受理案件的批词一般写得比较简单，有时只用朱笔批一个"准"字，甚至画个勾，就可以明白表示"准状"的意思。但有时也会约略多写几句，如批示受理理由，使被告没有怨言，并写明告状人、证人不得远离，随时听候传讯等等。不予受理的批词就复杂得多，要针对原告的起诉理由，逐条用法律或"情理"驳回，使之不敢再轻易起诉，或转向府、道、司、院上控。

假如该受理的案件不受理，不该受理的案件受理了，对官府的威信和民众的权利义务都会造成很大损害。该受理而不受理，可能使冤屈得不到伸张，也可能迫使当事人依照法律规定上控到上级衙门，其消极负面影响是显而易见的。至于不该受理而受理了的情形，一是使得官府浪费了宝贵时间和精力，二是使得原告和被告双方都受到牵累，结果赢的一方得不偿失，输的一方更是亏损惨重，两败俱伤之余，那些挑拨离间、心怀叵测的人却在暗中称快。

为此，乾隆朝著名法学家王又槐在《办案要略》中说：词讼之起，未必都有什么大了不得的原因，僻居乡里的百姓见识短浅、器量狭小，动不动为一草一木争执不休，甚至大打出手，斗气结怨。他们开始时只是请族邻、地保从中调停，这些人若是善于调处，循循善诱，耐心开导，双方也许会冷静下来，不再对簿公堂；如果不善此道，致使矛盾激化，当事人只好讼于官府。这其中不乏地保等人借机图利，或幸灾乐祸，唆使双方讼于官府。甚至于有些当事人本身不愿意打官司,他人却包揽词讼,教唆别人打官司。所以,词讼的兴起,有当事人的原因,也不乏他人架词唆讼的可能,情形非常复杂和混乱。"若不详细察核,一被蒙蔽,则纸上之黑烟一污,而床头之黄金半消,荒农废业,合室惊恐,生灵攸关,可不慎欤!"(《办案要略·论批呈词》)清代名幕汪辉祖为此谆谆告诫自己的同行:"下笔时多费一刻之心,涉讼者已受无穷之惠,故幕中之存心,以省事为上。"(《佐治药言·省事》)可谓情真意切,剀切动人。王又槐甚至认为批词的重要性丝毫不亚于听断(审案听断):"善听者,只能剖辨是非于讼成之后;善批者,可以解释诬妄于讼起之初。"所以绝大多数刑名师爷都十分重视通过批词了断词讼,让官司消弭于萌芽之时。晚清著名刑名师爷陈天锡亲身经历过的一件事情就很能说明这个问题。

宣统元年(1909),陈天锡在湖南省新宁县做刑名师爷。新宁有许多富家大族,江忠源和刘长佑、刘坤一的后裔就是其中的两大家族。因婚姻讲究门当户对,所以这些富家大族世通婚姻现象十分普遍。当时江家有一个血气方刚的年轻人,看到堂姊江刘氏和一位陈姓男子来往频繁,就写了一张条子贴在江刘氏门上,声称陈某如果再来找江刘氏,将以"奸盗论"告他。江刘氏认为江某侮辱了她的人格,损害了她的名誉,刘氏族人也愤愤不平,一起支持她到官府告状。县里收了呈词后,吴知县与陈天锡赶忙商量处理办法。鉴于此事牵涉本地两大世家,又关系名节重情,加之当事人双方情绪都很激动,陈天锡因此认为不宜受理此案,而以谨慎消弭为上策。他建议吴知县先稳定江刘氏情绪,告诉她这事若对簿公堂,不仅两家面子有损,县官也没光彩,劝她不要走极端,先回去等候,三天内由县里批词解决。江刘氏走后,陈天锡便代吴知县起草了一个批词,首先剖析"奸盗"的"奸"有许多种解释,可以理解为"奸回""奸慝""奸猾""奸伏""奸宄"等等,未必一定是"奸淫"的意思,江刘氏方面切不可专从狭义方面来理解,否则岂不是将脏水泼到自己身上?这一段是用来阻止江刘氏娘家人藉词生风的。其次一段告诫江某应该与人为善,和家族搞好团结,不应妄书揭贴,滋生事故。同时警告他:此次初犯,姑予申斥,以后若不悔改,决不宽恕。接下来便是指责陈某与江刘氏非亲非故,老往妇道人家跑,造成别人家族不和,这种行为确应阻止,所以即令驱逐出境。批词全文只有三四百字,次日揭示于众,传抄甚广,不但江、刘两大家族毫无异言,而且全县父老都认为批得合情合理。一场可能引发的轩然大波,便这样未经公开审理就平息下去了。(详见张伟仁著《磨镜》)

好的批词不仅能够息事宁人、了断词讼,而且往往脍炙人口。如《坚瓠丁集》卷

清朝三大幕

三记载长洲县里有一对夫妻时常吵得不可开交，邻居不得安宁，就到衙门告状，还到典史那里递帖，请求派人去抓这对夫妻。知县梁廷桂收到呈词后，很快做出批示，对本诉讼不予受理。梁廷桂写的批词是：

　　夫妻反目，常事；两邻首告，生事；捕衙申报，多事；本县不准，省事。

　　既写得言简意赅，幽默风趣，读起来又朗朗上口，掷地有声，这样的批词，自然人见人爱，过目成诵。

　　清朝乾隆年间顾公燮写的《丹午笔记·方伯杨朝麟断案》，记康熙末年江苏布政使杨朝麟撰写的几则批词，读后也让人忍俊不禁：

　　尔孀妇也，乃入人之室、坐人之床、饮人之酒，如是而犹得谓之强，可乎？试问阊门吊桥上来千去万人中，有一个信你的，本司便准你的。

　　这个丧偶的妇女明明自己耐不住寂寞，主动投怀送抱，却怀着不可告人目的，诬告对方强奸自己，天底下哪有这种道理？不受理她的控告算是轻饶她了。

　　另一件是尼姑控告徒弟还俗嫁人，杨朝麟写的批词是：

　　小尼姑脱却袈裟，便穿衲袄，正佛家所谓欢喜法门也。尔独何心？乃欲使之老死空门乎？尔如见猎心喜，不妨人云亦云。

　　出家自愿，还俗自由，师傅哪能强行干涉徒弟的感情生活？非但如此，还将人家告上法庭，这就做得太过分了，所以杨朝麟毫不客气地批示说：你如果"见猎心喜"，就不妨"人云亦云"。看后确实让人感到痛快。

　　还有一件是卖假古董的人被骗后，递上状纸控告骗子，杨朝麟也不受理：

　　尔自谓善识古董，骗人财物，今亦遭人骗，不观《琵琶记》上大骗、小骗，甚至胡须都被割去，其下场时，不过大哭一场而已，几曾见他告状？……不必兴讼。

　　自己本来就是骗子，却告别人骗了自己，谁会相信呢？自认倒霉吧！

看了这些"妙文",想必绝大多数人都会会心一笑甚至拍手叫绝。当然,梁廷桂和杨朝麟的批词,很可能都是他们聘请的刑名师爷所写。

由此可见,批词批得好,确实可以了断一个案件,节省许多人力、物力和财力;批得不好,则不知会引出什么结果来。

这方面的例子实在太多了。如清朝名幕汪辉祖在平湖县做刑名师爷时,黄氏宗族的族长援引本地不久前判决的一个同类型案件,要将抚育两个女儿、守寡四年的黄俞氏的四十二亩田产作为祭产,收归宗族所有,就是一个典型的案子。如果代理知县刘开焘聘用的师爷能像汪辉祖那样细心体察案情,一开始就通过批词了断词讼,哪会生出后面这些麻烦来?

清代地方政府的司法事务是相当繁杂的,每逢词讼日,往往能收到许多呈词。清代著名学者包世臣《齐民四术》卷七下《为胡墨庄(承珙)给事条陈清厘积案章程折子》说:

> 臣(胡承珙——笔者注)查案件(刑事诉讼)虽关系罪名出入,然一州县每年不过数起……至于词讼(民事诉讼),三八放告,繁剧之邑,常有一期收呈词至百数十纸者,又有拦舆喊禀及击鼓讼冤者,重来沓至,较案件不啻百倍。

词讼日当天可以收到数十上百份呈词,并不是某地某日偶然现象,而是一个普遍存在的事实。同治年间,清代著名诗人和戏曲理论家杨恩寿在广西北流做刑名师爷时,也说他一天要批阅十几甚至四十几份呈词。如同治四年(1865)闰五月三日,他在日记中写道:"据几理公事,灯下批阅本日呈词凡十八张。"九日,"批点昨日告期呈词十六张"。而一个月前的五月九日,他甚至批阅了四十几份呈词:"昨日始放告,收呈词四十余张,逐件批阅,夜午乃眠。"(《坦园日记》卷三)

有这么多呈词收上来,每件又要认真批阅,刑名师爷工作之繁忙辛苦,业务素质要求之高,也就可想而知了。又由于批词应在收到呈词后两三天内写出,且既要批得得体,又要批得合情合理合法,还要尽可能达到"息讼"目的,所以对刑名师爷的能力、水平和体能等等都是一个极大的考验。

批词起草完毕后,须送主官核定。虽然常常是师爷"拟批挂榜",已决定"准"或"不准",而"本官尚不知呈中所告何事"(《曾国藩全集·诗文·直隶清讼事宜十条》),但这道程序不能省略,于是便形成了批词出于师爷之手,官员只在上面签字画

押的现象。

　　当然也不乏工作负责任的主官。曾国藩做直隶总督时，就经常修改批词。如同治九年（1870）二月十三日《曾国藩日记》记载："申正后阅本日新收呈辞，核改上次呈辞批。有开州人马允刚者，乾隆甲子举人，官陕西州县，或送其所自作年谱，将入先贤，因将其年谱翻阅……夜，又翻其年谱。"对于是否同意将马允刚列为本地先贤，曾国藩核改批词时，甚至不厌其烦地翻阅他的自撰年谱，以了解其在陕西为官时的政绩。

确定审理日期

　　案件决定受理之后，刑名师爷接下来要做的，就是斟酌原告、被告双方的情况，确定一个审理日期。

　　刑名师爷确定审理日期时，首先要避开法律所规定的"不理刑名日"。

　　清代对民事诉讼不仅作了起诉时间的设定，而且按照清代法律，每年国家的喜庆日、祭祀日、哀悼日都不准审理案件。另外，民间的节庆日如上元、端午、中秋、重阳等日子以及每月的初一和初二也不准审理案件。清代还规定：春节期间各地官府应"封印"，不准审理案件。这样一算，与一年中可以接受状纸的日子只有几十天一样，每年可供刑名师爷选择的审理日期也只有一百天左右。

　　确定审理日期时，刑名师爷还要按照案情的复杂程度，所涉被告、证人的人数及其住所距县城的远近，命盗案还要视尸体检验、现场勘察、被告是否已经捕获到案等情况来确定审期。此外还要判断主官是否能够审清此案，是否已做好审案的一切准备。遇到复杂疑难案件，刑名师爷还要为主官分析需要审清的关键问题，列出审讯重点和要点，写出审讯时的提问程序，并与主官商量妥当，才可确定审理日期。所以确定审理日期看似容易，实际上也颇费周折。

　　刑名师爷斟酌各种情况确定了案件的审理日期之后，要报请主官过目，得到主官首肯后，才可发到刑房，由刑房书吏制成"示审牌"，悬挂到县衙门口，让相关人员都能知晓。

幕后参与庭审

　　清代的官员，特别是州县官员，多是直接从科举入仕的士人中选拔而来。这些人告别书本,进入政界,既不懂法律,也没有从政治民的实践经验。尤其听讼治狱,既要精熟律例,又要识奸辨诈,仅凭熟知《四书》和《五经》,实在无济于事。与之相反,师爷游历于官场,接触过形形色色的人,老于世故,工于心计,即使是初次入幕的人,也经过了学幕这样一种专业训练和实习过程,比官员更具有经验和专业知识上的优势。通过幕后听审,师爷随时发现问题,及时予以提醒,帮助主官弄清真相,做出正确的判断。刑名师爷观察问题、捕捉疑点的智慧和狡黠,也由此得到充分展示。

躲在幕后听审虽然远不如在大堂之上面对面地观察犯人来得真切,但终归比阅读书面供词更进一步。特别是清代书吏增删供词,向当事人索贿受贿现象十分普遍,要防止受书吏的蒙骗,刑名师爷在无法亲自审案的情况下,幕后听审无疑是介入庭审的最佳方法。所以稍有责任心的刑名师爷对幕后听审都十分关注,而不满足于从主官的叙述和书吏的记录中了解庭审情况。对于那些可能判处徒刑以上需要申详上级司法机关的案件,幕后听审尤其重要,汪辉祖本人就是"犯人应判徒罪以上,无不亲听鞫问"的。

刑名师爷以幕后听审的方式介入司法审判,虽然有助其了解熟悉案情,但介入的深浅程度有时确实不好把握,浅则为参谋指导,深则为越俎代庖。像那种官员按刑名师爷提供的重点和要点进行审讯,避免不着边际地问供的做法,极容易演变成舞台上的双簧戏,官员成了被刑名师爷牵线的木偶,刑名师爷反客为主自然轻而易举。清代地方官府的生杀大权实际上由刑名师爷在操纵,这也是很重要的原因之一。

整理叙供材料

审案结束后,刑名师爷便开始整理案件的全部叙供材料。

中国古代司法审判以犯人的口供为定案的主要依据,这就是通常所说的"案以供定",所以口供是定案的关键。

定案除需要"口供"之外,还必须具有确凿"证据"。"证据"既是指证人的证词,也指书证和物证材料。物证中最重要的是盗案的赃物,没有赃物就不能定盗案。对于这些供、证材料,刑名师爷必须结合各类勘验结果,整理成一篇文章,还原案发经过,作为判决依据,并报上级衙门复审。

为了防止作弊,保证供词的真实和准确,清代法律严格禁止删改供词。每次审讯时,刑房书吏必须照录问答原句,审讯结束后将供词笔录交给官员过目,官员亲笔批

上日期,即卷起由值堂的长随带入内衙。刑名师爷在内衙详细阅读供词时,会在每页接缝处用红笔勾画骑缝暗号,以防书吏抽换,紧要词句处,还得在纸背加盖私章,以防书吏或衙役剜补改换,然后交给书吏存档。

一个案件常常需要经过反复多次审理才能结案。对于前后几次的审讯笔录,刑名师爷都要认真审读,然后在此基础上整理成文,称为"叙供",以备定案使用。

由于整理叙供材料时不可避免地要综合、归纳甚至删改供词,所以有关严格禁止删改供词这条法律,早已被刑名师爷们视为具文。《幕学举要》作者万枫江因此说:"删改供词久有例禁,然闲冗处不必多叙,令人阅之烦闷;并意到而词不达者,必须改定;土语难晓者,亦须换出,但不可太文耳。"(《幕学举要·总论》)

叙供既为以后的判决基准,所以重在"剪裁"。清代幕学专著《刑幕要略·办案》说:"办案全要晓得剪裁,某处应实叙,某处应点叙,某处应并叙,详略得宜,位置不乱,方为妥当。"又说:"办案要预先打算出路与结穴。""案犹龙也,律犹珠也,左盘右旋,总不离珠,斯得之矣。"

意思是说:法律虽然不可更改,但事实证据可以为我所用,对其做一番"削足适履"的剪裁,将供词所反映的案件情节都"剪裁"得和法律条文所规定适用的情节完全一致,哪怕是以"事实"去凑合法律,也必须做到叙供本身全面完整或能够自圆其说。总的要求是一篇叙供材料要将案件情由全盘托出,最后自然而然得出判决结果。这一点说来容易,做来难,既是文字功夫,更是实践经验的积累。

除了被告口供外,证人的证词也要注意剪裁,甚至有些证人姓名也要剪裁掉。古代上衙门作证与被告无异,一样要长跪答话。一旦官员认为证人在作伪证,一样要挨板子,甚至上夹棍。老百姓都怕出庭作证,官府也希望每一案件涉及的证人越少越好。

所以汪辉祖在《佐治药言·慎初报》中说:"驳诘之繁,累官累民,皆初报不慎之故。初报以简明为上,情节之无与罪名者,人证之无关出入者,皆宜详审节删。多一情节,则多一疑窦,多一人证,则多一拖累,何可不慎。"

意思是说:繁冗的驳问反诘,既拖累当官的也劳累百姓,这都是因为初报时不够审慎的结果。初次案情报告应该简洁明了,与犯罪无关的情况,和案情无关的人证,都应该详细核查,确认无误后加以节删。多一个情节,就会多增加一处被怀疑的线索,多一个人证,就会多添一处麻烦,初报时怎么能够不认真慎重对待。

也就是说,凡是被告已认罪的案件,只要列入确实能够指证犯罪的证人,其余证人证词都要删除。

口供、证词要经剪裁,物证、书证和勘验结果报告也都要剪裁。譬如整理盗案材料时,虽然"贼以赃定",赃物是定案要件,民间也称"捉贼捉赃",但刑名师爷对盗窃的赃物也要多加剪裁,不必全部罗列。一是因为定案时只需有若干正赃便可;二是盗案破案后很难起获全部赃物——除了被盗贼挥霍以外,更多的是被捕快据为己有;三是事主也有可能虚报失盗物品。所以刑名师爷不可能将赃物与事主的"失单"一一对照,强求完全相符。

经过刑名师爷一番精心剪裁,该虚处则虚,该实处则实,案件的人证、物证和供词之类都已高度统一,"铁案如山",不可改变。刑名师爷的看家本领毕现于此。

制作司法公文

但刑名师爷的工作还没有完,还有两件重要事情等着他做。一是写判词也就是宣判书,二是写给上级的所有汇报材料,都是刑名师爷义不容辞的工作。

清代地方司法,由低到高分为州县、府、省按察使司、督(抚)四级。州县为第一审级,长官为知州、知县(有的称县,有的称州),有权决定笞、杖刑。府为第二审级,长官称知府,负责复审州县上报的案件,就案件的处理提出自己的意见,再上报省按察使司。府一级只是承上启下,没有任何定罪权。省按察使司为第三审级,长官称按察使,负责复审各个地方上报的徒刑以上案件,同样没有定案权。督(抚)为第四审级,有权批复徒刑案件,复核军流案件,复审死刑案件,徒刑可结案,流刑以上咨报刑部。可见,总督或巡抚只有徒刑以下的决定权。

对于判处笞、杖刑的轻微刑事案件和大量民事案件(自理词讼),一般要求州县长官当即宣判,这种"判词"在当时被称为"堂谕"。但清代地方长官大都不懂法律,有的甚至是法盲,哪能马上发出堂谕?所以只能等案件审理完毕后,暂时休庭,退入内衙,由刑名师爷先行分析,然后查明律例或成案,代其草拟"判词"。长官看过判词,表示认可后,在下一堂起始宣判,或直接誊录、盖印、画朱后贴在照壁上,对外公布结果。

简单的户、婚、田、土及笞杖案件,都是一审宣判终结。徒刑以上刑事案件,州县必须侦查破案,反复审理,搞清事实并提出判决意见,然后将案犯、卷宗一起解送知府衙门。

但不管是哪种案件,一审判决后,撰写判词的任务都会落到刑名师爷身上。

明清州县长官的判词往往以"审得"开头,所以"堂谕"又叫"审语",多为四六骈文体,四字一对,六字一联,引经据典,堆砌辞藻,不要说当堂宣读很少有人听得懂,就是贴在照壁上能看懂的人也不多。这种文书实际上缺乏法律文书最基本的要素——精确,仅仅指出行为的违法性质,与其说它是确定具体罪名及处以具体刑罚的判决书,还不如说是一篇对于争议事实的艺术性概括和道德评判文章。所以到了清朝时,四六骈文体判语逐渐不再流行。

与现代的上诉一样,清代也确立了基于当事人请求的"上控"制度,其适用对象是州县审理的所有案件,既包括刑事案件,也包括民事案件。

依据清律,只要当事人对于判决结果不服,就可以经由"控府、控道、控司、控院",直至提起所谓的"京控"——即向在京衙门乃至皇帝本人提起上控。

在现代司法实践中,上诉的层级往往设有终审限制,案件至多经过两到三次审理即告终结(即两审或三审终审)。然而,依据清律,无论案件是否结案,也无论结案后的时间长短,不仅均可随时提起"上控",而且只要当事人对复审结果不满,州县受理的所有案件,均可层层"上控",直至"京控",乃至于到皇帝那里告御状。"京控"之后,也可再次翻案与反复申诉。与此同时,清代的"上控"还深受越级上诉问题的困扰,从而导致"京控"案件的大量增多。

其次,"上控"并非清代唯一的复审形式,甚至不是最主要的形式。与之并存的,是另一种案件自动逐级复审的"审转"制度。就是州县地方政府对于没有终审判决权的案件,在搞清全部事实后,对适用法律条文及判决结果提出建议,然后将被告及案卷移送府、司两级复审。

但正如前面所分析介绍的那样,对于徒刑以上案件,府、司两级都无判决之权,真正的生效判决只能在上报后由督(抚)本人做出。而对于流刑以上案件,即便督(抚)也无权判决,而是对案卷审核后上报刑部,最终由刑部做出生效判决。死刑案件的判决程序更为复杂,由督(抚)签署意见后上报刑部核拟,并经三法司(刑部、大理寺、都察院)、九卿、詹事科道官会同审核,最终呈请皇帝批准,以体现"慎刑"原则。皇帝的批示又分为斩监候、斩立决、绞监候和绞立决四种。

总之,在"审转"制度中,案件均由各级官府自行上报,无需当事人申请。

这种逐层的"审转"与官员的责任相联系。对于基层州县官而言,无论是否存在偏私或腐败,任何"错案"都可能带来严厉的惩罚,不仅可能殃及仕途,还可能因此而

丧命,所以清代官场流行"州县官如琉璃屏,触手便碎"这样一种说法。(《学治臆说·公过不可避》)

这种责任又是连带的。一旦错判被发现,不仅州县官本人,而且所有承担"审转"责任的府、司、院等各级官员,都可能因此受到牵连。尤其是负有"亲提审讯"之责的知府,如果未能"辨明冤狱",即便毫无"贪赃"或"徇私",也同样可能被"革职处分",甚至处以刑罚。

因此,在严格连带的"审转"责任之下,即便简单的错案平反,最后因此受到牵连的官员,都很有可能是一大串名单。

为了尽量避免和减少"上控"尤其是"京控"事件发生并在"审转"过程中不出意外,层层获得顺利通过,任何案件的判决都必须做到稳妥可靠,足以使原告和被告双方心服口服,或者至少没有出现较大的漏洞,让当事人藉此再次起诉,缠讼不已。这就要求判词一定要写得稳妥可行,在礼教上、民俗舆论上、法律上都能够站得住脚。

另外,审转时要将案件处理经过、拟定的判决意见等制成一种专门的司法公文,称"申详",向上级官府详细呈报。刑名师爷因此除了要写好判词之外,还必须具备起草并"锻炼"详文的看家本领,使之内容统一,没有漏洞,以免主官遭上司驳诘,追究其办案不谨的责任。

"详文"因是专门写给上级官府看的,所以行文态度要谦恭,用词须妥当,否则会遭遇很大麻烦。

袁枚的志怪小说集《子不语》卷二十一里有个"一字千金"的故事,说是河南商丘的杨知县,在一件案子的详文中不经意地写上了"卑职勘得毫无疑义"字样,不仅被上司连连下文驳诘,而且商丘县承担书写这一详文的师爷和书吏也被提解到省,拟将枷号示众。原来商丘的详文送达省按察使司之后,按察使大人看到"毫无疑义"四字,不由恼羞成怒:案件未经省按察使司复审,怎么敢说"毫无疑义"?这不是公然把我这个按察使当成聋子的耳朵——摆设吗!杨知县赶紧再呈上一道详文,把"毫无疑义"改为"似无疑义",按察使这才"批允核转"。然而为改这个错字而花掉的盘费,再加上到按察使司衙门上下打点的费用,总共用去了上千两银子。

如果几个案件接连遭到驳诘,或一段时期内有数个案件遭到驳诘,州县长官就会落下"无能"的印象,严重影响其考绩。但如果申详公文上报后,一路通行无阻,又会显得上司无能,所以一般总会被驳诘,刑名师爷于是在起草并"锻炼"详文时必须估计到哪些方面会被上司驳诘,并设想好该用何种方法"禀议"才能获得上司满意。

清代官府是向上级负责的,刑名师爷在草拟禀议顶复上司的驳诘时,如果完全"以事实为依据、以法律为准绳",往往会碰钉子并使上司感到难堪和愤怒,因为这样做等于打了上司的耳光,不仅在说他们不懂法律,而且是批评他们不尊重事实。这时,刑名师爷就要仔细揣摩上司驳诘的原因,正确领会和看透上司的意图,然后见招拆招写报告。在这种情形之下,刑名师爷就不得不学会与上级官府玩弄猫捉老鼠的游戏,或像打太极拳那样推来挡去,只有这样,才能避难就易,避重就轻,愈驳愈定,最终让上司找不到继续驳诘的理由。

当然,也有些正直的刑名师爷不愿意迎合上司的意图,一旦遭到上司驳诘,他们就在指证事实的基础上,援引律例或经义,一一顶复,直到将上司顶得哑口无言为止。汪辉祖就是因敢于顶复上司而闻名的师爷之一。也正因为他敢这样做,所以才能成为一代名幕。

结 语

上面写到的起草批词、整理叙供材料、制作司法公文等等,既是刑名师爷的日常工作,也都属于公文处理范围内的事情。

由于清代刑名师爷的主要任务是办理司法公文,所以他们整天打交道的对象不是人而是笔墨文章。对此,生活于清朝乾嘉时代、以刑名师爷终其一生的龚萼(未斋)在写给侄子甘林的一封信中便如是说:

> 愚漫游燕赵,几三十年。到馆(入幕)以后,足不出户庭,身不离几席。慎往来所以远侮慢,戒应酬所以绝营求。而自早至三更,不使有片刻之暇,以期无负于己者无负于人。亦惟吾侄师此意焉!(《雪鸿轩尺牍·寄甘林侄》)

龚萼足不出户,整天埋首案牍之间,慎往来,戒应酬,全身心扑在文字工作上,一是为了避免交结外人,二来正说明他的工作无须与人打交道,只需埋首书斋文案就可以了。

汪辉祖的《续佐治药言·删改自首之报》中写到的一件事,更让人感到刑名师爷纯粹是一个整日埋首案牍、不需与外界任何人打交道的"老夫子":

> 雍正初年，刑名幕友胡姓，歙人，盛夏不欲人见，因独处楼中，凡案牍饮馔缒而上下。

那意思是说：雍正初年，一位姓胡的安徽歙县人，在浙江秀水县做刑名师爷时，盛夏天气不愿让人见到他，就独自住在楼中，从不出门，公事文书和工作、生活用品包括饮食所需，都用绳子吊上吊下。

对刑名师爷的工作情形描述得最为生动形象的，还是晚清文士朱克敬的著作《雨窗消意录·甲部卷三》中收录的那首《竹枝词》：

> 书斋关闭似牢囚，日夜昏忙敢自由？
> 唤讯催提何日了，等因奉此几时休。
> 议详事到忙翻本，命案伤多屡摆头。
> 转眼瓜期今又届，安排交代好添修。

"唤讯"和"催提"是旧时司法用语，"等因"和"奉此"是旧时公文用语，"议详"则是撰写下级给上级的汇报材料。此诗描写刑名师爷整天忙于起草批词、拟定详文和判稿等司法文书事务。

清代实行集权体制，下级的政事都要一一呈报上司知悉，需要办理的上行文书极多。以刑事案件为例，从受理到审结，不仅要将案件审理情况随时向上呈报，而且呈报不好就有可能遭到上司驳诘，必须写汇报材料说明原因，所以有许多详文要写，以至常常出现"议详事到忙翻本"的忙乱景象，此时发一句"等因奉此几时休"的牢骚感慨，希望下一个聘期能够增加工资（好添修），也就完全能够理解了。

通过以上介绍，我们不仅大致了解了清代刑名师爷的工作情况，而且对他们的职责任务和需要具备的能力等等都有了比较清晰的认识，说他们是清代地方政府长官聘请的司法秘书或说助理，而不是现代意义上的法官，是有充分理由和根据的。

（文中材料未注明出处者，均来源于汪辉祖的两部回忆录《病榻梦痕录》和《梦痕录余》，恕不一一注明；撰写过程中参考了许多专家学者的著述和大量文献资料，在此表示衷心感谢）

后 记

赵烈文是内阁大学士兼两江总督曾国藩的政务、军务和外事高参，左宗棠是湖南巡抚衙门的"二巡抚"，汪辉祖是清朝由盛转衰时期在江、浙两省十几个府县衙门从幕的一代名幕，他们三人可以说是清朝中晚期最有影响力也最具代表性的幕僚。

清朝幕僚是一个非常特殊的群体：身份特殊、地位特殊、工作特殊、眼光特殊。他们在重大的历史事件中，置身其中，参与其中，对事情的发展未必能够完全左右，却能超然事外，以独到的眼光和思想观察、分析事情的前因后果与走向，甚至精准预测事情的结果。

本书讲述的故事，就是赵烈文、左宗棠和汪辉祖从幕期间亲身感受清朝由盛转衰，动乱和战争给人民带来深重灾难，以及腐败的官场作风如何慢慢侵蚀社会健康肌体，最终导致清王朝无可奈何地走向崩溃。他们用自己的亲身经历，完整见证了大清王朝走向没落的历史。

读过此书之后，相信读者会与笔者产生强烈共鸣：晚清社会确实已经高度腐烂，病入膏肓，无可救药了。

共鸣之后，自然是反思：大清王朝由盛转衰，为什么发生在乾隆盛世？一种力量在社会上出现与膨胀的时候，为什么会造成遏止其自身存在与发展的对立面？曾国藩拯救了大清帝国，为什么又成了它的主要掘墓人？……所有这些，无不值得认真反思。

反思之后，自然是警醒：吏治腐败是社会风气败坏、帝国没落的根源！不治理腐败，早晚要出大事！

本书另一作者是笔者女儿。她是学法律的，又从事法律工作，没有她的协助，汪辉祖肯定写不出来。当然，笔者让她参与此项工作，主要是希望她好好向汪辉祖学习，既像汪辉祖那样做人，又像汪辉祖那样对待工作，努力做一个严于律己、德才兼备的好法官！

责任编辑陈世象先生是一位资深编辑，也是笔者老朋友。正是有了他的敬业精神和深厚学养，才保证了书稿有较高水准和质量。

还要感谢《能静居日记》责任编辑、岳麓书社刘文先生。2013年8月，《能静居日记》刚刚印制完毕，尚未正式上市，他就报请出版社特批，赠送一套给笔者，为笔者研究和写作赵烈文提供了极大便利。

此前笔者和刘先生无一面之缘、一字之交，笔者只是知道我研究赵烈文多年并读了拙著《清朝秘书政治》之后，才通过出版界一位朋友与笔者联系上。

如今，我们不仅成了朋友，而且他还认真审读了拙稿，指出了其中存在的错误并提出了一些好的建议。

是为后记。

睦达明
2014年8月6日于南昌青山湖畔

图书在版编目(CIP)数据

清朝三大幕/眭达明,眭立著.—南昌:江西人民出版社,2015.6
ISBN 978-7-210-06910-2

Ⅰ.①清… Ⅱ.①眭…②眭… Ⅲ.①政治制度史-中国-清代
Ⅳ.①D691.2

中国版本图书馆 CIP 数据核字(2014)第 298868 号

清朝三大幕

眭达明　眭　立　著
责任编辑:陈世象
封面设计:章　雷
出版:江西人民出版社
发行:各地新华书店
地址:江西省南昌市三经路47号附1号
学术出版中心电话:0791-86898330
发行部电话:0791-86898815
邮编:330006
网址:www.jxpph.com
E-mail:swswpublich@sina.com　web@jxpph.com
2015 年 6 月第 1 版　2015 年 6 月第 1 次印刷
开本:787 毫米×1092 毫米　1/16
印张:18.75
字数:315 千
ISBN 978-7-210-06910-2
赣版权登字—01—2015—329
版权所有　侵权必究
定价:36.80 元
承印厂:南昌市红星印刷有限公司
赣人版图书凡属印刷、装订错误,请随时向承印厂调换